ORIGENES

DAS EVANGELIUM NACH JOHANNES

CHRISTLICHE MEISTER

67

ORIGENES

DAS EVANGELIUM NACH JOHANNES

Übertragen und eingeführt von
ROLF GÖGLER

JOHANNES

Erste deutsche Ausgabe
Benziger, Einsiedeln 1959
Sammlung
Menschen der Kirche in Zeugnis und Urkunde
Hrsg. von Hans Urs von Balthasar
Imprimatur: Rottenburg 1959

Neuausgabe im Johannes Verlag Einsiedeln 2018

Zweite Auflage 2025

Lindenmattenstraße 29
D-79117 Freiburg i.Br.
kontakt@johannes-verlag.de

Druck: Stückle, Ettenheim
ISBN 978 3 89411 445 9

INHALT

1. BUCH

[1] Die Zahlen in der eckigen Klammer geben Buch und Kapitel des Johanneskommentars in der Ausgabe von Preuschen in GCS an; die Zahlen in runden Klammern geben die Seiten ebendort an.

II. BUCH

IV. BUCH

V. BUCH

VI. BUCH

X. BUCH

XIII. BUCH

XIX. BUCH

XX. BUCH

FRAGMENTE ZU JOH. 9-11

XXVIII. BUCH

XXXII. BUCH

EINFÜHRUNG

1

Die Voraussetzungen des Werkes

Dieser älteste uns erhaltene christliche Kommentar zu einer Schrift des Neuen Testaments ist entstanden auf Bitte eines Konvertiten, den Origenes aus der christlichen Irrlehre bekehrt hatte, die sich stolz «Gnosis» nannte, das heißt Erkenntnis. Die Gnostiker waren der Überzeugung, daß das kostbarste Heilsgut, die Wahrheit, verborgen und nur Wenigen von Natur zu einem geistigen Leben Veranlagten erreichbar sei. Auch in der Heiligen Schrift sei die eigentliche Wahrheit verhüllt in Gleichnissen, Symbolen und Allegorien.

In Ägypten, wo zu der noch nicht vergessenen altägyptischen Weisheit chaldäische und babylonische Astrologie, dualistische Mythen des Iran vom Kampf zwischen Licht und Finsternis, der tiefsinnige Brahmanismus Indiens und der mit Mysterienkulten untermischte, philosophisch vielartige Hellenismus zusammenströmten und dem Judentum und der christlichen Lehre begegneten, trieb der Drang nach esoterischer Heilswahrheit die mannigfachsten Blüten[1]. Ausdruck dieses Suchens nach verborgenen Wahrheiten sind Geheime Offenbarungen, hermetische Schriften (so genannt nach dem Gott des Wortes und der Offenbarung Hermes Trismegistos) wie der Poimandres, Bücher des Glaubens und der Weisheit (Pistis Sophia), und des Erlösers, ja selbst

[1] Man darf indes daraus nicht die Meinung ableiten, Ägypten sei das einzige Land gewesen, in dem sich die «Gnosis» ausbreitete. Paulus und der Evangelist Johannes haben sie in Kleinasien kennen gelernt. Die Apokalypse des Johannes entleiht der Gnosis zahlreiche Bilder, z.B. das der Licht-Jungfrau, die von der Sonne umkleidet, den Mond zu ihren Füßen und die Sterne als Kranz zu Häupten hat (Apk 12,1). Und der Apostel Paulus hält es für nötig, sich in seinen Briefen an die Korinther, Epheser und Kolosser mit gnostischen Anschauungen auseinanderzusetzen. In Vorderasien ist wahrscheinlich sogar der Ursprung der Gnosis zu suchen, dort, wo orientalische Religionen zuerst auf das Judentum trafen.

Evangelien und Acten, die Aposteln zugeschrieben wurden und deren geheime Lehren für ganz Auserwählte zu enthalten vorgaben. 48 bzw. ohne die Duplikate 44 solcher gnostischen Schriften wurden 1945/46 bei Khenoboskion in der Gegend von Nag-Hamadi in Oberägypten gefunden[2].

Dem Judentum, das schon eine kabbalistische Geheimlehre und Mystik mitbrachte, erstand hier die erste Religionsphilosophie; schon in der alttestamentlichen Weisheitsliteratur angebahnt, fand sie in Philon von Alexandria (um 25 v. Chr. bis 40 n. Chr.) ihren großen Vertreter, der ebenso als gesetzestreuer Jude dem Buchstaben der Thora anhing, wie er als Religionsphilosoph diesen Buchstaben methodisch zu deuten und in seinem tieferen Sinn zu erkennen suchte. Dabei erhob sich Philo bis zu dem mystischen Glauben, daß die göttlich inspirierte Schrift auch Unsagbares (*ἀπόρρητα*) enthalte, das nur dem mit göttlichem Geiste Begabten geoffenbart werde. Damit vertritt er schon eine jüdische Gnosis. Denn Gnosis sucht das Heil durch tiefere Erkenntnis der Offenbarung, als sie der bloße Wortsinn vermittelt. Philons großartige allegorische Schrifterklärung bedeutete dabei keinen Bruch mit der jüdischen Tradition, denn diese hatte schon aus sich in der Haggada eine erbauliche Ausdeutung des religiösen Tiefsinns entwickelt, der vornehmlich an den poetischen Schriften geübt wurde. Die Religion eines unsichtbaren, geheimnisvollen und unwelthaften Gottes drängte von selber zur Mystik. Bei dem Bemühen, die biblischen Anthropomorphismen gotteswürdig zu erklären, Namen, menschliche und geschichtliche Ereignisse des alten Bundes religiös auszudeuten, bot sich Philo als Methode die Allegorese an, die das philosophische Griechentum zur Erklärung Homers, Hesiods und der alten Göttermythen herausgebildet hatte[3]. Dabei konnte es selbstver-

[2] Den jüngsten Überblick darüber gibt einer der Herausgeber dieser Schrift: Jean Doresse, Les Livres secrets des gnostiques d'Egypte, Paris 1958. Und E. Hennecke - W. Schneemelcher, Neutestamentliche Apokryphen, Tübingen [3] 1959.

[3] Besonders in der Stoa. Vgl. J. Pépin, Mythe et Allégorie, Paris 1958, S. 125–131; 231–242.

ständlich kaum ausbleiben, daß Philon, nach tieferer Erkenntnis der Heiligen Schrift suchend, sich Ideen nichtbiblischer philosophischer Herkunft öffnete. Es gab Juden, die sich so sehr fremden Einflüssen zugänglich zeigten, daß daraus irrgläubige Richtungen entstanden.

Die Handschriften von Qumrân unterrichten uns darüber, daß es im Judentum eine Gemeinde gab, die mit ihrem jüdischen Glauben «starke pythagoräische Inspirationen verbanden, die nicht nur ihren Glauben, sondern sogar ihre Lebensführung und Kleidung prägten»[4]. Im Handbuch der Unterweisung bildet der Widerstreit zwischen Licht und Finsternis geradezu ein Leitmotiv. In ihm lesen wir, daß Gott, als er den Menschen schuf, zwei Geister für ihn machte, den Geist der Wahrheit und den Geist der Verkehrtheit. «Der Ursprung der Wahrheit ist in der Quelle des Lichtes, der Ursprung der Verkehrtheit im Abgrund der Finsternis»[5]. Die Schrift vom «Kampf der Söhne des Lichtes mit den Söhnen der Finsternis» trägt sogar diesen Dualismus als Titel. Der Einfluß des iranischen Mythus ist hier unverkennbar. Freilich gibt es den Gegensatz von Licht und Finsternis schon im Alten Testament, aber eben nicht in dieser häretisch dualistischen Prägung. Wir finden unter den jüdischen Mystikern wirkliche «Gnostiker», die sich die platonische Weltanschauung, pythagoräische Zahlenmystik, babylonische Kosmogonien, Engel- und Dämonenlehren, die schon das alte Israel in seiner Gefangenschaft kennen gelernt hatte, sowie andere orientalische Einflüsse wie den eben genannten iranischen Dualismus, in häretischer Weise zueigen machten[6]. Selbstverständlich deuteten nun diese jüdischen Richtungen ihre Anschau-

[4] J. Doresse, Les Livres secrets des gnostiques d'Egypte, S. 325.

[5] Buch der Unterweisung 4,26 (zit. ebd. S. 326).

[6] Vgl. G. G. Scholem, Les grands courants de la mystique juive, (trad. M.Davy) Paris 1950. A.Altmann, The gnostic background of the rabbinic Adam-legend, in: Jewish Quarterly Review XXXV (1944/45) 371–391. K. Rudolph, Ein Grundtyp gnostischer Urmensch-Adam Spekulation, in: Ztschr. f. Religions- und Geistesgeschichte IX (1957) 1.

ungen in ihre Heilige Schrift hinein. Dazu bedienten sie sich der entgegengesetztesten Mittel, einer übertrieben am Wortlaut klebenden Literalexegese und einer sehr willkürlichen Allegorese.

Nun gab es aber auch Nichtjuden, etwa Gläubige der zoroastrischen Lichtreligion, die mit der Bibel bekannt wurden. Sie sahen im biblischen Schöpfer, dessen Geist in der Finsternis über der Flut des Abgrunds schwebte (Gen. 1,1), den bösen Demiurgen dieser Welt. Juden und Nichtjuden schufen also eine antibiblische Deutung des Alten Testaments, den Urtyp der gnostischen Bibelexegese. Die synkretistische Ausdeutung des Alten Testaments ist die Wiege der Gnosis. Mit der heutigen Quellenkenntnis ist es allerdings noch nicht auszumachen, ob diese und jene Vermischung von Bibel einerseits und Hellenismus und orientalischer Strömung anderseits von der ersten Seite her angeregt, oder der zweiten als Modell entnommen wurde. Mit den Essenern von Qumrân ist uns jedenfalls eine Gruppe jüdischer Mystiker bekannt geworden, in der jener Anspruch entstand, der die Gnosis charakterisiert, nämlich eine besondere (esoterische) Erkenntnis heilswichtiger Geheimnisse der Offenbarung zu besitzen. «Ich danke dir, Herr, daß du mir deine wunderbaren Geheimnisse zu erkennen gabst», heißt es in den Dankliedern von Qumrân (7,26). Dabei sind jedoch wichtige dieser Geheimnisse außerbiblischer Herkunft. Eine jüdische Gemeinde allerstrengster Observanz war also imstande, gnostische Tendenzen zu entwickeln. Diese vorchristliche, jüdische «Gnosis» regt durch vielfältige Begegnungen und durch die Zerstreuung der Juden, auch der heterodoxen, geradezu den Zeitgeist an und weitet sich aus zu einer gnostischen Atmosphäre.

Aus der Begegnung des Christentums mit dem gnostischen Zeitgeist, seinem an der Erscheinungswelt sich ekelnden Daseinsgefühl, seiner Angst, in die Welt des Bösen eingeschlossen zu sein, und seiner dualistisch spiritualisierenden Erlösungssehnsucht mit seinen verstiegenen synkretisierenden Spekulationen über das Alte Testament, entstanden die prägnantesten Formen der Gnosis. Ungestümer Erkenntnisdrang und regellose Interpretation bemächtigten sich nun der christlichen Offenbarung. Was bis dahin die kirchlichen Väter, einschließlich Irenäus und Tertullian, noch nicht unternommen hatten, eine Erklärung von Schriften des Neuen Testaments, dem wandte sich die christliche Gnosis nun mit Vorliebe zu. Bisher hatte man in der Kirche nur das Alte Testament erklärt, denn im Neuen Testament erblickte man ja gerade die neue Erklärung der Schrift. Das Neue Testament wurde verkündet und als Beweisquelle des Glaubens gebraucht. Die Gnostiker dagegen beschäftigten sich neben der Abfassung neuer, für alt ausgegebener Offenbarungsschriften insbesondere mit der Auslegung des Neuen Testaments, und zwar in einer Weise, die mitgebrachte Mythen hineindeutete.

Eine gnostische Interpretation insbesondere der paulinischen und johanneischen Schriften war durchaus nicht so ferneliegend. Denn Gnosis und Christentum verband der gemeinsame Wurzelboden des Judentums. Und der christliche Zug zur Verinnerlichung, weg von der Außenwelt, hin zur unsichtbaren, ewigen und geheimnisvollen Wirklichkeit des göttlichen Geistes und hinaus über die Erscheinungswelt, mußte der Gnosis verwandt erscheinen. Schließlich dachten sowohl Paulus als Johannes nicht selten in gnostischen Begriffen und Vorstellungen.

Die paulinischen Schriften mögen hier außer acht bleiben, aber ein Hinweis auf die johanneische Gnosis soll den Gebrauch verständlich machen, den die Gnostiker von diesem Evangelium gemacht haben.

Jesus sagte: «Das Reich Gottes ist zu euch gekommen» (Mt 12,28); Johannes spricht davon, daß der Jesu Wort Hörende und Glaubende nicht ins Gericht gehe, sondern vom Tod ins Leben übergegangen ist (5,24). Diese Formulierung klingt an gnostische Lehren an, wonach das Wort und die Erkenntnis die Wiedergeburt bewirken[7]. Die johanneische Wiedergabe der großen Eucharistierede Jesu in

[7] Corp. Herm. XIII, 13; Mand. Lit. 134; 157.

der Synagoge von Kapharnaum ist in ihrem Realismus, der vom Essen seines Fleisches spricht, deutlich antidoketisch und damit antignostisch. Aber gegenüber einem bloß äußerlichen Ritualismus kommt sie eben doch darin einem Anliegen der Gnosis entgegen, daß sie dem bloßen Essen seines Fleisches sowenig das Heil zuspricht wie dem bloßen Sehen des Menschensohnes (6,36), sondern daß sie Glauben fordert, und zwar den Glauben an das wirksame Pneuma, und daß sie nach der unerbittlichen Rede vom Essen und Trinken des Fleisches und Blutes im kühnen Worte gipfelt: «Das Pneuma ist es, das Leben wirkt, das Fleisch nützet nichts. Die *Worte*, die Ich zu euch geredet habe, sind Pneuma und Leben» (6,63). Das darauf erfolgende entscheidende Bekenntnis des Petrus ist nun auch ein Bekenntnis zu Glauben und Erkenntnis (6,69). Zu einem solchen Bekenntnis konnten sich die Gnostiker bereit finden. Johannes hat ihnen Türen geöffnet. Die bei Johannes so wichtigen Begriffe «Wahrheit», «Licht», «Wort» und «Erkennen»[8] sind Schlüsselworte der Gnosis. Gewiß sind sie auch Begriffe des Alten Testaments, und ohne Kenntnis ihrer alttestamentlichen Bedeutung ist ihre johanneische Bedeutung nicht zu bestimmen. Aber das gilt auch für die Bedeutung dieser Begriffe in der Gnosis. «Erkennen» ist z. B. dort wie im Alten Testament «Einswerden». Mehr als man bis vor kurzem annahm, schöpfte auch die Gnosis aus dem Alten Testament.

Johannes hätte sich aber doch wohl ausschließlicher biblisch-konkret und wie die Synoptiker erzählend ausgedrückt, wenn er nicht in einer gnostischen Umwelt meditiert und auch für sie geschrieben hätte. Sein Dualismus von Licht und Finsternis, von Reich Christi und Kosmos, Pneuma und Fleisch, von oben und unten, seine unerbittliche Scheidung der Menschen in «Söhne des Lichts» (12,36) und in Menschen, die «nicht aus Gott» sondern «aus dem Teufel» sind und die daher die Worte des von Gott Gesandten nicht erkennen und nicht hören (8,43–47), dieser Dualismus spricht

[8] Vgl. J. Huby, De la connaissance de foi chez S. Jean, in: RSR XXI (1931) 385–421.

eine der Gnosis vertraute Sprache, meint jedoch nicht den gnostischen kosmologischen und anthropologischen Dualismus von Geist und Materie, sondern den unversöhnlichen Gegensatz zwischen Reich Gottes und dem Bösen, den Jesus im Vaterunser aufruft. Die vertikale Ordnungsstruktur des gnostischen Denkens hat johanneische Formulierungen mitgeprägt, etwa jene im Nikodemusgespräch, die vom Geboren-werden «von oben» sprechen (3,3), oder jene, die Christus als den, «der von oben kommt», dem andern gegenüberstellen, «der von der Erde ist» (3,31). Die mythologische Übertragung von Gut und Böse, Wahr und Falsch, Göttlich und Dämonisch in eine vom Oben des Himmels bis zum Unten der Erde als dem Endpunkt des Falls reichende vertikale Stufenreihe, die in der Gnosis so beherrschende Geltung erlangte, hat die faszinierende Vorstellung vom Heilswerk des Erlösers als einem Abstieg zum Gefallenen und einer in die Höhe rückführenden Bewegung mithervorgerufen. Auch diese Vorstellung mag gewisse Wurzeln im Alten Testament haben. Isaias spricht vom Emporsteigen und Sich-Erheben des erniedrigten Gottesknechts (Is 52,13), und das Spätjudentum, auf das wir erneut als eine Urquelle gnostischen Denkens verwiesen werden, nannte Gott mit dem Ausdruck der Ehrfurcht «den Höchsten» und «den Gott in der Höhe» (vgl. Mk 5,7; Mt 21,9; Lk 2,4). Daß aber die Worte «kommen», «ausgehen», «gesendet sein», «hingehen» neben dem eschatologischen und soteriologischen Sinn, den sie bei den Synoptikern haben, bei Johannes dazuhin den lokalen Akzent des «von wo und wohin» erhalten haben, vom Vater in die Welt und wieder zurück zum Vater (8,14 und 42; 13,3; 16,27f; 17,8), und Johannes sogar darein den Beweis der Messianität und Gottessohnschaft Jesu legt, zeigt doch seine starke formale Angleichung an den gnostischen Denktypus, der sich das Sein als stufenbildende Bewegung von oben nach unten, und die Erlösung als eine den Fall rückgängig machende Rückkehr zum Ursprung vorstellt[9].

[9] Vgl. H.Jonas, Gnosis und spätantiker Geist II,1, Göttingen 1934, S. 199.

Die christlich beeinflußte Gnosis tat sich daher nicht schwer, in der johanneischen Christologie und Soteriologie eine Verwandtschaft mit dem ihr eigenen Denken zu entdecken. Und sie hat diese Verwandtschaft denn auch hemmungslos ausgenützt. Was Johannes an Terminologie und formalem Denken aus der nichtchristlichen Gnosis übernommen hatte, das nahm nun die christliche häretische Gnosis zum Anknüpfungspunkt, um Johannes in maßloser Weise für ihre völlig bibelfremden Spekulationen zu beanspruchen. Vor allem die johanneische Darstellung des Erlösers vornehmlich als des Offenbarers, Christus als «Logos», «Licht», «Wahrheit», seine «Ich-bin»-Aussagen, und die typisch johanneische Hinüberführung von der Geschichte zum geoffenbarten Mysterium und zum theologischen Glauben (z.B. 7,38f; Kap. 9, besonders 9,39), die Transparenz der johanneischen Darstellung für das Mysterium, der symbolische Tiefsinn seiner Schilderung und die sublime Anwendung der Typologie[10], fordern es geradezu, das vierte Evangelium in gnostischer, d.h. nach tieferer Glaubenserkenntnis strebender Haltung zu lesen. Die mystische Meditation ist für Johannes sicher die einzige Weise, sich im Glauben das Mysterium dessen anzueignen, den er «gehört, mit seinen Augen gesehen und mit seinen Händen berührt» hat (1 Joh 1,1), der Fleisch und doch auch der Logos Gottes war (1,14). Die Mystik ist ihm aus seiner Glaubenserfahrung an Jesus originär entstanden. Mit der formalen und begrifflichen Adaptation an die Gnosis aber wollte er bewußt zeigen, daß ihr Suchen nicht eitler Wahn bleiben muß, sondern daß er in seinem Evangelium die Erfüllung gerade ihrer Sehnsucht verkündet. In gnostischer Weise verkündete er die antignostische Wahrheit. Wie Christus, der Menschengestalt annahm, um von uns Menschen angenommen werden zu können, so glich sich Johannes in der Form der Verkündigung

[10] Siehe dazu H. Sahlin, Zur Typologie des Johannesevangeliums, Uppsala und Leipzig 1950.

seiner Umwelt an, damit der Inhalt seines Evangeliums überall aufgenommen werde.

Verlockt durch das verwendete Gewand ist nun Valentin[11], ein christlicher Lehrer in Ägypten, der aber dann zum Gründer einer häretischen gnostischen Schule wurde, in maßloser Phantastik mit dem Johannesevangelium umgegangen. Als er um das Jahr 140 seine Lehre in Rom verbreitete, wurde er aus der Kirche ausgeschlossen. In Abhängigkeit von Basilides, der die Gnosis nach Ägypten brachte, dachte Valentin Gott als das abgründige Schweigen, Urgrund des Seins, und doch streng transzendent und beziehungslos zur geschaffenen Welt. Selbst das schöpferische Wort geht nicht unmittelbar aus ihm hervor. Seine Entrücktheit ist so absolut, daß kein menschlicher Begriff auf ihn angewandt werden kann. Aus dem Einen geht nun durch Emanation ein System von Äonen hervor, von ewigen Wesenheiten ähnlich den platonischen Ideen, die das Göttliche in der Zeit und in der niederen Welt zum Ausdruck bringen. Sie vermitteln zwischen dem ewigen Gott und der zeithaften Welt. So entsteht vom göttlichen Einen bis zum materiellen Vielen ein subordinatianisch absteigendes Stufenreich, in dem jeweils das höhere Sein das Vorbild des nächst niedrigeren ist. Das ganze Universum hängt durch das Prinzip der Nachahmung zusammen[12]. Diese, der Gnosis gemeine kosmologische Grundidee hat Valentin dichterisch mythologisiert und so popularisiert. Entlehnt ist dies System der persischen Götterwelt, Platons Timaios, der pythagoräischen Mystik auseinander sich entwickelnder Zahlen, und beseelt ist es von abgründigem orientalischem Dualismus. Valentin aber erläutert es mit Beweisen und Begriffen aus dem Johannesevangelium[13].

Besonderes Gewicht erlangte das valentinische System durch seine Soteriologie: Das Pleroma der Äonen bringt den

[11] Über Valentins Gnosis s. G. Quispel, Gnosis als Weltreligion, Zürich 1951, S. 71–92.

[12] Irenäus, Adv. haer. II 47,1.

[13] Irenäus, Adv. haer. I 1,18.

Erlöser, Christus, den Logos hervor[14]. Die Idee der unteren Welt des geschaffenen Seins entstand in der unteren Weisheit (Achamoth), dem letzten der Äonen, und zwar unter sublimer Mitwirkung des Logos Christus. Prinzip des materiellen Seins, erklärt Valentin, sei das Leiden über den Verlust des Lichtes Christus (hier = Pleroma); Prinzip des psychischen Seins sei die Sehnsucht danach. Allein die pneumatischen (geistigen) Wesen sind der Gnosis und damit der Erlösung durch Vereinigung mit dem Pleroma fähig. Die untersten Ideen, die des psychischen und des materiellen Seins, erhalten ihre körperliche Gestalt durch den Demiurgen. Der Logos hat nur am Werden ihrer Idee mitgewirkt. Die Menschen nun sind von Natur materieller oder psychischer Art, je nachdem, wie ihre ideelle Präexistenz konzipiert war. Einigen Menschen ist der geistige Same durch den Logos (Erlöser) eingepflanzt.

Die materiellen Menschen (Hyliker) werden bei der Weltvollendung mit der Materie im Feuer zugrunde gehen, «denn die Materie ist nicht empfänglich für das Heil»[15]. Die Psychiker können, wenn sie den bloßen Glauben (der höhere, erkennende Glaube ist ihnen nicht möglich) und gute Werke üben – das sind die Menschen der Kirche, die nicht anders gerettet werden können – in die Ruhe an einem Ort der Mitte eingehen, «denn nichts Seelisches (Psychisches) wird ins Pleroma aufgenommen»[16]. «Die Pneumatiker aber, ihrer Seelen entkleidet[17] und reine Geister geworden, gehen ungehindert und unsichtbar ins Pleroma ein und werden den den Erlöser umgebenden Engeln als Bräute übergeben»[18]. Ihr Pneuma, einst insgeheim der Seele eingepflanzt, ist unzerstörbar, was immer ein Mensch im Leben auch tut. «Denn nicht Werke führen ins Pleroma ein, sondern der [pneumatische] Same, der von dort in einem Anfangsstadium entsen-

[14] Ebd. I 1,4.

[15] Ebd. I 1,11.

[16] Ebd. I 1,12.

[17] Weil die Seele die Schöpfung des Demiurgen ist, kann sie nicht ins Pleroma eingehen.

[18] Ebd. I 1,12.

det, hier aber vollendet wird.»[19]. «Die Vollendung aber tritt ein, wenn alles Pneumatische, das sind alle pneumatischen Menschen, durch die Erkenntnis (Gnosis) gestaltet und vollendet sein werde. Die vollkommene Erkenntnis von Gott und der Achamoth (Weisheit) aber besitzen die in die Mysterien Eingeweihten. So lehren sie.»[20]

Ein gewaltiges spiritualistisches Streben und die Sehnsucht nach Einigung mit dem Geiste Gottes kennzeichnet die Erlösungslehre der valentinischen Gnosis. Weil die Pneumatiker – und dazu zählen sich die zur Gnosis Fähigen – nicht heilsnotwendig auf ein sittliches Leben verpflichtet werden, «denn die Pneumatiker werden, weil sie von Natur geistig sind, überhaupt in jedem Falle gerettet werden, so lehren sie»[20], deshalb gibt die Gnosis ihren Anhängern das adelige Bewußtsein unverlierbarer Gottverwandtschaft und unbedingter Heilsgewißheit, ohne sie zur Oberflächlichkeit zu verleiten. Denn Gnostiker sein heißt ja für sie, ein tieferes Leben geistiger und religiöser Erkenntnis führen als die Psychiker und Hyliker es tun. Mit betontem Rückgriff auf paulinische und johanneische Formulierungen faßte Valentin griechische, besonders platonische und pythagoräische, orientalische und jüdisch-kabbalistische Elemente in ein berückend konsequentes System, das an Zahl seiner Anhänger und an Gefahr für das kirchliche Christentum nur noch vom späteren, gleichfalls gnostischen Manichäismus übertroffen wurde.

Aus dieser valentinischen Schule hatte Origenes einen vornehmen und gebildeten Mann namens Ambrosius bekehrt. Dieser bat nun seinen kirchlichen Lehrer um einen Kommentar zum Johannesevangelium. Die Bitte hatte ihren besonderen Grund. Ein Schüler Valentins, der angesehenste Mann der Schule in der Mitte des 2. Jh., Herakleon nämlich, hatte das Johannesevangelium mit Glossen (Hypotyposen) kommentiert. dieser gnostische Kommentar dürfte dem Ambrosius Schwierigkeiten bereitet haben. Zwar blieb

[19] Ebd. I 1,11.
[20] Ebd. I 1,11.

Herakleon der christlichen Lehre näher als sein Lehrer Valentin, dessen System er christlich reformierte, aber er hielt doch dessen wesentliche Artikel fest.

Origenes geht in seinem Kommentar auf die Erklärungen des Herakleon ein, die er in fast 50 Fragmenten wiedergibt. Damit wird der Johanneskommentar des Origenes nebenbei zu einer wichtigen Quelle für die Kenntnis der gnostischen Exegese[21]. Die Fragmente lassen sich in sechs Gruppen zusammenfassen. Die erste Gruppe gibt Glossen zu Joh 1,3f wieder. Hier ist vom All und vom Logos die Rede. Das All, dessen Schöpfer nach dem Prolog zum Evangelium der Logos ist, schränkt Herakleon ein auf die sichtbare Welt. Er hält sich also an die platonische Zweiteilung des Kosmos in eine geistige und eine sinnenhafte Welt (*κόσμος νοητός* und *κόσμος αἰσθητός*), und er mythologisiert dieses Weltbild. Die ewige geistige Welt ist das Pleroma der Äonen. Aus ihr geht auch der Logos hervor, daher kann er sie nicht geschaffen haben. Die geistige Welt ist überhaupt nicht geschaffen, sondern emaniert, in vielen Prozessen aus dem göttlichen Einen hervorgeflossen. Der Logos ist nun aber nicht direkt der Schöpfer der unteren, vergänglichen sichtbaren Welt. Er ist nicht deren Ursprung, aus dem (*ἀφ' οὗ*) sie wie aus ihrer Materialursache hervorgegangen wäre, noch deren Wirkursache (*ὑφ' οὗ*), sondern der Logos hat beim Werden der sichtbaren Welt nur Mittlerfunktion (*δι' οὗ*). Er hat dem Demiurgen die Fähigkeit verliehen, die materielle Welt zu schaffen. Dafür beruft sich Herakleon auf Männer, die Propheten und Apostel gleich zu achten sind, die mit Vollmacht und ohne Rechenschaft schuldig zu sein ihren Anhängern und Nachfolgern Heilsschriften hinter-

[21] Über Herakleons Exegese siehe G. Heinrici, Die valentinianische Gnosis und die Heilige Schrift, Berlin 1871 S. 127–148. C. Barth, Die Interpretationen des Neuen Testaments in der valentinianischen Gnosis, in: TU 37,3 (1911). W. Völker, Heracleons Stellung in seiner Zeit im Lichte seiner Schriftauslegung, Diss. Halle 1923. W. Foerster, Von Valentin zu Herakleon, in: Beihefte zur Ztschr. f. ntl. Wissenschaft Gießen 7 (1928) 3–44. J. Collantes, Un Comentario Gnostico a Jo 1,3, in: Estudios Eclesiasticos 27 (1953) 65–83. A. Orbe, En los Albores de la Exegesis Johannea, in: Analecta Gregoriana LXV, Rom 1955.

lassen haben (II.14)[22]. Die eigentliche Schöpfung des Logos sind die pneumatischen Menschen, denen er «die Gestalt und das Werden verlieh» und mit denen er durch Einwohnen geradezu eins wird. Gesät waren sie allerdings schon durch eine höhere, noch über dem Logos stehende pneumatische Macht (II.2).

In den Fragmenten zu Joh 1,18 und 21–29 handelt Herakleon über den Täufer und über das Alte Testament. Der Erlöser ist das Wort (der Logos), Johannes der Täufer die Stimme, die prophetische Ordnung, d.h. das Alte Testament, nur Schall. Die Stimme jedoch kann zum Wort, also sinnvoll, der bloße Schall kann zur Stimme werden, also hinweisende Bedeutung erlangen. Wahrscheinlich meint Herakleon, «Stimme» und «Schall» erhielten durch höheres Verständnis ihre höhere Bedeutung. Das Alte Testament hat jedenfalls dienende, pädagogische Funktion (VI.20). In Fragment VI.39 erklärt Herakleon den Täufer allegorisch als Demiurgen, weil er niedriger stehe als Christus. Solche Exegese tadelt Origenes gebührlich. Für ihn ist der Täufer die Zusammenfassung des Alten Testaments, die «Stimme», die auf das «Wort» hinweist (I.13; Frgm CXVII). Dagegen anerkennt es Origenes, wenn Herakleon zu Joh 1,27 sagt, der Erlöser sei von seiner Größe herabgestiegen und habe «Fleisch angezogen wie eine Sandale», die zu lösen – d. h. die damit eingetretene Heilsordnung zu verstehen – der Täufer nicht vermöge.

Die Fragmente zu Joh 2,12–20 und 4,46–53 sprechen über Kapharnaum als Symbol der unteren, materiellen Welt und über die Tempelreinigung als Symbol des Erlöserwirkens. Jesus «stieg hinab» nach Kapharnaum, in «das Äußerste der Welt, in das Stoffliche». Aber dort habe Er nichts gewirkt oder gesprochen, weil Ihm dieser Ort nicht heimisch war.

[22] Die röm. Ziffer bedeutet das Buch, die arab. Ziffer das Kapitel des Johanneskommentars des Origenes in Bd. 4 der Griechischen Christlichen Schriftsteller, hrsg. im Auftrage der Kirchenväter-Commission der Königl. Preußischen Akademie der Wissenschaften von E. Preuschen, Leipzig 1903.

(Gegen diese letzte Behauptung führt Origenes eine ganze Reihe von Heilstaten Jesu auf, die Er in Kapharnaum wirkte [X.11].) Hier verrät Herakleon seine doketische Neigung: die Geschichte Jesu und sein leibhaftes Tun sind ihm unwichtig. Daher wird für den doketischen Gnostiker auch der Literalsinn unwichtig. Nur die Mysterien haben Bedeutung, nur das Ewige; nicht das Zeitliche, Vergängliche.

Von Kapharnaum ging Jesus «hinauf nach Jerusalem». Das bedeutet für Herakleon seinen Aufstieg von der stofflichen Welt zur psychischen. Der Tempel wird gereinigt. Darunter sind die Pneumatiker – das Allerheiligste des Tempels – und die Psychiker gemeint, die «im Heil» sind – im Tempelvorhof –. Beide werden durch den Erlöser gerettet. Die ersteren führt Er ins Pleroma, die Psychiker bleiben draußen, aber auch im Heil. Die Geißel versinnbildet das Kreuz, das alle Bosheit vernichtet, und den Heiligen Geist, der alles Schlechte hinausweht (X.33). Das Fest, an dem dies geschieht, «war Typ der Passion des Erlösers». «Das geschlachtete Lamm bedeutete die Passion des Erlösers in der Welt, das gegessene Lamm bedeutete die Ruhe bei der Hochzeit» (X.19). Viel mehr sagt Herakleon nirgends über das Leiden des Erlösers. Origenes äußert sich recht verächtlich über solch verfälschende Oberflächlichkeit, ohne näher auf sie einzugehen.

Die reichsten Zitate bringt Origenes aus der Erklärung zu Joh 4,12–42, dem Gespräch mit der Samariterin, das Herakleon als Gespräch des Erlösers mit dem pneumatischen Menschen deutet. Vor der Herabkunft des Erlösers war die pneumatische Natur an die Welt hingegeben. (Herakleon ändert die 5-Zahl der Männer, mit denen die Frau Umgang hatte, in 6, weil die 6-Zahl Symbol ist für die Materie.) Durch ihren Umgang mit der Welt war ihr ihre Zugehörigkeit zum Pleroma verdunkelt[23]. Doch die Sünde des Pneumatikers ist

[23] Das valentinische Evangelium der Wahrheit spricht von denen, «die im Dunkel sind wegen der Vergessenheit» (f IX v 17), und sagt, «die in Verirrung (πλάνη) und in Banden», sind «wie wenn sie in den Schlaf versetzt wären und sich befänden in verwirrten Träumen.»

nur äußerlich und haftet nicht seinem Wesen an. Der Erlöser zeigt der Samariterin neue Lebensquellen. Nicht das Wasser aus dem Jakobsbrunnen, der das Alte Testament symbolisiert, denn das Alte Testament ist schwach, vergänglich und weltlich. (Hier scheint Herakleon das Alte Testament dem Bereich des Materiellen zuzurechnen, da er sagt: aus dem Jakobsbrunnen tranken die Herden). Der Erlöser aber gibt «Wasser aus dem Pneuma und seiner Kraft», «Gnade, die in dem, der an ihr teilhat, nicht mehr vergeht», ewiges Leben. Origenes nennt es «nicht ungeschickt», wie Herakleon das «Sprudeln» dieses Wassers in dem, der es erhält, erklärt, nämlich als ein Übersprudelnlassen zum Leben anderer Menschen. Der Pneumatiker hat also den Drang, die empfangene Gnade weiterzugeben. Die Samariterin verläßt das nicht nährende Wasser des Alten Testaments, das sie jetzt haßt, und glaubt dem Erlöser, wie das ihrer pneumatischen Natur gemäß ist (XIII.10). Wenn Herakleon den Glauben der Frau ihrer freien Entscheidung zugeschrieben hätte, würde Origenes ihm zustimmen. Da er den Grund ihres Glaubens aber in ihre «naturhafte Anlage» verlegt, tadelt Origenes Herakleons Auslegung.

Weil die Samariterin nur aus Unkenntnis Gottes der Hingabe an die Welt verfiel, fragt sie nun den Erlöser nach der rechten Gottesverehrung. Die Anbetung in Jerusalem ist ein ungenügender, geschöpflicher, d. h. äußerlicher Kult vor dem Demiurgen. Der Gott der Juden ist der Demiurg, der Schöpfer des Kosmos. Der Pneumatiker betet weder die Schöpfung an wie die Heiden, noch den Demiurgen wie die Juden, sondern den «Vater der Wahrheit» (XIII.16). Dazu nimmt Origenes ausführlicher Stellung (XIII.17) und sagt, es gibt nur *einen* Gott, der Schöpfer, Gott der Heiden und der Gott der Juden ist. Auf ihn richtet sich der Glaube. Darum rechtfertigt der Glaube das Gesetz mit seinem äußeren Kult. (Wie willkürlich Herakleon mit allegorischen Erklä-

«All diese Verwirrtheiten waren eben nichts» (fol XV r 10,30; fol XVI r 25). Der zur Erkenntnis Gekommene ist «erleuchtet», «gelehrt», «zu sich selbst gekommen und erweckt» durch Jesus Christus.

rungen verfährt, zeigt sich hier, wo er einmal sagt, die Juden dienten dem Schöpfer [XIII.16] und der Logos habe nicht zu ihnen gehört [XIII.19]; gleich darauf aber nennt er die Juden «Bild derer, die im Pleroma sind» [XIII.19].) Gott, der reines und unsichtbares Pneuma ist, kann nur vom Pneumatiker angebetet werden, der mit Gott wesensgleich (*ὁμοούσιος*) ist[24] (XIII.25). Die naturhafte Wesensgleichheit mit Gott macht den Pneumatiker aus.

Die Samariterin wird nun in die Stadt geschickt, d.h. in die Welt, um die Parusie Christi zu verkünden, «denn durch das Pneuma und vom Pneuma wird die Seele zum Erlöser geführt». «Die Leute aus der Stadt ließen nun von ihrem welthaften Wandel ab und kamen durch den Glauben zum Erlöser» (XIII.31). In der Zwischenzeit fordern die Jünger Jesus auf, etwas zu essen. «Die Speise aber, die Jesus die seine nennt, ist der Wille des Vaters. Das sei seine Nahrung, seine Ruhe und seine Kraft. Der Wille des Vaters, sagte Er, sei es, daß die Menschen den Vater erkennen und gerettet werden. Das sei das Werk des Erlösers, um dessetwillen Er nach Samaria, d.h. in die Welt gesandt ist» (XIII.38). Den Willen des Vaters erfüllt der Erlöser, indem Er die verlorene pneumatische Natur sucht, die sich in die Materie verloren hat, und sie heimholt wie eine Ernte. Wer bereit ist, durch den Glauben zur Ruhe einzugehen, der ist reif zur Ernte. Der Erntende ist der Erlöser, der Lohn das Heil, die Wiederherstellung (*ἀποκατάστασις*) und die Ruhe des Erlösers. Die eingebrachte Frucht aber ist das ewige Leben (XIII.46,49).

Die Vielen aus der Stadt, die inzwischen auf das Wort der Frau hin, d.h. durch die pneumatische Kirche, aus der Welt zum Glauben kamen, zeigen, daß es viele psychische Menschen gibt (XIII.51). Die Rede der Samariter an die Frau: «Wir glauben jetzt nicht mehr um deines Redens willen. Wir haben selbst gehört und uns überzeugt, daß Dieser

[24] Es ist nicht klar, ob der Ausdruck *ὁμοούσιος* von Herakleon stammt, oder ob Origenes ihn geprägt hat und damit den Glauben des Herakleon wiedergibt. Der Gnostiker Ptolemäus, der wie Herakleon der valentinischen Schule angehört, gebrauchte den Ausdruck ebenfalls (Ep. ad. Floram, bei Epiphanius, Adv. haer. 33,7).

wahrhaft der Erlöser der Welt ist» (4,42), erklärt Herakleon folgendermaßen: «Die Menschen kommen nämlich zum Glauben an den Erlöser, indem sie zuerst von Menschen [zu Ihm] geführt werden. Wenn sie aber seinen Worten begegnen, dann glauben sie nicht mehr bloß wegen des menschlichen Zeugnisses, sondern um der Wahrheit selber willen» (XIII.53).

Aus diesen Fragmenten können wir uns ein Bild machen, was Herakleon unter Erlösung des Pneumatikers verstand. Erlösung ist Befreiung aus der Hingabe an die Welt durch Gotteserkenntnis, die der Erlöser als Offenbarer vermittelt; der Erlöser reinigt (X.33), er verkündigt die rechte Gotteserkenntnis (XIII.28). Und Erlösung ist Heimholung der gottgleichen Wesen ins Peroma, die sich im Glauben vollzieht. Mit naturhafter Notwendigkeit kommt der Pneumatiker zum Glauben und zur Gnosis, durch die seine seinshafte zu einer bewußten Einheit mit Gott wird. Die Sünde, die Hingabe an die Welt, befleckt oder ändert sein Wesen nicht. Hierin wird Origenes ganz anders lehren! (z.B. XX.15,21). Ja Herakleon denkt sogar, daß der Pneumatiker notwendigerweise auch zu geistigem Leben und zum Bekenntnis des Glaubens in der Tat komme[25]. Er hat nicht die libertinistischen Folgerungen für den Gnostiker aus seiner Lehre gezogen, wie sie Irenäus bei Gnostikern beklagt[26]. Aber er macht Glauben und Ethik für den Pneumatiker zu einer notwendigen Folge seiner Natur. Der Pneumatiker *muß* glauben, erkennen, gute Werke tun und gerettet werden, während der Psychiker sich dazu entscheidet.

Der Psychiker kann krank werden, wie der Sohn des königlichen Beamten. Krank sein heißt, daß «der eigentliche Mensch sich nicht naturentsprechend befindet, sondern in Unwissenheit und Sünden ist». Der Psychiker steht unter dem Gesetz. Das ist seine Natur. Das Gesetz fordert den Glauben an das Sinnenfällige (nicht an den Logos) und gute Werke. Der Psychiker hat die Freiheit, dieser Natur zu-

[25] Clemens Alex., Strom. IV 9,71f.
[26] Irenäus, Adv. haer. I 1,12.

wider zu handeln. Das ist jedoch tödlich für ihn. Daher liegt der Sohn des Königlichen tatsächlich im Sterben. Aber er ist der Rettung fähig. Die sterbliche Seele kann mit Unsterblichkeit bekleidet werden. Die Heilung des Psychikers besteht in der Sündenvergebung. Danach soll er glauben und nichts Unpassendes mehr tun. Auf das Zeichen der Krankenheilung hin glaubt das ganze Haus des Königlichen, denn Psychiker glauben den [sichtbaren] Zeichen (die Pneumatiker dem Logos, der Wahrheit und dem Sinn) (XIII.60).

In der letzten Fragmentengruppe zu Joh 8,21–50 legt Herakleon die Verlorenheit der materiellen Welt und der Hyliker dar. Die Juden hören Jesu Wort nicht, weil sie Kinder des Teufels sind, d. h. aus dem Wesen und der Substanz des Teufels bestehen. «Kinder der Finsternis» und «Schlangenbrut» zu sein ist ihre Natur. Freilich gibt es auch Psychiker, die durch ihre Entscheidung (*ϑέσει*) Kinder des Teufels sind. Der Teufel hat keinen Willen, sondern nur Begierden (XX.20). Seine Natur ist der Gegensatz zur Wahrheit. Sie besteht aus Betrug und Unwissenheit... Er kann daher naturhafterweise nicht die Wahrheit reden, noch in der Wahrheit stehen» (XX.28). Origenes setzt mit seiner Kritik wieder bei der fehlenden Willensfreiheit an und sagt: «Nach Herakleon wäre der Teufel eher unglücklich als tadelnswert.» Aber er läßt gelten, daß der Teufel nicht in der Wahrheit existiert, und wie er, so auch nicht diejenigen, die Sünden begehen – das sind seine Kinder nach 1Joh 3,8 – auch wenn sie sagen, sie gehören zu Christus.

Religionsphänomenologisch ist es verständlich, daß der gnostische Mythos auf religiös suchende Menschen starke Anziehungskraft ausübte. Hat sich doch in ihm die Selbsterfahrung ebenso der Gottsehnsucht und Heilsbedürftigkeit, wie der Erlösung durch Bewußtwerden «der Göttlichkeit des in Dunkel gehüllten Selbst»[27] und der Gotteinung durch Offenbarungserkenntnis einen überzeugenden Ausdruck geschaffen. «Die großen Linien und der durchgehende

[27] G. Quispel, Gnosis als Weltreligion, Zürich 1951, S. 18.

wesentliche Gedanke des [gnostischen] Mythos erscheinen uns recht einfach, wenn wir in ihm die Projektion der Erfahrung des Gnostikers sehen.»[28] Seine Selbsterfahrung aber war dem Menschen immer glaubhaft. Auch Christen konnten dieser «mythischen Projektion der Selbsterfahrung»[29], die im 2.Jh. auf dem Wege war, zur Weltreligion zu werden, nicht leicht widerstehen.

Ihre erste Zurückweisung erfuhr die gnostische Lehre und Praxis durch Paulus und Johannes. Nach Irenäus[30] wollte Johannes durch sein Evangelium den Irrtum der sogenannten Nikolaiten und des Kerinth, beides Gnostiker, beseitigen[31], und in seinen Briefen legt er mit deutlichem Blick auf den frühgnostischen Libertinismus den Finger neben der Wahrheitserkenntnis auf das Halten der Gebote und die Liebe. Gegen die pseudo-apostolischen Schriften und Evangelien der Gnosis ergriff Irenäus die Feder und nahm ihnen ihre Geltung durch seinen Verweis auf die Tradition. Dasselbe erreichte die allmähliche Kanonbildung der Kirche. Den anderen, gefährlichen Weg der Gnosis aber, nämlich den, sich auf die Heilige Schrift selbst zu berufen und sie so tendenziös auszulegen, daß sie den gnostischen Mythos als Inhalt des christlichen Glaubens zu verkünden schien[32], hat derselbe wachsame Irenäus, und nach ihm Origenes, mit Erfolg als Irrweg gekennzeichnet. Wenn wirklich die synkretistische, antibiblische Schriftauslegung etwas vom Wesen der eigentlichen «Gnosis» ausmacht, dann ist ersichtlich, von welch entscheidender Bedeutung die antignostische Bibelexegese des Origenes für die Kirche in ihrem geistigen Existenzkampf mit der häretischen Gnosis ge-

[28] H.-Ch.Puech, Le Manichéisme, Paris 1949, S. 73.

[29] Quispel ebd. S. 17.

[30] Adv. haer. III 11,7.

[31] J. Daniélou meint, das Johannesevangelium richte sich gegen einen Kreis «bekehrter, aber irregeleiteter Essener, die in den Verfolgungen des Jahres 70 [aus Qumrân] nach Kleinasien verschlagen worden sind.» Qumrân und der Ursprung des Christentums, Mainz 1958, S. 145.

[32] Irenäus, Adv. haer. III 11,12: «Nicht einmal unser Evangelium bleibt von ihren Lästerungen verschont.»

wesen ist. Auch Hippolyt machte auf die falsche Schriftauslegung der Gnostiker aufmerksam[33]. Irenäus aber hat «in methodischer Weise die Unhaltbarkeit des gnostischen ‚Schriftbeweises' aufgedeckt»[34].

Nach Loewenich sind es «hauptsächlich zwei Vorwürfe, die Irenäus gegen die gnostische Exegese erhebt:

a) Die Gnostiker beachten nicht den Zusammenhang, in dem eine Stelle steht. Jedes Schriftwort aber muß aus dem Ganzen der Schrift erklärt werden.

b) Die Gnostiker halten sich mit Vorliebe an die dunklen Stellen in der Schrift. Man muß aber umgekehrt die dunklen Stellen von den hellen her zu erklären versuchen.»[35]

Irenäus habe «den Schriftbeweis gegen die gnostische Johannes-Auffassung – von Einzelheiten abgesehen – überzeugend durchgeführt.» Darin liegt für Loewenich «die größte Bedeutung des Irenäus für die Geschichte des Johannes-Verständnisses: Er hat gezeigt, daß das Johannes-Evangelium nicht der Gnosis, sondern dem kirchlich-biblischen Christentum gehört. ... Kann man Irenäus in seiner Theologie auch nicht als spezifisch johanneisch bezeichnen und mag er auch in seinem Ringen um eine methodische Exegese nicht viel über die ersten Ansätze hinausgekommen sein, diese Mängel werden reichlich aufgewogen durch das Verdienst, das er sich für das Johannes-Verständnis aller Zeiten erworben hat: Er ist es, dem es die Kirche in erster Linie zu danken hat, daß ihr das Johannes-Evangelium erhalten geblieben ist.»[36]

Mit einer tüchtigen Defensive ist aber ein Kampf meist noch nicht entschieden. So war die einige Jahrzehnte nach Irenäus an Origenes gerichtete Bitte um einen Johanneskommentar durch das Verlangen nach einer positiven Widerlegung der gnostischen Exegese hinreichend motiviert. Zu-

[33] Philosophumena VI 55.

[34] W. von Loewenich, Das Johannesverständnis im zweiten Jahrhundert, in: Beih. zur ZNTW 13 (1932) 139.

[35] Ebd. S. 139.

[36] Ebd. S. 140f.

dem hatte Irenäus nur die Johannes-Erklärung[37] des Ptolemäus[38] im Auge gehabt. Unterdessen aber hatte Herakleon seine ausführlichere und tiefergehende Erklärung geschrieben, der kirchlicherseits noch nichts entgegnet worden war. Daß Ambrosius gerade diese Schrift wünschte, dürfte also seinen Grund im neuen gnostischen Kommentar gehabt haben, wie überhaupt in der Rolle, die dieses Evangelium in der valentinischen Schule spielte. Überdies kam das vierte Evangelium, das so viel vom Erkennen und von der Wahrheit redet, mit seinem mystischen Tiefsinn der Denkweise der Zeit am meisten entgegen. Ambrosius, der neubekehrte Laie, stand noch grenznah an der Gnosis. Er hatte vielleicht noch nicht die sichere Unterscheidung zwischen dem gewonnen, was an der Gnosis von Grund auf heterodox, und was dem Christentum assimilierbar war. Er hatte wohl die verbindenden Linien zwischen der Gnosis und Johannes gesehen, aber auch gespürt, daß Herakleons Kommentar die Theologie des Johannes nicht rein wiedergab. Daher wandte er sich um Hilfe an seinen einstigen kirchlichen Lehrer. Origenes ist damit eine doppelte Aufgabe gestellt: die der Kritik an der gnostischen Erklärung, und die einer kirchlichen Erklärung, die nicht nur apologetisch oder homiletisch wäre[39], sondern methodisch und wahrhaft mystagogisch. Denn die christliche Lehre durfte, so erwarteten Menschen, welche die «Gnosis» kannten, an Tiefe der gnostischen Selbsterfahrung, die der Gnostiker in der Schrift wiederfand, nicht nachstehen. Origenes unternimmt mit demütigem Ernst und mit Bangen eine großangelegte wissenschaftliche und spirituelle Erklärung des Johannes-Evangeliums, in die er seine Kritik an einer Reihe von Glossen des Herakleon einstreut, die er im Wortlaut anführt.

[37] Vor allem des Prologs.

[38] Iren., Adv. haer. I 8,5 (ed. Harvey I,75–80).

[39] Bis zu Origenes wurde die Schrifterklärung in der Kirche nur homiletisch geübt. Auch Hippolyts Exegese bleibt in diesem Rahmen.

II

Die Kritik des Origenes an Herakleons Johannes-Erklärung und seine Haltung zur Gnosis

Origenes erkennt, daß der Irrtum Herakleons in seinen Grundlagen liegt, und tadelt zunächst dessen «gewalttätige» Methode, seine bereits feststehenden Ideen dem Evangelientext zu unterschieben. Manchmal geht er auf Einzelheiten ein, auf sachliche Unrichtigkeiten, ungenaue Beachtung des Textes und dergleichen. Gelegentlich faßt er seine Kritik in einem einzigen beißenden Satz zusammen. Die grundsätzliche Ablehnung hindert ihn indes nicht, bisweilen eine gute Erklärung anzuerkennen (VI.3; XIII.10)[40].

Aus der Kritik des Origenes erfahren wir einige seiner eigenen exegetischen Grundsätze. Vor allem mißbilligt er, daß Herakleon «gewalttätig» mit dem Text verfahre, auslasse, hinzufüge, ändere, oder sich nicht um den Wortsinn kümmere (II.21; XIII.46). Der Meister der Allegorese fordert, daß sich der Exeget an den unverfälschten Text als Grundlage halte. Die Mißachtung dieses Gebotes irgend einer Lösung zuliebe gestattet er nicht und macht sich selbst denn auch unsägliche Mühe, es einzuhalten.

Eine andere, mit der ersten verwandte Gewalttätigkeit sei es, gnostische Hypothesen und Phantasien in den Text hineinzudeuten und Irrlehren mit der Schrift zu verknüpfen (XXVIII.22). Derartige Schrifterklärungen verfallen dem Urteil, kein «Zeugnis» (*μαρτύριον*) für sich zu haben, keine Stütze in der Tradition und der übrigen Schrift[41]. Sie kenn-

[40] Vgl. W. Völker, Die Stellung Heracleons, S. 48–52. Völker erweckt m. E. fälschlicherweise den Eindruck, als habe Origenes die Exegese des Herakleon mehr anerkannt und geachtet, als kritisiert und verurteilt. Selbst wo die Unterschiede gering erscheinen, neigt Origenes doch zu stark ablehnenden Worten. Vor allem aber ist nicht zu übersehen, daß Origenes seine Erklärung oft der gnostischen entgegensetzt, ohne letztere zu erwähnen. Der Gegensatz ist deutlich und wesentlich, wenngleich der Gegner oft ungenannt bleibt.

[41] Das war vor allem das Argument des Irenäus in der Bekämpfung der gnostischen Exegese (Adv. haer. III 2,1).

zeichnen sich dadurch selbst als hypothetisch und «privat» (II.14; XIII.17). Außer der Treue zum Text erhebt Origenes also als exegetische Forderung die nach der Legitimierung einer Auslegung durch Zeugen. Eine Auslegung, die sich nicht in den Sinn der ganzen Schrift und in die Lehre der Kirche einfügt, macht sich als «Privaterklärung» verdächtig und läßt sich leicht durch andere Schriftstellen widerlegen (XX.24).

Als mit der Ganzheit der Schrift und der kirchlichen Tradition unvereinbare gnostische Grundlehren, deren Widerlegung sich durch den ganzen Kommentar hindurchzieht, lassen sich folgende herausstellen: Die übertriebene Inferiorität des Logos gegenüber dem Vater[42]; seine verminderte Kausalität bei der Welterschaffung, wonach er nicht die direkte instrumentale und exemplarische Ursache der Schöpfung wäre; die Welterschaffung durch einen Demiurgen, der nicht Gott und nicht Logos ist; endlich die Anthropologie, nach der die Teilhabe am Logos in der Präexistenz des menschlichen Selbst auf eine bestimmte Art von Menschen beschränkt bliebe, so daß Heil und Verderben naturhaft bedingt und nicht jeder zur Gotteserkenntnis, zur Verähnlichung mit Gott und zum Heil befähigt wäre. Die so geleugnete, oder nur in sehr beschränktem Maße dem Psychiker zuerkannte Willensfreiheit verteidigt Origenes als das Unaufgebbare, das jeden Menschen als Geschöpf nach Gottes Bild, als geistiges Geschöpf auszeichnet. Origenes ersetzt somit – in völlig richtigem Verständnis des Johannes – den kosmologischen und anthropologisch präexistenten, naturhaften Dualismus der Gnosis durch einen Entscheidungsdualismus aus menschlicher Freiheit.

Einzelne Stellen hat Herakleon nach dem Urteil des Origenes einfach nicht verstanden (VI.15). Er sei ohne Fachkenntnis und leichtfertig verfahren (VI.60), habe die Tatsachen verfälscht (X.11), seine Erklärung sei wässerig und

[42] Die Subordination des Logos unter den Vater bleibt immerhin auch bei Origenes ein allerdings damals noch kaum vermeidbarer Rest gnostischer Logoslehre.

ungeschickt (X.19), dabei großtönend (VI.39), unlogisch (XIII.49; XX.28) und widersprüchlich (XIII.11). So sei er unüberzeugend und leicht aus der Schrift widerlegbar (XIII.17). Da Herakleon keine weiteren Schriftzeugnisse für eine Auslegung heranziehe (VI.60), sei seine Exegese ungesichert (VI.15), unbegründet (XIII.10,15), willkürlich (II. 14), gewalttätig (XIII.10), eigenmächtig und textwidrig (XIII.17), voll gnostischer Phantasterei und überheblicher Einbildung (XIII.16), kurz: verwegen und ehrfurchtslos (II.14; XIII.61).

Nirgends aber – und das kennzeichnet Origenes – steigt bei ihm der Gedanke auf, der das Hauptargument Tertullians gegen die gnostische Exegese überhaupt war: das Forschen über die Glaubensregel hinaus nach Geheimnissen in der Schrift, die nicht klar ausgesprochen wären, sei eine neue Mode, die von Unglauben zeuge[43]. Wenn die gnostischen Schrifterklärer sich auf das Wort Jesu beriefen: «Forschet in den Schriften!» (Joh 5,39), dann entgegnete ihnen Tertullian, damit seien die Juden aufgefordert, Christus im Gesetz und in den Propheten zu suchen. Habe man aber den Glauben gefunden, so sei weiteres Suchen Unglaube, der anstelle des Glaubens die Wißbegier setze[44]. «Gegenstand des Suchens ist die Lehre Christi, und zwar natürlich nur so lange, bis man sie findet. Man hat sie aber gefunden, wenn man zum Glauben gelangt ist.» Aller Fortsetzung des Suchens und Findens hat der Glaube ein Ende gesetzt[45]. Er ist für Tertullian eine «Schranke» und ein «Grenzgraben». Wenn der Glaube nicht Ziel und Ende des Suchens ist, suche man doch nur weiter nach der Lehre Marcions, Valentins und des Apelles. «Mögen sie, wenn es ihnen so gefällt, ein stoisches und platonisches und dialektisches Christentum aufbringen! Wir indes bedürfen seit Jesus Christus des Forschens nicht mehr, und nicht mehr des Untersuchens, seitdem das Evangelium verkündet ist,»[46] denn es gibt kein

[43] De praescriptione haereticorum c. 14.
[44] Ebd. c. 8 und 14.
[45] Ebd. c. 10.
[46] Ebd. c. 7.

«verborgenes Evangelium».[47] «Dein Glaube, heißt es, hat dir geholfen (Lk 8,48), nicht die Vertrautheit mit der Schrift.»[48]

Tertullian, der Jurist, dessen Denken geschult ist an der Klarheit der römischen Rechtssprache, läßt keine «versteckte Hindeutung auf eine Geheimlehre» gelten, sondern schärft ein, daß «keine andere Lehre neben der öffentlich gehörten [d.h. überlieferten] zuzulassen ist».[49]

Origenes dagegen, der in platonischer Kontemplation sich über die sinnenhafte Welt erhebende Mystiker, der Nachfolger des Klemens von Alexandrien, für den der Glaube nicht «Grenzgraben» ist, sondern ein Anfang, welcher sich zu tieferer Erkenntnis (Gnosis) entwickeln soll, tritt dem gnostischen Suchen und Forschen und der gnostischen Schrifterklärung mit anderer Mentalität und anderen Mitteln entgegen. Sein Lehrer Klemens, dem Origenes durch Unterricht und Schriften so vieles verdankt[50], hatte bereits gesagt: «Durch die Erkenntnis kommt der Glaube zu seiner Vollendung, da der Gläubige allein auf diese Weise vollkommen wird.»[51] Dieselbe bejahende Haltung zur Gnosis, insofern sie Glaubenserkenntnis ist, nimmt Origenes ein. Und eben daher ist er imstande, auch das Echte im Anliegen und Ziel der «fälschlicherweise sogenannten Gnosis» zu sehen und ihrem Anliegen «in Wahrheit», wie Origenes so oft sagt, zu entsprechen.

Seine grundsätzliche Haltung zur Gnosis beschreibt er selbst im Johanneskommentar (V.8), wo er sich einmal gegen den Vorwurf rechtfertigt, viele Worte [das heißt auch viele Gedanken (*πολυλογία*)] zu machen. Er zollt dort dem ehemaligen Gnostiker Ambrosius seine Anerkennung dafür, daß er sich nicht mit einem «vernunftlosen und unwissenden Glauben» begnüge, mit einer undurchdachten

[47] Ebd. c. 25.

[48] Ebd. c. 14.

[49] Ebd. c. 25.

[50] Obwohl Origenes Klemens nie namentlich anführt, ist dessen starker Einfluß doch nachweisbar. Dasselbe gilt übrigens bezüglich Philo.

[51] Strom. VI 10,55,1 (BKV² II.20 S. 60).

Annahme der bloßen Heilstatsachen, die Tertullian in der Glaubensregel zusammengefaßt findet.[52] Origenes nennt das gewöhnlich den «bloßen Glauben» (ψιλὴ πίστις)[53]. Da es also Menschen gibt – und sie sind lobenswert –, die nach einem erleuchteten Glauben verlangen und Einsicht in die tieferen Geheimnisse und in die Zusammenhänge der Verkündigung[54], muß es auch kirchliche Lehrer geben, die «das Beste vermitteln», sowohl das richtige Dogma, als die «erhabene Höhe des evangelischen Kerygma». Andernfalls wenden sich jene Suchenden der häretischen Gnosis zu, die in schwindelnde Höhen und abgründige Geheimnisse zu führen vorgibt. Mit vornehmem Edelmut gesteht Origenes hier einem ehemaligen Gnostiker zu, daß er «aus Liebe zu Jesus» geforscht hat und eben «mangels solcher, die das Bessere vermitteln», sich falschen Lehren hingab.

III

Entwicklung der Theologie des Johanneskommentars aus der Dialektik mit naiv judaisierenden Christen und spiritualisierenden Gnostikern

Entgegen einer – nach seinen Homilien zu schließen – zahlenmäßig und emotional recht auffällig vertretenen rohjudaisierenden Geistesrichtung, welche «die Leiblichkeit der Tatsachen des Christentums zu einseitig im Glauben festhielt, und von diesem Leibe sich nicht zur Idee erhob»[54a], und entgegen einer kirchlichen Richtung, die bei der notwendigen Absicherung des christlichen Geistes durch

[52] De praescr. haeretic. c. 13.

[53] XIX. 3; XX. 33.

[54] In den Weissagungsbeweis, der in der Erfüllung des Alten durch das Neue Testament besteht; in die Typologie des Alten für das Neue Testament; schließlich in die Analogie des Glaubens, d.h. die zusammenhängende Ganzheit der Offenbarungswahrheiten, in den mysteriorum ipsarum nexum inter se, wie das Vaticanum sich ausdrückt (D 1796).

[54a] J. A. Möhler, Versuche über den Ursprung des Gnostizismus, Tübingen 1831, S. 9.

äußere Gesetze und feste Institutionen Gefahr lief, den lebendigen Geist selbst aus dem Bewußtsein zu verlieren, fühlte sich Origenes entschieden zu einer spiritualisierenden gnostischen Richtung hingezogen.[55]

Ausgehend von Gottes reiner Geistigkeit, dem für Platoniker wie Gnostiker grundlegenden Dogma, war Origenes wie jene überzeugt, daß alles Göttliche pneumatisch sei, auch das Göttliche in der Person und Geschichte Jesu. Pneumatisch will sagen, der oberen Welt, dem platonischen *κόσμος νοητός*, dem gnostischen Pleroma oder dem johanneischen «Oben» zugehörig. «Unsichtbar würde die Schrift es nennen (Röm 1,20; Kol 1,15f), unkörperlich die Griechen» (XIII. 22). Darum versteht man alles, was über Gott geschrieben ist, die biblischen Anthropomorphismen, die Typen des göttlichen Heilswirkens und die Taten Jesu nur dann «gottgeziemend» (*ϑεοπρεπῶς*), wenn man es «geistig versteht»[56] (VI. 4; XIII. 24; XXXII. 4). «Der Geist ist es, der Leben wirkt, das Fleisch nützt nichts» (Joh 6,63). Deshalb ist das «geistige Evangelium» (*εὐαγγέλιον νοητὸν καὶ πνευματικὸν*) die eigentliche Offenbarung und die göttliche Kraft des «sinnenhaften Evangeliums» (*εὐαγγέλιον αἰσϑητὸν* – I. 8). *Geist und Welt* sind verbunden, auch in der Offenbarung (Frgm LXIII). Um Sinn und christliche Lösung dieser Verbindung ringt die origenistische Theologie. Daß es eine Lösung geben müsse, sagt die paulinische Opposition von «Geist und Fleisch»; daß aber auch die Verbindung Sinn im Heilsplan habe, das liegt im johanneischen «Und das Wort ist Fleisch geworden.»

Das Verhältnis der pneumatischen zur materiellen Welt ergibt sich aus dem Verhältnis Gottes zu dieser Welt. Die Gnosis hat Gott und Welt dualistisch geschieden. Der höchste Gott kann nur Geistiges schaffen, darum kann die

[55] Aus ähnlicher Absicht sind auch die Reformversuche Marcions und der Montanisten entstanden. Im Gegensatz zu ihnen – Marcion bekämpft er sogar – blieb Origenes der Mann der Kirche, aber auf deren äußerstem spirituellem Flügel.

[56] *πνευματικῶς ἀκούειν, νοητῶς νοεῖν.* Auch Herakleon erklärt das Heilsgeschehen als geistiges Geschehen (XIII. 19).

geschaffene Welt nicht seine Schöpfung sein, sondern sie ist die Folge irgendeines Abfalls. Nach Apelles und Marcion hat ein böser Demiurg sie gebildet. Herakleons gemilderter Dualismus stellt sich den Demiurgen zwar als Gottes gläubigen Diener vor (XIII. 60), seine Schöpfung aber ist doch «ein Berg der Schlechtigkeit» und «völlig verderbt» (XIII. 6; II. 14).

Diese gnostische Trennung des höchsten Gottes vom Schöpfer, und damit auch Gottes und der sinnenhaften Welt, überwindet Origenes durch seinen biblischen Schöpferglauben. Gott ist ihm nicht der unendliche Abgrund der Gnostiker, der nur durch Negationen beschrieben werden kann[57], sondern der lebendige Gott der Schrift, «der Gott der Heiligen und der Lebendigen» (II. 17), der Gott der Güte und des Wohltuns (VI.6). Aber doch ist sein Wesen schlechthin transzendent, geistig, unkörperlich und unwelthaft (XIII.21), ein Abgrund, der nur dem göttlichen Logos erkennbar ist (II.2). Zwischen dem unwelthaften Gottesbegriff der zeitgenössischen Religionsphilosophie und dem biblischen Schöpferglauben vermittelnd setzt Origenes den Logos als Instrumentalursache und Demiurgen ein, denn «alles ist durch Ihn geworden» (Joh 1,3).

Der Logos ist wesenhaft Gott durch Teilhabe an der Gottheit des Vaters, in Abhängigkeit vom Vater, aber gleichen Wesens mit Ihm (II.2,23; X.37) wie der Heilige Geist (der seinerseits auch vom Sohn abhängig ist – II.10). Von Ewigkeit und immer ist der Logos bei Gott (II.2; Frgm I), von Anbeginn «alleine Sohn Gottes von Natur» (II.10), «der Abglanz der ganzen Herrlichkeit Gottes», in unvermittelter und inniger Gemeinschaft des Erkennens und Wollens mit dem Vater (I.27; XIII.36; XXXII. 28). Diese Begriffe lassen über das ewige Gottsein des Sohnes keinen Zweifel.[58] Ori-

[57] F. M. Sagnard, La gnose valentinienne et le témoignage de saint Irénée, Paris 1947, S. 617. Die apophatische Theologie wird erst ein Jh. später im Neuplatonismus dominierend.

[58] Wenn es II.2 heißt, Der Erlöser sei *μετοχῇ τῆς ἐκείνου* (sc. *αὐτοθέου*) *θεότητος θεοποιούμενος*, so ist damit nichts über die *οὐσία*, sondern nur über die *ἀρχή* des Gottseins gesagt.

genes steht unter den Vätern vor 325 dem nicäischen Glaubensbekenntnis am nächsten.[59]

Angesichts des noch am strengen jüdischen Monotheismus hängenden Monarchianismus jedoch war es für Origenes weniger vordringlich, die Gottheit des Sohnes zu beweisen, als sein vom Vater verschiedenes Personsein.[60] Er hebt es hervor, daß die Schrift mit der Aussage: «Der Logos war im Anfang» die Einheit *und* die Verschiedenheit zugleich offenbart (II.9). Unter der Bezeichnung «Weisheit», dem «ältesten Namen des Erstgeborenen», der Ihn als den schlechthinigen Anfang des Alls bezeichnet, ist von Ihm gesagt, das Er «Hauch», «Ausfluß», «Abglanz», «Bild» Gottes sei (Weish 7,25). Für Origenes ist diese Stelle der biblische locus classicus für die Beschreibung der Relation der ersten beiden göttlichen Personen (XIII.25; PA I2,5–13). Ihr folgend bestimmt er das Verhältnis von Vater und Sohn als Gleichheit in Abhängigkeit. Selbst wenn Spr 8,22 die «Weisheit» von sich sagen läßt: «Gott schuf mich», so vermeidet Origenes doch die in den biblischen Ausdrücken liegende Gefahr, den Sohn ein Geschöpf (*κτίσις*) zu nennen, oder eine Emanation (*ἀπόρροια* = Ausfluß) im gnostischen Sinn. Auch «zweiten Gott» nennt er den Logos nie, wie die mittleren Platoniker es taten.[61] Die Arianer später beriefen sich demnach zu unrecht auf Origenes, der sie im Gegenteil schon im voraus widerlegt hatte, indem er sagte: «Es gab nie einen Augenblick [der Ewigkeit], in welchem der Anfang ohne Logos war» (II.19). Der Sohn unterscheidet sich vom Vater nur dadurch, daß der Vater das Gott- und Per-

[59] S. dazu H. Crouzel, Théologie de L'Image de Dieu chez Origène, Paris 1956, S. 98–121. In seinem späteren Kommentar zum Hebräerbrief gebraucht Origenes schon die nicänische Formel *ὁμοούσιος* für die Gemeinsamkeit des Wesens von Vater und Sohn (PG XIV, 1308D).

[60] Vom rechten Glauben an die Trinität überzeugt Origenes einen monarchianischen (patripassianischen) Bischof Arabiens in einem Gespräch etwa im Jahr 245, dessen Nachschrift 1941 bei Toura in Ägypten gefunden wurde. (Mit französischer Übersetzung hrsg. von J. Scherer, Entretien d'Origène avec Héraclide et les Evêques ses collègues sur le Père, le Fils et L'Ame, Kairo 1949).

[61] Z. B. Numenios (bei Euseb., Praep., Evang. XI.12, PG 21,905B).

sonsein ungezeugt besitzt (I.27; II.10), der Sohn aber in Abhängigkeit vom Vater (XIII.34).

Die Formeln für diesen trinitarisch richtigen Glauben sind subordinatianisch. Sie hören sich für uns anstößig an, weil Origenes, um die Abhängigkeit des Sohnes vom Vater auszudrücken, sich der platonischen Kategorie der Teilhabe bedient (II.2), und weil er das Wort Jesu: «Der Vater ist größer als Ich» auch vom Demiurgen gelten läßt, nicht nur vom menschgewordenen Christus (I.35). Die Unterscheidung des Ranges ist ihm Mittel zur Unterscheidung der Personen (II.10; XXVIII.29), nicht ihres Wesens; ein unzulängliches, aber zur Kontroverse gegen den Monarchianismus geeignetes Mittel. Der Begriff der Unterordnung des Sohnes unter den Vater «war ein an sich notwendiger, wenn auch nicht der höchste Begriff»[62], dem Glaubensinhalt [der Väter selbst] «nicht völlig angemessen»[63], sondern Ausdruck der konkreten Dialektik ihrer Zeit».[64]

Außer dem trinitarischen hat der Subordinatianismus bei Origenes einen soteriologischen Aspekt. Er spricht die Mittlerfunktion des göttlichen Logos aus. Zum Wesen des Logos gehört es, Kommunikation zu schaffen (I.19), als Offenbarer und Erlöser der Schöpfung zugewandt zu sein (I.10). Er ist Typ der verborgenen Wahrheit des Vaters, verkündendes «Bild» (*τὸ ἀπαγγελτικόν* – I.38). Die Beziehung, die Er zum Vater hat, teilt Er den geistigen Wesen mit, die somit über Vermittlung des Logos in Beziehung zum Vater treten. Der Vater ist Gott aus sich selbst (*αὐτόθεος*); der «Erstgeborene» ist Gott durch Teilhabe. Er wiederum «verhilft» uns, durch Teilhabe an Sich «Götter» zu werden. Der Vater ist Prototyp, den nur der Sohn erkennt. Der Logos ist «Bild», das auch wir zu erkennen vermögen, Archetyp für die Ebenbilder «nach dem Bilde» (II.2). Gott ist für uns

[62] J. R. Geiselmann, Die lebendige Überlieferung als Norm des christlichen Glaubens dargestellt im Geiste der Traditionslehre Joh. Ev. Kuhns, Freiburg 1959, S. 251.

[63] J. E. Kuhn, Dogmatik, Tübingen ²1859, S. 171.

[64] Geiselmann ebda.

nicht anders erkennbar als durch Vermittlung des Logos (XIX.6). Er bleibt in unzugänglichem Dunkel für die menschliche Natur (II.28), die Ihn nur zu fassen vermag im Logos, dem «Licht der Menschen». Der Logos ist unser Leben – der Vater ist mehr als das Leben (XIII.3).

Die Konzeption des inferioren Mittler-Logos fand Origenes bei Philon vor und machte sie sich um so selbstverständlicher zu eigen, als er in ihr auf Quellen stieß, aus denen auch er schöpfte: die griechische Bibel (die Septuaginta übersetzt das hebräische dabar meist mit *λόγος*), den Platonismus (Logos = ewige Idee der sichtbaren Welt), den Aristotelismus (Logos = göttliches Denken – *νοῦς*) und die Stoa (Logos = Sinn in allen Dingen). Diese Logos-Vorstellung ließ sich benützen zum Verständnis des johanneischen Logos, und zugleich bot sie sich an zur Korrektur der gnostischen Logos-Vorstellung, die folgendes Ergebnis zeigt: Der Logos ist mit dem Vater wesensgleich, abhängig von Ihm und gehorsam; für die geistigen Wesen ist Er der Urlogos, der *jedem* Menschen die Geistigkeit verleiht (*λόγος* = Vernunft – II.3,23); für die Welt ist Er Gottes Weisheit, Inbegriff der göttlichen Schöpferideen und die Zusammenfassung der Urbilder der Welt (I.19; II.18), das Einheitsprinzip der Welt. Als Weisheit, die aus Gott als «Ursprung» (*ἀρχή*) der Schöpfung hervorgeht, ist Er der «Erstgeborene aller Schöpfung» (Kol 1,15) und selbst «Kosmos»; freilich ewig gezeugter «geistiger Kosmos», nicht «von dieser Welt» (Joh 8,23) des Stoffes (XIX.22).

Die sichtbare Welt ist «abbildlich» (*εἰκονικός* – Frgm VI), «Schatten, Typ und Bild, im Unterschied zur wahren» Welt, nach der sie gebildet ist (II.6). Das Verhältnis der sinnenhaften zur wahren geistigen Welt ist das der Analogie, nicht des Trugs[65] (I.26). Weil die Urbilder der sichtbaren Welt in der göttlichen Weisheit und im Logos eingeschlossen sind, ist sie ein einziges Symbol (XIX.22;

[65] Daher oft die Vergleiche *ὡς–οὕτως* (I.38; II.32). Analog besagt Ähnlichkeit, doch nicht Gleichheit (*ἀνάλογον .. εἰ καὶ μή, πάντη ὅμοιον* – VI.17).

Frgm LXXXVII; LXXXIX; CXL). Die gesamte erfahrbare Welt ist typologisch gebaut und daher transparent für das Mysterium. Das Licht der Sonne, der Sterne und des Tages ist Hinweis auf das wahre Licht; Wort, Leben, der Tod, Brot, Wein, Wasser, Berg, Weg, die Orte und ihre Namen (X.12), Zahlen, die ganze Welt und alles in ihr ist voller Symbolik und hat durch den Logos eine Beziehung zu Gott. Alle Dinge sind wegen ihrer Gestaltung durch die Weisheit und wegen ihres Logosgehalts worthaft, ausdrucksfähig, erkennbar. Der Logos ist ihr Seins- und Erkenntnisprinzip.

Wie von den Dingen, so gilt das auch von den Ereignissen der Welt. Auch «die Geschichte ist ein Bild[66], was zugleich besagen will, daß sie nur Bild (Schatten) ist, und daß sie die Bedeutung eines Bildes (Zeichens) hat: durch das Bild der Geschichte hindurch muß man die Wirklichkeit auffinden.»[67] Geschichtliche Ereignisse sind Typen geistiger Wirklichkeit.[68]

Wie man *das Verhältnis* von Gott und Welt bestimmt, so wird man auch dasjenige von Gott und welthafter Offenbarung[69] sehen. Der Gnostiker Marcion schied beides streng dualistisch: Gott vom Demiurgen und seiner Schöpfung, und folgerichtig auch das Evangelium des Vatergottes und Erlösers vom alttestamentlichen Gesetz des bösen Demiurgen, das allzu irdisch rede und welthafte Gesetzlichkeit lehre. Letzteres verwarf er und ließ nur das Evangelium vom «fremden Gott der Liebe» und vom ewigen Reiche gelten. Selbst das Evangelium «reinigte» er noch von allem Welthaft-Leiblichen, Jüdischen und Gesetzlichen und strich Stellen, die von der Menschheit Jesu sprechen (X.6).
Da Marcion von zwei Seinsprinzipien (*ἀρχαὶ* = Göttern)

[66] *εἰκὼν ἱστορική* (X.4).

[67] M. Harl, Origène et la Fonction révélatrice du Verbe incarné, Paris 1958, S. 143.

[68] *οὐ γὰρ νομιστέον τὰ ἱστορικὰ ἱστορικῶν εἶναι τύπους καὶ τὰ σωματικὰ σωματικῶν, ἀλλὰ τὰ σωματικὰ πνευματικῶν καὶ τὰ ἱστορικὰ νοητῶν* (X.18).

[69] «Welthaft» bedeutet hier die Form, das Ausdrucksmittel der Offenbarung.

ausging[70], verweist Origenes mit Nachdruck auf den Mittler-Logos, der «im Anfang» (ἐν ἀρχῇ) und als Weisheit selbst Seinsprinzip (ἀρχή) ist. Wie der Logos als Mittler Gott und Welt verbindet, so bildet Er den «Zusammenhang» von Altem und Neuem Testament. Unaufhörlich wiederholt Origenes, daß Jesus die Juden aufforderte, im Gesetz Ihn zu suchen, «denn Moses schrieb über Mich» (Joh 5,46 – XIII.26). Die Schrift des Alten Bundes ist voll der Gegenwart des Logos, wie die Felder der Natur, die «durch Ihn» geschaffen und daher «gut» sind (XIII.42). Der Buchstabe der Schrift läßt sich vergleichen mit der sichtbaren Welt, weil derselbe Logos Autor der Bibel und Schöpfer der Welt ist, den als Sinn (λόγος) die eine wie die andere birgt.[71] Es ist eben nicht so, wie Marcion meinte, daß das Alte Testament eine welthafte, das Neue Testament eine pneumatische Schrift sei, sondern beide sind welthaft, insofern sie anthropomorph, metaphorisch und in Typen sprechen und sichtbare Geschichte berichten; aber beide sind auch pneumatisch, insofern derselbe Logos in ihnen verkündet wird. Die ganze ungeteilte Schrift bildet den Leib des Logos, «den einen Leib der Wahrheit» (XIII.46), und die Welt ist das «Gewand», die «Sandale», die Er sich angezogen hat. Beide sprechen vom Logos, die Schrift in ihrem anagogischen Sinn, die Welt durch ihre Analogie.

Als Gleichnis der himmlischen ist die irdische Welt eine einzige hinführende Vorbereitung (προαγωγή – XIX.6) auf die übernatürliche Offenbarung[72], ein von der göttlichen Weisheit gestaltetes Gefäß für die Aufnahme des Logos, der in dieser Welt wirkt, durch sie spricht und in der Inkarnation personhaft in ihr gegenwärtig wird. Die nach Inhalt und Form gegebene Sakramentalität der Welt gipfelt in der

[70] Tertullian, Adv. Marcionem. Die Stellen s. bei A. v. Harnack, Marcion, Das Evangelium vom fremden Gott, ²1924, S. 204ff.

[71] H. de Lubac, Histoire et Esprit, L'Intelligence de L'Ecriture d'après Origène, Paris 1950, S. 353.

[72] Origenes schenkt indes der natürlichen Offenbarung als solcher kein Interesse, obwohl ihre Gegebenheit ausgesprochen ist (XIII.42), denn er will nicht Philosoph sein, sondern Bibelexeget.

Inkarnation. Der Leib Jesu ist Symbol der Kirche (X.39), Raum der Einwohnung Gottes. In der Kirche ist erfüllt, was im Kosmos angelegt und mit ihm gemeint war. Die Kirche ist der vollendete Kosmos (VI. 59). Bei der Inspiration hat der Logos in besonderer Weise die Ausdrucksfähigkeit dieser Welt als seine Stimme angenommen – Johannes der Täufer, Repräsentant des Alten Testaments (Frgm XVIII), ist dafür das Sinnbild (VI.17) – und hat mit seiner Macht menschliche Geschichte beeinflußt. Es ist der göttliche Logos, der in den Schriften des Neuen wie des Alten Bundes spricht und in seinen Gestalten typologisch erscheint, und dessen Mysterien in den biblischen Geschichten schattenhafte Darstellung finden (X.15–18). Die Inkarnation hat der Logoshaftigkeit der Welt, ihrem Wortcharakter, die Vollendung gebracht. In seinem Leib hat sich der Logos die Gestalt dieser Welt angebunden wie einen Schuh (VI.34). Im irdischen Leben Jesu ist alles Ausdruck, Symbol und Gleichnis für höheres Geistiges. Wer nur sinnenhaft hinsieht, ist in Wahrheit blind (XXVIII.12; Frgm XCIV). Wer Jesus sieht, aber das Mysterium in Ihm nicht sieht, der schaut nicht recht, selbst wenn er Augenzeuge ist (XXVIII. 11), denn die eigentliche Wahrheit liegt nicht im leibhaften und historischen Geschehen.

Ähnlich wie den Leib hat der göttliche Logos das menschliche Wort als seinen Ausdruck angenommen (XXXII.4). Der Wortlaut ist «Roß», das den Logos trägt (Apk 19.11–I.38), «irdene Schatzkammer,» die Ihn enthält (I.4), «dienende Gestalt» (*δουλικὸν σχῆμα* – XXXII.4). Der Logos verbindet sich mit irdischem Ausdruck wie mit seinem Leib, denn Er kommt «nicht nackt, ohne Stoff und leibhafte Anzeichen (*παραδείγματα*) zu den Menschen» (Frgm LXIII). Dem «Geheimnis der Leibwerdung» des Logos (*τὸ μυστήριον τῆς ἐνσωματώσεως* – VI.34) setzt Origenes das seiner Sprach- und Schriftwerdung an die Seite. Es ist ein Gleiches, Christus «dem Fleische nach» (2 Kor 5,16) und Ihn «dem Buchstaben nach» zu erkennen[73], denn beide, Fleisch und

[73] MtCo XV.3 (GCS 10.354,2).

Buchstabe, «haben dasselbe symbolische Verhältnis zum Geist».[74] Offenbarung erfolgt im einen wie im andern durch Symbole hindurch (VI.6), in Allegorie und Typ. Eine Reihe von Begriffspaaren entsteht so[75], deren analoges Verhältnis zueinander allerdings unter Einfluß des johanneischen Wortes «das Fleisch nützt nichts, der Geist ist es, der lebendig macht» (Joh 6,63) und des paulinischen «der Buchstabe tötet, der Geist macht lebendig» (2 Kor 3,6) zu einem gegensätzlichen umgewertet wird. Denn mit den Begriffen «Fleisch – Geist», «sichtbar – geistig» meint Origenes Natur und Übernatur, in deren ursprünglich harmonisch analoges Verhältnis durch den Sündenfall eine Spannung eintrat.

Den wunderbaren platonischen Exemplarismus, nach dem die sinnenhafte Welt ein Abbild des übersinnlichen Reiches der Ideen darstellt[76], hat Origenes mitsamt dem gnostischen Schema des Oben und Unten, des Einen und Vielen übernommen (V.5; VI.19; X.5).[77] Nur die Emanationslehre schied er aus, faßte «Weisheit» und «Logos» biblisch, und hat damit den Dualismus überwunden. Herrliche Texte wie I.19 und 34 entstanden so, und niemand wird sagen können, daß seine Lieblingsstellen Spr 8,22 und Ps 103,24 darin nur fremde Zugaben seien. Welch fruchtbare und

[74] H. U. v. Balthasar, Parole et Mystère chez Origène, Paris 1957, S. 49.

[75] *σάρξ – πνεῦμα*, «die im Streite liegen» (Gal 5,17) – XXVIII.12); *τὸ αἰσθητόν – τό ἀληθινόν* (I. 26); *σκιά – μυστήρια, αἰνίγματα – πράγματα* (I.7); *τύπος – φανέρωσις τῆς ἀληθείας* (I.26); *γράμμα – ἀλήθεια* (ebda); *σωματικὸς Ἰουδαϊσμοῦ σύστασις – πνευματικὴ χριστοῦ διδασκαλία* die äußerliche Haltung des Judentums – die geistige Lehre Christi (XXVIII. 12); *φωνή, ῥῆμα* (Wortlaut) – *λόγος, πνεῦμα, νοῦς, νόημα* (Sinn) – *μαθήματα, δόγμα*(Lehre); *ἱστορία – ἔννοια* (X.5); *ἱστορία ἐν τοῖς γράμμασιν – ἀλήθεια* (Wir bedienen uns der Geschichte gleichsam als einer Leiter und suchen die Spuren der Wahrheit in den Buchstaben dieser Stelle (XX.3); *γράμματα – μυστήρια ὧν τὰ ἴχνη ἐν τοῖς γράμμασιν* (XIII.50); und andere Variationen.

[76] Platon, Tim. 29A–30D; 92C.

[77] Dies ist einer der am heftigsten kritisierten Züge des «Origenismus». Vgl. Anathema II, III, VI, XIII, XIV des Konzils von Konstantinopel i. J. 553 (Mansi IX. 396–400).

kühne christliche Synthese Origenes mit übernommenen Einsichten zu schaffen imstande war[78], zeigt ein Text wie XIX.22.

Ebenda wird jedoch auch ein Punkt sichtbar, an dem sich Origenes nicht genügend von der gnostischen Weltanschauung befreit hat, und der später den leidenschaftlichen Anstoß am «Origenismus» erregte: er hält das Werden der sichtbaren Welt, trotz ihrer Sinn-(= Logos-)erfülltheit und ihres Gleichnischarakters, für eine gerechte *Folge des Abfalls* der präexistenten Geister.[79] Die materielle und sichtbare Welt überhaupt, nicht nur deren Gestörtsein, hält er für einen Ausdruck des Sündenfalls. Seine Soteriologie muß daher einen Zug zum Spiritualismus annehmen. Das Kreuz bedeutet ein Sterben für diese sinnenhafte Welt, die Erlösung bringt die Rückkehr zur geistigen Welt und in eine geistige Daseinsweise. *Erlösung* ist Umkehr des Sündenfalls und seiner Folgen.

Zur darniederliegenden Seele «steigt Jesus demütigst hinab», um ihre «erdenschweren und ungeistigen Bewegungen zu erziehen» (X.24); die zu Boden Gekrümmte aufzurichten, weil sie sich nicht selbst aufbücken kann, um die Augen zu erheben (XIII.42). Die im Grab ihres Sündentodes Weilenden ruft Er zur Umkehr (ἐπιστροφή) ins Leben (XXVIII.7). Als Erlöser hat sich der Logos allen Stufen des Falls angepaßt und ist «Erstling jeder Kreatur» (Kol 1,16) geworden (I.20). Das ist seine *Kenose*. Damit Er erkannt und begriffen werden könne, ist Er den Engeln «Bote (ἄγγελος) des großen Ratschlusses», (I.31), den Menschen ist Er Mensch geworden[80] und hat sich zu den in den Staub Gefallenen in die «Knechtsgestalt» hinein erniedrigt (Phil

[78] Damit folgt Origenes dem Prinzip der Bibel selbst, die ja nirgends ein eigenes Weltbild schuf, weder in der Genesis, noch bei Paulus oder Johannes, sondern die übernommenen Weltbilder inspirierte.

[79] Daher versteht Origenes unter καταβολή (Joh 17,24) nicht wie üblich «Grundlegung», sondern «Abfall».

[80] Die klassische Stelle dafür ist CC IV.15 (GCS1,284): «Aus Menschenliebe 'erniedrigte Er sich selbst', um von den Menschen begriffen werden zu können.»

2,7). Für die in ihrer Sünde Toten ist Er gestorben und «Erstgeborener unter den Toten» (Kol 1,18) geworden (I.20). «Der Erlöser ist also in einer viel göttlicheren Weise als Paulus ,allen alles' geworden, um alle zu gewinnen (1 Kor 9,22) und sie zu vollenden» (I.31). Die Kenose des Erlösers ist der «Weg zur Verwirklichung des Heilsplans» (Frgm XVIII). Sie ist Verbindung von Pneuma und Fleisch. Diese Kenose ist in der Inkarnation geschehen, deren Äußerstes der Gehorsam bis zum Tod am Kreuze (Phil 2,9) war, denn bis in den Tod, in die letzte Konsequenz des Falls mußte Jesus den Gefallenen nachgehen, weil der auf der Stufe der Sünde Stehende Christus nicht anders «als den Gekreuzigten» erkennen kann[81] (1 Kor 2,2–1.7,9,18; II.3; XIX.11). Der Logos, der «Fleisch geworden ist», die Menschheit Jesu, ist für uns Ausgangspunkt unseres Heilsweges, da wir mit der Wahrheitserkenntnis nicht bei der Größe der Gottheit anfangen können (I.18). Wo der Fall endet, im Fleische nämlich, da setzt auch die Umkehr an.[82]

Ziel der sich selbst erniedrigenden *Adaptation* des Erlösers ist es, ergriffen und erkannt zu werden und dadurch die geistigen Wesen[83] stufenweise zur Rückkehr (*ἐπιστροφή*)[84] zu ihrem Urbild und Ursprung zu führen.[85] Geistige Umkehr (*μετάνοια*) ist Annäherung an die Wahrheit (Frgm

[81] Nach dem Gleichheitsprinzip der Erkenntnislehre (s. Anm. 95).

[82] Ähnlich begründet Thomas von Aquin die Notwendigkeit der sichtbaren Sakramente (S th III q61 a1).

[83] Nur die Vernunftwesen sind der Hinwendung zu Gott fähig.

[84] Origenes entnimmt das Wort *ἐριστρέφειν* Ps 114,7 (I.12). Es spielt jedoch bei ihm nicht die gleich wichtige Rolle wie im Neuplatonismus, wo es zum Stichwort der Bewegungsumkehr wird: Abfall vom Einen zum Vielen (*ἀποστροφή*) – Rückkehr zur Quelle des Seins *ἐπιστροφή* – Plotin, Ennead. I 2,4). Die Bewegungsumkehr ist jedoch ein Kerngedanke der Erlösungslehre des Origenes (I. 12; X.42), den er früher als der Neuplatonismus und unabhängig von ihm entwickelt hat, aber doch angeregt, wie Plotin, von der gnostischen Kosmogonie als eines stufenweisen Falls. Man könnte diesen Origenismus die christliche Parallele des Neuplatonismus nennen und die christliche Lösung des gemeinsamen Problems.

[85] Der Platoniker Celsus hatte es geleugnet, daß Gott sich so um die Welt kümmere, daß Er das verlorene All zu Sich zurückholen wolle (CC IV.99, GCS 1,373).

III; X.17), Rückkehr zum Leben (XXVIII.7), ein Zurückfliehen zu Gott, dem Ziel der göttlichen Erziehung (Frgm IX) und Gehorsam gegen das Wort (den Logos), das die durch Ungehorsam unvollkommen gewordenen Werke des Vaters wieder vollkommen macht (XIII.37).[86] Umkehr ist Rückkehr (*μετάνοια* = *ἐπιστροφή*) der durch die Sünde in den Staub Erniedrigten zur Herrlichkeit des Ursprungs. Von der sinnenhaft ergreifbaren Menschheit Jesu und der Nachahmung seines Leidens, oder durch Strafen erzogen (XIII.37), steigt man stufenweise auf, im Maße der eigenen Vervollkommnung immer höhere Aspekte (*ἐπίνοιαι*) des Erlösers erkennend und durch Erkenntnis sich ihnen angleichend, bis man das Schönste des Logos erkennt und schließlich seiner Vermittlung nicht mehr bedarf, sondern den Vater von Angesicht zu Angesicht schaut, ähnlich wie der Sohn Ihn erkennt (I.20–28; X.9; XX.7). Die Erklärung der Titel Christi als Aspekte, die aus seiner Fülle diejenigen Heilsgüter anbieten, deren wir auf den verschiedenen Stufen unserer Heilssituation bedürfen, stellt Wesentliches der origenistischen Christologie dar. Sie ist deutlich von der gnostischen Auffassung einer Stufenordnung der gefallenen Welt und ganz soteriologisch konzipiert.

Der Tod Christi ist die tiefste Adaptation an das gefallene hinfällige Geschöpf. Christus nimmt den Tod an, dem die sinnenhafte Welt verfallen ist. Das bedeutet ein Gekreuzigtwerden des Fleisches (X.10), das Ende der sinnenhaften Leiblichkeit und deren Erhöhung, weil der Tod Christi eine Erhöhung und der Anfang der Verherrlichung ist. Im Tod Christi nimmt der Logos den Leib so sehr an sich, daß dessen bloße Stofflichkeit aufgelöst und der Leib mit dem Logos ein Pneuma wird. Der Logos kehrt zurück in seine Herrlichkeit beim Vater und nimmt das Menschliche und Leibliche mit in die Verherrlichung (XXXII.25). Das Symbol des

[86] Der Endzustand der Erlösung bringt eine «Wiederherstellung» (*ἀποκατάστασις*) (I. 16; XXXII. 20), deren Typ der Wiederaufbau des zerstörten Tempels und die Wiederherstellung des Volkes nach der Gefangenschaft, (X.42) und die Auferstehung Christi ist (X. 37). Dasselbe bedeutet «Vollendung» (*τελείωσις* – XIII.37).

Leibes[86a] wird verklärt. «Aus dem Kreuzesleiden vollzieht sich die Auferstehung Christi, und sie schließt die Auferstehung des ganzen Leibes Christi ein» (X.35).

Wortlaut und Buchstabe der Schrift, die der Logos angenommen hat wie einen Leib, erfahren durch die Auferstehung gleicherweise eine Verklärung. Nach der Auferstehung kann das Geistige der Schrift geschaut und in vollkommenem Glauben angenommen werden (X.43). Dem Sterben und der Auferstehung des fleischähnlichen Leibes des Logos entspricht die «*Anagoge*» seines Wortleibes (VI. 4; X.3), seine «Aufhebung» im hegelschen Sinn. Das Typologische und Historische muß vergehen, damit die fleischlich Gesinnten, die es festhalten möchten, an die geistige Wahrheit verwiesen werden (XXVIII.12). Der buchstäbliche Sinn der Schrift, den die sinnenhaft judaisierenden Christen als einzigen kennen, verliert an Wichtigkeit und wird erhöht zu geistiger Bedeutung. Das göttliche Mysterium der Schrift leuchtet auf in ihrer geistigen Deutung und überragt den Wortsinn wie der Geist das Fleisch. Die geistige Deutung enthüllt, daß die Worte Jesu Logos und Pneuma sind, nicht Buchstabe, daß sie lauteres Leben sind und nichts Totes (XXXII.20). Der Mystiker Johannes hat das am tiefsten gewußt.

Dem Dualismus fern, zeigt Origenes keinerlei doketische Neigung, weder der Menschwerdung, noch der biblischen Geschichte und dem Wortlaut gegenüber. Anagogische, allegorische oder pneumatische Deutung will die sinnenhafte historische Realität weder leugnen noch verflüchtigen, sondern verklären, sie transzendieren. Man kann den Glauben des Origenes auf die Formel bringen: Keine Historie ohne Mysterium, aber in dieser Weltzeit auch kein Mysterium ohne Historie. Daher trägt seine Theologie durchgängig sakramentale Struktur. Gerade dies haben die Kappadozier, Ambrosius, Augustinus, Gregor d. Gr. übernommen.

[86a] Der Leib Christi ist Symbol der Kirche und der Schrift. Seine Auferstehung und Verklärung symbolisiert die Auferstehung der ganzen Kirche und die geistige Erklärung (Anagoge) der Schrift.

Sakramentalismus und Symbolismus aber hören auf, wenn das geistige oder ewige Evangelium offenbar wird. Die gnostisch-dualistische Kosmologie lehrte die endliche Vernichtung alles Leibhaften – die Stoa bot dazu die Vorstellung vom Weltbrand –. Bei Origenes (wie bei vielen christlichen Theologen) bleibt davon ein echter *Spiritualismus* hängen: die Geistigkeit des der Welt einwohnenden Logos verzehrt wie Feuer die Stofflichkeit (II.7) und verklärt sie durchgeistigend. Doch existiert der Logos im Himmel nicht in nackter Geistigkeit, sondern Er trägt als Gewand die Spuren seiner Fleischwerdung, und die Seligen werden in der Schau der Wahrheit an das erinnert, was sie sinnen- und leibhaft auf Erden an Ihm sahen und wodurch sie in die Erkenntnis eingeführt wurden (II.8). Nicht als reine Geister schauen sie, sondern mit einem «Leib der Herrlichkeit» (Frgm LXXXVII). Jetzt aber, in dieser Weltzeit soll unser ganzes Bemühen sein, das geistige Evangelium aus dem sinnenhaften durch geistiges Verstehen vorwegzunehmen (I.8).

Wie über sie stoffliche Erscheinungswelt, so will Origenes über die vergängliche Zeit hinausgreifen und das Zeitlose in der Historie fassen. Auch seine *Theologie der Zeit* scheint angeregt von einer gnostischen Vorstellung. Diese unterscheidet sich von der hellenistischen Auffassung eines sich unaufhörlich wiederholenden Zyklus[87], und vom jüdischen linearen Eschatologismus, für den die Zeit geradlinig auf ihr Ziel zugeht. Die Gnosis kennt drei Zeitarten: die vergängliche Zeit, die zur geschaffenen vergänglichen Welt gehört; die zeitlose Dauer des Pleroma; und die verborgene Gegenwart des Zeitlosen in der Zeit. Der gnostische Manichäismus glaubt an drei Perioden der Geschichte des Universums: eine vorausliegende, in der die beiden gegensätzlichen Prinzipien Licht und Finsternis getrennt waren; eine mittlere, in der sie vermischt, und die endgültige Periode,

[87] Diese Auffassung ist entstanden unter dem Eindruck der astronomischen Bewegungen. In seiner Eschatologie scheint Origenes gelegentlich von dieser Zeitvorstellung beeinflußt (z. B. PA II 10,8).

in der sie nach dem Sieg des Lichtes wieder geschieden sind.[88] In der Gnosis gab es also ein aus dem iranischen Mythus stammendes Zeitschema, dem Origenes einen Hinweis entnehmen konnte, wie das schwer begreifbare, im Alten und Neuen Bund verschiedene Verhältnis von Zeit und Ewigkeit zu fassen sei. Noch Klemens von Alexandrien beschränkt sich darauf, den Alten Bund eine Vorbereitung auf Christus zu nennen. Erstmalig Origenes sieht die *Heilsökonomie* so: Das ewige, zeitlose Mysterium[89] ist der vergänglichen Zeit immer gegenwärtig (XX.6), aber in verschiedenen Graden. Im Alten Bund ist es da als Schatten und in Typen (I.6). Die Ankunft Christi bringt das Ziel der Zeiten, aber noch verhüllt im Leibe Jesu und im Symbol seiner Taten und im Wortlaut seiner Gleichnisreden (I.7). Im kommenden Äon wird die göttliche Wirklichkeit unmittelbar geoffenbart und direkter Schau zugänglich (Frgm XCIV). Das Alte Testament ist verheißendes Zeichen und Einübung (VI.3). Das Evangelium ist Erfüllung des Vorangegangenen und verheißendes Zeichen der noch ausstehenden Vollendung zugleich. Und nun das Wunderbare bei Origenes: Das «ewige Evangelium» ist als «geistiges Evangelium» in allen Typen und Symbolen schon verborgen. Wer geistig versteht, hat zur Zeit des Alten Bundes das Evangelium schon erfaßt, und wer mit dem «Sinn Christi» (1 Kor 2,16) versteht, der ergreift das «ewige Evangelium» und hat schon teil am kommenden Äon. Er übersteigt die vermittelnden Stufen und schaut wie Johannes die Herrlichkeit des Wortes, das «im Anfang bei Gott war» (I.37). Denn das göttliche «Wort im Anfang» ist auch das endgültige Wort der Vollendung, das zur Erkenntnis des Vaters führt (I.16) So kann der geistig Erkennende schon am Ende der Weltzeit angekommen sein (X.10). Wenn ihm die sichtbare Welt der Typen und Gleichnisse «gekreuzigt ist», dann schaut

[88] H.-C. Puech, La Gnose et le Temps, in: Eranos-Jahrbuch XX (1952).

[89] Selbst die Opfer und die Schlachtung des Lammes haben ihre Entsprechung in ewigen Mysterien (VI.52; X.15).

er mit eschatologischem Blick, hat den «Weg» überschritten, und steht in der Schau des Vaters.

Origenes schätzte an der Gnosis vor allem, daß sie, ausgehend von einem geistigen Gottesbegriff und einer geistigen Welt der Mysterien, nicht beim *«bloßen Glauben»* an die historischen Tatsachen der erfahrbaren Heilsgeschichte[90] stehen blieb wie «die Masse der Gläubigen», sondern in einem tieferen Erkenntnisakt Sinn (*λόγος*) und Mysterium der Ereignisse und des biblischen Wortlauts zu erfassen suchte. In Fortführung der platonischen Erkenntnislehre[91] sucht die Gnosis nicht die Erkenntnis welthafter Objekte und Vorgänge, sondern sie bemüht sich um jenen religiösen Erkenntnisakt, der sich die göttlichen Mysterien aneignet. Erkenntnis ist in der «Gnosis» ein soteriologischer Akt und wird ganz auf Heilserkenntnis eingeengt. Bewußtheit schafft Heil. «Herakleon identifiziert fast Heil und Annahme des Logos» (*σωτηρία* und *παραδοχὴ τοῦ λόγου*).[92] Die höchste Weise der Erlösung, die des Pneumatikers, vollzieht sich durch Erkenntnis, in der sich das pneumatische Wesen des Menschen dem Logos verbindet und verähnlicht.

[90] Melanchthon nannte ihn fides historica (Werke, hrsg. von R. Stupperich, Genf 1952, Bd. II.I, S. 92). Auch J. A. Möhler sagt, «ein bloßes Anerkennen der christlichen Heilswahrheiten» sei ein Glaube, der «keineswegs allein vermögend ist, gottgefällig [gerecht] zu machen.» (Symbolik § 19, Ausg. J. R. Geiselmann, Köln 1958, S. 231). Möhler meint damit Glauben ohne «lebendige Willensgemeinschaft mit Christus», die sich in Werken, Liebe und Tugenden ausdrücken würde. Origenes hält den «bloßen Glauben» (*ψιλὴ πίστις*) zunächst deshalb für ungenügend, weil er die Schrift und Christus nur «dem Fleische und dem Buchstaben nach», nicht den Geist ergreift. Die Ursache dieses Mangels sieht aber auch Origenes in einem Defekt des Willens.

[91] Wahrnehmung des sinnenhaften Seins ergibt nur Meinung (*δόξα*). Nicht die Sinneswahrnehmung, sondern das Denken ergreift die Wahrheit oder das wahre Sein (Phaidon 65A-69D). Die Schau (*θεωρία*) vereinigt die Seele mit den Ideen (Phaid 69E–84B). Wahrheitsliebe hält sich nicht bei der Meinung über das viele Einzelne auf, sondern ergreift (*ἅψεται*) und vereint sich mit dem wirklichen Sein (*μιγεὶς τῷ ὄντι ὄντως*) in der Erkenntnis. Das ist wahres Leben und wahre Nahrung (Polit. 490B). Dies ist der Sinn des Höhlengleichnisses (Polit. 514–518).

[92] W. Völker, Heracleon, Seine Stellung, S. 6., vgl. dazu JoCo XIII. 44.

Diese soteriologische Erkenntnislehre greift Origenes auf (I.6; XX.34; XXXII.27), vertieft sie aber sowohl nach der rational-spekulativen Seite, indem er dem Verstandesdenken zur Vervollkommnung des Glaubens hohe und unersetzliche Bedeutung zuweist[93], wie nach der sittlichen Seite, indem er religiöse Erkenntnis in Funktion setzt zu sittlicher Haltung. Gnosis soll Glauben und Liebe nicht ersetzen, sondern vervollkommnen. Damit scheidet er sich scharf von der «Gnosis» – von der damaligen, wie von der protestantischen –, da er weder dem Intellektualismus verfällt wie Plotin, noch den Menschen in bloß passive Rezeptivität Gott gegenüber versetzt wie die Reformatoren[94], sondern die religiöse Fassungskraft vom sittlichen Verhalten abhängig macht (I.16; VI.19; XIX.3; XXVIII.5). Höhere Wahrheitserkenntnis wird nur durch Erreichen einer entsprechend hohen sittlichen Vollkommenheit ermöglicht. *Glaubenserkenntnis* erfordert Askese und Abstandnehmen von der sinnenhaften Welt (XIII.42), Bereitschaft zur Jüngerschaft (Frgm 68) und Kraft zum Bewahren der Erkenntnis in der Tat. Ja, Gott verleiht die Erkenntnis in dem Maß, das Er an Kraft zur Bewährung voraussieht (XX.39), denn die Wahrheit ist für den sittlich Schwachen nicht nur vergeblich, sondern gefährlich: entweder schadet sie ihm (XX.2), oder er verdirbt die Wahrheit (XX.6). Daher wurde die Menschheit durch die weise Erziehung des Gesetzes im Alten Bund vorbereitet auf die Ankunft der Wahrheit. Sittliche Reinheit ist ebenso Gnade (II.18; XXXII.7–9) wie Bemühung (VI.43; XX.32).[94a] In eigenartiger Verwendung

[93] J. Beumer, Theologie als Glaubensverständnis, Würzburg 1954, S. 41–47 hat sehr gut erkannt, daß Origenes «den ersten Schritt auf dem Weg getan hat, der zu der Entscheidung [des vaticanischen Konzils] über das Glaubensverhältnis ... führt».

[94] Letzteres tut die valentinische Gnosis nur in beschränktem Maße. Aber immerhin erfolgt auch nach ihr die Aktivität des Pneumatikers aus Naturnotwendigkeit und ist somit kein freier Akt. Die reformatorische Lehre motiviert die reine Rezeptivität mit der Alleinwirksamkeit Gottes und der absoluten Verdienstlosigkeit des Menschen vor Gott.

[94a] Das deutet schon Platon an im Symposion (211A).

biblischer Worte schließt Origenes dabei den Gedanken an eine selbsterworbene Fähigkeit aus, die Werkgerechtigkeit eines im antignostischen Kampf sich wieder anbietenden spätjüdischen Moralismus, als ob der Mensch durch Verdienst der Gnade zuvorkommen könne (VI.36). Reinheit ist Voraussetzung für Glaubenserkenntnis (Frgm CXIII). Denn nach dem platonischen Grundsatz, daß nur ein Gleicher Gleiches erkennt[95], muß die Seele sich dem angleichen, was sie erkennen will (XIII.5). Mit der schönen platonischen Lehre über die Kontemplation überwindet Origenes den dünkelhaft kalten Intellektualismus der Gnosis (Frgm XIII) und erhebt sich zum erhabenen Gipfel einer Mystik der Erkenntnis und Schau (X.9–10,43; XIX.4; XXXII.27–29; Frgm LXXXVII und LXXXIX). Niemals meint Origenes mit Gnosis bloß intellektuelle Erkenntnis, sondern immer jene existentielle Glaubenserkenntnis, die geistige Freude und sittliche Tat zugleich ist (I.30) und einströmt in die Mystik der Gottesliebe und der Vereinigung mit Gott[96]. O. Casel schreibt über sie: «Die Gnosis wächst mit der Christusvereinigung ... Mit der Christusliebe wächst die Theologie, die demnach nicht bloß rationelle Verstandesbemühung in kalter ‚Objektivität' ist, sondern Ergriffenwerden des ganzen Menschen vom Lichte der göttlichen Gnade. Theologie ist daher bei den Vätern zugleich aktive Frömmigkeit und Mystik, mit einem Wort: Gnosis, die demnach keineswegs «Intellektualismus» ist, sondern lebendiges und liebendes Einswerden mit der göttlichen Wahrheit. Nur der «Pneumatiker», d. h. aber der mit

[95] Gorgias 510B; Polit. VI. 490B; vgl. Aristot., Metaphys. B4, 1000 b5; Nik. Ethik 1165b 15. Aristoteles beruft sich dafür auf Empedokles Frgm. 109. Poseidonios formuliert den Grundsatz klar: *ὑπὸ τοῦ ὁμοίου τὸ ὅμοιον καταλαμβάνεσθαι πέφυκεν*. S. dazu A. Schneider, Der Gedanke der Erkenntnis des Gleichen durch Gleiches in antiker und patristischer Zeit, in: Beiträge zur Geschichte der Philosophie des Mittelalters, Suppl. II, Festgabe Cl. Bäumker, (1923) 65–76.

[96] Vgl. A. Lieske, Die Theologie der Logosmystik bei Origenes, Münster i. W. 1938.

dem Leben des dreifaltigen Gottes Erfüllte, kann wahrhaft Theologe sein.»[97]

Die trinitarische Relation des Sohnes zum Vater kann Origenes darum zutiefst erklären als eine «ununterbrochene Schau des väterlichen Abgrunds», durch die der Sohn als Gott existiert (II.2). Auch die Verherrlichung des menschgewordenen Sohnes besteht in der Erkenntnis des Vaters (XXXII.28), denn Erkennen ist Teilhabe, Verähnlichung und Vereinigung mit dem Erkannten.

Ziel des Menschen ist eine dem Sohn ähnliche Gotteserkenntnis (XXXII.28). Diese höchste Stufe der Heilsvermittlung setzt die Sündenvergebung und Rechtfertigung voraus (II.7). Über Christus als «Arzt», als «Versöhnung» und «Erlösung» steigt man dazu auf, Ihn als «Weisheit» und «Wort» zu ergreifen (I.20), um im Sohn den Vater (VI.4; XIII.5; XIX.6; XX.7) und schließlich den Vater wie der Sohn zu erkennen (XX.7). Das paulinische Wort vom Verwandeltwerden in Herrlichkeit durch unverhüllte Schau (2 Kor 3,18) hat seinen Platz auf dem Höhepunkt origenistischer Spiritualität (XIII.42; XXXII.27). Auch das Kreuz, zuerst Sühne und Sieg (VI. 53; XXVIII.18) und ein Gekreuzigtwerden der Welt (X.10; XIX.21) gewinnt für die Erkenntnis höheren Sinn: die Hülle des Leibes zerbricht und gibt den Logos frei zur verherrlichenden Erkenntnis (XXXII.25).

Erlöstwerden als Annahme der Offenbarung im Glauben – wie protestantisch das anmutet[98]! Nur daß Origenes nicht im Fiduzialglauben die Hochform des Glaubens erblickt, sondern in der Glaubenserkenntnis (die es nach ihm ja nur gibt, wenn sittliches Leben, Werke und Liebe sie begleiten). Die Frontstellung jedoch ist ähnlich wie die reformatorische: sie wendet sich gegen grob judaisierende Christen (XXVIII. 12) und deren werkselige äußere Ritualfrömmigkeit (X.13,

[97] O. Casel, Glaube, Gnosis, Mysterium, in: JLW 15(1935)164.

[98] «Denn allein der Glaube machet gerecht, der durch sein Wort Christum ergreifet», sagt Luther in der Auslesung des Briefes an die Galater (zu 2,4 Weimarer Ausg. 40,I S. 165).

14,19). Kam es Luther auf Wahrung des Gnadencharakters der göttlichen Gabe an, so lag Origenes daran, deren geistigen Mysteriencharakter nicht einer verweltlichenden und verstofflichenden Auffassung anheim fallen zu lassen. Seitens des empfangenden Menschen aber soll die Mitte und Innerlichkeit der Person, Geist und freier Wille (τὸ ἡγεμονικὸν) angesprochen werden (II. 35). Wie die Gnosis daher keine Riten mehr übte, so schwächte Origenes aus gleichem Grund das Gewicht des sakramentalen Vollzugs ab. Er leugnet nicht das dem kirchlichen Glauben selbstverständliche objektive Gnadenangebot im Sakrament, aber er betont den geistigen Empfang des Logos im Sakrament (XII.33; XXXII.2). Nicht, ob Judas den Bissen gegessen habe, ist für Origenes erheblich, sondern ob er «das Gewaltigere», die «Kraft, die nützt», nämlich «die nährende Wahrheit» aufgenommen habe (XXXII.22,24).

Sowenig der äußere Sakramentsempfang heilsentscheidend ist, ebensowenig nützt das buchstäbliche Hören und äußerliche Befolgen des Gesetzes. Das Erkennen und Erfüllen des geistigen Sinnes (λόγος) vereint mit Gott (XXXII. 21). Schrifterkenntnis ist die rechte Passafeier und die Ankunft des Erlösers (XXVIII.25). Es ist ein gnostischer Zug im Denken des alexandrinischen Meisters, daß er nicht schon dem Umgang mit dem Wortlaut und dem buchstäblichen Sinn der Schrift oder dem bloßen Vollzug des sakramentalen Zeichens Heilsbedeutung zumißt, denn beides liegt auf der Ebene des «Fleisches», sondern erst der *gläubig-erkennenden Teilhabe* am Logos in Schrift und Sakrament. Solche Erkenntnis aber ist dem personalen Liebesverhältnis mit Christus, dem «Ruhen an der Brust Jesu» und der Gemeinschaft mit der Kirche als dem Leibe Christi vorbehalten (I.4; XXXII.21).[99]

[99] Die von Origenes wenig bekannte Jesusmystik der Liebe zum Menschgewordenen wird ins Licht gehoben von der kleinen schönen Studie von F. Bertrand, Mystique de Jésus chez Origène, Coll. Théologie 23, Paris 1951.

Daß die meisten Menschen weit von dieser Erkenntnis entfernt sind, und die andern sie in sehr unterschiedlichem Grade erreichen, bemerkte Origenes ebensogut wie die Gnostiker. Mit einer religionsphänomenologischen Feststellung darüber am Volke Gottes beginnt er seinen Kommentar (I.1–2). Man versteht diese ersten Seiten nur, wenn man die Behandlung dieses durch die «Gnosis» aktuellen Problems in ihnen erkennt.[100] Die «Gnosis» begründete die *religiöse Verschiedenheit der Menschen* mythologisch und schied sie in unwandelbare «Pneumatiker» und «Hyliker» von Natur oder in «Psychiker» als einer Zwischenstufe. Wenn Jesus nach dem Johannesevangelium urteilt: «Warum erkennt ihr meine Rede nicht? Weil ihr mein Wort nicht hören könnt!» (Joh 8,43), so findet Herakleon, gestützt auf den folgenden Vers «Ihr seid aus dem Teufel als eurem Vater», die Begründung für die Verstocktheit der Juden in einer aus Prädestination bösen Natur.

Origenes wendet sich entschieden gegen den fatalistischen Determinismus, als gäbe es von Natur für das Heil unfähige Menschen (XX.20). Jeder Mensch ist vernunftbegabt (λογικὸς) und hat somit von Natur am Logos teil (II.2).[101] Die natürliche Vernünftigkeit und Geistigkeit[102], nach stoischer Anthropologie die führende Eigenschaft des Menschen (τὸ ἡγεμονικόν)[103], ist angelegt und fähig, den göttlichen Logos zu vernehmen, und wird dadurch vervoll-

[100] Den «Pneumatikern» der Gnosis entsprechen «Priester und Leviten», den «Psychikern» die biblischen «Stämme». Die funktionelle Einteilung wird unter gnostischem Einfluß umgedeutet zu einer graduellen.

[101] Die Gottebenbildlichkeit des Menschen (Gen 1,26) erklärt Origenes in platonischen und stoischen Begriffen. Über seine Anthropologie s. H. Crouzel aaO. S. 153–160.

[102] Der Begriff λόγος, wenn er vom Menschen gilt, kann beides meinen.

[103] J. Dombrowski, Das Johannesverständnis des Origenes, ungedr. Diss. Göttingen 1952, S. 116, beschreibt das Hegemonikon bei Origenes treffend «als Mittel und Konstituante des Menschseins, d. h. als das zur Vernünftigkeit fähige und sich entscheidende, nicht auf sich selber gegründete, nicht weltliche ‚Ich' des Menschen.., das in seiner nicht weltlichen Geistigkeit der Welt, d. h. der Materie gegenübergestellt ist.»

kommnet zur Geistigkeit, unter deren Gehorsam alles Körperliche und Affekthafte (τὰ ἄλογα) gebracht werden soll (I.37). Solcher Verwandlung zum geistigen Menschen («Pneumatiker») ist jeder Vernünftige (λογικὸς) von Natur fähig (XIII.42; XX.23f). So ist es gemeint, daß der Heilige «ein geistiger Mensch» sei (II.16). Die Vergeistigung ist nicht bloß gnostische Spiritualisierung, sondern angefangene Verklärung des Leiblich-Psychischen. Das Trunkensein durch den göttlichen Logos versetzt nicht in ek-statisches Außer-sich-Sein, sondern es führt den Menschen zu seiner Eigentlichkeit (I.30; Frgm XVIII) und bringt sein Wesen zur Reife (I.37), und zwar sein natürliches und sein übernatürliches, denn die natürliche Geistigkeit erlangt in der Heiligkeit ihre Vollendung.

Der Mensch steht zwischen Teufel und Gott; durch den Fall ist «jeder Mensch ein Lügner» (Ps. 115,2) und steht auf seiten des «Vaters der Lüge». Die Offenbarung hat ihm die Wahrheit gebracht. Die *Entscheidung* zwischen Gemeinschaft mit dem Teufel, dem Zustand des gefallenen Menschseins, oder mit Gott fällt in der Entscheidung für die Lüge oder die Wahrheit. Das Wollen bestimmt die Verwirklichung der religiösen Möglichkeit (XX.23f,33). Daher durchdringt sittlicher Ernst den ganzen Kommentar. Weil aber «die Vielen» in selbstverschuldeter sittlicher Unreife bleiben, darum gibt es «Unmündige» und «Naive» in der Erkenntnis. Ein gewisser Esoterismus der Vollkommenen ist damit bei Origenes begründet.

Kann man nun sagen, Origenes sei christlicher Gnostiker? Zweifelsohne insofern, als er das bleibend Gültige des idealistischen Spiritualismus der Gnosis so bewahrt hat, daß die christliche Tradition sich lange an ihm entzündete. Mit Paulus und Johannes hat er die Bibel einem judäischen Mißverständnis und oberflächlichem Glauben entrissen.[104] Als Dia-

[104] Im 3. Jh. war der Litteralismus keine geringe Gefahr. Den Millenarismus, eine seiner Erscheinungen, hat Origenes unmöglich gemacht. Justin glaubte noch an ihn und Tertullian machte ihn zu einem Glaubensartikel. S. Lubac, Histoire et Esprit, S. 37f.

lektiker hat er in lebendiger Auseinandersetzung mit der Gnosis seiner Zeit und durch Indienstnahme der in einem riesigen Delta mündenden antiken Philosophie wunderbare Aspekte des christlichen Glaubens ans Licht gehoben. Seine Erkenntnisse haben dem spirituellen Leben fruchtbare Quellen eröffnet und wirkten befruchtend auf die mystische Theologie bis hin zu Meister Eckhart und Johannes vom Kreuz.

Und heute, da Tendenzen der Verinnerlichung, Spiritualisierung und Entweltlichung des Glaubens so aktuell zu sein scheinen wie im Gnostizismus, könnte es einige Sicherheit verleihen, den Weg zu kennen, den ein Großer dieser Richtung ins Urgestein der christlichen Tradition legte und der auf diesem Weg ein «Mann der Kirche» blieb[105]. Seine Irrungen sind nicht wesentlich. Sie sind zeitbedingt und heute nicht mehr verführerisch. Die Christologie, die uns im Johannes-Kommentar des Origenes entgegentritt, erkennt in den Aspekten des Logos den Erlöser «für mich» und sucht, dem johanneischen Christusbild folgend, den Weg vom historischen Jesus zum Christus des Glaubens und des Mysteriums. Die Kosmos und Zeit umfassende Erlösungslehre läßt dem Einzelnen Freiheit und Entscheidung, und entwirft den Weg der individuellen Spiritualität. Seine theologische Erkenntnislehre, beruhend auf dem Prinzip der Analogieerkenntnis, will vom Welthaften aufsteigen zum ewigen Mysterium. Sie erblickt in Welt, Leben Jesu und in der Schrift ein Symbol, von dem aus sie aufsteigt zum Symbolisierten. Ohne das Leibhafte und Historische zu leugnen, legt Origenes allerdings zu einseitig spiritualisierend den Wert auf dessen pneumatische Bedeutung. Der einfache Glaube bleibt Grundlage, die Erkenntnis aber das Ziel. Sie ist personaler und existentieller Heilsakt. Mit einer der johanneischen verwandten Denkstruktur hat Origenes die großen Begriffe des Johannesevangeliums sicher echt und

[105] Homilie in Luc. XVI (GCS 9, 109). Hom in Jos. IX. 8 (GCS 7, 353).

tiefgehend verstanden.[106] Dieser früheste christliche Kommentar zeigt aber auch, daß es noch nie ein voraussetzungsloses Verständnis der Offenbarung gegeben hat.

IV

Offenbarungsbegriff und Exegese des Johanneskommentars[107]

Eine der großen Leistungen des Origenes ist sein Offenbarungsbegriff. Wesentliches davon hat er dem Johanneskommentar vorangestellt (I.2–15). In seinem ganzen Werk aber sind Gedanken dazu verstreut. Der gesamten Exegese dieses größten Schrifttheologen des christlichen Ostens liegt sein Offenbarungsbegriff zugrunde, und jene ist ohne diesen nicht zu begreifen. Es geht dem Meister der Schrifterklärung nicht nur darum, einen Wortlaut zu interpretieren, sondern darum, die Absicht des im biblischen Worte redenden Gottes, ja diesen selbst zu ergreifen.

Die Offenbarung gipfelt in den Worten und Werken Jesu. Der Bericht darüber wird «Evangelium» genannt, weil Evangelium im Profangebrauch die Verkündigung gegenwärtiger freudebringender Heilstatsachen bedeutet. Mit der «Frohbotschaft» wird eine Tatsache für den Hörer gegenwärtig. Das «Evangelium» der Hl. Schrift verkündet: «Seht das Lamm Gottes». Es verkündet Den, der sprach: «Ich bin das Licht», und: «Ich bin die Wahrheit», und: «Heute ist erfüllt», was Isaias prophezeite. Es setzt Christus,

[106] J. Dombrowski, Das Johannesverständnis des Origenes, kommt in seiner in vielen Einzelheiten sehr treffenden Studie m. E. zu einem zu abwertenden Gesamturteil hierüber.

[107] Ich beschränke mich in dieser einführenden Darstellung absichtlich auf den Johanneskommentar, weil er den Vorteil hat, authentisch origenistischen Text darzustellen. Außerdem sind in diesem Kommentar alle wesentlichen Elemente des Origenes zum Thema vorhanden. Er stellt somit einen sicheren Ausgangspunkt dar für die Beurteilung dessen, was man in anderen Texten des Origenes findet, die teilweise nur in lateinischer Übersetzung des Rufin oder Hieronymus erhalten sind und der Korrekturen verdächtig sind, z.B. Peri Archon und die meisten Homilien.

und in Ihm Gott in Gegenwart und wirkt seine Ankunft im Geiste des Hörers. Solcher Aktualismus ist der Offenbarung wesentlich. Und zwar ist es die Verkündigung, die das in der Offenbarung Gegebene in den Akt überführt, denn sie berichtet nicht nur von geschehenen Heilsereignissen, sondern sie vergegenwärtigt im Gläubigen das verkündete Heilsgut und das Heilsgeschehen. Evangelium ist Heilsgegenwart im Wort.

Sämtliche Heilsgüter sind zusammengefaßt im «Wort bei Gott» (I.9), denn der Sohn Gottes ist als die Weisheit und der Logos das vollkommene Bild des guten Vaters und Inbegriff des Heils. Was Christus tut und spricht, ist eine Teilgabe aus dem einen personalen Wort, das Gott ist. Als Weisheit und Inbegriff der Heilsgedanken Gottes schafft Er die vielen Heilsereignisse. In ihnen verwirklicht die Weisheit Gottes an uns das Heil. Heilstaten und Offenbarungsworte sind Parusie des Christus, der die Weisheit und das Wort ist.

Gott handelt und offenbart nur durch Christus. Er ist der ausschließliche Offenbarer und der Geoffenbarte, weil Er allein den Vater erkennt. Als Bild und als Logos vermittelt Er sein eigenes Sein und Erkennen (I.38). Christus verkündet Sich selbst (I.10), weil Er die ganze Wahrheit des Vaters ist (I.27). Das Evangelium ist die Selbstverkündigung des Wortes, das selbst Gott ist. Die gesamte Heilsoffenbarung in Werk und Wort ist christologisch. Darum erhebt das Evangelium den Anspruch der Totalität (I.11). Es enthält im «Urwort» (*αὐτόλογος* – II.3) die «Fülle der Heilsgüter» (I.10). Aus ihm kann der eine ganze «Leib der Wahrheit zusammengetragen werden» (XIII.46). Die Schrift bietet die Grundlage für den gesamten Glauben (XXXII.15–16). Das Wort, das die Wahrheit selber ist und das ganze Wissen des Vaters hat (I.27), teilt die Wahrheit in Fülle mit (Frgm XLVIII). Die Schrift enthält die vollständige Heilswahrheit. Allerdings muß jedes, auch das «einfach scheinende Wort» als Wort aus «dem heiligen Munde» in seiner göttlichen Wahrheits- und Weisheitsfülle verstanden werden (XX.36).

Wenn Origenes dialektisch, wie er immer denkt, im XIII. Buch (Kap. 5) «die gesamte Schrift nur eine sehr knappe Einführung in die einfachsten Grundlagen des gesamten Glaubenswissens» nennt, dann meint er damit den Wortlaut, der die tiefsten Mysterien nur nicht zum Ausdruck zu bringen vermag. Überhaupt kann ja die Schrift nicht die «Fülle der Gottheit» umgreifen, denn nicht einmal die ganze Welt, und niemand außer dem Sohn vermag Gott ganz zu fassen (I.10; XIX.10). Nur der Sohn erkennt die ganze Fülle Gottes und schaut seine Tiefe unmittelbar (I.38; II.28).

So ist die Vollständigkeit des in der Schrift zum Ausdruck Gebrachten immer nur eine relative, bemessen nach unserer Fassungskraft und Heilsbedürftigkeit. Die «Gerechtigkeit des Erlösers» teilt uns die Offenbarung als «heilendes Hilfsmittel» im geeigneten Zeitpunkt, im passenden Maße und in der für uns angemessenen Weise zu (I.35; XIII.34). Denn «die Fülle dessen, was es an Gott zu schauen und von Ihm zu erkennen gibt, ist für die menschliche Natur unfaßbar» *τὸ πλῆθος τῶν περὶ θεοῦ θεωρημάτων καὶ γνώσεως ἄληπτον ἀνθρωπίνῃ φύσει* – II.28).

Dennoch aber bedarf jedes geistige Wesen stets der Mitteilung Gottes, weil es dauernd von Ihm abhängig ist (XIII.34). Das menschliche Aufnahmevermögen für Göttliches ist zwar schwach, aber entwicklungsfähig wie das eines Kindes. Der Erlöser paßt seine Offenbarung unserem jeweiligen Fassungsvermögen an. Adaptation ist das Prinzip der Offenbarungsökonomie. Die paulinischen Stellen dafür zieht Origenes immer wieder an.[108] Die menschliche Fassungskraft für die Offenbarung ist bedingt durch unsere Heilssituation und durch unsere Leiblichkeit. An unserem Fall ansetzend führt die Offenbarung die Entwicklung einer Heilsgeschichte herauf, die mit der Entwicklung vom Kindesalter zur Mannesreife verglichen wird. Die gefallene Mensch-

[108] XIII.33 sind die meisten dieser Stellen beisammen aufgeführt: Hebr 5,12–14; 1 Kor 3,2; Röm 14,2; dazu 1 Petr 2,2, VI.51 und XIII. 37 nennt die für Origenes wichtige Stelle 1 Kor 2,6, wonach die Weisheit für die Vollkommenen ist.

heit muß auf den leibhaften Empfang Dessen, der die Wahrheit ist, vorbereitet und erzogen werden (Frgm IX; X.28). Nach der Pädagogik Gottes ergeht Offenbarung nicht absolut, sondern dialogisch mit der menschlichen Heilssituation. Daher gibt es eine «Zeit des Anfangs» und eine Erfüllung, eine Vorausverkündigung (I.3) und ein Ziel (I.4, 6,13; XXXII.1). Es gibt Saat und Zeit der Reife (XIII.49f). Offenbarung ergeht nicht geschichtslos, sondern der Zeit verbunden, in der sie sich situiert (es gibt einen *καιρὸς ἀποκαλύψεως* XIII.48).

Und Offenbarung erfolgt in leibhaften Bildern und anthropomorphen Begriffen, in Geschichten und Typen. Das ganze Alte Testament offenbart der im Zustand unmündiger Kindheit befindlichen Menschheit die wahre göttliche Wirklichkeit durch buchstäbliches, verdinglichtes Gesetz, durch Typen und «Schatten», noch in starker Verhüllung des Buchstabens (X.29). Das ist schon eine Kenose der göttlichen Wahrheit und des Logos, ist eine Leibwerdung in menschlicher Geschichte, menschlichem Wort und in Buchstaben. Die konsequente Vollendung dieses inkarnatorischen Prinzips der Offenbarungsökonomie und die vollkommenste Adaptation ist die Menschwerdung des Logos in Jesus Christus (I.32). Weil der Erlöser in vollkommener Weise «allen alles» werden wollte (I.31), entfaltet Er offenbarend die uns unfaßbare Güte des Vaters in viele uns angepaßte Aspekte (*ἐπίνοιαι* I.20–35) und teilt die eine Ganzheit des Urwortes in viele Worte auf (V.4–5), die Er nach dem Maß unserer Fassungskraft zuteilt (XIX.10). Unserer Sünde wegen zum Gekreuzigten geworden kann Er den Sündern und solchen, die noch an der sinnenhaften Welt hängen, das heißt den Anfängern in der Gotteserkenntnis, nicht anders verkündet werden, denn als der Gekreuzigte (I.18).[109] Jegliche Verkündigung hat sich an diese Pädagogik der Offenbarungsökonomie zu halten (XX.2).

[109] S. dazu R. Gögler, Die christologische und heilstheologische Grundlage der Bibelexegese des Origenes, in: ThQ (1956) 1–13.

Wie der Sohn Gottes sich unseretwillen in die «dienende Gestalt» des Leibes inkarnierte, so hat sich der Logos inkarniert in «das Gewebe von Wortlaut» und Buchstaben der Schrift (XXXII.4). Er hat sich vermischt mit dem Lehm der Erde (Frgm LXIII), Er ist enthalten in «irdenen Schatzgefäßen» (I.4; XIII.29), niedergelegt im Wortlaut (I.15), eingehüllt in das Gewand der Gleichnisse und Geschichten (I.8; II.8), getragen vom Lasttier des Buchstabens (X.28) und sitzend auf dem Roß der uns den Logos zutragenden Stimme (I.38; II.8).

Weil Christus als «das Bild des unsichtbaren Gottes» der Offenbarer und der Geoffenbarte ist, das Heilsgut und die eine Wahrheit (I.15), der eine einzige Logos, der die Wahrheit ist *und* sie verkündet (I.27; II.4), deshalb bildet die natürliche Offenbarung im Sinn der Dinge (I.27) und die Schrift des Alten und Neuen Bundes ein untrennbares Ganzes. Der eine Logos (Sinn) in jeglicher Offenbarung verbindet als deren «Haupt» und «Zusammenfassung» alle ihre Teile und Formen zu einer tiefen Einheit (V.6). Durch das Wort der Propheten wohnte (*ἐνεπολιτεύετο*) Christus unter den Isrealiten, und wo es im Alten Testament heißt: «So spricht der Herr», da kommt Er zu Wort (XXVIII.24). Das Wort, das an die Propheten «erging», war «das Wort im Anfang» (XX.42). Um Christus als Inhalt und Sinn des ganzen Alten Testaments anzuzeigen, weist der Repräsentant des Alten Bundes auf Ihn hin. Johannes der Täufer ist die Stimme, die das Wort (den Logos) verkündet (VI. 17).

Der Fortschritt der Offenbarung besteht nicht in einer Änderung ihres Inhalts, sondern in dessen fortschreitender Enthüllung, Vergeistigung (X.29) und Erfüllung. Nur in solchem Sinn spricht Origenes von einer Verbesserung der alttestamentlichen Gesetze (Frgm LVI), von einer Abschaffung der Altheit des Buchstabens (I.5) und von einer Überbietung. Die Herrlichkeit Christi übertrifft die des Moses wie die Sonne ein Nachtlicht (XXXII.27). Aber die Quelle der Herrlichkeit und die Herkunft des Glanzes ist dieselbe. Auf dem Antlitz des Moses offenbart sich dasselbe Licht wie im verklärten Leibe Christi. Die Patriarchen und Propheten erkannten nichts anderes als die Apostel, denn auch ihnen wurde das endgültig Kommende geoffenbart. Aber die Apostel sahen die «Verleiblichung» nicht in Schatten, sondern im Leibe Christi. Sie sahen die Vollendung des im Alten Bunde Angefangenen (VI.4–5), die Ernte, zu der die Saat schon im Alten Testament gelegt war (XIII.46). Die Ankunft des Erlösers hat die im Alten Testament verheißenden Heilsgüter in seinem Leibe vergegenwärtigt und damit deutlicher gezeigt, welches der Sinn des Alten Testaments sei (I.6). Von Ihm an ist die Wahrheit der alttestamentlichen «Bilder und Schatten» und «Typen» klarer zu erkennen. Er hat ihre Hülle hinweggenommen (I.6) und sein Licht auf sie geworfen (XIII.47), denn in Ihm ist die Wahrheit erschienen, die im Alten Bund ihre «Schatten» vorauswarf. Er ist das vollausgezeichnete «Bild», dessen schattenhafter Entwurf vorher angedeutet war (Frgm IX). Christus hat für den Erkennenden das Wasser der Schrift in Wein verwandelt (XIII.62), so daß man nicht mehr bloß die sinnenhaften Geschichten und den buchstäblichen Sinn[110] aus ihm schöpft, wie die Samariterin es tat, bevor sie Jesus begegnete, (die Weisen des Alten Bundes schöpften freilich anders aus dem Brunnen Jakobs als die Herden – XIII.6), sondern den trunken machenden Geist. Die Ankunft des Erlösers hat das Alte Testament zum Evangelium gemacht (I.6).

Aber auch die leibliche Gegenwart des Logos ist noch eine solche in der «Fessel der Verborgenheit» (VI.34), eine verhüllte Verwirklichung (Frgm XVIII). Die Worte und Taten Jesu, die das Evangelium berichtet, sind ebenfalls noch «zu enträtselnde Andeutungen» der ewigen Mysterien (I.7). Das Neue Testament ist zwar transparenter als das Alte, aber auch sein Wortlaut hat noch verborgenen Sinn (X.23). Der gottmenschliche Leib Jesu muß noch erhöht und verherrlicht werden. «Es ist gut für euch, daß Ich hinweggehe,

[110] Origenes faßt «Wortlaut» und «buchstäblichen (somatischen) Sinn» enger als der moderne Begriff «Literalsinn» gemeint ist.

denn wenn Ich nicht hinweggehe, kommt der Geist nicht zu euch» so daß ihr am leibgebundenen sinnenhaften Verständnis haften bleiben würdet. Die zweite Parusie steht noch aus. Die Offenbarung ist daher im Alten und im Neuen Testament prophetisch. Das Alte Testament zielt auf beide «Ankünfte» hin. Die erste bedeutet für es schon eine Erfüllung, von der her es besser verstanden wird als zuvor. Beide Testamente erwarten noch ihre endgültige Erfüllung in der zweiten Parusie. Der geistige Sinn beider Testamente ist der eschatologische. Beide Testamente werden in ihrem Vollsinn erst von ihrer Erfüllung her verstanden und müssen von daher gedeutet werden. Das ist pneumatische Exegese, denn «das Pneuma der Wahrheit verkündet euch das Kommende.» Der Sinn der Schrift und ihre Erfüllung liegt im dritten ewigen Passa (X.18), das im «Geist und in der Wahrheit» begangen (X.13) und in der Erkenntnis des geistigen Sinns der Schrift vorausgeschenkt wird.

Das offenbarende Wort hat sich in die Geschichte hinein inkarniert und es schafft Geschichte, denn «durch Es ist alles geworden» (VI.38). In der Geschichte weist es seine Gegenwart und reale Macht auf. Die Hagiographen berichten von diesen geschehenen Worten und Ereignissen. Aber sie geben keine historischen Berichte im eigentlichen Sinn, denn ihre Aussageabsicht (*σκόπος*) richtet sich nicht auf das, was war, sondern darauf, was im historischen Faktum verkündet wird. Origenes bemerkte sehr gut, daß in der Hl. Schrift nicht einfach Geschichte berichtet wird und daß es ihr gar nicht entscheidend auf die Wahrheit eines historischen Berichts ankommt, wenn er das Kennzeichnende eines Evangelisten darin sieht, daß er «in aufforderndem Wort (*ἐν προτρεπτικῷ λόγῳ*) Glauben schaffen will» (I.3) Das Wort des Evangelisten ist nicht Bericht, sondern Verkündigung (*κήρυγμα*) des Mysteriums der Geschichte. Alles Göttliche ist in seinem Wesen nicht zeithaft (Frgm I). An einer berühmten und viel mißverstandenen Stelle sagt Origenes, die Hagiographen haben heilsgeschichtliche Ereignisse und Reden, die sie auf Grund der Inspiration mit höherer Einsicht verstanden, manchmal ohne historische Genauigkeit, ja mit ärgerlichen Widersprüchen zur historischen Tatsächlichkeit dargestellt. Aber da es ihnen eben nicht auf die Historie an sich ankam, sondern auf das göttliche Mysterium, das darin zum Ausdruck kommen soll, so konnten sie ob ihrer höheren Aussageabsicht für den historischen Vorgang eine Darstellungsform wählen, die der theologischen Wahrheit den Vorzug gibt vor der bloß historischen Objektivität (X.5). Die Hl. Schrift ist eine «Vermischung von Geschichtlichem mit dem Lehrgespräch» (*μίγμα τοῦ ὡσὰν ἱστορικοῦ πρὸς τὸ γυμναστικόν* – Frgm LXXIV). Die Irrtumslosigkeit der Schrift liegt nicht im Wortlaut, sondern in dem, was die Aussageabsicht betrifft (X.3–4).

Der alexandrische Schrifttheologe erkannte, was die formgeschichtliche Hermeneutik mit ihrem Begriff der literarischen Gattungen rechtfertigt. Die mythische Geschichtsdarstellung und die des Glaubens sind stilverwandt.[111] Origenes hat die Heilige Schrift nicht als historisch kritische Quelle für geschichtliche Vorgänge betrachtet, sondern als Verkündigung des Glaubens an das Mysterium in der Geschichte. Dabei leugnet oder übersieht er keineswegs das Historische (II.1; XIII.57). Aber der Bericht darüber muß im gleichen Geist interpretiert werden, in dem er verfaßt ist: nicht historisch-kritisch, sondern metahistorisch-kerygmatisch (*εἰς πιστοποίησιν* – I.3). Daher genügt die Haltung der bloßen fides historica (*ψιλὴ πίστις*) nicht für den Exegeten, sondern er muß sich die Gnade der Glaubenserkenntnis erbeten. Wenn die Apostel den [historischen] Erlöser als das Heilsgut verkündigt haben, so waren sie dazu nur in der Lage, weil Jesus vorher Sich selbst so verkündigte (I.10). Das Kerygma des Glaubens ist also die Gestalt der ältesten Verkündigung, die Überlieferung wurde.

In ihrer weisen Einsicht in das göttliche Mysterium wählten oder schufen die Hagiographen den geeigneten

[111] Vgl. H. Fries, Mythos und Offenbarung, in: Fragen der Theologie heute, Einsiedeln 1957, S. 39–42.

Ausdruck (XIX.22). Er soll nicht etwa durch Schönheit des Stils und menschliche Redekunst die Aufmerksamkeit auf sich ziehen, sonst könnte der Hörer in Gefahr kommen, die Kraft der Schrift in «menschlicher Weisheit», in Wortlaut und Sprache zu suchen, statt in deren «unaussprechbarer» Bedeutung, der gegenüber menschliche Worte ohnehin immer ungenügend sind (IV.1–2).

Die Erkenntnis der heiligen Schriftsteller ist nicht menschlich-natürlicher Art, sondern sie hat ihr Prinzip, ihren «Anfang», in deren Sendung. Der Hagiograph empfängt seine Einsicht, das Wort «ergeht» an ihn (II.1), und er ist Zeuge für das empfangene Wort (Frgm XX). Verkündigung ist «Botendienst» (I.12), von Wesen her ein Weitergeben, also Tradition (I.10). Inspiration bewirkt, daß der Hagiograph «aus der Person Christi» oder Gottes (*ἐκ προσώπου θεοῦ, χριστοῦ*) spricht (XXXII. 23 u. ö.). Voraussetzung beim Empfänger ist – ähnlich wie beim Charisma des Exegeten – persönliche Heiligkeit (X.28; XXXII.8,27). Geistiger und sittlicher Gehorsam gegen den Heiligen Geist ist Kriterium für echtes Prophetentum (XXVIII.13–17).

Der Apostel kann außer «aus rein göttlichem Anhauch» auch kraft der Vollmacht seiner Sendung sprechen (I.3). Origenes hält also Inspiration und apostolische Vollmacht auseinander. Insofern der Apostel verkündet, was er von Jesus selbst gehört hat (I.10), ist er Zeuge. Aber apostolisches Wort kann auch ein solches sein, das des Zeugnisses selbst bedarf (I.3). Dann ist es entfaltende, deutende Verkündigung. Wenn die Apostel die «Taten, Leiden und Worte Jesu» kerygmatisch berichten, wenn sie also Zeugnis von Gesehenem und Gehörtem geben, dann ist ihre Verkündigung «Evangelium» im eigentlichen Sinn. Wenn der Apostel das Evangelium deutet und dessen Verständnis «im Sinne Christi» vertieft und so Christi Gegenwart «den Seelen einschafft»[112], dann ist seine Verkündigung «Evange-

[112] N. A. Dahl, Anamnesis, in: Stud. theolog. I (1948) 80, nennt das Anamnese (= Predigt) der Missionsbotschaft (des Kerygma).

lium» in einem weiteren Sinn. «Evangelium» aber deshalb, weil das apostolische Kerygma die Vergegenwärtigung der Heilsmysterien verbürgt (I.4). Im Ereignis der Wortverkündigung werden die Heilsmysterien gegenwärtig, wie sie in der Geschichte gegenwärtig geworden sind. Das Wort repräsentiert durch seinen Sinngehalt das überzeitliche Mysterium der zeithaften, vergangenen Heilsgeschichte.

Die «apostolische Auffassung» verkündet den Sinn der Schrift mit «apostolischer Vollmacht» (X.18; 1.3), denn der Apostel sah deren Erfüllung in Christus (VI.4) und ahmt in seiner Verkündigung die Art Jesu nach (XXXII.20). Er hat «den Sinn Christi» und das besondere Charisma des Heiligen Geistes (VI.43), der «das Kommende lehrt» (Joh 16,13). Daher erklärt er die Schrift christologisch und eschatologisch. Er «entbindet das Wort Gottes aus dem Buchstaben der Schrift» (X.28). Das apostolische Schriftverständnis betrachtet Origenes als normgebend. Die rechte Schrifterklärung ist «das kirchliche Wort», das «die Höhe des evangelischen Kerygma» darstellt und aus dem Zusammenklang des Alten und Neuen Testaments seine Fülle empfängt (V.8). Es lehrt also nicht einfach den toten Buchstaben, sondern schöpft aus dessen im Fortschritt der Heilsökonomie sich entwickelnder Bedeutung. Die Tradition entfaltet die Fülle des Schriftsinns und trägt die ganze Wahrheit aus ihr zusammen: die Summe der Theologie (XIII.46).

Geistiges Schriftverständnis setzt beim Exegeten und beim Hörer eine existentielle Haltung voraus, der «die Welt gekreuzigt ist» und die der Glaubensbereitschaft nach im Geiste ans Ende der Weltzeit gelangt ist (X.10; XIX.21). Der Glaube kennt das fleischgewordene und das schriftgewordene Wort nicht nur «dem Fleische nach» (II.3), sondern durch den Heiligen Geist (X.4). Allein der Glaube vermag die eigentliche Macht (*δύναμις*) des Wortes, sein Pneuma, zu berühren (X.28). Jesus hat, um diesen Glauben bei seinen Augenzeugen zu wirken, seine Heilstaten mit deutenden Worten begleitet (XXVIII.6). Um Sinn und Geist der Schrift zu erfassen, das heißt, um sie im Glauben aufzunehmen, ist ihre geistige Interpretation ebenso notwendig wie die deutenden Worte Jesu. Auch das berichtende Wort der Evangelisten ist ja so, daß seine glaubenschaffende (kerygmatische) Absicht deutlich wird (I.3; IV.2; XXVIII. 11). Schrifterklärung hat also den Sinn, Glauben zu schaffen, denn im Glauben nur wird der Geist der Schrift erkannt. Die Haltung der Juden, die zwar an das Sichtbare an Jesus glaubten und den Buchstaben der Schrift festhielten, aber nicht «die Wahrheit» glaubten, die Jesus sprach, ist typisch für den Unglauben gegen den Geist (XX.30). Das ist der weltlich-fleischliche Wille, am (sichtbaren) Vorentwurf festzuhalten, um die (geistige) Wirklichkeit niederzuhalten (XXVIII.12).

Der geistige Sinn der Schrift ist gleichbedeutend mit dem «ewigen Evangelium». Dessen volle Erkenntnis ist der Endzeit vorbehalten (Frgm LXXXVII und CXXXIX). Doch schon die Propheten «gelangten, nach der Einführung durch Typen vom Geiste geführt zur Schau der Wahrheit» und erkannten die «Mysterien Gottes besser als die Masse der [sogenannten] Gläubigen» jetzt (VI.3–5), deren Glauben Origenes mit dieser Bemerkung als recht unvollkommen und anfangshaft kennzeichnen will. Im Vollkommenen ist die Heilsökonomie schon zum Ziel gekommen. Der Glaube befähigt ihn, den Geist der Schrift zu erkennen, denn er hat schon das «Angeld» des Geistes (XIII.18). Die Schrift ist für ihn vergeistigt (I.8), wie Jesus bei seiner Verklärung und nach der Auferstehung vergeistigt war.[113]

Der Schriftsinn ist nach Origenes ein dreifacher: Der Wortsinn, der etwa das alttestamentliche Passamahl erzählt; der christologische, der auf Christus als unser Passalamm hinweist; und der eschatologische volle Sinn, der von der dritten, ewigen Passafeier redet (X.13–18). Aus dieser Grundkonzeption entfaltet Origenes zwei andere

[113] Die Parallele ist deutlicher ausgeführt im Matthäuskommentar XII.38 (GCS 10 I,154).

Reihen eines dreifachen Schriftsinns:[114] vom historischen, buchstäblichen Sinn (den es auch im Neuen Testament gibt) zum moralischen Sinn, der die Anwendung auf die Lebensführung gibt und erzieherisch vorbereitet auf das Verständnis des dritten, typischen oder mystischen Sinns, der von Christus, der Kirche, den Sakramenten oder dem himmlischen Jerusalem gilt. Nach der anderen Reihe folgt dem historischen Sinn der typologisch-mystische, dessen Anwendung auf die Seele den spirituellen Sinn ergibt, der sagt, wie man geistig die Werke Abrahams (XX.10) und die Jesu (XXXII.12) nachahmen und den geistigen Sinn der Gebote erfüllen soll (XXXII.17, 21), oder wie man mit seinem Verhalten geistig Jesus trifft und sich im Evangelium befindet (XXVIII.26; Frgm CXXXVI).

In seiner Exegese führt Origenes aber tatsächlich kaum eines dieser Schemata vollständig durch. Er spricht der gottmenschlichen Struktur der Schrift zufolge und platonisch aufteilend einfach vom buchstäblichen, somatischen, sinnenhaften Wortlaut und vom Geist oder vom geistigen Sinn der Schrift, dessen Fülle er ganz unschematisch entfaltet, jedoch nicht willkürlich sondern systematisch begründet auf seinen hermeneutischen Prinzipien.

Über der in Bann ziehenden Macht und Unerschöpflichkeit seiner pneumatischen Exegese vergißt man jedoch zu leicht, daß Origenes mit seiner Hexapla der Begründer der wissenschaftlichen Textkritik war. Jede damals vorhandene Textform der hebräischen und griechischen Bibel hat er in minutiöser Riesenarbeit in Spalten nebeneinander geschrieben und verglichen. Weniger weiß man, daß er mit archäologischem Forschergeist biblische Orte suchte, um biblische Angaben zu klären; daß er jüdische Rabbinen über Schwierigkeiten des hebräischen Textes und nach ihrer Aus-

[114] Darüber siehe die profunden Schriften von H. de Lubac, Der geistige Sinn der Schrift, Einsiedeln 1952. Seine Einführungen zur französischen Übersetzung der Homilien des Origenes zu Genesis und Exodus in: Sources Chrétiennes Bd.6 und Bd.16. Und: Histoire et Esprit, Paris 1950 S. 139–194.

legung befrug, und daß er die seiner Zeit verfügbaren Lexika zu seinen Worterklärungen benützte.[115] Er entdeckte die Divergenzen in den chronologischen Angaben der verschiedenen Evangelien und löste sie in durchaus richtigem Ansatz (X.2–3).

Die philologische Arbeit aber steht im Dienste der pneumatischen Exegese. Gewisse Anstößigkeiten in der Schrift, deren wörtliches Verständnis unmöglich, lächerlich und Gottes unwürdig wäre (XXXII.12,20), verweisen mit Notwendigkeit auf eine geistige Auslegung. Zu geistiger Auslegung zählt Origenes schon das übertragene Verständnis von Metaphern und Anthropomorphismen (XIII.22–23). Wer solche Stellen buchstäblich versteht, begreift nichts von Gott, sondern bleibt Ihm fern. In solchem Sinne «tötet der Buchstabe», der die Seele nicht vom Leibe, aber vom lebendigen Gott und dem «lebendigmachenden Pneuma» trennt (XIII.23). Die pneumatische Exegese erhebt den Wortsinn zu der Vergeistigung, die einer Aussage über den «Herrn, der Geist ist» (2 Kor 3,17) und über seine Mysterien entspricht. Gott und göttliche Wirklichkeit kann man nur erkennen, wenn man «den lebendigmachenden Geist und das Geistige der Schrift ergreift» (*χωρῶν τὸ . . πνευματικὸν τῆς γραφῆς* – XIII.53).

Der Mittel zur geistigen Schrifterklärung sind es viele. Zunächst sind es dieselben, die Origenes in den alexandrinischen Grammatikschulen bei der Interpretation der alten Dichter lernte: Worterklärung und Allegorese. Mehr aber als den etymologischen und philosophischen Wortsinn sucht er mit Hilfe (vielleicht selbst angelegter) Wortkonkordanzen und aus seinem enormen Bibelgedächtnis den Sinn, den ein Wort im biblischen Sprachgebrauch hat (II.1; XXXII.26 u. ö.) Bleibend gültige und schöne Erklärungen finden sich da. Aber ohne Rücksicht auf die Störung des Gedankenganges einer zu erklärenden Stelle führt er häufig

[115] M. Cadiou, Dictionnaires antiques dans l'œuvre d'Origène, in: Revue des Études grecques 45(1932) 270–285. Solche Erklärungen sind selbstverständlich ebensoviel wert, wie die benützten Hilfsmittel.

langatmige Stichwortreihungen auf, denen man die Schulmethode anmerkt.

Die Allegorese ist für Origenes der allgemeinste Begriff für die übertragende Deutung eines Wortes oder Ereignisses. Er wendet sie an auf grund der Analogie des Seins, nach der die sichtbare Welt ein symbolhaft hinweisendes Formverhältnis hat zur geistigen Welt der Mysterien. Jedes biblische Wort spricht mit den Mitteln dieser sinnenhaften Welt von der jenseitigen göttlichen. Es ist also «allegorisch gesprochen» (*ἀλληγορούμενον* - XX.10) und fordert allegorische Deutung. Und er gebraucht die Allegorese auf grund der Analogie des Glaubens, nach der alle Glaubenswahrheiten untereinander zusammenhängen und ein Ganzes bilden, in dem alles Einzelne miteinander übereinstimmt. Auf die Ökonomie der beiden Testamente und das Verhältnis dieser zum «ewigen Evangelium» angewandt, wird die Allegorie zur Typologie: Jeweils das Vorangehende ist Vorentwurf des Kommenden. Origenes hält aber Allegorie und Typologie nicht auseinander.[116] Selbstverständlich hat Origenes eine Reihe allegorischer und typologischer Deutungen übernommen, wie er gelegentlich anmerkt, teils von Philo (soweit sie das Alte Testament betreffen)[117], teils aus der christlichen Tradition, deren wertvoller Zeuge er ist. Aber die einfachen und nicht selten willkürlichen Allegorien der ihm vorangehenden Exegese, besonders derjenigen Hippolyts, übertrifft Origenes weit an deutender Kraft und kühner Spekulation. Vor allem hält er sich strenger an das Gesetz der analogen Entsprechung. Ihretwegen untersucht er den Wortlaut und die Geschichte bis ins Einzelne (XX.10; X.12–18), um möglichst treffend das analoge Mysterium zu

[116] Wir können zur kritischen Wertung Allegorie und Typologie unterscheiden. Mit Entschiedenheit tut dies J. Daniélou, Origène, Paris 1948, S. 145–198; und in: Studia Patristica (1957) I,S. 185–187. Anders H. de Lubac, Der geistige Sinn der Schrift, S. 38.

[117] Der Einfluß Philons ist im Johanneskommentar allerdings kaum nennenswert, ein Unterschied zu den Homilien, wo er manchmal erheblich in Erscheinung tritt.

«ertasten». Denn kein Buchstabe und nicht das geringste Ereignis der Schrift ist ohne höhere Bedeutung (XX.36).

Voll Ehrfurcht vor dem Geheimnis, und seiner eigenen Unzulänglichkeit bewußt legt Origenes seine Erklärungen vor mit dem demütigen Zugeständnis, ihre Richtigkeit zu prüfen oder andere, gleichfalls mögliche Auslegungen anzufügen. Und er weiß, daß unsere irdische Erkenntnisfähigkeit für den letzten Sinn der Schrift karg bemessen ist (X.15).

Im Laufe der sich über viele Jahre hinziehenden Arbeit am Johanneskommentar meditierte Origenes immer hingegebener die konkreten heilsgeschichtlichen Einzelheiten und das irdische Leben Jesu. Wunderbare Erklärungen hat er uns so geschenkt, etwa jene christologische und zugleich bibliologische Erklärung des alttestamentlichen Passa (X. 14–18), oder jene über die Tempelreinigung (X.23–42), die Fußwaschung (XXXII.4–12), den Verrat und das Abendmahl (XXXII.18–24) und über den Anfang der Abschiedsreden (XXXII.25–32).

Origenes meint nun weder, mit einer Erklärung den Sinn einer Stelle erschöpfen zu können, denn die eschatologische Erfüllung bleibt für uns immer Mysterium, d. h. Geheimnis in der Verborgenheit (X.15); noch ist er der Meinung, die gegebene Erklärung sei die einzig mögliche. Denn die Schrift birgt «ein Meer so großer Gedanken» (X.15), daß eine Erklärung immer nur einen Aspekt des Ganzen erfassen kann. Daher scheut er sich bei seiner Exegese nicht, die Gedanken des öfteren aus dem Ganzen der Schrift zu holen, aus der Analogie des Glaubens, mehr als aus dem Sinn des Kontexts und der gegebenen Szene. Unerwartete Parallelstellen tauchen auf und übernehmen die Gedankenführung (z. B. bei der Erklärung des Logos). So erweitert Origenes Schriftexegese zur Theologie, die «den einen ganzen Leib der Wahrheit mit Weisheit zusammenträgt», und zwar indem sie im Laufe der Tradition den Vollsinn der Schrift immer mehr erhebt (XIII.46).

Im geistigen Sinn liegt der Heilswert (*ὠφέλεια*) und die heilswirkende Macht (*δύναμις*) der Schrift. Wer die Schrift geistig versteht, begegnet in ihr Christus, dem *Wort*, und in Ihm allen Heilsgütern. Das Wort der Schrift kommt als Anspruch, wendet sich fordernd an den Hörer (*προτρεπτικός* – I.3). Es will eine dem Wort entsprechende Haltung und daß man mit ihm «verwachse» (XIX.23). Als Exeget will Origenes Theologe und vor allem «Geistlicher» sein, dessen Anliegen es ist, daß die im Wort verkündete und vergegenwärtigte Heilsgeschichte sich in der Kirche, die dadurch erbaut wird, und in der Seele sich spirituell vollziehe. Seine Erklärung will – wie das Wort der Evangelisten – Glauben schaffen «die machtvollste übernatürliche Wirklichkeit und die erste und nächste Verbindung mit Gott durch Christus»[118], *das Wort*. Beharrlich streut er seinem Kommentar die spirituelle Anwendung ein, nicht als angehängte Applikation des geistigen Sinns, sondern als diesen selbst, der sich in uns verwirklicht, als existentielle Exegese im besten Sinn. Durch die Anagoge des Wortlauts werden wir selbst zur Erkenntnis (*γνῶσις* = Glaubenserkenntnis) und Betrachtung (*θέα*) des göttlichen Logos als des «Bildes des unsichtbaren Gottes» emporgeführt und werden so mittelbar zu «Betrachtern der Tiefe des Vaters» (XX.1). Wie der Logos selbst dadurch als Gott existiert, daß Er in der Schau des Vaters verharrt (II.2), so werden wir durch die Erkenntnis des Offenbarungswortes «vergöttlicht» (II.2), durch Gotterfülltsein dem Logos ähnlich (*ἐνθέως λογικοί* – I.37).

V

Verfasser und Abfassungszeit des Kommentars

In mehr als einer Hinsicht ist Origenes «Mann der Kirche», als der er sich selbst mit leidenschaftlicher Liebe und in gehorsamer Demut bekannte,[119] wenn ihm das auch Gegner und solche abstreiten wollten, die seine Werke nicht kann-

[118] F. X. Arnold, Dienst am Glauben, Untersuchungen zur Theologie der Seelsorge Bd. I, Freiburg 1948, S. 30.

[119] Jos h 9,8 (GCS 7.353).

ten. Er war der erste große Theologe, der schon Christ war, als er das Heidentum und dessen Philosophie kennenlernte. Sein Vater Leonidas ließ ihn von Kindesalter an die Heilige Schrift auswendig lernen und aufsagen. Als er 16 Jahre alt war, erlitt sein Vater in der Christenverfolgung des Septimius Severus den Martertod. Diese harte Zeit der Bewährung prägte der Spiritualität des Origenes für immer einen Zug der Entschiedenheit und des christlichen Kampfgeistes ein. Noch in der Verfolgungszeit berief sein Bischof den erst 18-Jährigen zum Lehrer für die Katechumenen. Eusebius schreibt über diese Zeit: «Den ganzen Tag hindurch trug er die nicht geringe Last des Unterrichts, den größten Teil der Nacht verwendete er auf das Studium der Heiligen Schrift.»[120] Bald überließ Origenes den Elementarunterricht seinem Freund Heraklas, um sich der Unterweisung fortgeschrittener Hörer und philosophisch gebildeter Heiden zu widmen. Damit wandte er sich der wissenschaftlichen Theologie zu. Um seinen Schülern die christliche Lehre ihrer Bildung angepaßt darbieten zu können, hielt er es für notwendig, die philosophischen Schulen selbst zu besuchen. Er eignet sich Kultur und Wissen seiner Umwelt aus missionarischen Motiven an. In einem Brief an seinen Schüler Gregorios Thaumaturgos schreibt er, «die griechische Philosophie könne zur Propädeutik für das Christentum werden» und «die Kenntnisse aus den anderen Wissenschaften für die Erklärung der Heiligen Schrift brauchbar sein». «Auch die Söhne Israels haben, als sie in Ägypten Ansiedler waren, von ihrem dortigen Wohnen das gewonnen, daß sie sich sehr viel kostbares Material besorgten, das für den Kult Gottes brauchbar war ... Wovon die Ägypter schlechten Gebrauch machten, das benutzten die Hebräer durch die göttliche Weisheit zur Gottesverehrung.»[121]

Als Populärphilosophie herrschte der mittlere Platonismus, dessen wesentliche Lehren sich Origenes zur rationalen

[120] H. E. VI.3.

[121] Cap. 1–3, Ed. Koetschau, in: Kirchen- und dogmengeschichtliche Quellenschriften IX, Freiburg 1894, S. 40–42.

Einsicht in den Offenbarungsgehalt und zu dessen Darstellung zunutze machte. Er ging somit nach dem Prinzip vor, das die scholastische Methode kennzeichnet.[122] Diese Lehren sind: die Überweltlichkeit und Geistigkeit Gottes; seine Beziehung zur Welt, nämlich Menschenliebe, Vorsehung und Pädagogik, deren Ziel es sei, die Menschen zu sich emporzuführen; das zwischen sinnenhafter und geistiger Welt unterscheidende Weltbild; die Erkenntnis- und Teilhabelehre, nach der Erkennen Ähnlichkeit voraussetzt und Verähnlichung bewirkt;[123] die Verähnlichung des Geistes mit Gott durch Kontemplation. Der Platonismus war damals nahehin zu einer spiritualistischen Religion geworden. Mit ihm drang als offenbarungsfremde Lehre die nicht mehr rein philosophische Annahme einer Präexistenz und eines Falls der Seele in das theologische Denken des Origenes ein.

An den Werken des Eklektikers Plutarch und der Stoiker Chairemon, Kornutos und Chrysippos übte er sich für die allegorisierende Interpretation. Aus dem Wörterbuch des Herophilos zog er Definitionen und Begriffserklärungen. Aus der Stoa übernahm Origenes vor allem psychologische Begriffe, die Lehre von der Willensfreiheit und vom samenhaft überall vorhandenen Logos, den Glauben an eine Allbeseelung, die Vorstellung vom Weltbrand und einer dauernden Folge von Weltperioden, deren gleiche Wiederholung er in eine allmähliche Verbesserung abwandelt, so daß schließlich der Heilswille Gottes siegt und «Gott alles in allem» wird (2 Kor 15,28). Dagegen weist Origenes den Materialismus der stoischen Gottes- und Pneumalehre entschieden zurück. Bei einem der einflußreichsten Lehrer seiner Zeit, dem Neuplatoniker Ammonios Sakkas, den auch sein jüngerer Zeitgenosse Plotin hörte, lernte Origenes von einem Philosophen ernste Askese als Voraussetzung der Erkenntnis ken-

[122] Vgl. M. Grabmann, Die Geschichte der scholastischen Methode, Berlin 1957, I. Bd. S. 80–83.

[123] Ein Text wie JoCo II.3 ist ohne diese philosophische Grundlehre nicht zu verstehen.

nen. Hauptsächlich sammelte Origenes seine philosophischen Kenntnisse aber mittels der großen Enzyklopädien, in denen die Gelehrten seiner Zeit die Summe hellenistischen Denkens sammelten. Und wie in ihnen, so flossen sämtliche philosophischen Lehren zusammen in der religiösen «Gnosis», mit der sich der christliche Lehrer Alexandriens, diesem Zentrum damaligen Geistes, in seinem Kommentar auseinanderzusetzen hatte.

Im Jahr 212 unternahm Origenes eine Reise nach Rom, wo er Hippolyt und dessen homiletische Exegese kennenlernte. Reisen nach Arabien und Palästina folgten. 215/16, als Caracalla in Alexandria wütete und die Gelehrten vertrieb, ging er nach Cäsarea in Palästina. Bischöfe dort forderten ihn zur Predigt auf, obwohl er Laie war. Sein eigener Bischof in Alexandria mißbilligte das und rief ihn zurück. Origenes gehorchte.

Um 218/19 begann er in Alexandria den Johanneskommentar. 10 Jahre brauchte er für die ersten 5 Bücher. Gleichzeitig arbeitete er an der Hexapla, am Genesis- und am Psalmenkommentar und an Peri Archon. Doch sein Auftraggeber Ambrosius drängte, wie Origenes am Anfang des V. Buches humorvoll bemerkt:

[V.1] «Da du dich nicht damit begnügst, gegenwärtig mir gegenüber die Rolle der Fronvögte Gottes (wörtlich: der Arbeitstreiber – Ex 5,13) auszuüben und forderst, daß ich, obwohl wir ferne [voneinander] sind, hauptsächlich dir zur Verfügung stehe zur Erfüllung der Verpflichtung an dich, so könnte ich, wenn ich der Mühe ausweichen und die Gefahr umgehen wollte, die denen von Gott her droht, die sich dem Schreiben über das Göttliche widmen, mich leicht herausreden mit der Schrift, die es verbietet, viele Bücher zu schreiben. Salomon sagt nämlich im Buch des Predigers: «Mein Sohn, hüte dich davor, viele Bücher zu schreiben! Es nimmt kein Ende, und vieles Studieren bringt dem Leib Beschwerde» (Prd 12,12). Wenn das nicht einen verborgenen Sinn hätte – mir ist jedoch der Text noch undurchsichtig – dann hätte ich das Gebot geradewegs übertreten, da ich mich ja nicht davor hüte, viele Bücher zu schreiben.»

Auf einer weiteren Reise nach Griechenland und Palästina wurde Origenes von befreundeten Bischöfen zum Priester geweiht. Sein Bischof Demetrios wollte die irreguläre Weihe nicht gelten lassen und verwies ihn auf einer Synode aus Alexandria. Eine zweite Synode schloß ihn aus der Kirche Alexandriens aus. Papst Flavian stimmte diesem Beschluß zu. Die Motive des Demetrios lagen wohl in dessen Reformbestreben gegen das gnostische Christentum in Ägypten.[124] Er beabsichtigte seine Reform durch Stärkung des Amtes in der Kirche durchzusetzen. Dabei geriet die amtliche Hierarchie in eine unverständige Eifersucht gegen die spirituelle Hierarchie der Theologie, nämlich der christlichen Gnosis.[125]

Origenes verließ im Jahr 232 Alexandria endgültig und so verstört, daß er das angefangene VI. Buch des Johanneskommentars dort liegen ließ. Er ging nach Cäsarea, wo er von den dortigen Bischöfen willkommen geheißen und im Lehramt bestätigt wurde. Auch in Cäsarea gründete er eine theologisch-wissenschaftliche Schule, an der die Kaiserin und Bischöfe zu seinen Hörern zählten. Erst einige Zeit nach dem «Sturm» war er wieder imstande, die Weiterarbeit am Johanneskommentar aufzunehmen. Zu Anfang des neu verfaßten VI. Buches schreibt er darüber:

[VI. 1–2] «Jedes Haus wird, um es möglichst solide zu machen, in der schönen Jahreszeit gebaut, wenn es keine Stürme gibt, damit nichts verhindere, daß es die richtige Festigkeit bekomme. Es soll doch so werden können, daß es das Andringen einer Überschwemmung und den Ansturm einer Wasserflut, und was sonst ein Unwetter mit sich bringt, überdauere (Lk 6,48). Denn ein losbrechender

[124] Vgl. H. Lietzmann, Geschichte der alten Kirche, Berlin und Leipzig 1938, II. S. 84.

[125] Im Anschluß an Petavius, Dogmatica theologica, Prol. 4,2 nennt M. Grabmann «die Gnosis ein- und dasselbe wie jene Disziplin, die wir Theologie nennen». Geschichte der scholastischen Methode, S. 79.

Sturm macht mit Vorliebe zuschanden, was morsch ist an den Gebäuden; er zeigt aber auch, wo sachgemäßes Können bei der Herstellung angewandt worden ist.[126]

Ganz besonders aber wird ein geistiges Gebäude, das die Wahrheit in Begriffen birgt – eine Predigt oder eine Schrift –, dann am besten gebaut, wenn Gott mit dem, der ein solch vortreffliches Werk zu schaffen sich vornimmt, hilfreich mitbaut, und wenn seine Seele heiter ist durch den «Frieden, der alles Denken übersteigt» (Phil 4,7), wenn sie jeglicher Belästigung entrückt und nicht irgendwie beunruhigt ist.

Dies scheinen mir die Diener des prophetischen Geistes und der evangelischen Botschaft genau erkannt zu haben, wenn sie von sich dachten, sie seien es wert, den verborgenen Frieden zu empfangen von Dem, der ihn den Würdigen immer gibt und sagt: «Den Frieden hinterlasse Ich euch, meinen Frieden gebe Ich euch. Nicht wie die Welt Frieden gewährt, gebe Ich ihn.» Sieh hin, ob nicht die Geschichte damit, was sie von David und Salomon hinsichtlich des Tempel[bau]s berichtet, verborgenerweise dasselbe sagen will: David, im Krieg gegen die Feinde des Herrn und im Widerstand gegen mehrere seiner eigenen und Israels Feinde, wollte Gott einen Tempel bauen, wurde aber von Gott davon abgehalten, indem Er ihm durch Nathan sagen ließ: «Du sollst mir kein Haus bauen, da du ein Mann des Blutes bist» (I Chron 28,3). Salomon aber sah im Traume Gott und empfing im Traum die Weisheit (Gott in Wirklichkeit zu sehen und die Weisheit in Wirklichkeit zu empfangen, war freilich dem vorbehalten, Der von sich sagte: «Siehe, hier ist mehr als Salomon» – Mt 12,42). Und Salomon befand sich im tiefsten Frieden, so daß jedermann unter seinem Weinstock und seinem Feigenbaum ruhte (Mich 4,4) und er selbst von seiner Friedenszeit den Beinamen hatte (Salomon heißt nämlich «der Friedliche»). Des Friedens wegen

[126] Der Kommentar soll durch die Orthodoxie seiner Lehre im stürmischen Kampf der amtlichen Kirche gegen die falsche «Gnosis» jeder Kritik standhalten können.

hatte Salomon Muße, Gott den weitberühmten Tempel zu bauen. Und in den Zeiten Esdras, als die Wahrheit den Sieg innehatte über den Wein, über den feindlichen König und über die Frauen, da wird der Tempel für Gott wieder aufgebaut (3 Esdr 4,37 ff).

Das, verehrter Ambrosius, schreibe ich Dir zu meiner Verteidigung. Als ich, auf Deine verehrliche Aufforderung hin, willens war, den evangelischen Turm in Schriften zu erbauen, da setzte ich mich hin und berechnete den Aufwand, ob ich die Mittel zu seiner Errichtung habe, damit ich nicht von den Zuschauern ausgelacht würde, wenn sie sehen, daß ich zwar ein Fundament lege, das Werk fertig zu bringen aber nicht imstande sei (Lk 14,28ff). Bei der Aufstellung der bereitstehenden Mittel fand ich zwar nicht vor, was zur Errichtung des Baues zur Verfügung sein soll, ich habe aber auf Gott mein Vertrauen gesetzt, Der «in jedem Wort und jeder Erkenntnis» (1 Kor 1,5) bereichert, daß Er mich reich machen werde, wenn ich meinerseits mich bemühen würde, die geistigen Gesetze einzuhalten. Und ich vertraue, daß ich mittels seiner Beiträge im Bau voran und bis zum Dachgeländer kommen werde (Dt 22,8). – Dies Geländer verhindert, daß einer herunterfalle, der bis zum Dach des Wortes hinaufgestiegen ist. Nur von Häusern, an denen das Dachgeländer fehlt, fällt man herunter, eben weil der Bau unvollendet ist, der dann schuld ist an tödlichen Unfällen und Stürzen derer, die sich auf dem Dach aufhalten.

Bis zum V. Buch habe ich diktiert, was zu sagen mir gegeben war, wenn auch das unfreundliche Klima in Alexandria sich ungünstig auszuwirken schien. Aber Jesus verwies die Winde und Wogen des Meeres in Schranken (Mt 8,26). Als ich dann im VI. Band schon ein Stück vorangekommen war, wurde ich aus Ägypten ausgewiesen. Gott befreite mich, der sein Volk aus diesem Land herausführt. Als der Gegner mich darnach mit seinem neuerlichen, dem Evangelium wahrhaft feindlichen Schreiben aufs empfindlichste bekämpfte und alle bösartigen Strömungen in Ägypten gegen mich entfachte, da redete das Wort mir zu, mich eher zum Kampf zu stellen und meine geistige Linie (τὸ ἡγεμονικόν) zu wahren, nicht daß nichtswürdige Gedanken dem Sturm Übermacht über meine Seele gäben und ihn in sie einließen, gerade jetzt, wo es mir wirklich ungelegen käme und die Fortsetzung meiner Schrift belasten würde, wenn mein Denken nicht zuerst wieder heitere Stille gewinnt. Auch das Fehlen der gewohnten Schnellschreiber hinderte mich an der Fortsetzung des Diktats.

Jetzt aber, da die gegen mich gerichteten vielen glühenden Geschosse unschädlich geworden sind, weil Gott sie dämpfte (Eph 6,16), und meine Seele, an Widerfährnisse gewöhnt, sich bemüht, mit Hilfe des himmlischen Wortes die geschehenen Angriffe leichter zu nehmen, will ich ohne Aufschub weiterdiktieren wie von schönster Frühlingsstimmung erfaßt. Gott, den einsprechenden Lehrer, bitte ich, Er möge im Innersten meiner Seele zugegen sein, damit der Bau der Erklärung des Johannesevangeliums seine Vollendung erlange. Gott möge doch mein Gebet erhören, daß ich den Leib des ganzen Wortes zusammenzufügen vermöge, ohne daß ein sich dazwischenschiebender Umstand den Fortgang meiner Schrift irgendwie unterbrechen dürfe.

Wisse, daß ich mit viel Bereitwilligkeit ein zweites Mal das VI. Buch anfange. Denn das, was ich schon in Alexandria diktiert habe, wurde nicht hierher gebracht. Ich weiß nicht, wieso. Ich hielt es jedenfalls für besser, das Verlorene gleich neu anzufangen, als die Zeit für die Arbeit hier untätig verstreichen zu lassen und in der Ungewißheit zu warten, das Diktierte wiederzufinden, und den nicht geringen Gewinn der inzwischen dahingehenden Tage zu verlieren.

Das sei aber nun als Vorbemerkung hinreichend.»

Das XXXII. Buch des Kommentars ist wohl verfaßt in der Zeit der Verfolgung durch Maximin (235–237). E. Preuschen nimmt an, daß Origenes mit der Erklärung nicht über Joh 13,33 hinausgekommen sei. (Freilich sind viele Stellen der folgenden Kapitel des Johannesevangeliums in den vorangehenden Büchern berührt.) Origenes hat also zwei Jahrzehnte an diesem Kommentar gearbeitet.

In den folgenden Jahren kommentierte er noch fast die gesamte Bibel, allerdings meist nicht mehr so ausführlich wie im Johanneskommentar. Vor allem hielt er in Cäsarea fast täglich eine Homilie über die Heilige Schrift. Des öfteren wurde er als Theologe erster Autorität in der Kirche zur Klärung dogmatischer Streitfragen gerufen, selbst bis nach Arabien. In der Christenverfolgung des Decius wurde Origenes grausam gefoltert. Der Richter wollte ihn aus Achtung nicht dem Tode übergeben. An den Folgen starb Origenes im Jahre 253/54.

Das immense Werk des Origenes wurde ihm ermöglicht durch seinen reichen Schüler und Gönner Ambrosius, der für ihn 7 Stenographen, die sich in der Nachschrift seines Diktates und seiner Homilien ablösten, und ebensoviele Rein- und Schönschreiberinnen besoldete. Auch den Johanneskommentar hat Origenes diktiert. So erklärt sich sein Stil, der ein gesprochener ist: gedankenbeladen, nüchtern und nur selten mit einem schmückenden Wort, in langen und schwierigen Perioden dahingehend, die grammatische Konstruktion im selben Satz gelegentlich unterbrechend und wechselnd, den richtigen Sinn und Zusammenhang manchmal nur freigebend, wenn man eine Pause einlegt oder eine Betonung mithört, in der Meditation sich wiederholend und verschlungen, dabei impulsiv einen rasch auftauchenden Gedanken verfolgend oder ihn nur kurz aufrufend. Im Diktat ist auch gelegentlich ein Hörfehler unterlaufen (z.B. II.1; VI.5, 19). Besondere Schwierigkeit bietet die Terminologie des Origenes. Voll biblischen Sprachschatzes, aus dem ihm Worte und Wendungen wie von selbst zuflossen – hat er doch als Knabe an der Bibel sprechen gelernt – ist seine Terminologie eklektisch, wenig präzise. Die Bedeutung derselben Begriffe ist wechselnd und muß oft aus dem Zusammenhang erschlossen werden. Prägnante und schöne Formulierungen sind bei Origenes selten. Darin übertrifft ihn der Rhetor Augustinus. Doch ist sein Griechisch von wunderbarer Transparenz für die Geistesfülle und voll feiner Nuancen.

Etwa ein Jahrhundert nach dem Tod des Origenes gerieten seine Schriften wegen Übertreibung ihres Spiritualismus durch seine Anhänger, weil die Arianer sich auf seine subordinatianische Logoslehre beriefen, und schließlich durch Entstellung und Mißverständnis in die Mühle leidenschaftlichen Parteienstreites für und wider einen «Origenismus», der mit Origenes selbst wenig zu tun hat. Hieronymus, zuerst sein glühender Verehrer und uneingeschränkter Bewunderer seiner Exegese, die er nachzuahmen sich bemüht, ließ sich gegen ihn umstimmen. Aber selbst als Gegner des vermeintlichen «Vaters des Arianismus» hört er nicht auf, seine Homilien zu übersetzen und seine Schrifterklärungen seitenweise abzuschreiben, um sie als eigene auszugeben. Auf diesen und ähnlichen Wegen ist Origenes in breitem Strom in die kirchliche Tradition eingegangen. Seine Werke aber wurden in Stürmen gegen den «Origenismus» größtenteils vernichtet. Vom Johanneskommentar ist nur etwa ein Viertel erhalten.

Erhalten ist:

I. und II. Buch ganz über Joh 1,1–7
Vom IV. und V. Buch Fragmente der Einleitung
VI. Buch ganz (mit Ausnahme des letzten Blatts) über Joh 1,19–29
X. Buch ganz (mit Ausnahme des ersten Blatts) über Joh 2,12–25
XIII. Buch ganz über Joh 4,13–54
XIX. Buch etwa zur Hälfte (Anfang und Schluß fehlen) über Joh 8,19–25
XX. Buch ganz über Joh 8,37–53
XXVIII. Buch ganz über Joh 11,39–57
XXXII. Buch ganz über Joh 13,2–33

Von den 106 aus Catenen gesammelten griechischen Fragmenten in der Ausgabe E. Preuschen ist zweifelsohne das Meiste echtes origenistisches Gut. Aber auf grund ihrer oft so überraschend prägnanten Definitionen und Zusammenfassungen und ihrer häufigen aristotelischen Terminologie halte ich sie für kommentierende Abschriften origenistischer Texte eines aristotelisch ausgerichteten Theologen.

Die vorliegende Auswahl strebt an, eine Kenntnis dieses wichtigsten und theologisch reichsten, aber wohl auch am schwersten zugänglichen und verständlichen Kommentars dieses Genius der Bibelexegese zu vermitteln, der als Lehrer aus der Tradition der Kirche nicht wegzudenken ist. Da Weitschweifigkeiten, Anstößigkeiten, die Herübernahmen offenbarungsfremden Gutes waren, und Erklärungen, die im Grunde Literalexegese mit unzulänglichen Hilfsmitteln sind, nicht lesenswert sind und eher das Verständnis des Wesentlichen verbauen, dürfte eine Auswahl gerechtfertigt sein. Die Übersetzung will die schmucklose griechische Textgestalt möglichst getreu wiedergeben. Der Verständlichkeit halber jedoch mußte die deutsche Wiedergabe gelegentlich schon erklärend sein (z. B. wurde *λόγος* je nachdem, ob der Begriff von Christus, vom Wort oder von der menschlichen Vernunft gilt, übersetzt mit «Wort», «Sinn» oder «Geistigkeit»). Die erklärenden Überschriften sind eingefügt.

Der Übersetzung liegt die kritische Textausgabe zugrunde von E. Preuschen, Die Griechischen Christlichen Schriftsteller der ersten drei Jahrhunderte (GCS), Herausgegeben von der Kirchenväter-Commission der Königl. Preußischen Akademie der Wissenschaften, Leipzig 1903.

Die englische Übersetzung ausgewählter Texte aus dem Gesamtwerk des Origenes von R. B. Tollinton, Translations of Christian Literature, Series I, Greek Texts, London 1929, die einige Texte aus dem Johanneskommentar enthält, und:

Die deutsche Übersetzung der Auswahl von H. Urs von Balthasar, Geist und Feuer, Salzburg [2]1938 habe ich dankbar benützt.

Zu aufrichtigem Dank verpflichtet bin ich dem Herausgeber H. H. Dr. H. Urs von Balthasar für die Anregung zu vorliegender Übersetzung in Auswahl, für Durchsicht und Verbesserungen; H. Oberstudiendirektor F. Betz, Rottweil für die mühsame philologische Durchsicht; und H. Prof. Dr. W. Schadewaldt, Tübingen für Hinweise zur Übersetzung einiger Stellen.

SIGLEN

()	Klammern im Originaltext
[]	Erläuternde Zusätze des Übersetzers
...	Auslassungen
JLW	Jahrbuch für Liturgiewissenschaft
Mand. Lit.	Mandäische Liturgien, mitgeteilt, übersetzt und erklärt von Mark Lidzbarski, Berlin 1920
RSPhTh	Revue des sciences phil. et théol.
RSR	Recherches de Science Religieuse, Paris
ThQ	Theologische Quartalschrift, Tübingen
TU	Texte und Untersuchungen zur Geschichte der altchristlichen Literatur, (Leipzig) Berlin
ZNTW	Zeitschrift für die Neutestament. Wissenschaft

Corpus Hermeticum: Hermès trismégiste, Paris 1945ff
Evangelium der Wahrheit: M. Malinine u.a. (Hrsg.), Evangelium Veritatis, Zürich 1956 u. 1961 (Supplementum)
Henri de Lubac, Der geistige Sinn der Schrift, s. in: Ders., Typologie – Allegorie – Geistiger Sinn, Freiburg [3]2014
Henri de Lubac, Histoire et Esprit, deutsch: Geist aus der Geschichte, Einsiedeln 1968
Origenes, Geist und Feuer, Salzburg [2]1938, s.: Freiburg [3]1991
G. G. Scholem, Les grands courants de la mystique juive, deutsch: Die jüdische Mystik in ihren Hauptströmungen, Zürich 1957

ZUR NEUAUSGABE

Die Neuausgabe gibt die Erstausgabe von 1959 unverändert wieder. Es wurden lediglich Druckfehler korrigiert und die Siglenliste ergänzt sowie einige Literaturhinweise angefügt.

TEXT DES KOMMENTARS

Gebet vor der Schrifterklärung

[Vorwort zum XX. Buch] Wir bitten, aus der Fülle des Sohnes Gottes, in dem Seine ganze Fülle einwohnen zu lassen Gott gefiel, reiche, um es so [drastisch] zu sagen: gepreßt volle Gedanken zu empfangen, die nirgends hohl sind, damit uns das Evangelium im Maße unseres Forschens geoffenbart werde. Wir möchten dabei nichts übergehen von dem, was not tut, erforscht und mit Hilfe erklärender Schriften geglaubt zu werden; wir möchten aber auch nicht über Gebühr ausführlich werden, noch den Sinn unseres Erlösers Jesus falsch erfassen. Möge uns Gott den Logos selbst senden, der Sich selber offenbar macht, damit wir, durch des Vaters Geschenk, Betrachter seiner Tiefe werden!

Gedanken des Exegeten

[Vorwort zum XXXII. Buch] Von Gott durch Jesus Christus wohlgeführt wollen wir den großen Weg des Evangeliums gehen. Er ist uns ein lebenbringender Weg, wenn wir ihn sowohl erkennen als auch gehen, und zwar bis zu Ende... Möge die lichte Wolkensäule Jesu bei uns sein, die uns, wenn nötig vorangeht, und die wenn nötig stehen bleibt, bis wir, mein heiliger Bruder Ambrosius, das ganze Evangelium erklärt haben. Wir wollen weder der Länge des Weges erliegen noch ob unserer Schwachheit ermüden, sondern angetrieben von der Säule der Wahrheit auf ihren Spuren vorwärtsschreiten.

Ob aber Gott will, daß unser Geist den Weg der Auslegung des ganzen Evangeliums des Johannes bewältige, das weiß allein Er. Mögen wir nur nahe beim Herrn sein – sei es im, sei es außer dem Leibe lebend – und deshalb nicht außerhalb des Evangeliums dahin gehen, damit wir in den Genuß der Früchte von Werk und Wort kommen mögen, nämlich der Seligkeiten im Paradies der Freude Gottes!

I. BUCH

Das Volk Christi

[I.1] Wie einstens das Volk, das «Gottes Volk» benannt wurde, in zwölf Stämme eingeteilt war, und über den übrigen Stämmen der levitische Rang stand, der in mehreren priesterlichen und levitischen Abteilungen den Gottesdienst versah, so glaube ich auch, daß das ganze Volk Christi, das im Verborgenen das jüdische Volk repräsentiert und im Geiste beschnitten ist, nach «dem verborgenen Menschen des Herzens» (1 Petr 3,4) die Eigentümlichkeiten der Stämme mystischerweise besitzt. Wie das von Johannes aus der Apokalypse unverhüllt zu erfahren ist, so verschweigen es doch auch die übrigen Propheten für die nicht, die solches [heraus]zuhören verstehen. Johannes sagt das so: «Und ich sah einen andern Engel herkommen von Sonnenaufgang; er trug das Siegel des lebendigen Gottes und rief mit lauter Stimme den vier Engeln zu, denen Macht gegeben ist, Land und Meer zu versehren: Versehret nicht Land noch Meer noch Bäume, bis wir die Diener unseres Gottes mit dem Siegel bezeichnet auf ihre Stirne! Ich hörte die Zahl der Bezeichneten: 144 Tausend Bezeichnete aus allen Stämmen der Kinder Israels... (Apk 7,2–4)». Nach Aufzählung der Stämme, mit Ausnahme des Stammes Dan, fährt er nach einigem fort: «Wieder schaute ich – und siehe, das Lamm stand auf dem Berge Sion, und mit ihm 144 Tausend. Sie tragen seinen Namen und den Namen seines Vaters auf ihrer Stirne geschrieben. ... Sie sind erkauft von der Erde. Es sind diejenigen, die sich nicht mit Weibern befleckt haben, weil sie ‚jungfräulich' sind; die sind es, die dem Lamme folgen, wohin es immer führt, in deren Mund kein Trug und die ohne Makel sind (Apk 14,1–5).»

Daß Johannes dies von den an Christus Gläubigen sagt, die auch zu den [israelitischen] Stämmen gehören, auch wenn sie der leiblichen Abstammung nach nicht auf den Samen der Patriarchen zurückzugehen scheinen, dazu führt folgende Überlegung: ... [In der Apokalypse wird die Zahl von 144 Tausend Besiegelten aus allen Stämmen Israels angegeben,] von denen Johannes sagt, sie tragen den Namen des Lammes und seines Vaters auf ihre Stirnen geschrieben, sie seien jungfräulich und nicht mit Weibern befleckt... Wenn aber die «aus den Stämmen» dieselben sind wie die «Jungfräulichen», wie wir oben gezeigt haben, wenn aus Israel dem Fleische nach aber selten einer glaubte, so daß man die Behauptung wagen könnte, die Zahl 144 Tausend werde durch die Gläubigen aus Israel dem Fleische nach nicht voll, dann geht daraus deutlich hervor, daß die 144 Tausend, die «sich mit Weibern nicht befleckten», aus Heiden bestehen, die sich dem göttlichen Wort angeschlossen haben. Man wird also wohl nicht von der Wahrheit abweichen, wenn man sagt, eines jeden Stammes Erstling seien seine «Jungfrauen». Es heißt doch: «Diese wurden aus den Menschen als Erstlinge für Gott und das Lamm erkauft»[1].

Nicht außer acht zu lassen ist aber, daß das Wort von den 144 Tausend «Jungfräulichen» ein Verständnis in höherem Sinn (ἀναγωγή) gestattet. ...

Priestertum im Dienste des Wortes

[I.2] ‚Doch was soll das alles für uns?' wirst du, wahrhaftiger «Mann Gottes» (1 Tim 6,11) und «Mann in Christus» (2 Kor 12,2) Ambrosius, sagen, der du bestrebt bist, ein «Pneumatiker» (1 Kor 2,15) zu sein, nicht bloß [psychischer] Mensch.

Die zu den «Stämmen» gehören[2], bringen Gott Zehnten und Erstlinge dar durch die Leviten und Priester. Sie aber behalten gar keine Erstlinge und Zehnten. Die Leviten aber und Priester, welche die Zehnten und Erstlinge ganz für

[1] Wie die Opfertiere auf dem Markt.

[2] Die Masse der Christen, die nicht zu einer höheren Stufe religiöser Haltung gekommen sind.

sich gebrauchen, opfern Gott [davon] den Zehnten und, wie ich meine, auch die Erstlinge durch den Hohenpriester.

Ebenso ist es bei uns, die der Lehre Christi angehören: da die meisten fast immer mit den Dingen des Lebens beschäftigt sind und nur wenige Handlungen Gott weihen, dürften sie «die Stämme» darstellen, die wenig mit den Priestern gemein haben[3] und nur wenig zum Gottesdienst beitragen. Die hingegen dem göttlichen Worte obliegen und im alleinigen Dienste Gottes stehen, und zwar echt, im Unterschied zu denen, die bloß die [rituellen] Verrichtungen dabei tun[4], die können angebrachterweise «Leviten und Priester» genannt werden. Vielleicht aber dürften die, die sich vor allen auszeichnen und gleichsam die ersten ihres Geschlechts sind, Hohepriester sein (nach der Ordnung des Aaron, nicht nach der Ordnung des Melchisedek [denn das ist Christus vorbehalten]).

Da nun jede meiner Taten und mein ganzes Leben Gott geweiht ist – denn ich strebe nach dem Besten – und da ich den allerersten Erstling von vielen Erstlingen (wenn ich mich darin nicht täusche) in Händen halten möchte, was dürfte dann nach unserer leiblichen Trennung voneinander[5] eher der bevorzugte Gegenstand meiner Forschung sein, als das Evangelium?

Schrift und Evangelium

[I.2] Herzhaft darf man das Evangelium den «Erstling» [d.h. das Hauptbuch] der ganzen Schrift nennen.

Was anderes also hätte mein Erstlingswerk werden sollen, seitdem ich wieder in Alexandria lebe, als eine Arbeit über den «Erstling» der Schrift? «Erstling» und «Erstgewordenes» aber, müssen wir wissen, ist nicht dasselbe (denn der Erstling wird dargebracht erst nach allen Erzeugnissen, das

[3] Mit innerer priesterlicher Haltung.

[4] κινήματα bezeichnet u.a. die Gebärden und die Mimik der Schauspieler (Lukian, De Saltatione 62).

[5] Ambrosius hat Alexandrien verlassen.

Erstgewordene aber davor – Num 28,26; Lev 2,14). Von den überlieferten und in allen Kirchen als göttlich geglaubten Schriften darf man also, ohne fehlzugehen, als das «Erstgewordene» das Gesetz des Moses, als den «Erstling» aber das Evangelium bezeichnen. Denn erst nach sämtlichen Früchten, die die Propheten gebracht, sproßte das vollkommene Wort Gottes auf.

[I.3] Will aber gegen meinen Gedanken, «Erstling» so zu erklären, jemand einwenden: nach dem Evangelium kommen doch noch Apostelgeschichte und Apostelbriefe, und demnach sei unhaltbar, was ich vorher behauptet habe,... so muß ich ihm erwidern, es sei gewiß verständig von den in Christus Weisen, wenn sie aus den überlieferten Apostelbriefen Nutzen ziehen. Diese Briefe bedürfen aber, damit man ihnen glaube, der Zeugnisse, die in den Worten des Gesetzes und der Propheten liegen. Freilich sagen die apostolischen Schriften Weises und Glaubwürdiges und durchaus Treffendes, aber sie sagen doch nicht etwa: «So spricht der Herr, der Allherrscher» (2 Kön 7,8). So ist es zu verstehen, wenn Paulus sagt: «Jede Schrift ist von Gott inspiriert und heilsam» (2 Tim 3,16) und dabei seine eigenen Schriften miteinbezieht. Oder [zeigen uns] nicht die Worte: «Ich sage, nicht der Herr» (1 Kor 7,12), oder: «In allen Gemeinden ordne ich an» (1 Kor 7,17), oder: «Leiden, wie ich sie in Antiochien, in Ikonion, in Lystra erfuhr» (2 Tim 3,11), und ähnliche, wie sie Paulus da und dort schrieb, die apostolische Vollmacht, ...[6] nicht jedoch, daß die Worte rein aus dem göttlichen Anhauch stammen.

Demgegenüber muß nun aber betont werden, daß das Alte Testament nicht das Evangelium ist, da es nicht «den Angekommenen» zeigt, sondern Ihn [nur] vorausverkündet (Mt 11,3). Das ganze Neue Testament aber ist Evangelium [die Frohbotschaft], weil es ja nicht nur gleich am Anfang des [Johannes-]Evangeliums sagt: «Seht das Lamm Gottes, das die Sünden der Welt hinwegnimmt», sondern noch viel-

[6] Lücken im Text.

fache Worte voll Herrlichkeit und Lehren enthält, durch die das Evangelium wirklich Evangelium [d. h. Heilsbotschaft] ist.

Wenn Gott in der Kirche «Apostel» und «Propheten» und «Evangelisten», «Hirten» und «Lehrer» einsetzte (Eph 4,11; 1 Kor 12,28), und wenn wir untersuchen, was das Werk des «Evangelisten» ist, [finden wir,] daß er nicht nur irgendwie zu erzählen hat, der Heiland habe einen Blindgeborenen geheilt, einen schon riechenden Toten auferweckt oder sonst etwas Ungewöhnliches getan, sondern der Evangelist ist dadurch gekennzeichnet, daß er auch mit aufforderndem Wort Glauben schaffen will an das, was Jesus tat. Daher werden wir kein Bedenken tragen, auch das von den Aposteln Geschriebene in einem bestimmten Sinn Evangelium zu nennen.

Wer unserer zweiten Behauptung [das ganze Neue Testament sei Evangelium] widerspricht, weil die Briefe nicht die Überschrift «Evangelium» tragen, und sagt, wir nennen nicht mit Recht das ganze Neue Testament Evangelium, dem ist zu erwidern, daß in der Schrift oft zwei oder mehrere Dinge mit demselben Namen bezeichnet werden, wobei der Name im eigentlicheren Sinn nur dem einen der genannten Dinge zukommt. Während z.B. der Heiland sagt: «Nennt Keinen auf Erden Lehrer» (Mt 23,8), sagt der Apostel, es seien in der Kirche auch Lehrer bestellt (1 Kor 12,28). Diese werden aber nicht Lehrer sein im Vollsinn, den das Wort im Evangelium hat. Ebenso wird nicht jedes Stück in den Briefen Evangelium sein im Vergleich mit dem Bericht der Taten und Leiden und der Worte Jesu. Jedoch, das Evangelium ist der Erstling [d. h. die Hauptsache] der ganzen Schrift. Den Anfang aller meiner geplanten Werke mache ich nun mit Absicht beim Erstling der Schrift.

[I.4] Dafür, daß das ganze Neue Testament Evangelium ist, kann aus dem, was Paulus sagt, auch angeführt werden, daß er einmal schreibt: «Nach meinem Evangelium» (Röm 2,16). Unter den Schriften des Paulus haben wir nämlich kein Buch, welches gewöhnlich Evangelium genannt wird, sondern alles, was er verkündete und sagte, war Evangelium. ... Wenn aber die Schriften des Paulus Evangelium waren, dann gilt das folgerichtig auch von den Schriften des Petrus, und überhaupt von allem, was die Ankunft Christi verbürgt und seine Gegenwart setzt und sie den Seelen derer einschafft, die das Wort Gottes aufnehmen wollen, das Wort, das vor der Türe steht und anklopft (Apk 3,20) und in die Seele eintreten will.

Das Wort, Fundament der Kirche und des Christen – Erkenntnis und Liebe

[I.4] Wenn auch alle vier Evangelien die Fundamente des Glaubens der Kirche sind – aus ihnen ist der ganze in Christus mit Gott versöhnte Kosmos aufgerichtet, nach dem Wort des Paulus: «Gott war es, der in Christus die Welt mit sich versöhnt» (2Kor 5,19), die Welt, deren Sünde Jesus hinwegnahm, denn vom Kosmos der Kirche ist das Wort geschrieben: «Seht das Lamm Gottes, das hinwegnimmt die Sünde der Welt» – so ist doch nach meiner Meinung der Erstling der Evangelien das Evangelium nach Johannes ..., das von Dem spricht, dessen irdische Geschlechterreihe bereits aufgeschrieben ward, und das dort einsetzt, wo Er ohne Abstammung ist. Matthäus schreibt für die Juden, die den aus Abraham und David Kommenden erwarten: «Stammbaum Jesu Christi, des Sohnes Davids, des Sohnes Abrahams»; und Markus, wohl wissend was er schreibt, erzählt den «Anfang der Heilsbotschaft», vielleicht weil wir ihre Vollendung (τέλος) bei Johannes finden, . . . [7] durch den wir das «Wort im Ursprung, Gott das Wort» kennenlernen. Auch Lukas gibt wie üblich die Ahnenreihe des Getauften an ... 7. Dem aber, der an der Brust Jesu lag, vertraut [Gott] die größeren und vollkommeneren Worte über Jesus an. Denn keiner der übrigen Evangelisten hat seine Gottheit so rein enthüllt wie Johan-

[7] Lücke im Text.

nes, der Ihn uns vorstellt, wie Er sagt: «Ich bin das Licht der Welt», «Ich bin der Weg, die Wahrheit und das Leben», «Ich bin die Auferstehung», «Ich bin die Tür», «Ich bin der wahre Hirt»; und in der Apokalypse: «Ich bin das A und das O, der Anfang und das Ziel, der Erste und der Letzte». Man kann deshalb unbedenklich sagen, die Evangelien seien die Erstlinge der Schrift, der Erstling der Evangelien aber sei das nach Johannes, dessen Sinn niemand fassen kann, der nicht an der Brust Jesu geruht und der nicht von Ihm Maria[8] angenommen hat, so daß sie auch seine Mutter geworden ist. So muß er von solchem geistigem Ausmaß werden, daß er ein zweiter Johannes sei, und gleichwie Johannes sich sozusagen als ein Jesus unter Jesus erweise. Denn wenn Maria nach der Meinung der richtig von ihr Denkenden keinen anderen Sohn hat als Jesus, ... Jesus aber zu seiner Mutter sprach: «Sieh da deinen Sohn», ... so ist es, wie wenn Er gesagt hätte: Siehe, dieser hier ist Jesus, den du geboren hast. Und so «lebt» wirklich jeder Vollendete «nicht mehr», in ihm «lebt Christus» (Gal 2,20). Und weil in ihm Christus lebt, so wird zu Maria über ihn gesagt: «Sieh da deinen Sohn» Christus.

Gläubiges Verstehen

[I.4] Was für einen hohen Sinn müssen wir also haben, um das den irdenen Schatzkammern (2 Kor 4,7) des billigen [nichtigen] Wortlauts einwohnende (Sinn-)Wort in würdiger Weise entnehmen zu können, während der Buchstabe von jedem Beliebigen gelesen werden kann, und von jedem, der die leiblichen Ohren hinhält, mittels der Stimme das sinnenhaft wahrnehmbare Wort (*αἰσθητὸς διὰ φωνῆς λόγος*) gehört wird! Wie sollen wir es richtig ausdrücken? Wer das [Bibel-Wort] recht erfassen will, der muß in Wahrheit sagen können: «Wir aber haben den Sinn Christi, um das uns von Gott Geschenkte zu verstehen (1 Kor 2,16.12)».

[8] D.h. die Kirche.

[I.5] Nun wäre zu untersuchen, was die Benennung «Evangelium» zu erkennen geben will, und warum diese Bücher diesen Titel haben. Evangelium ist eine Rede, die eine Botschaft enthält von Tatsachen, die ob ihres Heilswertes den Hörer dann zu Recht erfreuen, wenn er das Verkündete auch wirklich erhält. Und dieses Wort ist auch dann nicht weniger eine «Heilsbotschaft», wenn es in seiner Beziehung zum Hörer bestimmt wird. Danach ist Evangelium eine Rede, die für den Glaubenden die Gegenwärtigkeit eines Gutes enthält, oder eine Rede, die verkündet, daß das erwartete Gut da ist. All diese unsere Definitionen treffen auf die ausdrücklich so genannten Evangelien zu. Denn jedes Evangelium ist eine Sammlung für den Gläubigen heilsbedeutender Botschaften, die *dem* Heil bringen, der sie nicht in falschem Sinn aufnimmt. Sie erfreuen zu Recht und lehren die heilbringende Ankunft «des Erstgeborenen aller Schöpfung» (Kol 1,15) Christi Jesu bei den Menschen.

Daß aber jedes Evangelium ein Wort ist, das die Ankunft des guten Vaters im Sohn für die lehrt, die Ihn aufnehmen wollen, das ist jedem Gläubigen klar. Und daß schließlich durch diese Bücher ein erwartetes Gut verkündet wird, ist nicht zweifelhaft. Johannes der Täufer machte sich zum Sprecher fast des ganzen Volkes, als er zu Jesus schickte mit der Frage: «Bist du es, der kommen soll, oder sollen wir einen anderen erwarten?» (Mt 11,3). Das erwartete Gut für das Volk war nämlich der Messias. Über Ihn verkündeten die Propheten, und viele andere zur Zeit des Gesetzes und der Propheten setzten auf Ihn ihre Hoffnungen, wie die Samariterin beweist: «Ich weiß, daß der Messias kommt – in anderer Sprache «Christus» –, wenn dieser kommt, wird Er uns alles kundtun» (Joh 4,25).

[I.6] Vielleicht möchte jemand der vorigen Festlegung widersprechen, weil unter sie auch solches fällt, was nicht mit «Evangelium» überschrieben ist; denn auch das Gesetz und die Propheten hält man für Worte, die Botschaften enthalten und Tatsachen, die ob ihres Heilswertes die Hörer zu Recht erfreuen, wenn diese das Verkündete erhalten. Dazu möge gesagt sein, daß *vor* der Ankunft Christi das Gesetz und die Propheten nicht das Verkündete enthielten, was zur Definition von «Evangelium» gehört, da ja Der noch nicht gekommen war, der die Geheimnisse in diesen Schriften offenbar machen sollte. Der ankommende Erlöser aber wollte das Evangelium in Seinem eigenen Leibe vergegenwärtigen (*τὸ εὐαγγέλιον σωματοποιηθῆναι*) und machte durch das Evangelium gewissermaßen alles zum Evangelium. Und es wäre wohl nicht verfehlt, würde ich hier das Gleichnis anwenden: «Ein wenig Sauerteig durchsetzt den ganzen Teig» (Gal 5,9)...

Der Erlöser entfernte die Hülle, die über Gesetz und Propheten lag und zeigte an allem das Göttliche, indem Er denen, die Jünger Seiner Weisheit werden wollten, offenbar machte, was das eigentlich Wahre im Gesetz des Moses sei, das die Alten «im Abbild und Schatten» (Hebr 8,5) verehrten, und welches die Wahrheit in den Tatsachen der Geschichten sei, die «jenen in typischem Sinn widerfuhren», die aber geschrieben sind «um unsertwillen, zu denen das Ziel der Zeiten gekommen ist» (1 Kor 10,11.) Jeder, zu dem Christus gekommen ist, betet Gott weder in Jerusalem noch auf dem Berg der Samariter an; vielmehr, da er gelernt hat, daß «Gott Geist ist», dient er Ihm «im Geist und in der Wahrheit» (Joh 4,24. Phil 3,3; Röm 1,9) und verehrt den Vater des Alls und den Schöpfer nicht mehr unter einer Gleichnishülle. Vor der Heilsbotschaft also, die durch die Ankunft Christi gebracht wurde, war nichts vom Alten [Testament] schon Evangelium. Das Evangelium aber, das Neue Testament nämlich, hat uns von der Altheit des Buchstabens abgebracht (Röm 7,6; 2 Kor 3,6) und uns das Licht der Erkenntnis entzündet für die niemals alternde Neuheit des Geistes, die dem Neuen Testament eigen ist und in der ganzen Schrift ruht. Man müßte somit das Evangelium, das doch der bewirkende Grund dafür ist, daß das Alte Testament auch als Evangelium gilt, in besonderer Weise «Heilsbotschaft» nennen.

[I.7] Außer dem bisher Gesagten muß man aber nun auch wissen, daß *vor* der leibhaften Ankunft Christi für die Vollkommeneren, für die nicht mehr «Unmündigen» (Hebr 5, 13f) und nicht mehr «unter Zuchtmeistern» und «Vormündern» (Gal 3,25; 4,2) Stehenden bereits eine *geistige* Ankunft stattfand. Für sie begann schon damals die geistige «Fülle der Zeit» (Gal 4,4), so etwa für die Patriarchen und für den Diener Gottes Moses und für die Propheten, welche die Herrlichkeit Christi sahen.

Ebenso aber, wie Er für die Vollkommenen schon vor seiner sichtbaren und leibhaften Ankunft Gegenwart wurde, so ist auch *nach* seiner verkündigten Ankunft für die noch immer Unmündigen, für die «unter Vormündern und Verwaltern» und noch nicht zur Fülle der Zeit Gelangten der Sohn Gottes, «Gott, das WORT», noch nicht als der Verherrlichte gekommen. Er wartet, bis in den Menschen Gottes, die seine Gottheit fassen sollen, die nötige Vorbereitung erfolgt ist. Bei ihnen sind die Vorläufer Christi: Worte, die ihren kindlichen Seelen angepaßt sind und die darum mit Recht «Zuchtmeister (Erzieher)» heißen.

Und auch folgendes muß man wissen: Wie «das Gesetz einen Schatten der künftigen Heilsgüter» (Hebr 10,1) enthält, die dann unter dem Gesetz erkennbar werden, wenn es auf die Wahrheit hin verkündet wird, so lehrt auch das Evangelium, von dem jeder beliebige meint, er verstehe es, nur einen Schatten der Mysterien Christi. Was Johannes «ewiges Evangelium» nennt (Apk 14,6), und was eigentlich auch geistiges Evangelium genannt werden könnte, das erst macht dem Erkennenden über den Sohn Gottes selbst «alles klar» (Spr 8,9) und offen: die unter den Worten Jesu dargestellten Mysterien, die eigentlichen Werke, deren zu enträtselnde Andeutungen (αἰνίγματα) die Taten Jesu waren.

Im Anschluß daran ist zu erläutern, wie es zu verstehen sei, daß einer äußerlich Jude und Beschnittener ist[9], daß es

[9] Die Übersetzung folgt Preuschen in der Ergänzung der Lücke.

also eine sichtbare Beschneidung und eine andere, verborgene gibt. Dasselbe gilt für das Christsein und die Taufe. Paulus und Petrus, die zuerst nur im Äußerlich-Sichtbaren Juden und Beschnittene waren und von Jesus [die Gnade] empfingen, daß sie es später im Innerlich-Verborgenen würden, bekannten nicht nur in Worten, sondern zeigten auch durch Taten (Röm 10,10; Jak 2,18), daß sie nach der Heilsökonomie um des Heiles der vielen willen (1 Kor 10,33) im Sichtbaren Juden waren. Dasselbe gilt von ihrem Christsein. Wie nämlich Paulus den Juden-dem-Fleisch-nach nicht zum Heil verhelfen konnte, wenn er nicht, als es die Vernunft gebot, den Timotheus beschnitten hätte (Apg 16,3), und da es vernünftig war, sich scherte und Opfer brachte (Apg 21,24–26), kurz, «den Juden ein Jude wurde, um die Juden zu gewinnen» (1 Kor 9,20), so ist es auch einem, der für das Heil vieler bestimmt ist, nicht möglich, nur durch ein Christentum der verborgenen Innerlichkeit solche zu bessern und höher zu führen, die in einem [bloß] sichtbaren (äußerlichen) Christentum stecken. Darum ist es notwendig, sowohl geistig wie leiblich Christ zu sein. Wo es der Verkündigung des leiblichen Evangeliums bedarf, da gilt es, den fleischlich Gesinnten zu sagen, man wolle «von nichts wissen als von Jesus Christus und zwar dem Gekreuzigten» (1 Kor 2,2); wenn sich aber solche finden, die schon dem Geist verbunden sind (1 Kor 1,10); und im Geist Frucht bringen (Kol 1,10) und die himmlische Weisheit begehren, dann muß man ihnen teilgeben an dem Wort, das von seiner Fleischwerdung zurückgeht bis auf jenes, das «am Anfang bei Gott war».

Gott-menschliche Einheit der Schrift

[I.8] Diese Untersuchung des Begriffes «Evangelium», in der wir dem Aspekt nach ein sinnenhaft wahrnehmbares und ein geistig erkennbares pneumatisches Evangelium unterschieden, war meiner Meinung nach nicht umsonst. Denn auch jetzt noch kommt es darauf an, das sinnenhafte Evangelium in das geistige zu übersetzen, denn was wäre das für eine Erklärung des Sinnenhaften, wenn es nicht ins Geistige übersetzt würde? Es wäre gar keine oder eine armselige Allerweltsexegese, wenn man meinte, man könne den Wortlaut an sich als das Geoffenbarte nehmen. Nein! Unsere ganze Mühe besteht darin, in die Tiefe des evangelischen Sinns einzudringen und die der Gleichnishülle (*τύποι*) entblößte Wahrheit in ihm zu suchen.

Wenn die in der Heilsbotschaft verkündeten Güter verstanden werden, dann verkünden die Apostel Jesus. Sie verkünden zum Beispiel die Auferstehung als ein Gut; auch sie ist ja Jesus. Denn Er sagt: «Ich bin die Auferstehung» (Joh 11,25). Jesus aber verkündet den Armen, was den Heiligen hinterlegt ist; Er lädt sie ein zu den göttlichen Verheißungen. Die Heiligen Schriften wiederum legen Zeugnis ab von den Verkündigungen (*εὐαγγελισμοὶ*) der Apostel und der Verkündigung unseres Erlösers. So sagt David von den Aposteln, vielleicht auch von den Evangelisten: «Der Herr wird den Verkündern Rede mit großer Kraft geben» (Ps 67, 12)... und lehrt damit zugleich, daß nicht die Komposition der Rede, noch der sprachliche Vortrag, noch die wohlgeübte Schönheit der Sprache das Überzeugen zustandebringt, sondern die Ausrüstung mit göttlicher Kraft. Deswegen sagt Paulus auch irgendwo: «Ich werde nicht die Sprache der Aufgeblasenen kennen, sondern die Kraft, denn nicht im Worte besteht das Reich Gottes, sondern in der Kraft» (1 Kor 4,19). Und an einer andern Stelle: «Meine Rede und meine Verkündigung bestand nicht in berückenden Weisheitsworten, sondern im Erweis von Geist und Kraft» (1Kor 2,4). Von dieser Kraft geben Simon und Kleophas Zeugnis, wenn sie sagen: «Brannte nicht unser Herz auf dem Wege, als Er uns die Schriften erschloß?» (Lk 24,32).

Aspekte des Logos

[I.9–10] Man soll sich nicht verwundern, wenn wir behaupten, unter der Vielzahl der Namen von Gutem werde

Jesus verkündigt. Wenn wir die Dinge aufzählen an Hand der Namen, mit denen der Sohn Gottes benannt wird, dann erfahren wir, wie vieles Gute Jesus ist, den die verkünden, «deren Schritte willkommen» (cf. Is 52,7 = Röm 10,15) sind. Eines dieser Güter ist das Leben – Jesus aber ist «das Leben». Ein anderes Gut ist «das Licht der Welt», welches «das wahre Licht», «das Licht der Menschen» ist – vom Sohne Gottes aber wird gesagt, daß er all dies sei. Dann gibt es ein anderes Gut neben «Leben» und «Licht»: «die Wahrheit». Und als viertes neben diesem den zu ihr führenden «Weg». Der Erlöser aber lehrt uns, daß Er dies alles selber sei: «Ich bin der Weg, die Wahrheit und das Leben.» Und weiter: wäre es nicht gut, wenn einer den Staub abschütteln und aus dem Abgestorbensein aufstehen könnte? – das ist es, was er vom Herrn erlangt, sofern dieser die Auferstehung ist, denn auch das sagt Er: «Ich bin die Auferstehung.» Auch der Eingang, durch den man in die höchste Seligkeit eingeht, ist ein Gut; Christus aber sagt: «Ich bin die Tür.» Und was soll man von der «Weisheit» sagen, der «Gott am Anfang seiner Wege Dasein gab im Hinblick auf seine Werke» (Spr 8,22), an der ihr Vater sein Wohlgefallen hat, sich erfreuend an ihrer bunten, geistigen Schönheit, die allein von geistigen Augen erblickt wird und den Betrachter der göttlichen Schönheit zu himmlischer Liebe lockt? Ein Gut ist die «Weisheit» Gottes... Ferner die «Macht Gottes», sie wird uns schon als achtes Gut aufgezählt; und auch sie ist Christus. Und nicht mit Stillschweigen übergehen dürfen wir «das Wort», das da kommt nach dem Vater, dem Gott des All, denn das Wort ist ein Gut, und zwar kein geringeres als irgendein anderes. Selig sind nun jene, die diese Güter fassen und sie annehmen von denen, die sie verkündigen ...

Indes, auch wenn einer ein Korinther ist und Paulus sich dafür entscheidet, für ihn nichts zu wissen, als «Jesus Christus, und zwar als den Gekreuzigten» (1 Kor 2,2), so lernt er Den kennen, der um unseretwillen Mensch geworden ist und nimmt Ihn an und gelangt damit zum «Anfang» der Heilsgüter, indem er durch den Menschen Jesus ein «Mensch Gottes» (1Tim 6,11) wird und durch den Tod Jesu der Sünde stirbt – denn Er, «der starb, ist der Sünde ein für allemal gestorben» (Röm 6,1).

Da Jesus «sein Leben für Gott lebt», so empfängt von seinem Leben jeder seiner Auferstehung Gleichgestaltete das «Leben für Gott». Wer aber zweifelt daran, daß die «Gerechtigkeit-an-sich» ein Gut ist und auch die «Heiligung-an-sich» und die «Erlösung-an-sich»? Dies alles aber verkünden die, die Jesus verkünden, indem sie sagen, Er sei «uns die Gerechtigkeit von Gott und die Heiligung und die Erlösung geworden» (1 Kor 1,30).

Man darf aus diesen kaum aufzuzählenden Schriftstellen über Jesus entnehmen, welche Fülle von Gütern Er ist, und man darf ahnen, was in Jesus gewährt ist, in dem «die ganze Fülle der Gottheit leibhaft wohnen zu lassen Gott gefiel» (Kol 1,19 und 2,9). Das ist freilich nicht von Buchstaben einzufangen. Was sage ich: von Buchstaben, da Johannes von der ganzen Welt sagt: «daß wohl die ganze Welt nicht die geschriebenen Bücher fassen würde»? (Joh 21, 25).

Christus in jedem Schriftwort gegenwärtig

[I.10] Es ist dasselbe, zu sagen, die Apostel verkünden den Erlöser, wie zu sagen, sie verkünden die Güter [des Heils]. Denn Jesus hat es vom guten Vater her, das Gute [das Heil] insgesamt zu sein. So soll jeder, der etwas oder vieles [aus der Verkündigung] begreift, dadurch daß er es über Jesus empfängt, [Heils-] Güter gewinnen. Die Apostel ... und die es ihnen nachtun, wären also nicht in der Lage gewesen, die Heilsgüter zu verkünden, wenn nicht vorher Jesus sie ihnen selbst verkündet hätte. Das spricht Isaias aus, wenn er sagt: «Ich selbst, der Sprechende, bin gegenwärtig ...» (Is 52,6).

So ist es also nicht verwunderlich, wenn Jesus denen, die die Heilsbotschaft verkünden sollen, selber das Heil verkündigt, das nichts anderes ist als Er selbst. Sich selbst nämlich verkündigt der Sohn Gottes, da wir Ihn nicht durch andere erlernen könnten. Er, der auf den Berg steigt und ihnen die Seligkeiten verkündet, belehrt vom guten Vater, der «die Sonne über Gute und Böse aufgehen läßt und regnen läßt über Gerechte und Ungerechte» (Mt 5,45), Er verachtet nicht die seelisch Armen, denn Ihnen verkündet Er das Heil, wie Er selbst bezeugt, als Er Isaias aufschlägt und liest: «Der Geist des Herrn ruht auf mir, denn dazu hat Er mich gesalbt: den Armen das Heil zu verkünden, und Er hat mich gesandt, zu künden den Gefangenen die Befreiung und den Blinden das Augenlicht.» Er rollte das Buch zusammen, gab es dem Diener, setzte sich, und während alle gespannt auf Ihn blickten, sprach Er: «Heute hat sich dieses Schriftwort, wie ihr es gehört habt, erfüllt» (Is 61,1 = Lk 4,18–21).

Jeder Täter hat es mit Christus zu tun

[I.11] Nun muß man aber auch wissen, daß im so umschriebenen Evangelium jede auf Jesus gerichtete gute Tat miteinbegriffen wird, wie etwa die Tat jener Frau, die, nachdem sie Schlimmes getan und es bereut hat, wegen ihrer echten Abkehr vom Bösen imstande war, Wohlgeruch über Jesus zu verströmen, so sehr, daß der «Duft der Salbe im ganzen Haus» von all seinen Bewohnern wahrgenommen wurde (Lk 7,37; Joh 12,3). Deswegen steht auch geschrieben: «Wo immer diese Heilsbotschaft bei allen Völkern verkündet wird, da wird man auch zu ihrem Gedächtnis von dem reden, was sie getan hat» (Mt 26,5,13). Selbstverständlich richtet sich auch das auf Jesus, was an seinen Jüngern getan wird. Um die Empfänger der Wohltaten zu bezeichnen, sagt Er den Wohltätern: «Was ihr diesen getan habt, habt ihr mir getan» (Mt 25,40). So wird jede unserer am Nächsten verübte gute Tat aufgenommen in jenes Evangelium, das auf die Tafeln des Himmels geschrieben und von allen gelesen wird, die der vollendeten Erkenntnis gewürdigt sind.

Aber umgekehrt gereicht auch ein Teil des Evangeliums denen zur Anklage, die Sünden gegen Jesus begangen haben. Der Verrat des Judas etwa und das Geschrei des frevlerischen Volkes, das schrie: «Hinweg von der Erde mit einem solchen!» (Apg 22,22). Und: «Kreuzige, kreuzige Ihn!» (Lk 23,21) und der Spott derer, die Ihn mit Dornen krönten, und was noch ähnliches in den Evangelien aufgeführt ist. Danach ist jeder, der die Jünger Jesu verrät, als Verräter Jesu anzusehen. Zu Saul, als er noch Verfolger war, sprach Er: «Saul, Saul, warum verfolgst du mich?» und: «Ich bin Jesus, den du verfolgst» (Apg 9,4). Wer sind die, die Dornen haben und damit Jesus schimpflich krönen? Es sind jene, die «unter den Sorgen, dem Reichtum und den Genüssen des Lebens erstickt» das Wort Gottes zwar empfangen, aber es nicht «zur Frucht bringen» (Lk 8,14). Daher müssen wir uns in acht nehmen, daß nicht auch von uns aufgeschrieben werde, Jesus mit unseren persönlichen Dornen gekrönt zu haben; wir müssen uns vielmehr bemühen von denen[10], die davon erfahren, wie es Jesus in und unter all den geistbegabten und heiligen Menschen erging, wiedererkannt zu werden in Gemeinschaft derjenigen, die Ihn mit Balsam gesalbt, zum Mahl geladen und geehrt haben, und nicht etwa bei denen, von welchen Er verunehrt, verspottet und geschlagen wird. Es war notwendig, dies zu sagen und damit zu zeigen, wie sich unsere guten Werke und auch die Sünden der sich Verfehlenden ins Evangelium einordnen, entweder «zum ewigen Leben oder zu ewiger Schmach und Schande» (Dan 12,12).

[Frgm CXXXVI] «Da hoben die Juden wieder Steine auf, um Ihn zu steinigen» (Joh 10,31). Früher schon und nun wiederum steinigten sie Ihn. Ich glaube aber, daß auch derjenige, der übel redet gegen jemanden, Steine auf ihn wirft. Sie aber redeten übel wider Ihn, und um seinetwillen entstand eine Spaltung unter den Juden. Nun hoben sie aufs neue das Gewicht böswilliger Worte auf und warfen sie wie Steine auf Ihn.

[10] D. h. den Engeln.

[I.12] Wenn es unter Menschen schon welche gibt, die der Ehre des Dienstes gewürdigt sind, Verkünder des Heils zu sein, und wenn Jesus selbst das Heil verkündet und den Armen die Frohe Botschaft bringt, dann dürften doch die nicht des Gutes entbehren, Heilsboten zu sein, die Gott zu «geistigen Boten» gemacht hat: die «Feuerflammen» und die «Liturgen» (Hebr 1,7 = Ps 103,104) des allherrschenden Vaters! Deswegen spricht auch ein Engel, der vor den Hirten stand und sie mit Herrlichkeit umstrahlte: «Fürchtet euch nicht! Seht, ich verkünde euch eine große Freude, die allem Volke zuteil werden soll: Heute ist euch in der Stadt Davids der Erlöser geboren, Er ist der Messias, der Herr.» Und da die Menschen noch nie zuvor, auch nicht die Besten unter ihnen, das Mysterium des Evangeliums vernommen hatten, sang das himmlische Heer Gottes, Gott lobend: «Glorie sei Gott in der Höhe und auf der Erde Friede, und mit den Menschen Gnade.» Nachdem sie dies gesagt hatten, gingen die Engel von den Hirten weg zurück in den Himmel und überließen es uns, darüber nachzudenken, in welcher Weise die uns durch die Geburt Christi Jesu verkündete «Freude» eine «Glorie» ist für «Gott in der Höhe». Denn die «in den Staub Erniedrigten» kehren um zu ihrer «Ruhe» (Ps 114,7f) und werden Gott in der Höhe verherrlichen durch Christus. Aber auch die Engel staunen über den Frieden, der durch Jesus auf der Erde sein wird, diesem kriegerischen Ort, auf den «aus dem Himmel der Lichtträger (Lucifer) herabgefallen ist, der früh aufgeht» (Is 14,12), und der nun von Jesus vernichtet wird.

[I.14] Die Engel leisten nicht nur einmaligen und kurzen Dienst der Verkündigung, und nicht nur jenen einen für die Hirten, sondern am Ende wird ein erhabener und fliegender Engel, das Evangelium haltend, jedem Volke die Heilsbotschaft des guten Vaters verkünden, der die Abgefallenen nicht völlig verläßt. In der Apokalypse sagt nämlich des Zebedäus Sohn Johannes: «Und ich sah einen Engel, der flog hoch oben am Himmel und hatte ein ewiges Evangelium, es den Bewohnern der Erde, allen Völkern und Stämmen, allen Sprachen und Nationen zu verkünden» (Apk 14,6).

Anfang und Fortsetzung der Heilsverkündigung

[I.13] Außer dem bisher Gesagten muß man über das Evangelium auch wissen, daß es ursprünglich die Heilsverkündigung des Hauptes des ganzen Leibes der Erlösten ist, Christi Jesu, wie Markus sagt: «Anfang des Evangeliums Jesu Christi». Dann ist es aber auch die Heilsverkündigung der Apostel. Deshalb sagt Paulus: «Gemäß meinem Evangelium» (Röm 2,16).

Anderseits bildet aber das ganze Alte Testament den Anfang der Heilsverkündigung (deren Ganzes hat einen Anfang und eine Fortsetzung, eine Mitte und eine Vollendung). Typ des Alten Testaments ist Johannes der Täufer, oder: dadurch, daß Johannes das Neue Testament an das Alte anknüpft, stellt er die Vollendung des Alten Testaments dar. Derselbe Markus sagt: «Anfang des Evangeliums Jesu Christi, wie geschrieben ist beim Propheten Isaias: ‚Siehe ich sende meinen Boten vor Dir her, der Dir den Weg bereiten wird...‘» (Mk 1,1–3 = Malach 3,1;Is 40,3).

Christus, Anfang und Sinn der ganzen Schrift

[I.15] «Der Anfang des Evangeliums» ist also nach der einen Auslegung der ganze Alte Bund, auf den die Nennung des Namens Johannes hinweist. Als Beleg für dieses Verständnis will ich die Stelle über den Eunuchen der äthiopischen Königin und Philippus aus der Apostelgeschichte anführen, wo es heißt: «Da begann Philippus seine Heilsverkündigung bei der Stelle des Isaias: ‚Wie ein Schaf wurde er zur Schlachtbank geführt und wie ein Lamm, das lautlos seinem Scherer stillhält...‘ und verkündete ihm den Herrn Jesus» (Apg 8,32 = Is 52,7). Wie hätte er, beim Propheten beginnend, Jesus verkünden können, wenn nicht Isaias ein Stück vom Anfang des Evangeliums wäre?

Aus dieser Stelle geht aber auch hervor, was wir zu Beginn sagten: daß nämlich die ganze Schrift Evangelium sein kann. Denn wenn der Verkünder des Evangeliums «Gutes verkündet» (Röm 10,15 = Is 52,7), so haben alle vor seiner leiblichen Ankunft schon Christus verkündet, der «das Gute» [das Heil] ist, und die Worte von ihnen allen sind irgendwie ein Teil des Evangeliums.

Was Evangelium genannt wird, soll «in der ganzen Welt verkündet werden (Mk 16,15). Das verstehen wir so, daß es nicht nur dem Ort dieser Erde, sondern dem ganzen Universum, bestehend aus Himmeln und Erde, verkündet werden soll.

Nach dem Gesagten können, die nicht ganz unbewandert sind, selber Entsprechendes aus der Schrift zusammentragen und die Herrlichkeit der Heilsgüter in Christus Jesus aus dem Evangelium ersehen, das uns durch den Dienst von Menschen und Engeln verkündet wird, ich glaube aber auch von «Herrschaften und Mächten, Thronen und Gewalten oder wie sie sonst heißen mögen, nicht nur in dieser, sondern auch in der künftigen Welt» (Eph 1,21), und auch von Christus selbst, mit dem wir diese Vorbemerkungen schließen wollen.

Nunmehr aber wollen wir Gott bitten, durch Christus uns im Heiligen Geist mitzuhelfen, den geheimnisvollen Sinn zu erschließen, der im Wortlaut als Schatz [wie im Acker] niedergelegt ist.

Im Anfang war das Wort

[I.16] (Joh 1,1) Nicht nur die Griechen geben viele Bedeutungen für den Ausdruck «Anfang» (ἀρχή) an. Auch wenn man alle Stellen der Schrift zusammenzusuchen sich bemüht, wo dieser Name (ὄνομα) vorkommt und zu untersuchen gewillt wäre, wofür er steht, dann wird man auch im Gotteswort eine Vielfalt von Bedeutungen dieses Wortlauts (φωνή) finden.

Eine Bedeutung ist: Anfang eines Übergangs und Fortschreitens, und zwar auf einem Weg und seiner Strecke. Diese Bedeutung wird ersichtlich aus der Stelle: «Der Anfang eines guten Weges ist das Rechttun» (Spr 16,7). Der «gute Weg» ist nämlich sehr wichtig, man muß daher zuerst auf das Tun bedacht sein – und das ist angezeigt mit «Recht tun». Danach kommt das Kontemplative, in das, wie ich meine, das Ende des «guten Weges» einmündet bei der Wiederaufrichtung (*ἀποκατάστασις*), deswegen so genannt, weil dann kein Feind mehr übrig bleibt – wenigstens, wenn das Wort wahr ist: «Er muß nämlich herrschen, bis Gott Ihm alle Feinde zu Füßen legt. Als letzter Feind aber wird der Tod entmachtet» (1 Kor 15,25). Dann wird es nur noch die eine Tätigkeit geben für die, die durch das «Wort bei Gott» zu Gott gelangten: Gott zu erkennen, damit sie in der Erkenntnis des Vaters gebildet [= Gestalt gewinnend (*μορφωθέντες*)] – wie jetzt einzig der Sohn den Vater erkannt hat – alle in vollkommener Weise seine Söhne[11] werden (Mt 11,27).

Wenn man sich nämlich die Frage genau stellt, wann die den Vater erkennen werden, denen der den Vater erkennende Sohn [Ihn] offenbart, und wenn man im Auge hat, daß der Gott Sehende jetzt «im Spiegel und Gleichnis» (1 Kor 13,12) sieht und noch nicht erkennt, wie er erkennen soll» (1 Kor 8,2), dann wird man nicht fehlgehen, wenn man sagt, keiner habe den Vater erkannt, sei er auch Apostel oder Prophet, sondern [das geschehe erst dann], wenn sie eins sind wie der Sohn und der Vater eins sind.

Wenn nun aber jemand meint, wir seien zu weit gegangen, da wir bei der Erklärung *einer* Bedeutung des Wortes «Anfang» schon das alles gesagt haben, so obliegt uns der Beweis, daß das Weiterausgreifen für unser Vorhaben nötig und nützlich war. Wenn es nämlich den «Anfang» eines

[11] Das verderbte *ἀκριβῶς υἱὸς* ändere ich in *ἀκριβῶς υἱεῖς*, nicht wie Preuschen in *ἀκριβεῖς*, der dabei *υἱὸς* (s. o.) streicht.

Fortschreitens auf einem Weg und seiner Strecke gibt, ... dann muß man wissen, daß der «Anfang» (das Prinzip) eines jeden «guten Weges» darin liegt, «recht zu tun», und man muß wissen, daß nach dem Anfang die Schau kommt, und welcher Art die Schau ist.

Anfang des Werdens

[I.17] Es gibt aber auch einen «Anfang» (= Ursprung) des Werdens. Das dürfte bei der Stelle zutreffen: «Am Anfang schuf Gott Himmel und Erde» (Gn 1,1). ... Von der Schöpfung sagt der Apostel: «Die ganze Schöpfung seufzt und liegt in Wehen bis jetzt» (Röm 8,22). Und vielleicht gilt von der materiellen Schöpfung: «Der Vergänglichkeit ward die Schöpfung unterworfen, aber nicht nach ihrem Willen, sondern um dessetwillen, der sie der Hoffnung[12] unterworfen hat» (Röm 8,20), damit der Leib und das Bilden von Leiblichem der Vergänglichkeit unterliege. ... Darum ist die Schöpfung unfreiwillig der Vergänglichkeit unterworfen. Auch wer Leibhaftes schafft, tut das nicht freiwillig, sondern um der Hoffnung willen, so etwa, wie man von Paulus sagen könnte, er wolle nicht freiwillig im Fleische bleiben, sondern um der Hoffnung willen. Denn obwohl er es an sich vorzog, diesen Leib «abzubrechen und mit Christus zu sein» (Phil 1,23), so war es doch nicht unvernünftig, im Fleische bleiben zu wollen um des Nutzens für andere und der Mehrung der erhofften Güter willen, und zwar sowohl für sich als für die, denen zu Nutzen er lebte.

Für die Bedeutung: «Ursprung» des Werdens könnten wir auch den Ausspruch der Weisheit in den Sprichwörtern anführen: «Gott schuf mich als Ursprung seiner Wege in Hinsicht auf seine Werke» (Spr 8,22). ... Es ist aber auch nicht ungereimt, wenn man den Gott des Alls «Ursprung» nennt, denn das ergibt sich selbstverständlich daraus, daß der Vater der Ursprung des Sohnes ist, der Weltschöpfer aber der Ursprung der Geschöpfe, und Gott schlechthin der

[12] Orig. hat hier die interessante Variante: τῇ ἐλπίδι.

Ursprung des Seins. Das bestätigt die Stelle: «Im Anfang (Ursprung) war das Wort». Mit «Wort» meint die Stelle den Sohn, von Dem es ob seines Seins-im-Vater heißt, Er sei «im Ursprung»...

Drittens [kann «Ursprung» sein,] das, woraus etwas wird wie etwa die allem zugrundeliegende [erste] Materie, die bei denen als Ursprung gilt, die sie für ungeworden halten[13]. Wir freilich denken nicht so, weil wir überzeugt sind, daß Gott das Seiende aus nichts geschaffen hat, wie die Mutter der sieben Martyrer im Buch der Makkabäer (2 Makk 7,28) und wie der Bußengel im Hirten [des Hermas] (mand. 1) lehrte.

Anfang als Urbild

Außerdem kann «Anfang» auch das sein, wonach etwas die Form hat[14]. Wenn der «Erstgeborene aller Schöpfung» das «Bild des unsichtbaren Vaters» (Kol 1,15) ist, dann ist sein «Anfang» der Vater. Gleicherweise ist aber auch Christus der «Anfang» derer, die nach dem Bilde Gottes geworden sind (Gen 1,27). Wenn nämlich die Menschen «nach dem Bilde» sind, «das Bild» aber nach dem Vater, so ist der Vater «Anfang» im Hinblick auf Christus, Christus aber im Hinblick auf die Menschen, die nicht danach geworden sind, wovon Er das Bild ist, sondern nach dem Bilde. Auch zu diesem Beispiel paßt die Stelle: «Im Anfang war das Wort».

Anfang der Erkenntnis

[I. 18] Auch einen «Anfang» des Wissens gibt es. So nennt man die Buchstaben den Anfang der Sprachkenntnis. Der Apostel schreibt daher: «Während ihr der Zeit nach fähig sein solltet, selber zu lehren, habt ihr es im Gegenteil nö-

[13] Albinos, einer der besten Platonkommentatoren des mittleren Platonismus, nennt in seinem Werk «Didaskalikos» die amorphe Materie die erste ἀρχή. Er kommentiert damit Platons Timaios.

[14] Das Formprinzip, die causa exemplaris. Auch dies ist dem Didaskalikos des Albinos entnommen, nach dem die zweite ἀρχή die νόησις Gottes ist, die das παράδειγμα der sinnenhaften Welt bildet.

tig, daß man euch den anfänglichen Elementarunterricht in den Worten Gottes erteile» (Hebr 5, 12).

Nun gibt es für das Wissen einen doppelten Anfang: der eine liegt in der Natur eines Dings (τῇ φύσει), der andere in der Beziehung, die ein Ding zu uns hat (πρὸς ἡμᾶς). Wenn wir das auf Christus anwenden, dann ist *an sich* (φύσει) Erkenntnisquelle (Anfang) die Gottheit; *für uns* aber, da wir nicht imstande sind, an der Größe seines eigentlichen Seins (ἀληθείας) anzusetzen, ist es seine Menschheit. Dementsprechend wird Jesus Christus den Unmündigen [im Glauben] als Gekreuzigter verkündet (1 Kor 2,2). Man kann also sagen: Prinzip für die Erkenntnis Christi, wie Er an sich ist, das ist Er insofern Er «Weisheit» und «Macht Gottes» (1 Kor 1,24) ist, für uns aber ist das Erkenntnisprinzip: «Das Wort ist Fleisch geworden», um unter uns zu wohnen. So allein erst können wir Ihn fassen. Deswegen wohl ist Er nicht nur der «Erstgeborene aller Schöpfung» (Kol 1,15), sondern auch «Adam» (1 Kor 15,45), das heißt Mensch.

Anfang eines Ziels

Weiterhin gibt es einen «Anfang» des Tätigseins. Die Tätigkeit hat etwas zum Ziel, das hinter dem Anfang liegt. Erwäge nun, ob die Weisheit, die der Anfang der Tätigkeit Gottes ist, nicht in diesem Sinn als «Anfang» gedacht werden dürfe?

Da uns nun so viele Bedeutungen des Wortes «Anfang» vorliegen, müssen wir suchen, welche herauszugreifen sei für die Stelle: «Im Anfang war das Wort». Offensichtlich nicht die: «Anfang» eines Übergangs... Gewiß auch nicht die: «Anfang» eines Werdens. Aber möglich ist die Auffassung: «Anfang» (Ursprung), von dem her [etwas geschieht], der etwas schafft. Denn «Gott gebot, und es wurde geschaffen» (Ps 148,5). Christus ist doch irgendwie der Schöpfer, zu Dem der Vater spricht: «Es werde Licht», und «Es werde ein Firmament» (Gn 1,3 und 6).

[Frgm I] (Joh 1,1) Johannes kennzeichnet Christus als Schöpfer (*δημιουργός*) des Alls, wenn er Ihm den Namen «Wort» gibt. Da nämlich das ganze Schöpfungswerk (*δημιουργία*) völlig auf dem Logos beruht[15], konnte er es nicht besser sagen als so, daß Christus der Bildner (*ποιητής*) des Alls ist.

Die Werkschaffenden unter uns, die ja [bloß] Menschen sind, besitzen eine Kenntnis zum Schaffen (*τέχνη*), das ist eine mittels richtigen Denkens auf das Herstellen gerichtete Fähigkeit[16]; der Sohn Gottes aber, der selbst der Schöpfer der Weisheit und der Kenntnis zum Schaffen ist, wird mit Recht «Wort» (Logos) genannt. Denn Er hat keine andere Wesenheit (*οὐσία*) als die, Wort zu sein. Und dadurch schafft Er das Seiende. Er selbst ist der Schaffende, Gott, der Wort ist. Erst hernach wurde das Wort «Fleisch» genannt, weil dieses Wort, das seinem Wesen nach Gott ist und das als eben dieses Wort Gottes Sohn ist, um des Heiles der Menschen willen Mensch geworden ist.

Auch weil einige vom rechten Glauben abfielen und meinen, Er existiere erst von da an, seitdem Er, Mensch geworden[17], aus der Jungfrau hervorging, schreibt der Theologe[18] ganz richtig im Blick auf solche: «Im Anfang war

[15] So sagt die stoische Kosmogonie. Vgl. Plutarch, *De Iside et Osiride*. bei Arnim II.322 Nr. 1108; Arius Didymus, *Epit. phys.* bei Arnim II.184 Nr.599. Doch Origenes geht mit dem biblischen Ausdruck «Bildner» weit über die Stoa hinaus.

[16] Die Parenthese: (*αὔτη δέ ἐστιν ἕξις μετὰ ἀδόλου λόγου ποιητική*) ist ein Zitat aus der Nikomachischen Ethik des Aristoteles VI.4(1140a10). Origenes [oder der Katenenschreiber] setzt aber – aus dem Gedächtnis – statt *ἀληθής* wohl in Anlehnung an 1 Petr 2,2 das spätere *ἀδόλος*, das die Echtheit von Gold, Silber, Brot bezeichnet. [Diesen Hinweis verdanke ich H. Prof. W. Schadewaldt, Tübingen.]

[17] Dies Frgm verwirft die Annahme eines Werdens des Sohnes in der Zeit und betont seine Ewigkeit. Es greift damit dem Nizänum (325) voraus, das den arianischen Satz verwirft: «Es war einmal, da Er nicht war». Auch der Ausdruck: «Mensch geworden» übertrifft die spätere alexandrinische Christologie, die von der «Fleisch-werdung» des Logos zu sprechen pflegt.

[18] Der Evangelist Johannes, der sich im Prolog hauptsächlich gegen den Gnostiker Kerinth wendet.

das Wort». Und genau passend gebraucht er die Zeitworte: beim Fleisch sagt er: «Er wurde», bei der Gottheit aber sagt er: «Er war». Noch genauer wäre es gewesen, vom Gott-Wort zu sagen: «Er ist». Aber da er das Immer-schon-da-gewesen-sein (*ὕπαρξις*) des Wortes deutlich machen wollte im Gegensatz zur Menschwerdung, die sich zu einem bestimmten Zeitpunkt ereignete, darum gebraucht der Evangelist anstatt des «Er ist», das «Er war».

Wenn er sich auf Ewiges bezieht, darf man aber dem Wortlaut nicht die eigentlich gewöhnliche Bedeutung abnehmen[19]... Und weil das Wort Gottes ewig ist, da es ja Gott ist, so darf man die über das Wort gesagten Worte (*ῥήματα*) nicht so auffassen, als seien sie mit einer Zeitbestimmung verbunden. Denn das, wovon sie sprechen, unterliegt nicht der Zeit. Es ist aber möglich, aus den Ausdrücken (*φωναί*) des Theologen den Sinn in den Griff zu bekommen. Gleich zu Beginn nämlich des Abschnitts, der vom Wort handelt, schreibt er: «Im Anfang war das Wort». Auch Moses sagte in seiner Darstellung der Welterschaffung: «Am Anfang schuf Gott den Himmel und die Erde» (Gn 1,1). Johannes aber sagte nicht: Im Anfang ist das Wort geworden, oder: wurde es geschaffen, sondern er sagt: «Im Anfang *war* das Wort». Denn es war im Anfang [selbst] ein schaffendes. Den Himmel und die Erde schuf es. Wenn nämlich «Alles durch Es geworden ist» und wenn der Himmel und die Erde zu «allem» dazugehören, so war beim Werden dieses Alls das Wort selbst der Schöpfer (*κτίστης*).

Weil Johannes nicht sagte: im Anfang von dem und dem war das Wort, so ist die Bezeichnung «Anfang» absolut zu verstehen: im Anfang der Engel und im Anfang der Erzengel war das Wort, im Anfang überhaupt aller sichtbaren und unsichtbaren Geschöpfe war das Wort als ihrer aller Ursprung und Bildner. Denn in Christus ist «alles geschaf-

[19] *τῶν ῥημάτων τάς κυρίας σημασίας ἐκλαμβάνειν*. Dieser Satz bietet einen Schlüssel für die Allegorese des Origenes. Der gewöhnlichen (*κυρία*) Bedeutung eines Wortes steht die metaphorische oder allegorische gegenüber. Vgl. Aristoteles, *Poet.* 1457b1–9.

fen, das, was im Himmel ist und das, was auf Erden ist, Sichtbares und Unsichtbares,... und Er ist vor allem, und alles hat in Ihm seinen Bestand, da Er der Anfang ist, der Erstgeborene von den Toten» (Kol 1,16–18). Wenn alle Dinge in Ihm «ihren Bestand haben», dann muß Er auch allen voraus sein und ihr Ursprung, als der, der ihr Dasein verursacht. Daraus folgt notwendig, daß Er bei der Verwirklichung allen Seins (*πάντων οὐσίωσις*) dabei war. Und wie hätte Er nicht vor allen Dingen sein sollen und am Anfang ihres Bestehens, wenn Er ihr Schöpfer war? Wenn Ihn aber Johannes als am Anfang seiend bezeichnet hat, so mußte er weiterhin zeigen, wie und bei wem seiend Er das Werk schaffen sollte. Deshalb fügte er zu «im Anfang war das Wort» hinzu: «Das Wort war bei Gott». Denn als Er zu uns kam, von der Jungfrau geboren, wurde Er vom Vater ausgesandt, er hatte daher «sein Zelt unter uns» und wurde «Gott bei uns» (Is 7,14; 8,10) genannt. Als Er aber die Welt schuf – noch nicht vom Vater als Mensch gesandt –, da hob er alle Dinge ins Dasein (*εἰς οὐσίαν*), und «Er war bei Gott und war Gott».

In den Sprichwörtern wird der Sohn Gottes auch «Weisheit» genannt, «gegründet als Ursprung der Wege Gottes» (Spr 8,22), weil Gottes «Weisheit» auf Den hin existiert, dessen Weisheit sie ist, und keinerlei Wesensbeziehung (*σχέσις*) zu etwas anderem hatte als zu Gott. Aber als das «Wohlgefallen Gottes» beschloß sie, daß Geschöpfe existieren sollten. Aus freiem Entschluß also wollte die Weisheit selbst in ein Schöpferverhältnis (*σχέσις δημιουργική*) zu den künftig werdenden Dingen treten. Das ist gemeint, wenn es heißt: sie «wurde gegründet als Ursprung der Wege Gottes», der Wege, die Gott geht, wenn Er Wesen schafft (*οὐσιῶν*), ordnet, vorsieht, wohltut und Gnade spendet in dieser «gegründeten Weisheit».

Das Wort, von dem gesagt ist, es sei «Ursprung», ist in seinem Wesen (*κατ᾽ οὐσίαν*) nichts anderes als die «Weisheit», nur dem Aspekt und der Bezogenheit nach (*ἐπινοίᾳ καὶ σχέσει*) ist es von ihr unterschieden. Das eigentlich

Zugrundeliegende (αὐτὴ ὕπαρξις) – in zeitgenössischen Schriften heißt es: dem Wesen nach (κατ' οὐσίαν)[20] – ist dasselbe. Insofern das Wort «Weisheit» ist, wohnt Es bei Gott; insofern Es schöpferisches Wort ist, neigt Es sich, um es so auszudrücken, den Geschöpfen zu.

Aber nicht allein an dieser Stelle wird der Sohn Gottes *Wort* genannt. Man darf Stellen nicht nur aus dem Neuen Bund, sondern muß sie auch aus dem Alten Bund beibringen. Etwa: «Durch das *Wort* des Herrn wurden die Himmel gegründet» Ps 32,6; und: «Er sandte sein *Wort* und heilte sie» (Ps 106,20). Und Lukas sagt: «Wie die ursprünglichen Augenzeugen und die Diener des *Wortes* uns überlieferten» (Lk 1,1).

Weisheit und Wort

[I.19] (Joh 1,1) Weltschöpfer ist in gewisser Weise Christus, durch den der Vater sagt: «Es werde Licht» und «Es werde eine Feste» (Gn 1,3,6). Weltschöpfer nämlich ist Christus als «Ursprung», insofern Er «Weisheit» ist; denn darum, weil Er «Weisheit» ist, wird Er «Ursprung» genannt. Die Weisheit sagt nämlich bei Salomon: «Gott schuf mich als Ursprung seiner Wege im Hinblick auf seine Werke» (Spr 8,22), damit «im Ursprung das Wort» in der «Weisheit» sei. «Weisheit» wird Christus genannt, sofern Er die planvolle Schau und die gedachte Idee aller Dinge ist; als «Wort» (Logos) wird Er gefaßt, sofern Er die Mitteilung (κοινωνία) des Geschauten an vernunfthafte Wesen (λογικοί) ist.

Es ist nicht verwunderlich, wenn der Erlöser, der, wie wir sagten, vieles Gute ist, ein Erstes, ein Zweites und Drit-

[20] Das ganze Fragment ist wohl späterer Zusatz. Indes spricht schon Meliton von Sardes – wenn die Quellen echt sind – in seiner Christologie von φύσις und οὐσία. Für Origenes charakteristisch aber ist der von ihm oft wiederholte Gedanke von den Aspekten des Wortes. Hier: als «Weisheit» wendet Es alles Geschaffene Gott zu, teilt allem, was durch das Wort geschaffen ist, die Existenz auf Gott hin mit. Insofern gibt das Fragment echt-origenistische Gedanken wieder.

tes in sich schließt, was wir der Reihe nach überdenken werden. Johannes führt ein, indem er vom WORTE aussagt: «Was geworden ist, war in Ihm Leben». Das Leben ist also im Worte geworden. Aber weder ist das Wort etwas anderes als Christus, das Gott-Wort, das beim Vater ist und durch das alles wurde, noch ist das Leben etwas anderes als der Sohn Gottes, der da sagt: «Ich bin der Weg, die Wahrheit und das Leben». Wie nun das Leben «im Wort» entstand, so war das Wort «im Anfang».

Überlege nun, ob wir nach dem Gesagten die Stelle «Im Anfang war das Wort» vielleicht so verstehen können, daß alle Dinge nach einem Plan der «Weisheit», nach den Urbildern eines Systems entstehen, die als Gedanken im «Wort» gesammelt sind. Denn ich glaube, wie ein Haus oder ein Schiff nach Bauplänen aufgebaut oder zusammengefügt wird, und wie man die Pläne und Überlegungen im Baumeister als den Anfang des Hauses und des Schiffes ansieht, so ist alles geworden nach den von Gott in der «Weisheit» vorentworfenen «Worten» für das, was sein wird; denn «Alles schuf Er in Weisheit» (Ps 103,24). Und man kann sagen, daß Gott, da Er eine, wenn ich so sagen darf, in sich selbst lebendige (ἔμψυχος) «Weisheit gegründet» hat, es ihr übertrug, den Wesen und der Materie die Gestalten und Formen, und ich meine, auch das Dasein selbst zu geben gemäß den Urbildern (τύποι), die sie in sich hatte.

Es ist nicht schwer, rundheraus zu behaupten, der Ursprung des Seienden sei der Sohn Gottes, der sagt: «Ich bin der Ursprung und das Ziel, das A und das O, der Erste und der Letzte» (Apk 22,13). Aber man muß eben wissen, daß Er nicht jedem Titel zufolge, den Er trägt, Ursprung ist. Denn wie könnte Er es sein, insofern Er das «Leben» ist, da doch das «Leben» «im Wort» geworden ist und das Wort also der Ursprung des Lebens ist? ... Wenn wir alle Aspekte Christi untersuchen, dann ist Er «Ursprung» nur sofern er «Weisheit» ist – nicht einmal sofern Er Wort ist, da ja «das Wort im Ursprung» war – so daß einer kühn sagen könnte, die ursprünglichste aller Benennungen des «Erstgeborenen aller Schöpfung» sei «Weisheit»[21].

Wort und stoffliche Welt

[XIX.22] (Joh 8,23) Du frägst, ob der «Erstgeborene aller Schöpfung» einer der Bezeichnungen nach auch «Welt» sein könne. Tatsächlich ist Er «Welt» in hervorragendem Sinn sofern Er «Weisheit» ist, die reichhaltige. Da nämlich in Ihm die Worte (der Sinn) von allem sind, denen entsprechend alles entstand, was Gott «in Weisheit» schuf – nach dem Wort des Propheten: «Alles schufst Du in Weisheit» (Ps 103,24) – so dürfte Er selbst auch «Welt» sein. Und zwar eine Welt, die im selben Maß vielfältiger ist als die sinnlich wahrnehmbare Welt, und im gleichen Grad verschieden von ihr, als das allen Stoffes bare Wort des ganzen Kosmos anders ist als die stoffliche Welt. Der Stoff empfängt ja seine Formen nicht vom Stoff, sondern von der Teilhabe am Wort und an der Weisheit, die ihn ordnen.

Das wahre und das sinnenhafte Licht

[I. 26] Christus, das Licht der Welt, ist das «*wahre* Licht», im Unterschied zum sinnenhaften Licht. Denn nichts, was sinnenhaft ist, ist «wahr». Aber wenn auch das sinnlich Wahrnehmbare nicht «wahr» ist, so ist es doch nicht Lüge. Denn es kann das Sinnenhafte eine Analogie zum Geistigen hin haben.

[Frgm VI] «Jener war nicht das Licht» (Joh 1,8). Das ist eine theologische Aussage[22]. Wegen der Johannes [dem Täufer] eigenen Vorzüge vermuten nämlich einige, er sei selbst Christus. Darum sagt der Evangelist dies, um einen solchen Irrtum gründlich zu beseitigen. Auch wenn Jo-

[21] Hier wird das Griechisch-gnostische im Denken des Meisters deutlich sichtbar.

[22] Eine von Gott sprechende und nur im Bezug auf Gott verständliche Aussage.

hannes ein Licht wäre, dann doch nicht jenes Licht, von dem die Heiligen zu Gott sprechen: «In deinem Lichte werden wir das Licht schauen» (Ps 35,10). Wenn also Johannes ein Licht wäre, entsprechend dem Wort an die Jünger: «Ihr seid das Licht der Welt» (Mt 5,14), so wäre er doch nicht das *wahre* Licht.

«Wahres Licht» ist hier nicht gesagt im Gegensatz zu falschem, sondern im Unterschied zu abbildlichem (εἰκονικόν) Licht. Denn die Wahrheit und das Wahre wird bisweilen der Lüge und dem Trug, bisweilen aber auch dem Bild und der Nachahmung gegenübergestellt. Man kann das sinnenhafte Licht als ein abbildliches auffassen, besonders die Sonne; das geistige [Licht] aber, vor allem das Erhellende des geistig Erkennbaren und der heiligen Wirkkräfte[23], als wahres Licht. Das, meine ich, drückt die Schrift so aus: «Jede gute Gabe und jedes vollkommene Geschenk ist von oben, niedersteigend vom Vater der Lichter» (Jak 1,17). Das theologische Licht (τὸ θεολογούμενον φῶς = das von Gott sprechende Licht) war «das wahre Licht, das jeden Menschen erleuchtet, der in die Welt kommt» (Joh 1,9).

Weisheit Gottes

[I.34] Wir dürfen nicht mit Schweigen übergehen, daß Christus in einem tiefen Sinne «Gottes Weisheit» ist und daher auch mit diesem Namen belegt wird.

Die Weisheit, die Er ist, besteht nicht in bloßen Vorstellungen Gottes, des Vaters aller Dinge, vergleichbar den Vorstellungen in menschlichen Gedanken. Was aber die über jegliche Schöpfung erhabene Weisheit Gottes ist, die von sich sagt: «Gott schuf mich als Ursprung seiner Wege im Hinblick auf seine Werke» (Spr 8,22), das wird nur der erkennen, der imstande ist, an eine unkörperliche, lebendige und gleichsam durchseelte Wirklichkeit zu denken, die in vielfältigen Erkenntnisbildern (θεωρήματα) besteht, die

[23] δύναμις ist die res sacramenti, die göttliche Kraft des Sakramentes und des Wortes.

das geistige Wesen (die Worte) aller Dinge in sich schließen. Durch diese «Schöpfung» erst kann die gesamte Schöpfung bestehen, die nicht ohne Gehalt an göttlicher Weisheit ist, nach deren Plan sie geworden ist. Denn nach dem Propheten David schuf Gott «alles in Weisheit» (Ps 103,24).

Teilhabe

Allein viele, die durch Teilhabe an der Weisheit ihr Dasein haben, begreifen sie nicht einmal mehr, durch die sie doch geschaffen sind. Und sehr wenige erfassen außer der Weisheit über sich selbst auch noch die Weisheit über einiges andere – und die ganze Weisheit [die sie erfassen sollten] ist Christus. Jeder Weise aber hat in dem Maße, als er Weisheit erfaßt, Anteil (*μετέχει*) an Christus, insofern Er «Weisheit» ist, genau so wie jeder Mächtige, je höhere Macht[24] er innehat, in umso höherem Maße an Christus teilhat, insofern Er «Macht» ist.

Dasselbe hat man zu denken über «Heiligung» und «Erlösung». Die Heiligung selbst, von der her die Heiligen ihre Heiligkeit empfangen, ist für uns Jesus. Und auch die Erlösung ist Er. Denn jeder von uns, wird durch die Heiligung geheiligt und durch die Erlösung erlöst, die Er ist[25]... Da jedoch «der Heiligende und die Geheiligten alle aus Einem sind» (Hebr 2,11), so sieh zu, ob nicht die «Heiligung» dessen, Der unsere Heiligung ist, der Vater sei, gleichwie der Vater das Haupt Christi ist, Der [seinerseits] unser Haupt ist.

Unsere Erlösung ist Christus, weil wir ob unserer Gefangenschaft der Erlösung bedurften. Eine Erlösung Seiner

[24] Nicht Macht über andere ist gemeint, sondern sittliches Vermögen.

[25] Der überraschende Text geht aus von dem platonischen Ideenrealismus und dem ebenso platonischen Gedanken, daß jegliches Sein durch die Teilhabe an den Ideen sein Wesen hat. Diesen Platonismus wendet Origenes an, um die Schöpfung und unsere Beziehung zum Erlöser begreiflich zu machen. Daran schließen sich in der Weise der Stichwortreihung zwei unphilosophische biblische Überlegungen.

jedoch suche ich nicht. Er wurde ja zwar «in allem auf gleiche Weise wie wir versucht, ohne Sünde» (Hebr 4,15), Er wurde aber niemals von seinen Feinden in Gefangenschaft genommen...

[I.39] (Joh 1,1) Die Stelle «Im Anfang war das Wort» klar zu verstehen, das obliegt uns jetzt. Daß mit «Anfang» die «Weisheit» gemeint ist, haben wir mittels des Zeugnisses der Sprichwörter schon erklärt. Und man kann sich die «Weisheit» denken als grundlegend für das Wort, das ihre Aussage ist. Dabei ist aber das «Wort» so zu denken, daß es ewig «im Anfang», nämlich in der «Weisheit» ist. Und daß es in der Weisheit als seinem Anfang ist, hindert nicht, daß es «bei Gott ist» und selbst Gott ist. Es ist eben nicht einfachhin bei Gott, sondern in der Weisheit bei Gott. Darum heißt es im folgenden ausdrücklich: «Dieses war im Anfang bei Gott»... Und «alles ist durch es geworden», sofern es im Ursprung war; denn nach Psalm 103 schuf Gott alles «in Weisheit» (Ps 103,24)... Christus muß demnach so gedacht werden, daß Er «im Anfang», in der «Weisheit» seine Wesenheit und Existenz hat.

Der Sohn als das Wort

[I.23–24] [Es gibt Leute, die im Sohne Gottes nichts anderes sehen wollen als sein Wort-Sein und deshalb] fortwährend die Stelle im Munde führen: «Mein Herz schüttete aus ein gutes Wort» (Ps 44,2). Sie meinen, der Sohn Gottes sei ein väterlicher Redefluß, der gleichsam aus Silben bestehe[26]. Daher schreiben sie Ihm, wenn wir genauer zusehen, keine Subsistenz zu und deuten ihn nicht klar als

[26] Irenäus sagt solches von der gnostischen Emanationenlehre. Sie sei von der Zuständlichkeit der Menschen genommen und auf Gott übertragen, um die Zeugung des Logos zu erklären. Vos autem generationem ejus ex Patre divinantes, et verbi hominum per linguam factam prolationem transferentes in Verbum Dei (Adv. haer. II 42,3 u. 4). Irenäus kritisiert, daß damit Gott zusammengesetzt gedacht würde aus Nus, Enthymesis und Logos, und Geist, Wille und Wort in Gott nicht eins wären. Orig. fügt hier hinzu: nach dieser gnostischen Lehre hätte der Logos auch kein subsistentes Wesen.

eine Wesenheit. Diesen gegenüber wollen wir Ihn zunächst nicht als eine so oder so bestimmte Wesenheit ansehen, sondern erst überhaupt einmal als Wesenheit. Der Gedanke, daß der Sohn ein verkündetes Wort sei, ist gar nicht so einfach vollziehbar. Man will uns das Gott-Wort verkünden, aber man tut es so, daß man Ihn entweder zeigt als ein Wort, das zwar in sich selber Leben hat, aber nicht vom Vater unterschieden ist und deshalb keine eigene Subsistenz hat und nicht Sohn ist, oder aber als einen, der Selbstsein besitzt, aber um den Preis des Getrenntseins vom Vater.

So ist also zu sagen, daß mit der Bezeichnung «Wort» nicht anders vorgegangen werden darf als mit jedem einzelnen der oben genannten Namen, daß nämlich aus dem Sinn des Namens der im Benannten erkannte Aspekt zu entfalten und Gründe darzulegen sind, wie dieser Name vom Sohne Gottes ausgesagt werden darf. Denn was wäre das für eine seltsame Ausnahme, ... zwar zu suchen, in welchem Sinn Er «Türe» genannt werden kann, in welchem Sinn «Weinstock», aus welchem Grunde «Weg», aber einzig mit der Bezeichnung «Wort» nicht ebenso zu verfahren? ... Einmal eingetreten in die Theologie über den Erlöser, müssen wir notwendigerweise mit all unserer Kraft suchen und werden Ihn dann umfassender erkennen, nicht bloß, sofern Er das «Wort» ist, sondern auch in allen übrigen Attributen.

Adaptation des Erlösers

[I.20] Gott ist ganz eins und einfach. Um des Vielen willen aber [das es in der Welt gibt] wird unser Erlöser, den «Gott zum Versöhnungsmittel» (Röm 3,25) und «zum Erstling jeglicher Kreatur (Jak 1,18) bestimmt hat», zu vielem, ja vielleicht zu alldem, was jedes erlösungsfähige Geschöpf (Röm 8,21) von Ihm braucht. Darum wird der Erlöser zum «Licht der Menschen», weil die unter der Bosheit verfinsterten Menschen des Lichtes bedürfen, das in die Finsternis leuchtet, ohne von der Finsternis ergriffen [= niedergehalten] zu werden. Wenn die Menschen nicht in der Finsternis gesteckt wären, wäre Er nicht zum «Licht der Menschen» geworden.

Das gleiche ist darüber zu denken, daß Er der «Erstgeborene der Toten» (Kol 1,18) ist. Denn angenommen, die Frau wäre nicht betrogen worden, und Adam wäre nicht gefallen, sondern der in Unvergänglichkeit geschaffene Mensch hätte die Unvergänglichkeit bewahrt, dann wäre [der Erlöser] nicht «in Todesstaub» (Ps 21,16) hinabgestiegen und nicht gestorben, da es keine Sünde gegeben hätte, für die Er aus Menschenliebe sterben mußte. Ohne zu sterben wäre Er nicht «Erstgeborener aus den Toten» geworden.

Es ist auch fraglich, ob Er je «Hirte» geworden wäre, wenn der Mensch nicht «dem unvernünftigen Vieh gleich und ihm ähnlich geworden» wäre (Ps 48,13). Wenn nämlich Gott «Menschen und Vieh rettet» (Ps 35,7), dann tut Er es, indem Er dem Vieh Hirten gibt, da es keine Fähigkeit hat, einen König anzunehmen.

Wer die Benennungen des Sohnes zusammenstellt, müßte nun genau untersuchen, welche von ihnen hinzugekommen sind. Dann stellte sich nämlich heraus, daß es nicht so viele geworden wären, wenn die Heiligen in der anfänglichen Glückseligkeit [des Paradieses] verblieben wären. Vielleicht wäre nämlich dann nur [der Name] «Weisheit» geblieben, oder auch «Wort», oder auch «Leben», und sicher auch «Wahrheit», nicht aber auch die anderen Titel, die Er unseretwegen annahm. Selig sind nun jene, die in der Bedürftigkeit gegenüber dem Sohne Gottes doch soweit vorangekommen sind, daß sie Ihn nicht mehr als «Arzt» brauchen, der die heilt, denen es schlecht geht, noch daß sie Ihn als «Hirten» brauchen, noch als «Erlösung», sondern als «Weisheit» und als «Wort» und als «Gerechtigkeit», oder was sonst Er für die ist, die ob ihrer Vollkommenheit das Schönste an Ihm zu fassen vermögen.

[I.29] Es ist sicher jedem klar, wie sehr unser Herr für die nach Frömmigkeit Strebenden ein Meister ist, der alles deutlich erklärt, und wie sehr Er ein Herr ist für die Knechte, die «von furchtsamem Untertanengeist» (Röm 8,15) beseelt sind. Für die aber, die nach Weisheit streben und ihrer auch gewürdigt werden, bleibt Er – «da ja der Knecht nicht weiß, was sein Herr tut» – nicht «Herr», sondern Er wird ihr «Freund».

Christus selbst lehrt das, wenn Er einmal sagte, als seine Hörer noch Knechte waren: «Ihr nennt Mich ‚Meister' und ‚Herr', und ihr habt recht, denn das bin Ich» (Joh 13,13); ein andermal aber: «Nicht mehr Knechte nenne Ich euch, denn der Knecht weiß nicht, was die Absicht seines Herrn ist, sondern Ich nenne euch Freunde» (Joh 15,15), denn «ihr habt bei Mir in allen meinen Prüfungen ausgeharrt» (Lk 22, 28). Wer also in der Furcht lebt, die Gott von den nicht vorbildlichen Knechten verlangt (wie wir bei Malachias lesen, wo es heißt: «Wenn Ich Herr bin, wo bleibt die Furcht vor Mir?» [Mal 1,6]), der ist Knecht *des* Herrn, der sein Erlöser genannt wird.

Aber mit dem allem ist nicht ersichtlich der Adel der Herkunft (εὐγένεια) des Sohnes dargestellt. Dies geschieht, da von Gott zu Ihm gesagt wird: «Mein Sohn bist Du, heute habe Ich Dich gezeugt» (Ps 2,7 = Hebr 1,5). Von Gott wird das gesagt, bei dem dieses «Heute» immer ist. Denn es gibt bei Gott, wie ich glaube, keinen Abend und keinen Morgen, sondern die mit seinem ungewordenen und immer dauernden Leben sich zugleich erstreckende sogenannte Zeit ist sein «Heute», an dem der Sohn gezeugt ist. So ist seines Werdens kein Anfang wie auch kein Tag zu finden.

Wahrheit, Leben, Tür, Hirt

[I.27] (Joh 14,6) Der Einziggeborene ist «Wahrheit», da Er jegliches (Sinn-)Wort in aller Klarheit in sich enthält, das nach dem Willen des Vaters allen Dingen eigen ist. Und sofern Er «die Wahrheit» ist, teilt Er jedem Menschen je nach dessen Würdigkeit davon mit.

Wenn aber jemand frägt, ob alles, was vom Vater in der «Tiefe seines Reichtums und in seiner Weisheit und seiner Erkenntnis» (Röm 11,33) erkannt wird, auch von unserem Erlöser gewußt wird, und er in der Meinung, den Vater damit zu verherrlichen, annimmt, der Vater wisse etwas, was der Sohn nicht kennt (der doch durch sein Begreifen des ungezeugten Gottes diesem gleichgesetzt zu werden vermag), so soll er wissen, daß der Erlöser darum, weil Er die «Wahrheit», und zwar die allumfassende Wahrheit ist, über nichts Wahres in Unkenntnis ist, damit «die Wahrheit» nicht hinke, gemindert durch das, was sie nicht kennt und was (wie jene sagen) allein im Vater bestünde. Es müßte denn einer zeigen, daß es Erkanntes gibt, das nicht zur «Wahrheit» gehört, sondern jenseits der «Wahrheit» liegt. Es ist aber klar, daß der Ursprung des lauteren und von jeder Vermischung freien «Lebens» im «Erstgeborenen aller Schöpfung» ruht, von welchem her die an Christus Teilnehmenden schöpfen, um das wahrhafte «Leben» zu leben, während jene, die ohne Zusammenhang mit diesem Ursprung zu leben meinen, so wenig das wahre Leben besitzen, als sie das wahrhafte Licht haben.

Und weil man nicht im Vater sein, noch zum Vater gelangen kann, ohne daß man zuerst von unten aufsteigt zur Gottheit des Sohnes, durch die man bis zur Seligkeit des Vaters geführt werden kann, darum hat der Erlöser in der Schrift den Namen «Türe». Und da Er menschenfreundlich ist, wird Er jenen Seelen zum «Hirten», die Er einmal in ihrer Hinneigung zum Besseren angenommen hat, die aber nicht zum «Worte» hineilen, sondern nach der Art von Schafen keinen Scharfsinn haben, sondern nur unvernünftige Interesselosigkeit und Herdengeist besitzen, «denn der Herr wirkt Heil Menschen und Tieren» (Ps 35,7).

[I.28] Wie nun einige von Christus als dem «Hirten» geführt werden wegen ihrer Lenksamkeit und der ruhigen Art des unvernünftigen Teils ihrer Seele, so kommen andere zu Ihm als dem «König», der den vernünftigen Geist regiert und zur Gottesverehrung erhebt. Aber auch bei denen, die unter seinem Königtum stehen, gibt es Unterschiede, ob man mystisch und unaussprechlich geheimnisvoll nach der Art Gottes, oder auf geringere Art beherrscht wird. Ich möchte sagen, daß die, welche bis zur Beschauung unkörperlicher Dinge gelangt sind – dessen, was Paulus «Unsichtbares» (Röm 1,20), «Nichtgesehenes» (2 Kor 4,18) nennt – durch das «Wort» außerhalb der Sinnendinge versetzt sind. Sie sind königlich regiert von der führenden Natur des Einziggeborenen. Solche jedoch, die nur bis zum Wort der Sinnendinge vordringen und durch diese hindurch den Schöpfer ehren, sind auch vom Wort [= der Vernunft] regiert und stehen [insofern ebenfalls] unter der Königsherrschaft Christi.

Niemand aber nehme Anstoß, wenn wir dergestalt die Aspekte am Erlöser unterscheiden, und meine deswegen, wir tragen eine Scheidung in sein Wesen hinein.

Jesus, kräftigendes Brot und erfreuender Wein

[I.30] Wie ist das gemeint: «Der wahre Weinstock»? Das geht denen auf, die verstehen, wie das Wort gemeint ist: «Wein erfreut des Menschen Herz» (Ps 103,15) nämlich prophetisch. Denn wenn das Herz das Denkvermögen ist, und was es erfreut, das trinkbarste Wort, das über bloß menschliche Dinge erhebt und begeistert und trunken macht – nicht mit vernunftloser, sondern mit göttlicher Trunkenheit – ... dann ist wahrhaft der Weinstock, der den das Menschenherz erfreuenden Wein hervorbringt, «der wahre Weinstock». Jesus ist deshalb der «wahre», weil Er als Trauben die Wahrheit hat und als Reben die Jünger, die Ihn nachahmen und selbst als ihre Frucht die Wahrheit hervorbringen.

Schwierig ist es aber, den Unterschied zwischen «Brot» und «Wein» darzustellen. Jesus sagt nämlich, er sei nicht nur «Weinstock», sondern auch «Brot des Lebens». Nun beachte wie das Brot nährt und kräftig macht, und wie von ihm gesagt wird, es erquicke das menschliche Herz (Ps 103, 15). Der Wein aber erfreut, erheitert und ergötzt. Dementsprechend sind die sittlichen Lehren das «Brot des Lebens», die dem Lernenden und sie Ausübenden das Leben erhalten. Das Erfreuende und Begeisternde aber sind die unaussprechlichen und mystischen Gegenstände des Betrachtens, denen eingesenkt, die sich des Herrn erfreuen, die sich nicht nur nach Nahrung, sondern auch nach Freude sehnen. Das fließt ihnen zu vom «wahren Weinstock» und wird «Wein» genannt.

Allen ist Er Alles geworden

[I.31] «Der Erlöser ist also in einer viel göttlicheren Weise als Paulus «allen alles geworden, um alle zu gewinnen» (1 Kor 9,22) oder zu vollenden. Offenkundig wurde Er den Menschen Mensch und den Engeln Engel. An seiner Menschwerdung wird kein Gläubiger zweifeln. Daß Er aber auch Engel wurde, davon werden wir überzeugt, wenn wir die Erscheinungen und Worte von Engeln beachten. Die Schrift läßt an einigen Stellen Engel sprechen, wenn Er mit dem Amt eines Boten erscheint. So an der Stelle: «Es erschien ihm [dem Moses] ein Engel des Herrn in einer Feuerflamme, die aus einem Dornbusch hervorschlug ... und sprach: ‚Ich bin der Gott Abrahams, Isaaks und Jakobs'» (Ex 3,2 u. 6). Aber auch Isaias sagt: «Sein Name heißt Engel des großen Ratschlusses» (Is 9,6).

Zu Kampf und Liebe entflammendes Wort

[I.32] Bei Isaias ist [über Christus] gesagt, der Vater habe seinen «Mund dem scharfen Schwerte gleich gemacht, im Schatten seiner Hand versteckt», Er sei «einem auserwählten Pfeile gleich gemacht, im Köcher des Vaters verborgen» (Is 49,2), und Er werde von dem Gott aller Dinge sein «Knecht» genannt, und «Israel» und «Licht der Völker». Ein scharfes Schwert ist also der Mund des Sohnes

Gottes, weil «das Wort Gottes voll Leben und Kraft und schärfer als ein zweischneidiges Schwert ist: Es fährt hindurch bis zur Scheidung von Seele und Geist, Gelenk und Mark und richtet die innersten Regungen und Gedanken des Herzens» (Hebr 4,12). Besonders weil es kommt, «nicht um Frieden auf die Erde zu bringen», nämlich mit dem Körperlichen und Sinnenhaften, «sondern das Schwert» (Mt 10,34), das die schädliche Freundschaft der Seele und des Körpers auseinanderhaut, damit die Seele sich dem Geist hingebe, der gegen das Fleisch streitet (Gal 5,17), und mit Gott Freund werde. Dazu ist nach des Propheten Wort sein Mund ein Schwert oder wie ein scharfes Schwert. Aber auch wer so viele Seelen durch die göttliche Liebe verwundet sieht, die Gleiches erlitten, wie jene Seele, die im Hohenliede bekennt: «Von der Liebe bin ich verwundet» (Hhld 2,5), der wird in dem die Seelen zur Liebe Gottes verwundenden Pfeil niemand anderen finden als Den, der da spricht: «Er machte mich zum auserwählten Pfeil».

Die Kenose des Erlösers

Jeder, der dessen inne wird, wie Jesus für seine Jünger nicht der zu Tische Sitzende geworden ist, sondern der Bedienende (Lk 22,27), und wie der Sohn Gottes für die Freiheit der Sündenknechte «Knechtsgestalt» annahm (Phil 2,7), wird einsehen, warum der Vater zu Ihm spricht: «Mein Knecht bist Du», und wenig danach: «Es ist groß für Dich, mein Knecht genannt zu werden» (Is 49,3 u. 6). Man muß es auszusprechen wagen, daß die Güte Christi größer und göttlicher und wahrhaft der Güte des Vaters gleich erschien, da Er «sich erniedrigte, gehorsam geworden bis zum Tode, ja bis zum Tod des Kreuzes», als wenn Er «das Gottgleich-Sein wie ein festzuhaltendes Gut erachtet hätte (Phil 2,8 u. 6) und nicht zum Heil der Welt ein Knecht hätte werden wollen. In der Absicht, uns darüber zu belehren, daß Er mit seinem Knechtsein eine große Gabe vom Vater erhalten habe, spricht Er: «Und mein Gott wird Mir

Stärke sein» (Is 49,5) .. Wäre Er nämlich nicht Knecht geworden, dann hätte Er nicht «die Stämme Jakobs aufgerichtet» und nicht «Israels Zerstreute zurückgeführt» (ἐπέστρεψεν) und wäre auch nicht zum «Licht der Heiden» geworden «zum Heil bis ans Ende der Welt» (Is 49,6).

Dabei ist es im Vergleich zu einem arglosen Lamm und Schlachtschaf noch maßvoll, Knecht zu werden, wenngleich das vom Vater «groß» genannt wird. «Wie ein argloses Lamm nämlich, das zur Schlachtung geführt wird» (Is 53,7), ist «das Lamm Gottes» geworden, um «die Sünde der Welt auf Sich zu nehmen». Der Spender des Wortes für alle (ὁ πᾶσι τοῦ λόγου χορηγὸς) wurde dem Lamme gleich, «das vor seinem Scherer verstummt» (Is 53,7), damit wir alle durch seinen Tod gereinigt würden, den Er als Heilmittel (φάρμακον) reichte sowohl gegen entgegengesetzte Wirksamkeit [der Dämonen], als auch gegen die Sünde der zur Annahme der Wahrheit Gewillten.

Die Macht des Todes Christi

Der Tod Christi hat nämlich die das Menschengeschlecht bekriegenden Mächte außer Kraft gesetzt und bewirkte mit unsagbarer Macht, daß das Leben, das in jedem Gläubigen ist, der Sünde entgehen würde. Weil Er die Sünde hinwegnimmt, damit die ganze Welt ohne Sünde sei, und zwar so lange, bis jeder seiner Feinde vernichtet ist, und als letzter der Tod, darum zeigt Johannes auf Ihn mit den Worten: «Seht das Lamm Gottes, das hinwegnimmt die Sünde der Welt». Nicht: das einst hinwegnehmen wird, jetzt aber nicht mehr hinwegnimmt, oder das einst hinwegnahm, jetzt aber nicht mehr hinwegnimmt. Denn noch immer bewirkt es ein Hinwegnehmen von jedem einzelnen, der in der Welt ist, so lange, bis von der ganzen Welt die Sünde hinweggenommen ist und der Erlöser das bereite Reich dem Vater übergibt, das erst dadurch unter die Herrschaft des Vaters zu gelangen imstande ist, daß auch nicht die geringste Sünde mehr da ist. Das Reich wird wieder das All Gottes voll und ganz in sich einschließen, wenn das Wort erfüllt ist: «Damit Gott alles in allem» werde (1 Kor 15,24 u. 28).

Gerechtigkeit

[I.35] Der Sohn ist «Gerechtigkeit». Er empfing die Vollmacht, Gericht zu halten, weil Er der Menschensohn ist und «den Erdenrund in Gerechtigkeit» richtet (Apg 17, 31 = Ps 9,9). Der Vater aber spendet nach der Herrschaft Christi – seine Anrede «Guter» (Mk 10,18) in Werken bestätigend – denen Gutes, die in der Gerechtigkeit des Sohnes erzogen wurden. Dann nämlich, wenn «Gott alles in allem» wird (1 Kor 15,28). Vielleicht bereitet der Erlöser in seiner Gerechtigkeit auch alle Menschen im geeigneten Augenblick durch Wort und Ordnung und Züchtigungen und mit seinen geistigen Hilfsmitteln darauf vor, schließlich die Güte des Vaters zu fassen.

Das göttliche Wort als Grund geistiger Existenz

[I.37] Wie Christus wegen seiner die Welt erleuchtenden Wirkung «Licht der Welt» genannt wird, und wie Er «Auferstehung» heißt, weil Er bei den in Lauterkeit zu Ihm Kommenden, bewirkt, daß sie ihr Totsein ablegen und als Auferstandene die Neuheit des Lebens empfangen, und wie Er wegen anderen Tuns «Hirte» und «Lehrer» und «König» (Ps 44,6), «auserwählter Pfeil» und «Knecht» (Is 49,2f) und auch «Beistand» und auch «Versöhner» (1 Joh 2,1; Röm 3,25) und «Versöhnung» heißt, so wird Er auch «Wort» genannt, weil Er uns von jeglicher Ungeistigkeit befreit und uns durch die Wahrheit zu durchgeistigten Menschen (λογικούς) macht, so daß wir alles, was wir tun, durch den Sinn (λόγος), in dem wir es tun, zur Ehre Gottes vollbringen, seien es erhabene Werke oder die gewöhnlichen des täglichen Lebens bis hin zum Essen und Trinken (1 Kor 10,31). Wenn wir also teilhaben an Ihm, so werden wir auferweckt und erleuchtet und wohl auch hirtlich geführt oder königlich regiert, und selbstverständlich werden wir auch übernatürlich durchgeistigt (ἐνθέως λογικοί), da Er, dadurch daß Er das «Wort» und die «Auferstehung» ist, alles Ungeistige und Tote in uns beseitigt.

Nun überlege aber, ob nicht alle Menschen irgendwie an Ihm teilhaben, insofern Er das Wort ist. Der Apostel lehrt uns, daß die, welche Ihn zu finden sich vornehmen, Ihn nicht außerhalb ihrer selbst, der Suchenden, suchen sollen, wenn er sagt: «Du sollst nicht in deinem Herzen sagen»: ,Wer wird zum Himmel steigen?', um nämlich Christus von dort herabzuholen; ,Wer wird in den Abgrund steigen?', um nämlich Christus vom Totenreich heraufzuholen. Sondern wie sagt die Schrift? ,Ganz nahe ist dir das Wort, in deinem Munde und in deinem Herzen'» (Röm 10,6ff = Deut 30,12ff), gleich als ob Christus und das gesuchte Wort ein und dasselbe seien. Wenn aber auch der Herr selbst sagt: «Wäre ich nicht gekommen und hätte zu ihnen geredet, so hätten sie keine Sünde; nun aber haben sie keine Entschuldigung für ihre Sünde» (Joh 15,22), dann ist das nicht anders zu verstehen als so: Das Wort meint: die haben keine Sünde, die noch nicht zur Wortreife (= zur Mündigkeit) gelangt sind (οἷς οὐδέπω συμπεπλήρωται), die aber seien schuldig, die schon des Wortes teilhaft (vernunftfähig) doch gegen die Einsichten handeln, die erkennen lassen, daß das Wort (die Vernunft) in uns zur Reife gekommen ist. Nur wenn man ihn so versteht, hat der Ausspruch seine Richtigkeit: «Wäre ich nicht gekommen und hätte nicht zu ihnen geredet, so hätten sie keine Sünde. «Denn angenommen, das wäre vom sichtbaren Jesus gesagt, wie die Menge meint, so wäre dabei folgendes zu überlegen: Wie würde es dann stimmen, daß all die keine Sünde haben, zu denen Er nicht gekommen ist? Die vor der Ankunft des Erlösers gelebt haben, würden demnach von jeder Sünde frei sein, da der im Fleisch sichtbare Jesus nicht zu ihnen kam. Und alle, denen noch nichts von Ihm verkündet ward, hätten keine Sünde. Hätten sie aber keine Sünde, so unterstünden sie offenbar auch nicht dem Gericht.

Unter dem Wort, das im Menschen ist und an dem unser Geschlecht teil hat, wie wir sagten, kann ein Doppeltes verstanden werden: einmal die Fertigkeit unseres Denkvermögens, die jeder hat, der das Kindesalter überschritt (mit Ausnahme der Schwachsinnigen), und ferner die höchste geistige Vollendung, die sich nur in dem Vollkommenen findet. Auf den ersten Aspekt bezieht sich die Stelle: «Wäre ich nicht gekommen und hätte nicht zu ihnen geredet, so hätten sie keine Sünde; nun aber haben sie keine Entschuldigung für ihre Sünde.» Auf den zweiten Aspekt die Stelle: «Alle, die vor mir kamen, sind Diebe und Räuber, und die Schafe hörten nicht auf sie» (Joh 10,8). Denn vor der Vollendung der Vernünftigkeit (*τοῦ λόγου*) [durch das göttliche Wort] ist alles im Menschen tadelnswert. Denn es ist doch zweifellos ein Mangel und eine Unreife, wenn das Ungeistige in uns – das sinnbildlich «Schafe» genannt wird – nicht vollkommen gehorcht. Vielleicht kann man sagen: Dem ersten Aspekt[27] entspricht: «Das Wort ist Fleisch geworden», und dem zweiten[28]: «Gott war das Wort».

Von hieraus wäre folgerichtig weiter zu fragen, ob es zwischen dem ‚fleischgewordenen Wort' und dem ‚Wort, das Gott war' im menschlichen Bereich einen Übergang gebe, durch den das Wort von seinem Fleisch-gewordensein wieder zu dem Ihm eigenen [geistigen] Wesen zurückgeht und sich allmählich entstofflicht[29], bis es so wird, was es am Anfang war: Göttliches Wort beim Vater. Dieses Wortes Herrlichkeit sah Johannes wahrhaftig, als des Einziggebornen vom Vater.

[27] Der natürlichen Teilhabe am Wort.

[28] Der höchsten Vollendung des Wortes im Menschen, der übernatürlichen Begnadung seiner Geistigkeit.

[29] Eigentlich: «verfeinert». Das Wort (*λεπτύνομαι*) drückt den Übergang in einen weniger festen, feineren, transparenteren Zustand aus. Die Entstofflichung ist demnach nicht als Abstreifen des Leibes, sondern als dessen Vergeistigung oder Verklärung zu verstehen.

Geistigkeit des Menschen vollendet durch das Göttliche Wort im Glauben

[II.16] Wenn wir nachdenken über «das Wort im Anfang», «das Wort bei Gott», über «Gott, das Wort», dann können wir wohl nur den einen «geistigen» Menschen nennen, der an diesem Wort teilhat, insofern es eben das sobeschaffene Wort ist[30], so daß wir geradezu behaupten können, daß nur der Heilige ein «geistiger» [= vernünftiger] Mensch ist. Und wenn wir vernehmen, daß das Leben im Wort war, da Er sagt: «Ich bin das Leben», dann werden wir sagen, daß keiner lebt, der außerhalb des Glaubens an Christus steht, daß alle tot sind, die nicht für Gott leben. Ihr Leben ist ein Leben der Sünde und deshalb sozusagen ein Leben des Todes.

Das Wort Offenbarer der Heilsgeheimnisse des Vaters

[I.38] Auch deshalb kann der Sohn «das Wort» sein, weil Er das Verborgene seines Vaters verkündet. Denn daraus, daß der Sohn «Wort» genannt wird, muß gefolgert werden, daß der Vater Geist [νοῦς] ist (Is 40,13 = Röm 11,34). Denn so wie unser menschliches Wort Künder [ἄγγελος] dessen ist, was von unserem Geiste erkannt ist, so verkündet auch das Wort Gottes den Vater, den es erkannt hat, da ja kein Geschöpf ohne Wegführer zu Ihm vordringen kann. «Denn niemand hat den Vater erkannt als der Sohn und wem der Sohn Ihn geoffenbart hat» (Mt 11,27). Sofern Er «Wort» ist, ist Er «Bote [ἄγγελος] des großen Ratschlusses» (Is 9,6). Ihm wurde «die Herrschaft auf die Schulter» gelegt; fürwahr herrschte Er dadurch, daß Er das Kreuz erlitt.

Stimme – Wort – Pneuma

[I.38] In der Apokalypse wird gesagt, daß das «zuverlässige und wahrhaftige» Wort «auf einem weißen Roß

[30] Über das gesagt ist: «In Ihm war das Leben, und das Leben war das Licht der Menschen.»

sitze» (Apk 19,11), um, wie ich meine, die Deutlichkeit der Stimme anzuzeigen, auf der das zu uns kommende Wort der Wahrheit getragen wird. Es ist zwar hier nicht der Ort, zu zeigen, daß in der Schrift dem Wortlaut [φωνή], dem es zu danken ist, daß wir beim Hören göttlicher Lehren Heilsnutzen empfangen, oft die Bezeichnung «Roß» gegeben wird. Ich erinnere bloß an eine oder zwei Stellen: «Trügerisch ist das Roß, wenn man von ihm das Heil erwartet» (Ps 32,17), und: «Mögen die einen durch Wagen, die andern durch Rosse groß werden, wir werden es im Namen des Herrn unseres Gottes» (Ps 19,8).

Die Stelle aber: «Aufstieß mein Herz ein gutes Wort, ich sage meine Werke dem König» (Ps 44,2), die im 44. Psalm steht und häufig von allen möglichen Leuten zitiert wird als ob sie sie verstünden, sollten wir nicht ununtersucht übergehen. Es muß der Vater selbst sein, der dies sagt. Wie also muß sein Herz beschaffen sein, damit aus solch einem Herzen das «gute Wort» offenbarend hervorkomme? Wenn nämlich das «Wort» keiner vertiefenden Auslegung bedürfte (wie jene meinen), dann natürlich auch nicht der Ausdruck: das «Herz». Aber es wäre völlig ungereimt zu meinen, das «Herz» [Gottes] sei gleich dem in unserem Leibe ein Teil Gottes. Man muß diese Leute daran erinnern, daß wenn von der Hand, vom Arm und vom Finger Gottes die Rede ist, wir den Sinn nicht an den bloßen Wortlaut klammern dürfen, sondern überlegen müssen, wie dies vernünftigerweise und gotteswürdig aufzufassen sei. Wir haben demnach «Herz Gottes» als die alles erwägende und planende Geistmacht Gottes zu verstehen. «Das Wort» aber ist das Vermögen, zu verkünden, was in diesem Herzen ist. Wer aber verkündigt den Ratschluß Gottes den Würdigen unter den Geschöpfen, und wer tut das so, daß er bei ihnen weilt, als allein der Erlöser?

Auch der Ausdruck: «stieß auf» steht wohl nicht umsonst ... Aber ist nicht das Hervorkommen eines verborgenen Hauches [= Geistes, Pneuma] ans Offenbare ein Aufstoßen wie bei einem tiefen Seufzer? So stößt der Vater die

Erkenntnisbilder (θεωρήματα) der Wahrheit aus, die er nicht zurückhält, und schafft im Wort ihre Gestalt [τύπος]. Und daher wird das Wort «Bild des unsichtbaren Gottes» genannt (Kol 1,15).

II. BUCH

« Und das Wort war bei Gott, und Gott war das Wort »

[II.1] (Joh 1,1) Im Vorhergehenden, verehrter und im Evangelium gebildeter[1] Bruder Ambrosius, haben wir hinreichend behandelt, was das Evangelium ist und was der Anfang, in dem das Wort war, und was das Wort im Anfang war. Folglich richten wir jetzt unser Augenmerk darauf, *wie* «das Wort bei (πρός) Gott war». Dazu ist es dienlich, die Schriftstellen zu sammeln, [die davon sprechen,] daß das Wort an (πρός)[2] gewisse [Männer] ergangen sei, z.B.: «Wort des Herrn, das erging an Osee, den Sohn des Beeri» (Os 1,1), und: «Das Wort, das erging an Isaias, den Sohn des Amos, Juda und Jerusalem betreffend» (Is 2,1), und: «Das Wort, das erging an Isaias, den Sohn des Amos, Juda und Jerusalem betreffend» (Is 2,1), und: «Das Wort, das an Jeremias erging bezüglich der Dürre» (Jer 14,1). Wir müssen jetzt genau zusehen, wie das «Wort des Herrn» an diese ... [Männer] erging, damit aus dem Vergleich herausgefunden werden könne, wie «das Wort *bei* Gott war».

Der ganz Naive wird nun das bezüglich der Propheten Gesagte einfach als Ausspruch des Wortes des Herrn oder des an sie ergangenen Wortes hinnehmen. Niemals aber erging «der Sohn Logos» [das sohnhafte Wort] – wie Er in der Theologie jetzt genannt wird – an Osee, vom Vater zu ihm gesandt, so wie wir sagen: der und der geht zu jemand.

Geschichtlich war es so, daß das Wort an den Sohn des Beeri, den Propheten Osee, erging. In geheimnisvollem Sinn aber erging es an den Erlösten – Osee heißt «Erlöster» –, den Sohn des Beeri, d.h. Brunnen. Jeder Erlöste wird ja Sohn eines aus der Tiefe der Weisheit Gottes aufsprudeln-

[1] Wörtlich: nach dem Evangelium gestalteter.

[2] Der griechische Text gebraucht für «*bei* Gott» und «*an* Osee ... Isaias» ... dieselbe Präposition πρός, die das gemeinsame Stichwort für die Konkordanz bietet.

den Quells. Es ist gar nicht verwunderlich, daß der Heilige solcherweise ein Sohn der Brunnen ist, wird er doch ob seiner mannhaften Werke in vielfältiger Weise «Sohn» genannt: ob dem Leuchten «seiner Werke vor den Menschen» (Mt 5,16) «Sohn des Lichtes» (1 Thess 5,5); darob, daß er «den Frieden Gottes besitzt, der alles Denken übersteigt» (Phil 4,7), «Sohn des Friedens» (Lk 10,6); und schließlich wird er ob des Heilsgewinns aus der Weisheit «Kind der Weisheit» heißen, «denn die Weisheit wies sich in ihren Kindern aus» (Lk 7,35; Mt 11,19). So kann einer ein «Sohn der Brunnen» sein, an den das Wort des Herrn ergeht, der alles im Geiste Gottes durchforscht, auch die Tiefen Gottes (1 Kor 2,10), so daß er in den Ruf ausbricht: «O Tiefe des Reichtums und der Weisheit und der Erkenntnis Gottes!» (Röm 11,33). In solcher Weise kommt das Wort auch zu Isaias und belehrt ihn darüber, was Juda und Jerusalem in den letzten Tagen widerfahren wird. Und ebenso kommt es zu dem von göttlicher Erhebung getragenen Jeremias – denn Jao heißt «Erhebung».

Das Wort ergeht also an die Menschen, die vordem für die Ankunft des Sohnes Gottes, der Wort ist, nicht aufnahmefähig waren. An Gott aber ergeht es nicht, als wäre es vorher nicht bei Ihm, sondern weil Es immer beim Vater ist, heißt es: «Und das Wort *war* bei Gott», nicht: «Es *erging* an Gott».

Derselbe Satz sagt auch vom Wort: «Es war», da es nämlich «im Anfang war» und da Es «bei Gott war», weder vom Anfang gesondert noch vom Vater entfernt. Auch ist Es nicht aus dem Nicht-Sein «im Anfang» geworden, noch ist Es vom Nicht-beim-Vater-Sein zum Bei-Gott-Sein gelangt; denn vor aller Zeit und Ewigkeit «war das Wort im Anfang» und «das Wort war bei Gott».

Nachdem wir also zur Untersuchung der Stelle: «Und das Wort war bei Gott» prophetische Texte heranzogen, [in denen steht,] wie das Wort an Osee, Isaias und Jeremias erging, und dabei einen nicht unwesentlichen Unterschied feststellten zwischen «erging» und «war», müssen wir nun hinzufügen, daß das Wort, das an die Propheten ergeht, sie mit dem Licht der Erkenntnis erleuchtet und sie geradezu augenfällig Dinge sehen macht, die sie vorher nicht dachten. Das Wort aber, das bei Gott ist, ist selbst Gott[3], und zwar ist Es Gott vom Bei-Ihm-Sein her.

Vielleicht sah Johannes auch eine solche Rangordnung beim Wort und stellte deshalb die Aussage: «Gott war das Wort» nicht vor jene: «Das Wort war bei Gott». Was aber die Aussagen an sich anbelangt, so hindert ihre Reihenfolge wohl nicht, die Kraft eines jeden dieser fundamentalen Sätze einzeln zu sehen. Ein Fundamentalsatz lautet: «Im Anfang war das Wort»; der zweite: «Das Wort war bei Gott»; der folgende: «Und Gott war das Wort». Aber weil diese Reihenfolge vielleicht doch eine innere Ordnung offenbart, und damit aus dem «Bei-Gott»-Sein das Gott-Sein des Wortes erkannt werden könne, darum heißt es: «Und das Wort war *bei* Gott», und dann: «Und das Wort war *Gott*».[4]

Der ursprungslose, Sich selbstmitteilende Gott

[II.2] An gewissen Stellen setzt Johannes die Bezeichnung «Gott» mit dem Artikel und meint damit den ungezeugten Urheber alles Seins. An anderen Stellen läßt er den Artikel weg und sagt einfach «Gott». Nämlich dann, wenn «das Wort» Gott genannt wird ... Ebenso unterscheidet er auch «*das* Wort» und «Wort» einfachhin ... Steht «*das* Wort», so ist die Quelle der Geistigkeit [= des Wortes, d.h. der Fähigkeit zum Wort] eines jeden Vernunftwesens gemeint, während jenes Wort, dessen jedes Vernunftwesen fähig ist, nicht unmittelbar jenem ersten Wort gleich ist und daher nicht «*das* Wort» («*der* Logos») genannt wird.

Von daher ermöglicht sich eine Lösung für das, was viele verwirrt, die in der Liebe Gottes bleiben möchten und die

[3] Ich ergänze die offensichtliche Auslassung im Diktat durch: ὁ λόγος, αὐτὸς (anstelle des unverständlichen τὸ des Textes).

[4] Die Umstellung der johanneischen Worte ist im Deutschen notwendig, um den Sinn deutlich werden zu lassen, den Origenes dem Zitat hier gibt.

aus lauter Scheu, von zwei Göttern zu sprechen, in entgegengesetzte falsche und unfromme Lehren geraten[5], indem sie entweder das Eigensein (ἰδιότης, hier = Personsein) des Sohnes gegenüber dem Vater leugnen und, an seinem Gottsein festhaltend, Ihn nur dem Namen nach als «Sohn» ansprechen[6]; oder sie leugnen die Gottheit des Sohnes, halten aber sein gegenüber dem Vater anderes Eigensein und sein individuelles Wesen[7] aufrecht[8]. Ihnen ist nämlich zu antworten, daß «*der* Gott» aus-sich-selbst-Gott (αὐτόθεος) ist, weswegen auch der Erlöser im Gebet zum Vater sagt: «Damit sie Dich, den alleinigen wahren Gott erkennen». Zu allem, was nicht Gott-aus-sich-selbst ist, sondern was durch Teilhabe an seiner Gottheit Gott wird (θεοποιούμενος)[9], sollte eigentlich nicht «*der* Gott», sondern nur «Gott» gesagt werden.

Unter solchen der weitaus Ehrwürdigste ... ist «der Erstgeborene aller Schöpfung», da Er als erster durch sein Bei-Gott-Sein die Gottheit in sich hineinzog, Er, der [anderen] dient, Götter[10] zu werden, indem Er von «dem Gott» schöpfte und jenen freigebig in seiner Güte weitergibt, damit sie vergöttlicht würden. Wahrhaft Gott ist also «*der* Gott». Die aber nach Ihm geprägten Götter sind wie Bilder eines Urbildes (εἰκόνες πρωτοτύπου). Und unter den mehrfachen Bildern wiederum ist das anfänglich geprägte Bild (ἀρχέτυπος εἰκὼν) das Wort «bei Gott», das «im Anfang» war. Durch das Sein «bei Gott» bleibt Es immer Gott. Es besäße aber dies [Gottsein] nicht, wenn Es nicht «bei Gott» wäre, und Es bliebe nicht «Gott», wenn Es nicht in

[5] Also Monarchianer.

[6] Die eine Richtung der Monarchianer: die Modalisten.

[7] *τὴν ἰδιότητα καὶ τὴν οὐσίαν κατὰ περιγραφήν.*

[8] Die andere Richtung: die Adoptianer.

[9] Zu diesem Ausdruck vgl. die Einleitung zur Trinitätslehre des Origenes S. 44.

[10] Origenes gebraucht den Ausdruck «Götter» im Anschluß an Ps 49,1 und 82,6 (= Joh 10,33) unbedenklich, aber im Sinn platonischer Teilhabelehre, so daß «Götter» hier gleichbedeutend wird mit dem ntl. «Heilige», d.h. Menschen, die durch Glaube und Taufe gnadenhaft Anteil haben an der Gottheit und Heiligkeit Gottes.

unaufhörlicher Schau der väterlichen «Tiefe» (1 Kor 2,10) verbliebe.

Universalität des Wortes

[II.3] Das Wort [= die Geistvernunft] in jedem vernünftigen Wesen hat dasselbe Verhältnis (λόγος) zum Wort «im Anfang bei Gott», das selbst Gott ist, wie dieses Gott-Wort «zu Gott». Wie nämlich der Vater, der aus sich Gott und wahrer Gott ist, zum «Bild» (Kol 1,15) sich verhält und zu den Bildern des Bildes – deshalb wird ja von den Menschen gesagt, sie seien «nach dem Bilde» (Gn 1,26), nicht selber Bild –, ebenso verhält sich das Urwort (αὐτόλογος) zum Wort [= Geistvernunft] in jedem Menschen[11]. Jeder von beiden hat den Rang einer Quelle: der Vater für die Gottheit, der Sohn für die Worthaftigkeit.

Wie es «viele Götter gibt», für uns aber «einer Gott [ist], der Vater», und viele Herren, aber für uns «einer Herr [ist], Jesus Christus» (1 Kor 8,5–6), so gibt es viele Worte, aber wir beten darum, daß in uns sich finde «das Wort im Anfang, das bei Gott ist», das göttliche Wort. Denn wer dieses Wort nicht faßt, das «im Anfang bei Gott war», der wird [höchstens noch] zu Dem hingelangen, das Fleisch geworden ist; oder er wird noch Teil haben [an Ihm] über die Gemeinschaft mit solchen, die dieses Wortes schon teilhaft geworden sind[12]; oder er wird von jeder Teilhabe abfallen, indem er teilgewinnt an einem Wort [= Lehre], das «*dem* Worte» gänzlich fremd ist.

Was mit dem Gesagten gemeint ist, wird klar, wenn man vergleicht das Verhältnis einerseits zwischen Gott, dem Worte Gottes und den Göttern, die entweder an Gott teilnehmen oder überhaupt nichts Göttliches an sich haben, obwohl sie so genannt werden – und anderseits zwischen dem Worte Gottes, dem fleischgewordenen Worte und den

[11] Das göttliche Wort ist das Bild des Vaters, die Menschen als geistbegabte Geschöpfe sind die Ebenbilder des Bildes, nämlich Christi.

[12] Die Kirche.

Worten [= Vernunftwesen], die entweder auf eine gewisse Art am Worte teilnehmen, und so Zweit-Worte sind, oder dann Drittworte im Verhältnis zum Urwort, weil sie zwar den Anschein von Worthaftigkeit [= Vernunft] an sich tragen, obwohl sie in Wirklichkeit nicht worthaft [= vernünftig] sind, sondern sozusagen wortlose Worte [unvernünftige Vernunft], genauso, wie man bei den fälschlich für göttliche gehaltenen Göttern reden könnte von «gottlosen [ungöttlichen] Göttern.»

Grade der Teilhabe am Wort

[II.3] Demnach haben einige Anteil am «Wort im Anfang», das «bei Gott» und «Gott» ist, wie die Propheten, Osee, Isaias, Jeremias, und wer sonst noch von sich sagt, «das Wort des Herrn» oder schlechthin «das Wort» sei an ihn ergangen. Andere, die «nichts kennen als Jesus Christus, und zwar den Gekreuzigten» (1 Kor 2,2), in der Meinung das fleischgewordene Wort sei alles am Wort, kennen Christus nur dem Fleische nach. Sie bilden die Masse derer, die als Gläubige gelten[13].

Die Dritten, die etwas am Wort teilhaben sind jene, die sich irgendwelchen Lehren hingeben als ob sie jegliche Lehre überträfen, und vielleicht gehören dazu die Anhänger berühmter philosophischer Richtungen bei den Griechen. Im Gegensatz zu ihnen gibt es vierte, die Gläubigen völlig verdorbener und atheistischer Worte. Sie leugnen die deutliche und fast mit Sinnen erfahrbare Vorsehung und haben sich ein anderes als das richtige Ziel gesetzt ...

Die einen sind also vom Wort selbst befehligt; andere, die «von nichts wissen als von Jesus Christus, und zwar [nur] insofern Er der Gekreuzigte ist» sind Ihm auch nah und halten Ihn für das erste Wort. Sie schauen das «Wort» als

[13] Der Gedanke des Origenes ist folgender: Die Menschheit Jesu müsse im Glauben gesehen werden, als sakramentales Zeichen für das Mysterium der Gottheit des Wortes. Die Gottheit ist das unendlich Größere als die Menschheit, das Wort das unendlich Reichere als das Fleisch, das nur analoges Symbol des göttlichen Wortes ist.

Fleisch. Von den Dritten sprachen wir eben[14]. Was sollen wir aber über jene sagen, die meinen, sie leben im Wort (= sinnvoll), während sie doch nicht nur vom eigentlichen Wort selbst abgefallen sind, sondern sogar auch von den Spuren, die noch etwas von Ihm haben?

Einheit von Wahrheit, Weisheit und Wort

[II.4] Die Wahrheit verbietet uns, mehrere Worte und Weisheiten und Gerechtigkeiten zu suchen, die diesen Namen verdienen. Denn jeder wird zugeben, daß es nur *eine* Wahrheit gibt. Wird doch niemand zu sagen wagen, die Wahrheit Gottes sei eine andere und die der Engel eine andere und die der Menschen nochmals eine besondere. Denn es gibt über jedes einzelne Ding nur eine Wahrheit, die für den Wesensbereich aller seienden Dinge gilt. Wenn aber die Wahrheit *eine* ist, so ist klar, daß man sich füglich auch die Weisheit nur als eine einzige denken darf, die ja die Grundlage (*κατασκευή*) der Wahrheit ist und ihr Selbsterweis. Jede vermeintliche Weisheit aber, welche die Wahrheit nicht enthält, dürfte redlicherweise nicht unter der Bezeichnung «Weisheit» laufen. Ist aber die Wahrheit eine und die Weisheit eine, so wird auch das Wort ein einziges sein, das die Wahrheit und die Weisheit verkündet und sie den Empfänglichen klar und offenbar macht ...

Das Wort als Schwert

[II.7] Das Werk des Wortes ist es ebenso, in Gerechtigkeit zu richten, wie in Gerechtigkeit zu kämpfen, um so durch den Kampf gegen die Feinde des rechten Wortes Unvernunft und Unrecht in der Seele zu beseitigen, ihr einzuwohnen und sie gerecht zu machen. Es wird das Gegnerische aus der Seele dessen entfernt, der von Christus sozusagen zu seinem Heil gefangen genommen worden ist.

[14] Sie finden «das Wort» in den Spuren, die es in philosophischen Lehren hinterläßt.

Noch mehr aber kann man den Kampf, den das Wort kämpft, dort wahrnehmen, wo es für die Wahrheit eintritt, während ein anderes sinnloses Wort sich als Wort aufspielt. Dann bekennt es sich selbst als die Wahrheit gegenüber der Lüge, die sich als Wahrheit ausgibt. Das Wort, gegen die Lüge gerichtet, hebt sie «mit dem Geist seines Mundes hinweg und vernichtet sie durch das Erscheinen seiner Gegenwart» (2 Thess 2,8) ... Denn was anderes als die Lüge wird vernichtet durch den Geist des Mundes Christi, da Christus Wort und Wahrheit und Weisheit ist? Und was anderes wird durch das Erscheinen Christi vernichtet, wenn Er als Weisheit und Wort betrachtet wird, als alles, was als angebliche Weisheit gepriesen ward, aber als Scheinweisheit «mit all ihrer Schlauheit» (1 Kor 3,19) von Gott gefangen wird? Johannes sagt unter anderem Herrlichen vom Worte, das «auf weißem Rosse reitet» auch dies aus: «Seine Augen sind wie Feuerflammen» (Apk 19, 12). Wie nämlich die Flamme leuchtet und brennt, wie sie glüht und das Stoffliche aufzehrt, so verbrennen die Augen des Wortes, mit denen Es selbst, und auch jeder wahrhaft geistige Mensch[15] blickt, die erdgebundenen und erdschweren Gedankengänge und bringen sie zum Verschwinden. Es heftet die ihm eigenen Augen an das Geistige.

Schau der ewigen Mysterien und Verklärung der Sprachen im Himmel

[II.8] Johannes schaut das Wort Gottes, das auf weißem Rosse reitet, nicht nackt, sondern Es hat ein blutbesprengtes Gewand um. Denn das Wort trägt die Spuren davon, daß Es Fleisch geworden ist und wegen seiner Fleischwerdung auch starb, und zwar so, daß sein Blut auf die Erde floß als der Soldat seine Seite durchstieß. Wenn wir vielleicht einmal in der erhabensten und höchsten Schau des Wortes sein werden, dann werden wir jenes Leiden und die Wahrheit nie ganz vergessen, die in unserem Leibe er-

[15] Wörtlich: jeder, der an diesem Worte teilhat.

schien, um uns durch seine Leiblichkeit[16] [in die Wahrheit] einzuführen.

Alle Heerscharen im Himmel folgen dem Worte Gottes. Sie folgen dem führenden Worte und ahmen es in allem nach, besonders indem sie gleich Ihm «weiße Rosse» besteigen (Apk 19,14). Denn dort ist alles lautere Einsicht. Und wie am Ende der Weltzeit «Klage und Trauer und Seufzen entschwinden» (Is 35,10), so glaube ich, vergehen auch Unklarheit und Begrenztheit des Erkennens. Alle werden hingegeben und klarsichtig tief in die Mysterien der Weisheit Gottes eindringen.

Sieh die weißen Rosse derer, die dem Worte folgen und die «gekleidet» sind «in strahlend reines Linnen»! Überlege nun, ob nicht ihre Linnengewänder – da ja Leinen aus der Erde wächst – Gleichnis sind für die Sprachen der Erde, in die [dann] die Stimme [der Verkündigung] gekleidet ist, die Wirklichkeit lauter und rein darstellend?

Alles ist durch das Wort geworden

[II.10] (Joh 1,3) Nie steht die Wendung «durch welchen» an erster Stelle, immer an zweiter, so etwa im Römerbrief: «Paulus, Knecht Jesu Christi, zum Apostel berufen, ausgesondert für Gottes Evangelium, das Er schon im voraus durch seine Propheten in den heiligen Schriften verkündet hat, die Heilsbotschaft von seinem eigenen Sohne ... Jesus Christus unserem Herrn, *durch welchen* wir Gnade und Apostelamt empfangen haben, um Glaubensgehorsam zu wecken für seinen Namen unter allen Heidenvölkern» (Röm 1,1–4). Gott hat ja sein Evangelium vorherverkündet durch die Propheten, die dafür Dienst leisteten, wohl wissend, was das «durch Ihn» bedeutet. Nachher heißt es nocheinmal: Gott gab dem Paulus und den anderen «Gnade und Apostelamt», und zwar gab Er es *durch* den Erlöser Jesus Christus (Röm 1,5), bei dessen Name das Verhältniswort «durch» steht. Im Hebräerbrief sagt Paulus: «Am Ende der Tage sprach Er

[16] *τῆς ἐν σώματι ἡμῶν γενομένης δι᾽ αὐτοῦ εἰσαγωγῆς.*

zu uns in seinem Sohn, Den Er zum Erben von allem einsetzte, *durch Den* Er auch die Äonen schuf» (Hebr 1,2). Er belehrt uns damit, daß Gott die Äonen schuf durch den Eingebornen. Beim Entstehen der Äonen hatte Gott also den Eingeborenen als sein «*durch* Ihn» [d.h. als Instrument][17]. Wenn alles, wie diese Schriftstelle sagt, *durch* das Wort geworden ist, so ist es nicht *vom* Wort [geschaffen] worden, sondern von einem Höheren und Größeren als dem Wort. Wer anders aber wäre das als der Vater?[18]

Der Logos und das Pneuma

[II.10] Da es wahr ist, daß «alles durch Ihn geworden ist», so ist zu untersuchen, ob auch der Heilige Geist durch den Logos geworden ist. Ich bin nämlich der Meinung, wer sagt, der Heilige Geist sei geschaffen (*γένητον*), und wer zugibt, daß «alles durch Ihn geworden ist», müsse notwendigerweise annehmen, daß auch der Heilige Geist durch den Logos geworden sei. Dann wäre der Logos älter als der Heilige Geist. Für den, der aber nicht will, daß der Heilige Geist durch Christus geworden sei, folgt, daß er Ihn ungezeugt (*ἀγέννητον*) nennen muß – wenigstens, wenn er für wahr hält, was in diesem Evangelium steht.

Außer diesen beiden, von denen der eine den Heiligen Geist durch den Logos geworden sein läßt, und der andere annimmt, Er sei ungezeugt, wird es aber noch einen dritten geben, der die Meinung hat, der Heilige Geist bestehe überhaupt nicht als eigenes, anderes Wesen (*οὐσία ἰδία* = Individualität) neben dem Vater und dem Sohn. Dieser dritte dagegen neigt vielleicht vielmehr zur Annahme – wenn er schon den Sohn für einen anderen als den Vater hält –, der Heilige Geist sei dasselbe wie der Vater. Die Verschiedenheit des Heiligen Geistes vom Sohn ist aber anerkannter-

[17] Nach der valentinischen Gnosis sind die Äonen vor und ohne den Logos geworden. Origenes korrigiert die gnostische Lehre deutlich.

[18] Auch dies ist eine direkte Korrektur der Gnosis, die bei Herakleon zwar ebenfalls sagt, das All sei nicht *vom* Logos geschaffen, aber auch erst recht nicht vom Vater (s. Einführung S. 26).

maßen geoffenbart in der Stelle: «Wer ein Wort sagt gegen den Menschensohn, dem wird es vergeben; wer aber gegen den Heiligen Geist lästert, der wird keine Vergebung finden, weder in diesem noch im künftigen Äon» (Mt 12,32).

Wir freilich sind überzeugt, daß [in Gott] drei Personen (*ὑποστάσεις*) sind: der Vater, der Sohn und der Heilige Geist. Und wir glauben, daß nichts anderes ungezeugt ist, als der Vater. Wir nehmen es als etwas überaus Ehrwürdiges und Wahres an, daß von allem, was durch das Wort geworden ist, der Heilige Geist das Würdigste ist und den Vorrang hat vor allem, was vom Vater durch Christus geworden ist. Vielleicht ist das auch der Grund, warum nicht auch Er Sohn Gottes genannt wird, da der Einziggeborene allein Sohn von Natur ist von Anbeginn her. Der Heilige Geist scheint zu seinem Personsein (*ὑπόστασις*) den Dienst des Sohnes zu brauchen, und zwar nicht nur zu seiner Existenz, sondern auch zu seinem Weise-, Vernünftig-, Gerechtsein und zu allem, was wir Ihn aus seiner Teilhabe an den vorerwähnten Aspekten Christi besitzend denken müssen.

Ich glaube aber, daß der Heilige Geist sozusagen den ‚Stoff' der von Gott kommenden Gnadengaben (*χαρίσματα*) denen reicht, die über Ihn und über die Teilhabe an Ihm Heilige heißen. Der genannte ‚Stoff' der Gnadengaben ist gewirkt von Gott her (*ἐνεργουμένη ἀπὸ τοῦ θεοῦ*), er wird gespendet von Christus (*διακονουμένη ὑπὸ τοῦ χριστοῦ*), und er hat Daseinskraft des Heiligen Geistes (*ὑφεστῶσα κατὰ τὸ ἅγιον πνεῦμα*). Daß es sich mit den Gnadengaben so verhalte, das anzunehmen veranlaßt mich Paulus, der igendwo schreibt: «Es sind verschiedene Gnadengaben, aber es ist derselbe Geist, und es gibt verschiedene Dienste, aber es ist derselbe Herr, es sind verschiedene Wirkungen, aber es ist derselbe Gott, der alles in allen wirkt» (1 Kor 12, 4–6).

[II.11] Vielleicht ist die Aussage möglich, daß die Schöpfung und besonders das Menschengeschlecht zur Erlösung von der Unterwerfung unter das Verderben, einer menschgewordenen seligen und göttlichen Macht (*δύναμις ἐνανθ-*

ϱωποῦσα) bedurften, die auch die Dinge auf Erden in Ordnung brächte. Eigentlich wäre eine solche Tätigkeit dem Heiligen Geiste zugestanden[19]. Er aber, nicht geeignet, sich ihr zu unterziehen, schickt den Erlöser vor als Den, der allein einen solchen Kampf auf sich zu nehmen imstande sei. Und während der Vater entscheidet, den Sohn zu senden, sendet Er den Heiligen Geist zur Begleitung mit, Der zustimmt (verspricht), zur rechten Zeit auf den Sohn Gottes niederzusteigen und am Heil der Menschen mitzuwirken.

Das hat Er getan, als Er nach der Taufe in körperlicher Gestalt wie eine Taube über Ihm schwebt und, ohne von Ihm wegzugehen, bei Ihm bleibt. Wenn Er das bei Menschen getan hätte, hätten sie es wahrscheinlich nicht vermocht, seine Herrlichkeit unaufhörlich zu ertragen.

Ohne das Wort ist nur Nichtiges geworden

[II.13] Alle Geschöpfe sind durch das Wort geworden (anzunehmen, daß auch alle guten Werke und jede rechte Tat von den Seligen durch das Wort getan werde, ist uns eine Notwendigkeit); nicht aber die Sünden und jeglicher Abfall. Nun haben einige erklärt, weil das Böse ohne eigenständiges Wesen (ἀνυπόστατον) sei (denn es war nicht von Anfang an und wird in der Ewigkeit nicht mehr sein), sei es das «Nichts»[20]. Und wie einige Griechen sagen, die Arten

[19] Nach Peri Archon I 3,5–8 ist die Erlösung und das Heil das Werk der ganzen Trinität. Jedoch schreibt Origenes dort jeder göttlichen Person eine ihr besonders eigene Tätigkeit zu: Der Vater teilt den Geschöpfen das Sein mit, der Sohn die Vernunft und die Heils-Erkenntnis, der Heilige Geist die Heiligkeit.

[20] Dies zitiert Hippolyt als Platons Lehre (Hippolyt, Philosophumena I 19). So scheint Platon damals kommentiert worden zu sein. Die Auffassung vom Bösen als dem Nichts weist schon auf den Neuplatonismus hin. Vielleicht hörte Origenes solches von Ammonios Sakkas. Das valentinische Evangelium Veritatis sagt ähnlich: «All diese Verwirrtheiten [in die Sünde und das Böse] waren eben nichts.» Das Böse ist für den Pneumatiker «wie ein Schlaf, den sie für nichts halten» (f. XV r 30–36). Auch die mittlere Stoa lehrte gelegentlich, das Übel und das Böse sei ein Nichts (Simplicius und Sextus Empir. vgl. M. Pohlenz, Die Stoa, Göttingen 1948, II S. 37). Origenes läßt es

und Gattungen wie «Lebewesen» und «Mensch» haben an sich keine Wirklichkeit[21], so nehmen jene an, alles sei «nichts», was den scheinbaren Bestand, den es hat, nicht von Gott und nicht durch das Wort erhalten hat. … Stellen wir fest, ob sich das aus der Schrift treffend beweisen läßt! …

Die ob ihrer Bosheit Schlechten werden als «Nicht-Seiende» angesprochen, wie aus dem im Buche Exodus niedergeschriebenen Namen Gottes hervorgeht. Der Herr sprach nämlich zu Moses: «Mein Name ist: der Seiende» (Ex 3,14). Nach unserem Dafürhalten, die wir uns rühmen, zur Kirche zu gehören, spricht das der «gute Gott», zu dessen Verherrlichung der Erlöser sagt: «Keiner ist gut als allein Gott» (Mk 10,18), der Vater. Also ist «der Gute» und «der Seiende» derselbe.[22]

Der Gegensatz zum Guten ist das Böse oder das Schlechte, der Gegensatz zum «Seienden» das «Nicht-Seiende». Daraus folgt, daß das Schlechte und Böse nicht-seiend ist.

Vielleicht bewog dieser Gedanke einige zur Behauptung, der Teufel sei, sofern er Teufel ist, kein Geschöpf Gottes[23]. Insofern ihm aber Sein zukommt, da er geworden ist, ist er freilich Gottes Geschöpf, da es keinen Schöpfer gibt außer Gott. Ähnlich sagen wir ja, der Mörder sei nicht Gottes Schöpfung, wobei wir nicht leugnen, er sei von Gott geschaffen sofern er Mensch ist. Damit stellen wir fest, daß er

gelten, daß das Böse das Nichts sei, wenn man den Ursprung des Bösen als Abfall vom Sein, von der Quelle des Seins, nämlich Gott, erklärt (XIII23; XX.22). Das Böse ist Widerspruch zur Wirklichkeit (PA II 1,1; II 9,2).

[21] Dies ist das Hauptargument der Aristoteliker gegen die platonische Ideenlehre.

[22] Die Scholastik wird sagen: ens et bonum convertuntur (Das «Sein» und das «Gute» sind austauschbare Begriffe). Omne ens, in quantum est ens, est bonum. Thomas von Aquin S th I q I a3 ca.

[23] Die Stoa antwortete auf die Frage nach dem Ursprung des Bösen, es «könne unmöglich von Gott, dem Inbegriff alles Guten stammen» (Pohlenz, Die Stoa I S. 387). Nach der valentinianischen Gnosis schafft der Demiurg aus der Trauer der Sophia [die vielleicht Züge der ägyptischen Göttin Isis angenommen hat] die Geister der Bosheit.

als Mensch das Sein von Gott erhalten hat, und stellen in Abrede, daß er das Sein eines Mörders von Ihm habe.

Alle nun, die am «Seienden» Anteil haben – das sind die Heiligen – könnten mit Recht den Titel «Seiende» tragen. Die sich aber von der Teilhabe am «Seienden» abgewandt haben, sind, des «Seienden» beraubt, dadurch «Nicht-Seiende» geworden.

Widerlegung einer Exegese Herakleons

[II.14] (Joh 1,5) Gewalttätig, wie ich meine, und ohne einen Zeugen[24] für sich zu haben, erklärt der als berühmter Anhänger Valentins geltende Herakleon die Stelle: «Alles ist durch Ihn geworden». Unter «alles» versteht er die Welt und was in ihr ist, schließt aber aus, was nach seiner Hypothese höher ist als die Welt und die Dinge in ihr. Er sagt nämlich: «Weder der Äon noch was im Äon ist[25], ist durch den Logos geworden.» Der Äon, so glaubt er, sei vor dem Logos geworden.

Noch ehrfurchtsloser behandelt er die Stelle: «Und ohne Ihn ist nichts geworden». Denn ohne Rücksicht auf das Wort: «Füge seinen Worten nichts hinzu, damit man dich nicht als Lügner tadle!» fügt er zum Wort: «nichts» noch hinzu: «von den Dingen in der Welt und in der Schöpfung». Das macht deutlich, daß seine Worte der Stelle Gewalt antun, und daß er gegen ihren klaren Sinn redet, wenn er das, was er für göttlich hält[25], vom «allem» ausnimmt und nur das, was er für völlig verderbt hält[26], im eigentlichen Sinn «alles» nennt. ...

Außerdem aber faßt Herakleon die Stelle «Alles ist durch Ihn geworden» ganz eigenartig auf und erklärt sie mit anderen Ausdrücken als wir es gewohnt sind, wenn er sagt, der Logos habe es dem Demiurgen überlassen, Ursache für das Werden der Welt zu sein. Der Logos sei nicht das Von-

[24] In der christlichen Tradition.
[25] Die ideale, geistige Welt der Äonen, das Pleroma.
[26] Die irdische, materielle Welt.

dem-her [Ursprung einer Emanation] oder das Von-dem [Wirkursache], sondern er habe nur Mittlerfunktion[27]. … Hier ist indes nicht der Ort, zu beweisen, daß nicht der Demiurg als Diener des Logos die Welt geschaffen habe, und statt dessen darzulegen, daß der Logos (das Wort) als Diener des Schöpfers die Welt gebildet hat[28]. Dem Propheten David zufolge nämlich «Sprach Gott, und [die Dinge] wurden, Er gebot, und sie wurden geschaffen» (Ps 148,5). Der ungewordene Gott gebot dem Erstgeborenen aller Schöpfung, «und es wurde geschaffen» nicht nur die Welt und was in ihr ist, sondern auch alles übrige: «Throne, Herrschaften, Mächte und Gewalten, denn alles ist durch Ihn und zu Ihm hin geschaffen, und Er ist vor allem» (Kol 1,15).

Ohne das Wort ist nichts geworden

[II.15] (Joh 1,3) Unter der Voraussetzung, daß das Wort Gesetz und Gebot ist, und daß es keine Sünde gäbe, wenn das Gesetz nicht wäre – «die Sünde wird nicht angerechnet, wo kein Gesetz ist» (Röm 5,13) –, gäbe es auch keine Sünde, wenn das Wort nicht wäre («Wenn ich nicht gekommen wäre, sagt das göttliche Wort, und zu ihnen geredet hätte, so hätten sie keine Sünde» (Joh 15,22). Somit wird jede Ausrede dessen unmöglich, der sich ob seiner Sünde rechtfertigen möchte, falls er dem Wort nicht gehorcht hat, das in ihm ist und ihm zeigt, was er tun soll.

So ist wohl alles einschließlich der ganz geringen Dinge durch das Wort geworden und «ohne es» ist Nichts geworden (wobei wir das Nichts in der einfachsten Weise verstehen). Man darf es aber auch dem Wort keineswegs zur Last legen, daß … «ohne es nichts [= das Böse] ge-

[27] *οὐ τὸν ἀφ᾽ οὗ, ἢ ὑφ᾽ οὗ, ἀλλὰ τὸν δι᾽ οὗ.*

[28] Die Gnosis lehrt eine Inferiorität des Demiurgen unter dem Logos, der zur geistigen Welt gehört und streng erhaben ist über die sichtbare Welt. Origenes dagegen behauptet die christliche Lehre, nach welcher der Schöpfer Gott selbst ist, von dem das schöpferische Wort ausgeht, das dem Willen Gottes entspricht und «dient».

worden ist», wie man es ja dem Lehrer, der dem Schüler das Richtige zeigt, nicht zur Last legen darf, wenn wegen seiner Lehren dem Schüler, der Fehler macht, keine Entschuldigung für seine Unwissenheit mehr bleibt. Und dies erst recht, wenn wir uns den Lehrer vom Schüler untrennbar denken. Denn wie ein vom Schüler untrennbarer Lehrer, so ist das den vernünftigen Wesen seinshaft einwohnende Wort: immer unterbreitet es das zu Tuende, auch wenn wir seinen Geboten nicht gehorchen, uns vielmehr den Lüsten überlassen und seine besten Ratschläge in den Wind schlagen. Wie wir uns nämlich des Auges bedienen, das uns zum Guten gegeben ist, auch wenn wir etwas Unanständiges ansehen, und wie des Gehörs, wenn wir Verderblichem und Verbotenem Gehör geben, so beleidigen wir das Wort [den Geist] in uns, wenn wir es nicht sachgemäß gebrauchen, sondern mit seiner Hilfe gesetzwidrig handeln. Denn es wohnt den Fehlenden zum Gericht ein und richtet deshalb jeden, der es nicht allem übrigen vorzieht. Daher spricht das Wort: «Das Wort, das ich gesprochen habe, wird euch richten» (Joh 12,48). Damit will Er uns lehren: Ich bin das Wort, das immer in euch forthallt, und Ich werde euch selber richten und euch keine mögliche Entschuldigung lassen.

Nun bleibt die Frage, ob man das uns [als Vernunft] einwohnende Wort als dasselbe bezeichnen kann wie das Wort, das «im Anfang» und «bei Gott» und «Gott ist»? [Das ist zu bejahen], zumal der Apostel dieses Wort in uns nicht als ein anderes aufzufassen scheint, gegenüber dem «Wort, das im Anfang bei Gott war», wenn er lehrt: «Sprich nicht in deinem Herzen: Wer wird zum Himmel aufsteigen? nämlich um Christus herabzuholen, oder: Wer wird in die Unterwelt hinabsteigen? nämlich um Christus von den Toten heraufzuholen. Wie sagt vielmehr die Schrift? Ganz nah ist dir das Wort, in deinem Munde und in deinem Herzen» (Röm 10,6-8).

[II.16] Wenn wir nachdenken über «das Wort im Anfang», «das Wort bei Gott», «das Wort, welches Gott ist», dann können wir vielleicht sagen, daß nur der vernünftig (geistig) ist, der an Ihm teilhat, und zwar eben insofern Er [Christus] «Wort» ist. So könnte man auch sagen, allein der Heilige sei vernünftig (geistig).

Und auch wenn wir des Lebens inne werden, das im Worte geworden ist, das spricht: «Ich bin das Leben», dann werden wir von niemand sagen, der ohne Christusglauben ist, er lebe. Alle sind sie tot, die nicht durch Gott leben. Ihr Leben ist ein Leben der Sünde und daher sozusagen ein Leben des Todes. So versteh doch, daß die heilige Schrift das oft und oft unterbreitet, z.B. wo der Erlöser sagt: «Habt ihr nicht gelesen, was beim Dornbusch gesagt wurde: Ich bin der Gott Abrahams und der Gott Isaaks und der Gott Jakobs? Er ist kein Gott von Toten, sondern von Lebendigen» (Mk 12,26). ...

[II.17] Es ist ein großer Gunsterweis an die Patriarchen, daß Gott statt eines eigenen Namens ihren Namen mit der Ihm eigenen Anrede «Gott» verknüpft. Dies bedenkend sagt Paulus: «Gott scheut sich nicht, ihr Gott genannt zu werden» (Hebr 11,16). Ist nun der Gott der Väter nicht auch der aller Heiligen? Man wird doch nirgends geschrieben finden, Gott sei der Gott eines Frevlers. Wenn nun Gott der Gott der Heiligen ist und auch der Lebendigen, dann sind die Heiligen die Lebendigen und die Lebendigen sind die Heiligen. ...

Wenn es aber heißt: «Keiner, der lebt, wird vor Dir gerecht erscheinen» (Ps 142,2), dann macht dies offenbar, daß keiner, auch keiner der ganz Seligen, gerecht erscheint im Verhältnis zu Gott und seiner Gerechtigkeit.

Das könnten wir auch mit einem Beispiel sagen: Kein Leuchter gibt in der Sonne hell. Ein Leuchter leuchtet zwar, aber nur, wenn er nicht von der Sonne überstrahlt wird. So wird jeder «Lebendige» zwar gerecht erscheinen, aber nicht angesichts Gottes, sondern wenn er verglichen wird mit denen in der Tiefe, die von der Finsternis beherrscht sind. Bei ihnen wird ihr Licht leuchten. So ist wohl das Wort des Evangeliums zu verstehen: «Euer Licht leuchte vor den Menschen!» (Mt 5,16). Es heißt nicht: Euer Licht leuchte vor Gott! Wenn Christus das geboten hätte, hätte Er ein unmögliches Gebot gegeben, wie wenn Er den Sternen[29] das Gebot gegeben hätte, ihr Licht vor der Sonne leuchten zu lassen. ... Selbst die Gerechtigkeit aller Lebenden zusammen wird im Verhältnis zur Gerechtigkeit Gottes nicht gerecht erscheinen. Gerade so könnte ich sagen: Alle Nachtlichter der Erde zusammengenommen können nicht so leuchten wie die Strahlen der Sonne.

Nun verwerten wir das für die Erkenntnis auf einer höheren Ebene: «Ich lebe, spricht der Herr» (Num 14,28; Ez 34,8). Dem Gesagten zufolge gibt es eigentliches Leben wohl nur bei Gott. Vielleicht hat der Apostel in der Erkenntnis dieses jede Steigerung überragenden Lebens, und in Gottes würdigem Verständnis des Wortes «Ich lebe, spricht der Herr», gesagt: «Er allein besitzt Unsterblichkeit» (I Tim 6,16), denn kein Lebendiger außer Gott besitzt das völlig unwandelbare und unveränderliche Leben.

Leben und Licht der Menschen

[II. 18] (Joh 1,4) Wenn «das Leben» und «das Licht der Menschen» dasselbe ist, ... dann ist der Erlöser das Leben bestimmter Menschen, eben derer, für die Er auch Licht ist. Dieses Leben folgt auf das Wort und bleibt auch als Gewordenes davon untrennbar. Das die Seele reinigende Wort muß nämlich schon vorher in der Seele sein, und seine reinigende Wirkung muß jeglichen Tod und jegliche Krankheit hinwegnehmen, damit dann das lautere Leben in jedem entstehe, der sich für das Wort, sofern es Gott ist, aufnahmebereit macht.

[29] Origenes hält sie mit der Astronomie seiner Zeit für beseelte Himmelskörper.

[II.19] Wenn «Leben» dasselbe ist wie «Licht der Menschen», dann lebt keiner, der in der Finsternis ist, und kein Lebendiger ist in Finsternis; sondern jeder Lebendige ist im Licht, und jeder, der im Licht ist, lebt. So ist also *nur* einer, der lebt, aber auch *jeder*, der lebt, ein «Sohn des Lichts» (Lk 16,8), das heißt einer, dessen Werke leuchten vor den Menschen (Mt 5,16).

[II.23] «Licht der Menschen» wird als das Gleiche zu verstehen sein wie ,Licht alles Geistigen' (παντὸς λογικοῦ), da jedes geistige Wesen «nach dem Bild und Gleichnis» Gottes [geschaffen] ist (Gn 1,26). Das ist der Mensch. Dasselbe Licht wird dreifach benannt: «Licht der Menschen», und einfach «Licht», und «wahres Licht». ... Da aber hier (Joh 1,5) der Erlöser ganz allgemein «Licht» genannt wird, und im katholischen Brief desselben Johannes gesagt wird, Gott sei Licht (1 Joh 1,5), so kann einer daraus den Schluß ziehen, daß der Sohn sich dem Wesen nach vom Vater nicht unterscheide[30]. Wer aber genauer zusieht und sich richtiger ausdrückt, der wird sagen, das Licht, das in der Finsternis leuchtet ohne jedoch von ihr überwältigt zu werden, sei nicht dasselbe wie das Licht, in dem keinerlei Finsternis ist.

Das in der Finsternis leuchtende Licht nämlich greift die Finsternis gleichsam an, wird von ihr verfolgt und angefeindet, aber nicht überwältigt, um es so auszudrücken. Das Licht aber, «in dem keine Finsternis ist», leuchtet weder in die Finsternis, noch wird es von ihr irgendwie verfolgt. Daher wird es auch nicht als sieghaft beschrieben.

Die dritte Benennung dieses Lichts ist «wahres Licht» (Joh 1,9). In dem Sinne wie Gott, der *Vater* der Wahrheit, mehr und größer ist als die Wahrheit, und der *Vater* der Weisheit gewaltiger ist als die Weisheit, von der Er verschieden ist, in demselben Sinne ist Er erhaben über «das wahre Licht».

[30] τῇ οὐσίᾳ μὴ διεστηκέναι soll wohl die monarchianische Meinung wiedergeben, daß der Sohn der Person nach vom Vater nicht verschieden sei. Die Termini für Wesen und Person waren noch nicht eindeutig bestimmt.

Daß der Vater und der Sohn zwei Lichter sind, wissen wir von David, der es noch deutlicher zum Ausdruck bringt, wenn er in Psalm 35 sagt: «In deinem Lichte werden wir das Licht schauen» ...

Lassen wir auch nicht außer acht, warum [Johannes], der doch hätte schreiben können: ‚Was in Ihm wurde, war das Licht der Menschen, und das Licht der Menschen war Leben', genau umgekehrt schrieb. Er ordnet nämlich «das Leben» dem «Licht der Menschen» vor, wenn auch «das Leben» und «das Licht der Menschen» dasselbe sind [nämlich das *Wort*]. Er tat dies, weil es uns bei denen, die am «Leben» teilhaben (das zugleich «das Licht der Menschen» ist), zuerst begegnet, daß sie das göttliche Leben leben, noch bevor sie erleuchtet sind.[31] Denn das Leben muß zugrunde liegen, damit der Lebende ein Erleuchteter werden kann. ... Wenn auch «das Leben» und «das Licht der Menschen» dasselbe ist, so werden doch die Aspekte einer um den andern ergriffen.

[II.24] Es ist hier nicht die Rede von dem allen Lebewesen gemeinsamen Leben, ob sie geistbegabt oder vernunftlos seien, sondern von jenem Leben, das zu unserer reifgewordenen Geistigkeit [λόγος] hinzukommt durch die Teilhabe am ersten Wort, dessen wir vor allem durch Abwendung von dem scheinbaren, nicht wahrhaft wesenhaften Leben und durch Sehnsucht nach dem wahren Leben teilhaft werden. Wenn dieses Leben dann in uns geboren ist, wird es zur Grundlage auch des Lichtes der Erkenntnis.

Licht und Finsternis

[II.25] (Joh 1,5) Mit «Licht der Menschen» ist wohl der Grund zweier besonderer Dinge gemeint; desgleichen mit «Finsternis». Denn wer das «Licht der Menschen» besitzt und seiner Strahlen teilhaftig ist, vollbringt einmal die Werke des Lichtes (vgl. Röm 13,12), zum anderen hat er

[31] Vielleicht denkt Origenes an das kirchliche Leben der Katechumenen vor ihrer Taufe.

«das Licht der Einsicht» (Os 10,12), weil er erleuchtet ist. Entsprechendes gilt vom Gegenteil: Wer das Wort [= den Sinn] der Finsternis hat, vollbringt böse Werke und hat eingebildete Einsicht, nicht die der Wahrheit.

Das heilige Wort [die heilige Schrift] weiß, daß die Gebote [Gottes] Licht sind. Isaias sagt nämlich: «Licht sind deine Gebote auf der Erde» (Is 26,9). ... Daß aber das Licht neben den Anordnungen und Geboten Gottes auch etwas für die Einsicht ist, finden wir bei einem der Zwölf [Propheten]: «Erleuchtet euch mit dem Lichte der Einsicht» (Os 10,12). ... Daß böse Taten «Finsternis» genannt werden, lehrt uns derselbe Johannes in seinem Brief, wo er schreibt: «Wollten wir sagen, wir haben Gemeinschaft mit Ihm, wandeln aber in der Finsternis, so würden wir lügen und nicht die Wahrheit vollbringen» (1 Joh 1,6). Und «Wer sagt, er sei im Licht und dabei seinen Bruder haßt, der ist in der Finsternis» (1 Joh 2,11). Daß aber auch einer, der von göttlichen Dingen nichts weiß, durch eben diese Unkenntnis im Finstern wandelt, das sagt David: «Sie haben nicht Einsicht noch Erkenntnis, im Finstern wandeln sie dahin» (Ps 81,5).

«Gott ist Licht, und Finsternis ist keine in Ihm» meint also, daß keine der beiden Arten von Finsternis in Ihm sei, weder die, zu der die vielfältigen bösen Taten, noch die andere, zu welcher die vielen falschen Lehren gehören. Nichts davon ist in Gott. Wenn der Erlöser nun auch vom Heiligen sagt: «Ihr seid das Licht der Welt» (Mt 5,14), dann heißt das auch von ihm, «keine [dieser Arten] Finsternis» sei in ihm, weil er «Licht» ist.

[II.26] Weil das Wort: «In Ihm ist keinerlei Finsternis» (1 Joh 1,5) auf den Vater bezogen ist, könnte nun jemand[32] fragen, wie das von Ihm in besonderer Weise zu behaupten sei, da wir ja auch den Erlöser als völlig sündlos denken, so daß man auch von Ihm zu sagen vermöchte: «Er ist Licht, und in Ihm ist keinerlei Finsternis». Teilweise haben wir

[32] Gedacht ist an die Monarchianer, die Vater und Sohn nicht personhaft unterschieden.

den Unterschied[33] schon oben dargestellt[34]. Noch entschiedener aber wollen wir jenen jetzt dies entgegenhalten: Wenn Gott den Christus, «der die Sünde nicht kannte, für uns zur Sünde machte» (2 Kor 5,21), dann wird man wohl nicht von Ihm sagen können: «In Ihm war keinerlei Finsternis». Auch wenn Jesus ... die Sünde verurteilte, so tat Er dies doch, indem Er «eine dem sündigen irdischen Wesen gleiche Gestalt» annahm (Röm 8,3), und daher wird die Aussage «In Ihm ist keinerlei Finsternis» nicht mehr ganz zurecht auf Ihn zutreffen. Fügen wir noch kurz hinzu, daß «Er unsere Schwächen annahm und unsere Krankheiten trug» (Mt 8,17 = Is 53,4), und zwar Schwächen der Seele und die Krankheiten «des Herzens des verborgenen Menschen» (1 Petr 3,4). Um dieser Schwächen und Krankheiten willen, die Er von uns nahm, bekennt Er, eine betrübte und verwirrte Seele zu haben. Darum steht auch bei Zacharias, Er habe schmutzige Kleider angetan, von denen gesagt wird, als Er sie abzulegen begann, es seien Sünden. Er fügt nämlich dort hinzu: «Siehe, ich habe deine Sünden hinweggenommen» (Zach 3,3 f). Weil Jesus die Vergehen des an Ihn glaubenden Volkes auf Sich nahm, spricht Er an vielen Stellen: «Weit ab von Hilfe bleiben die Worte meiner Vergehen» (Ps 21,2), und: «Du kennst meine Torheit, und meine Fehler sind Dir nicht verborgen» (Ps 68,6).

Meine aber niemand, wir sagen das, weil wir etwa den Christus Gottes nicht verehrten! Sondern es hat folgenden Sinn: Wie der Vater «allein Unsterblichkeit besitzt» (1 Tim 6,16), indes unser Herr aus Menschenliebe den Tod auf Sich nahm, und zwar für uns, so steht dem Vater allein das Wort zu: «In Ihm ist keinerlei Finsternis». Christus aber nahm aus Wohltätigkeit gegen die Menschen unsere Finsternis an Sich, um mit seiner Macht unseren Tod zu vernichten (2 Tim 1,10) und die Finsternis in unserer Seele zum Verschwinden zu bringen, damit das Wort bei Isaias erfüllt werde: «Das Volk, das in Finsternis saß, sah ein großes

[33] Zwischen Vater und Sohn.

[34] II. 2.

Licht» (Is 9,2). Dieses Licht, das im Worte kam [eigentlich: geworden ist] und auch Leben ist, «leuchtet in der Finsternis» unserer Seelen und hat seine Bleibe dort genommen, wo die Weltherrscher dieser Finsternis sind, damit die Erleuchteten «Kinder des Lichts» genannt würden (Joh 12,36). Jene [Herrscher der Finsternis] unterwerfen durch ihren Kampf gegen das Menschengeschlecht die nicht unbedingt Standhaften der Finsternis. Und dieses in der Finsternis aufleuchtende Licht wird von ihr verfolgt, aber nicht ergriffen.

Finsternis – Geheimnis

[II.28] (Joh 1,5) Nun muß man aber auch bemerken, daß die Bezeichnung «dunkel» durchaus nicht immer in schlechter, sondern auch in guter Bedeutung gebraucht wird. ... Im Buche Exodus wird gesagt, Finsternis, Dunkel und Sturm sei um Gott (Ex 19,6.16); und in Psalm 17 heißt es: «Gott legte Dunkel als Hülle um sich, rings um sich als Zelt dunkles Gewässer in Regenwolken» (Ps 17,12). Denn wenn einer die Fülle des an Gott zu Schauenden und zu Erkennenden erwägt, die für die menschliche Natur, wohl auch für alle übrigen Wesen außer Christus und dem Heiligen Geist unfaßbar ist, so wird er wissen, wie um Gott Finsternis ist. Das ist deshalb so, weil wir kein Wort wissen, das so reich wäre, um Seiner würdig zu sein. Aus dieser Art von Finsternis, unserem Nichtwissen nämlich, «legte Gott eine Hülle um sich». Weil Er unbegreiflich ist, tat Er das. Wen aber diese Ausführungen befremden, der soll sich einmal mit den dunklen Worten [der Schrift] befassen und zu den dunklen, verhüllten, verborgenen und unsichtbaren Schätzen vordringen, die uns von Gott durch Christus gegeben sind! Aus keinem andern Grunde scheinen mir die in Christus geoffenbarten Schätze «in Dunkel gehüllt» zu sein, als weil allein «der Heilige die Gleichnisrede und dunkles Wort verstehen kann» (Spr 1,6). Nun überlege, ob nicht deshalb der Erlöser zu den Jüngern sagt: «Was ihr im Dunkeln gehört habt, das redet im Licht» (Mt 10,27). Die

Mysterien nämlich, die Er ihnen im Geheimen übergeben hatte, nicht im Hörbereich der Vielen, weil sie für diese schwer verständlich und undurchsichtig gewesen wären, diese trägt er ihnen auf, die erleuchtet wurden und deshalb im Lichte Stehende heißen, damit sie sie jedem künden, der zu Licht wird.

Etwas noch Staunenswerteres aber möchte ich sagen über «das Dunkel» im guten Sinne; nämlich daß dieses Dunkel zum Lichte hinstrebt und das Licht in sich aufnimmt und sich schließlich so verändert für den, der seinen noch verborgenen Gehalt nicht sieht, daß er erklärt (wenn er ihn erst einmal kennen gelernt hat) das Erkannte, das einst für ihn ein Dunkel war, sei zu Licht geworden[35].

Die Finsternis vermag das Licht nicht zu greifen

[Frgm III] (Joh 1,5) Das Licht, das von Gott redet (*τὸ θεολογούμενον φῶς*), zerstreut alle Finsternis und Unwissenheit und Sünde. Darum läßt es sich, wenn es in solcher Finsternis erscheint, von ihr nicht ergreifen. Dies Licht ist die Weisheit und die Gerechtigkeit Gottes. Als Weisheit zerstreut es die Unwissenheit des Geistes, als Gerechtigkeit richtet es die Abwege der Seele wieder ein. Und dies eben ist das «Leuchten in der Finsternis»: daß es seine eigenen Strahlen ohne Zurückhaltung hinsendet zum erleuchteten Menschen. Darum wird es von der Finsternis nicht ergriffen, weil diese sich auflöst und sich verflüchtigt durch seine Gegenwart. Wie ein Nicht-Bestehendes und ein Nicht-Tätiges faßt sie es nicht, sondern sie löst sich selbst auf und ist nicht mehr.

So hat Paulus, als er Ihn nicht kannte, Christus verfolgt [um Ihn zu ergreifen]. Er wurde dazu angetrieben aus seiner

[35] Origenes kennt einen Fortschritt der Glaubenserkenntnis. Hier gibt er deren Prinzip an: eine Wahrheit, die immer schon vorhanden, aber in Dunkel gehüllt war, wird gemäß dem Auftrag Christi an die Apostel und an die Kirche durch erklärende Weiterverkündigung immer mehr ans Licht gebracht. So ergibt sich ein dogmatischer Fortschritt, den Origenes nach Irenäus als erster Kirchenvater kennt.

damaligen Unwissenheit, die wir Finsternis nannten. Aber als das verfolgte Licht mit dem ihm eigenen Leuchten strahlend über dieser Finsternis aufging, da löste sie sich auf und vermochte das Licht, dem sie nachstellte, nicht zu ergreifen. Auch der Schächer am Kreuz, der bereute, war ein solcher in Finsternis Erblindeter, der das Licht verfolgt hatte. Aber des Schächers Finsternis ward aufgelöst und also hält auch sie das Licht nicht nieder.

Ich will das sinnvolle Bild noch deutlicher machen: Das Licht ist die Wahrheit. Wenn Lüge und jegliche Art von Betrug – das ist die Finsternis – dem Lichte nachstellen, so vergehen und zerrinnen sie im Augenblick, in dem sie sich ihm nahen. Erscheint die Wahrheit, so lösen sich Lüge und Betrug auf. Ich möchte geradezu das Paradox aussprechen: Nur solange die Finsternis dem Lichte fern ist, verfolgt sie es; sobald sie in seine Nähe rückt, um das Licht zu fassen, vergeht sie. Nur solange die Lüge sich von der Wahrheit fern hält, hat sie Macht und Wirksamkeit im Menschen, die Wahrheit aus seinem Geiste zu vertreiben; kommt sie ihr aber nahe, so erweist sie ihr völliges Nichts. Daher hat es seine Notwendigkeit, daß Gott das Böse bestehen ließ, obwohl Er es hätte verhindern können: damit die Größe des Guten sich erweise.

Zeugnis vom Licht

[II.34] (Joh 1,7) [Die Gnostiker] meinen, der Glaube an die Vorausverkündigung Christi durch die Propheten sei überflüssig. ... Ihnen ist zu erwidern, daß es viele Gründe geben kann, die uns zum Glauben aufrufen.[36] Da für die einen ein bestimmtes Argument wirkungslos, ein anderes dagegen schlagend ist, so bietet Gott den Menschen mehrere Beweggründe, damit sie zur Annahme gelangen, daß der über alle Geschöpfe erhabene Gott Mensch wurde. Man kann deutlich feststellen, daß einige durch die prophetischen Voraussagen zur Bewunderung Christi kommen, betroffen vom bloßen Wortlaut bei so vielen Propheten vor

[36] Glaubwürdigkeitsgründe.

Christus, der seinen Geburtsort, sein Aufenthaltsland, die Kraft seiner Lehre, seine Macht- und Wundertaten und sein menschliches Leiden und dessen Überwindung in der Auferstehung feststellt.

Außerdem ist zu bemerken, daß die machtvollen Wundertaten, die zur Zeit des Herrn geschahen, zum Glauben aufrufen konnten. Sie behielten ihre Eindruckskraft jedoch nicht lange Zeit, und schon jetzt vermuten einige, es seien Mythen. Denn mehr als die damals geschehenen Machttaten hat die Prophetie Überzeugungskraft, da sie jetzt durch diese Machttaten Jesu einer Prüfung besteht. Wer die Prophetien daraufhin untersucht, wird vom Unglauben abgebracht.

Vollständigkeit der Alttestamentlichen Offenbarung

Vielleicht verkünden die prophetischen Zeugnisse aber nicht nur den kommenden Christus, als ob sie uns nur dies und sonst nichts lehrten, sondern wir können aus den Propheten viel Theologie über das Verhältnis des Vaters zum Sohn und des Sohnes zum Vater lernen. Und zwar lernen wir solches von ihnen nicht weniger als von den Aposteln, denn auch die Propheten verkünden die Größe des Sohnes Gottes, von der die Apostel erzählen.

Zeugnisse führen zu Christus

[II.35-36] (Joh 1,6ff.) Johannes «kam, um Zeugnis zu geben vom Licht.» Er bezeugte und rief: «Der nach mir kommt, ist vor mir gewesen, denn Er war Erster vor mir. Aus seiner Fülle haben wir alle empfangen, Gnade [Christi] anstatt der Gnade [des Gesetzes]; denn [sagt er], das Gesetz ward durch Moses gegeben, Gnade und Wahrheit aber ist durch Christus gekommen. Gott hat nie jemand gesehen, der einzig geborene Gott, der am Herzen des Vaters ruht, Er hat uns Kunde gebracht.» Diese ganze Stelle ist das Zeugnis der Person des Täufers über Christus. Das entgeht einigen, die meinen, von der Stelle an: «Aus seiner Fülle», spreche Johannes der Apostel. ...

Das zweite Zeugnis des Täufers sagt, er selbst sei nicht Christus, noch Elias, noch der Prophet, sondern «die Stimme eines Rufenden in der Wüste: bereitet den Weg des Herrn, wie der Prophet Isaias gesagt hat.»

Mit dem nächsten Zeugnis über Christus spricht der Täufer über dessen eigentliches Wesen, das kraft der vernunftbegabten Seelen sich über den ganzen Kosmos erstreckt, wenn er sagt: «Mitten unter euch steht Der, Den ihr nicht kennt, Dem die Schuhriemen zu lösen ich nicht würdig bin». Nun denke darüber nach, ob nicht darum, weil mitten in eines jeden Leibe das Herz, und mitten im Herzen der geistige Teil der Seele (ἡγεμονικὸν) ist, das «Mitten unter euch steht Der, Den ihr nicht kennt», von der Geistnatur (λόγος] in jedem Menschen verstanden werden kann.

Das vierte Zeugnis des Johannes deutet schon das menschliche Leiden Christi an, indem er sagt: «Seht das Lamm Gottes, das die Sünden der Welt trägt». ...

Sein fünftes Zeugnis ist aufgezeichnet in den Worten: «Ich sah den Geist wie eine Taube niedersteigen und Er ruhte auf Ihm. Ich kannte Ihn nicht; aber Der mich sandte, in Wasser zu taufen, Der sagte mir: ‚Jener, auf Den du den Geist herabkommen und auf Dem du Ihn ruhen siehst, Der ist es, Der mit dem Heiligen Geiste tauft'. ... Und ich habe es gesehen und bin Zeuge, daß dieser Gottes Sohn ist.»

Das sechste Zeugnis gibt Johannes vor zwei Jüngern, als er auf Jesus blickend, Der des Weges kam, sagte: «Seht das Lamm Gottes». ... Und vielleicht hört Johannes nicht zufällig nach dem sechsten mit seinem Zeugnis auf[37]. Jesus aber fährt nun fort, indem Er als siebtes fortfährt mit der Frage: «Was suchet ihr?» Denn wenn ihnen das Zeugnis des Johannes genützt hat, dann müssen sie jetzt Christus als den Lehrer ansprechen und ihr Verlangen bekennen, die

[37] Die Sechs galt als Zahl der Unvollkommenheit.

Wohnung des Sohnes Gottes zu schauen.... Mit seinem: «Kommt!», ruft Jesus sie wohl zur Tätigkeit (πρακτικόν) auf. Mit dem: «Seht!» deutet Er an, daß der Richtigstellung des Handelns für die Strebenden die Schau (θεωρία) sicher folge, die ihnen in der Bleibe Jesu zuteil wird. ...

[Andreas erzählt seinem Bruder Simon, er habe den Messias gefunden]. Da «jeder, der sucht, findet» (Lk 11,10), sucht er, wo Jesus wohnt, folgt ihm und sieht die Bleibe Jesu. Er bleibt ... beim Herrn und findet den Sohn Gottes, das Wort und die Weisheit, und wird unter seine Königsherrschaft genommen. So kann er sagen: «Wir haben den Messias gefunden». Dieser Ausspruch aber könnte von jedem getan werden, der das Wort Gottes gefunden und von seiner Göttlichkeit königlich regiert wird.

Als Frucht trägt Andreas Christus sogleich seinem Bruder Simon zu, dem Jesus die Gnade tat, ihn in seinen Blick zu nehmen. Mit diesem Blick schaute ihm Jesus betrachtend in sein Innerstes und leuchtete in seinen Geist. In diesem Angeschautwerden durch Jesus wurde Simon gestärkt, sodaß er nach dem Werk dieser Festigung und Stärkung einen besondern Namen erhalten und Petrus genannt werden konnte.

[II.37] Man könnte nun fragen, warum wir all das zur Erklärung der vorliegenden Stelle angeführt haben, die lautet: «Dieser kam zum Zeugnis, um Zeugnis zu geben vom Lichte?» Darauf ist zu erwidern, daß die Zeugnisse des Johannes über das Licht darzulegen waren, um ihre Stelle [im Heilsplan] und den Heilsnutzen aufzuzeigen, der auf das Zeugnis des Johannes über Jesus eintrat, damit die Wirkung des Zeugnisses des Johannes sichtbar werde....

Was denn anders ist Johannes, als ganz und gar Zeuge und Vorläufer Jesu, der Dessen Geburt vorwegnahm (in der freudigen Bewegung im Schoße Elisabeths), um vor Christus lebend nicht nur unter den Lebenden, sondern kurz vor dem Tode des Sohnes Gottes sterbend auch unter den Toten, die ihre Befreiung durch Christus vom Tode erwarteten, um allerorts also dem Herrn ein Volk zu bereiten. Das

Zeugnis des Johannes reicht aber bis zur zweiten und göttlicheren Ankunft Christi: «Er ist, sagt Jesus, wenn ihr es gelten lassen wollt, der Elias, der kommen soll. Wer Ohren hat, der höre» (Mt 11, 14).

IV. BUCH

(Fragment aus der Philokalie)

Unzulänglicher Ausdruck – Kraft des Kerygma

[IV.1] Wer von sich aus den Wortlaut, die Bedeutung der Worte und die Wirklichkeit, auf die sich die Bedeutung richtet, unterscheidet, der wird keinen Anstoß nehmen an der Unzulänglichkeit des Wortlauts, da er, wenn er forscht, die eigentlichen Dinge findet, für welche die Worte stehen, und vor allem dann, wenn die heiligen Männer wörtlich übereinstimmen[1] und die Verkündigung (*κήρυγμα*) (1 Kor 2,4) «nicht in der Überzeugungskraft einer Wortkunst sondern im Erweis des Geistes und der Kraft» besteht.

[IV.2] Die Apostel, die ein waches Empfinden dafür hatten, worin sie Anstoß erregten und worin sie nicht geschult waren, bekennen, «Stümper zu sein im Wort, aber nicht in der Erkenntnis» (2 Kor 11,6). Das ist nicht nur von Paulus anzunehmen, sondern darf wohl auch von den übrigen Aposteln gesagt werden. Den Ausspruch: «Wir haben diesen Schatz in irdenen Gefäßen, damit sich erweise, daß das Übermaß der Kraft aus Gott ist und nicht aus uns», verstehen wir so, daß mit «Schatz» der anderswohin verborgene Schatz der Erkenntnis und der Weisheit, mit «irdenen Gefäßen» aber der unscheinbare und bei den Griechen recht verachtete Wortlaut der Schrift gemeint ist, der freilich das Übermaß der Kraft Gottes sichtbar macht. Die Mysterien der Wahrheit und die Kraft des Ausgesagten waren – ungehindert durch die einfache Ausdrucksweise – stark genug, bis an die Grenzen der Erde zu dringen und dem Wort Christi nicht nur die Toren dieser Welt, sondern bisweilen auch die Gescheiten in ihr zu unterwerfen. Schauen wir doch auf die Berufenen: nicht als ob kein weltlich Geschei-

[1] Die Hagiographen.

ter dabei wäre, aber doch sind es «nicht eben viele Weise im weltlichen Sinn» (1Kor 1,26). Paulus aber als Verkünder des Evangeliums ist «Schuldner», nicht nur «Barbaren» das Wort zu verkünden, sondern auch «Griechen», und nicht nur «Ungebildeten», die leichter zustimmen, sondern auch «Weisen», denn er wurde von Gott befähigt, «Diener des neuen Bundes» (2Kor 3,6) zu sein, der «Aufweis des Geistes und der Kraft» anwendet, damit die Zustimmung der Glaubenden «nicht auf der Weisheit von Menschen, sondern auf der Kraft Gottes beruhe» (1 Kor 2,4f). Wenn nämlich die Schrift die Schönheit und den Aufwand an Rhetorik besäße, den die Griechen bewundern, dann würde man vielleicht vermuten, nicht die Wahrheit habe die Menschen ergriffen, sondern die nach außen sichtbare gedankliche Anordnung und die Schönheit der Ausdrucksweise habe die Hörenden seelisch geführt, und eine Geschmacksrichtung habe sie gewonnen[2].

[2] Origenes besteht mit Nachdruck auf der Relativität der Formen und Zeichen, auf der Verfügungsgewalt der «Diener des Wortes» über Ausdrucksweise und Sprache, und auf deren Auswechselbarkeit. Das verpflichtet den Diener des Wortes in doppelter Weise: gegenüber dem Hörer zur Anpassung, gegenüber dem Geist und der Kraft Gottes (dem Gemeinten) zur Deutlichkeit, so daß die Form dem auszudrückenden Geist angemessen ist, aber doch das Unwesentliche bleibt und sich nicht in den Vordergrund drängt.

V. BUCH

(*Fragment aus der Philokalie*)

Das Urwort und die Worte

[V.4–6] Es spricht der Prediger: «Mein Sohn, hüte dich davor, viele Bücher zu schreiben» (Prd 12,12). Daneben stelle ich den Ausspruch aus den Sprichwörtern desselben Salomon: «Bei Vielrederei entfliehst du der Sünde nicht; schonst du aber der Lippen, so zeigst du dich einsichtig» (Spr 10, 19). Und ich frage mich, ob Vieles-Sagen unterschiedslos auch schon Vielrederei ist, selbst wenn einer vieles Heilige und Heilsame redete. Denn wenn sich das so verhielte und wenn, wer viel nützliche Dinge bespricht, ein Vielredner wäre, so würde wohl Salomon selbst der «Sünde nicht entgehen», da er doch «dreitausend Gleichnisse» verfaßt hat und «fünftausend Gesänge, und geredet hat über die Bäume, angefangen von der Libanonzeder bis zum Hysop, der aus der Mauer hervorwächst, ferner über die Tiere und die Vögel und das Gewürm und die Fische» (3 Kor 5,12f). Wie könnte auch jemand mit dem Unterrichten vorankommen ohne jene – in einfachem Sinne verstandene – Vielrederei, wo doch die Weisheit selber zu denen, die verlorengehen, spricht: «Ich zog meine Worte hinaus, aber ihr gabt nicht acht» (Spr 1,24). Und auch Paulus scheint, wenn er lehrte, seine Worte bis Mitternacht ausgedehnt zu haben, da Eutychos vom Schlaf übermannt hinunterfiel (Apg 20,7ff). Untersuchen wir also, was die «Vielrederei» ist, und anschließend daran, was die «vielen Bücher» sind.

Das gesamte Wort Gottes, das im «Anfang bei Gott war», ist nicht «Vielrederei». Es ist etwas anderes als Worte. Das eine Wort besteht aus vielfachen erkennbaren Gehalten, aber jeder einzelne erkannte Gehalt ist nur ein Teil des ganzen WORTES. Die außerhalb dieses einen Wortes verkündeten Worte, was für eine Darstellung oder Botschaft immer man auch daraus vernimmt, wenn diese Worte auch angeblich über die Wahrheit handeln – ich drücke es paradox aus – keines dieser Worte ist «Wort», sondern alle sind nur einzelne Worte. Denn nirgends ist die Einzigkeit (*μονάς*) und nirgends der Zusammenklang und das Eine (*ἕν*), sondern infolge ihres Zerrissenseins und ihres Einander-Bekämpfens ist das Eine aus ihnen verloren gegangen und sie wurden zu Zahlen, ja vielleicht zu zahllosen Zahlen.

Wir können demnach sagen, daß, wer etwas redet, was mit der Verehrung Gottes nichts zu tun hat, «Vielrederei» treibt; wer aber redet, was zur Wahrheit gehört, auch wenn er über alles redete und nichts ausließe, doch immer nur ein einziges Wort sagen würde. Die Heiligen, die immerdar nur an das eine Wort als Ziel sich halten, sind keine Vielredner. Bemißt sich daher die Vielrederei nach dem Vorgebrachten und nicht nach dem Vortrag in vielen Worten, so überlege, ob wir nicht sagen können, alle heiligen Schriften seien *ein* Buch, viele Bücher aber, was außer ihnen ist.

Aber da ich dafür ein Zeugnis aus der göttlichen Schrift selbst benötige, so achte, ob ich es nicht am treffendsten so beweisen kann, daß ich die Behauptung belege, von Christus sei nicht nur in einem einzigen Buche die Schrift die Rede (wenn wir «Buch» im gewöhnlichen Sinne nehmen). Es ist von ihm im Pentateuch die Rede, bei jedem der Propheten, ebenso in den Psalmen, kurz, wie es der Erlöser selber sagt, in sämtlichen Schriften, auf die Er uns mit den Worten verweist: «Durchforscht die Schriften, denn ihr glaubt ja in ihnen das ewige Leben zu haben. Sie aber zeugen über Mich.» Bei seinem Hinweis auf «die Schriften», die da Zeugnis ablegen für Ihn, verweist Er uns also nicht bloß auf die eine, die andere dagegen nicht, sondern auf alle zusammen, die von Ihm «zeugen» und die Er in den Psalmen allesamt das «Haupt [den Inbegriff] des Buches» nennt: «Im Haupte des Buches ist über mich geschrieben ...» (Ps 39,8). Das Ganze nennt er *ein* «Haupt», weil jedes über Ihn auf uns gekommene Wort darin wie in einem Haupte in Eins zusammengefaßt ist (*ἀνακεφαλαίωσις*).

Die Kirche wahrt die rechte Lehre

[V.8] Ich bin mehr durch die Qualität des Gedachten als durch die Quantität des Geschriebenen darauf bedacht, das Gebot des Predigers nicht zu übertreten: «Mein Sohn, hüte dich, viele Bücher zu schreiben!» (Prd 12,12), um nur in keiner meiner Schriften etwas Wahrheitswidriges als wahr darzustellen. Denn sonst wäre ich ein Vielschreiber. Nun aber treten unter dem Vorwand tieferer Erkenntnis (γνῶσις) solche auf, die anderes lehren als die heilige Kirche Christi. Sie verbreiten vielerlei zusammengeschriebene Schriften, die sie als Auslegung des evangelischen und apostolischen Wortlauts anpreisen. Würden wir dazu schweigen und ihnen nicht die wahren und richtigen Glaubensentscheide entgegensetzen, dann würden sie sich empfänglicher Seelen bemächtigen, die mangels heilsamer Nahrung nach Verbotenem verlangen und nach wirklich «unreiner» und beschmutzter Speise greifen. Daher scheint es mir notwendig, daß, wer dem kirchlichen Wort unverfälscht als Vermittler zu dienen vermag, es auch tue und die Händler der fälschlicherweise sogenannten «Erkenntnis» überführe und gegen die häretischen Gemächte die erhabene Höhe der evangelischen Verkündigung (Kerygma) stelle. Das vermag, wer erfüllt ist vom Einklang der Lehren, die dem Alten und dem Neuen Testament – wie man sie heißt – gemeinsam sind.

Auch du selbst[1] hast einst mangels solcher, die das Bessere vermittelt hätten, und weil du einen vernunftlosen und unwissenden Glauben nicht ertrugst, dich aus Liebe zu Jesus Lehren hingegeben, von denen du später Abstand nahmst als du, von der dir gewährten Einsicht Gebrauch machend, die nötige Erkenntnis erlangt hast.

Altes Testament und Christus

[Frgm IX] (Joh 1,14) Die Bezeichnung «Der Eingeborene vom Vater» auferlegt uns, dafür zu halten, daß der Sohn

[1] Ambrosius ist angeredet, den Origenes durch seinen Unterricht aus der «fälschlicherweise sogenannten Gnosis» bekehrt hat.

aus dem Wesen des Vaters sei. Keines der Geschöpfe nämlich ist «vom Vater», sondern ein jedes hat das Sein aus Gott durch das Wort. Wenn nämlich auch andere Wesen ihr Dasein (ὕπαρξις) vom Vater hätten, stünde das Wort «Einziggeborner» umsonst da. ...

Dieser «Einziggeborne vom Vater» wird «voll der Gnade und Wahrheit» genannt, ja Er ist nichts anderes als das, wessen Er voll ist. Denn der Einziggeborne sagt von sich selbst: «Ich bin die Wahrheit». Ein Wesen, das erfüllt ist von Wahrheit, ist freilich aufnahmefähig für sie. Aber nicht aufnahmefähig für die Wahrheit kann die wesenhafte Wahrheit selber sein, die das ist, was sie von sich selber aussagt. Dasselbe müßte von der Gnade gesagt werden. Dennoch ist es nicht sinnwidrig, vom Einziggebornen zu sagen, Er sei voll der Gnade und Wahrheit, zumal ähnliches auch vom Vater geschrieben steht. Beim Propheten sagt Er selbst von sich: «Ich bin voll» (Is 1,11).

Solche Worte sind selbstverständlich gesagt im Blick darauf, wie es vor der Ankunft des Erlösers war. Das durch Moses gegebene Gesetz bestrafte die Sünder und kannte keine Gnade für eine begangene Übertretung. Und zum andern übergab dieses Gesetz die einweihenden Feiern der Mysterien nur in Bildern und Schattenrissen und führte so die von ihm Geleiteten der Lehre Christi entgegen und bereitete sie darauf vor, weshalb das Gesetz denn auch «Erzieher auf Christus hin» (Gal 3,24) genannt wird. Als aber nun der Erlöser kam, nicht um die Sünder zu strafen, sondern um denen Verzeihung zu gewähren, die solches begangen hatten, und um die Vollendung der Lehre und die Erkenntnis der Wahrheit der Bilder zu bringen indem Er die Wahrheit offenbarte, noch mehr: indem Er selbst die Wahrheit war, da freilich erschien Er den Ihn Schauenden als «voll der Gnade und Wahrheit». Hätte Er nur den einen die Gnade gewährt, den andern nicht, so wäre Er nicht «voll der Gnade». Und ebenso, wenn Er vom Schatten einiges beendet hätte, anderes aber nicht, so wäre Er nicht «voll der Wahrheit». Er hat aber jeden Schatten und jedes Bild vollends ausgezeichnet, und Er gewährt denen, die in Reue zu Ihm flüchten, Nachlaß aller Sünden. So ist Er «voll der Wahrheit und Gnade».

Christus Urheber und Erfüller des Alten Bundes

[Frgm XII] (Joh 1,17) «Durch Moses wurde das Gesetz gegeben», aber nicht *von* ihm, sondern von Gott. Denn es ist Gottes Gesetz gemäß dem Spruch: «Das Gesetz des Herrn ist ohne Tadel, es bekehrt Seelen» (Ps 18,8). Ferner, wenn auch durch Moses das Gesetz gegeben ist, so ist doch «Gnade und Wahrheit durch Jesus Christus ergangen»: Gnade, die durch ihre Sündenvergebung die Bestrafung der Sünder nach dem Gesetz verhindert, und Wahrheit, die Schatten und Vorbilder übertrifft.

Verstehe auch folgendes: Da Gesetz und Propheten bis auf Johannes dauerten, so daß er noch zur alten Schrift gehört, *nach* der die Ankunft des Erlösers geschah, so ist völlig zu Recht gesagt: «Der nach mir kommt, war vor mir». Insofern die Herabkunft des Erlösers vom Gesetz und den Propheten vorausverkündet wurde, wird Er als nachher kommend bezeichnet. Aber wenn Er auch nachher kam, so war Der doch vorher da, der Gesetz und Propheten erfüllte, indem Er das Göttliche in ihnen offenbar machte und so als der Urheber dieser ganzen von Gott inspirierten Schrift kund wurde, die sich hinzieht bis zu Johannes dem Täufer.

VI. BUCH

Der Sinn der Schrift: Christus verborgen im Alten Bund

[VI.3–4] (Joh 1,16) Dies ist das Zeugnis Johannes des Täufers: ... «Aus seiner Fülle haben wir alle empfangen» und zwar «Gnade für Gnade». Damit tut der Täufer kund, daß auch die Propheten von der Fülle Christi beschenkt worden sind, und zwar daß sie schon die zweite Gnade für die frühere empfingen. Denn auch sie gelangten, vom Geiste geführt, nach der Einübung in den Gleichnissen [τύποι] zur Schau der Wahrheit. Darum verlangten viele Propheten zu sehen, was die Apostel sahen (Mt 13,17). ...

Auch schon vor der leiblichen Ankunft Jesu erkannten die Heiligen [des Alten Bundes] einiges mehr von den Mysterien Gottes als die Masse der Gläubigen, denn das Wort Gottes lehrte sie schon, bevor es Fleisch wurde (doch wirkt es immer, in Nachahmung des Vaters, von dem Christus sagt: «Mein Vater wirkt bis heute»). Dasselbe können wir auch der Stelle entnehmen, wo Jesus zu den die Auferstehung leugnenden Sadduzäern spricht: «Habt ihr nicht den Spruch Gottes aus dem Dornbusch gelesen: Ich bin der Gott Abrahams, der Gott Isaaks und der Gott Jakobs. Er ist ja nicht ein Gott von Toten, sondern von Lebendigen.» (Mt 22,31f.; Ex 3,6). Wenn sich also «Gott nicht schämt, der Gott dieser Männer zu heißen» (Hebr 11,16), und sie von Christus unter die Lebenden gezählt werden, so sind alle Gläubigen Söhne Abrahams, da in dem gläubigen Abraham alle Völker gesegnet sind. ... Warum sollen wir also bezweifeln, daß die «Lebendigen» auch das Wissen von «Lebendigen» besaßen, belehrt von Christus, dem «vor dem Morgenstern Gezeugten», längst bevor Er Fleisch wurde? Sie lebten dadurch, daß sie teilhatten an Dem, der da sagt: «Ich bin das Leben». Und als die Erben so großer Verheißungen empfingen sie nicht nur die Erscheinung von Engeln, sondern auch die Erscheinung Gottes in Christus, und vielleicht sahen sie «das Bild des unsichtbaren Gottes» (Kol 1,15). Denn «wer den Sohn sieht, sieht den Vater». Da sie Gott geistig erkannten und die Worte würdig vernahmen, steht von ihnen geschrieben, daß sie Gott sahen und hörten.

Die Selbsterkenntnis Gottes und unsere Gotteserkenntnis

[Frgm XIII] (Joh 1,18) Es gibt ein doppeltes Schauen: ein sinnliches und ein geistiges, oder man kann sagen: körperlicher und unkörperlicher Dinge. Die Gegenstände des Geistes und das von Ihm Geschaute nennen wir darum unsichtbar, und zwar nicht deswegen, weil sie nicht geschaut werden, sondern weil sie ihrer Natur nach nicht mit Augen gesehen werden. ... Nicht einmal die himmlischen Mächte sehen Gott [mit Augen], nicht wegen ihrer Schwachheit, sondern wegen der Unkörperlichkeit Gottes.

Aber auch für den Geist ist Gott nicht einfach anschaubar, sondern nur jenem Geiste, der von jeder Unwissenheit, Bosheit und vom Materiellen frei geworden ist. «Selig, die reinen Herzens sind, denn sie werden Gott schauen» (Mt 5,8). Der Geist wird hier als Herz bezeichnet. Wer dergestalt rein ist, d. h. vollendet in der Tugend, der begegnet[1] Gott, soweit das möglich ist. Und deswegen sieht der noch dem Werden und dadurch der Zeit unterworfene Geist Gott nicht so, wie er eigentlich geschaut werden sollte. Johannes sagt darum nicht bloß: «Niemand hat Gott gesehen», sondern er fügt den Zeitbegriff «niemals» hinzu. Damit soll dies gesagt sein: solange das «niemals» gilt, solange ist der Geist an das stoffgebundene (ἔνυλος) Leben ausgeliefert – damit ist seine Grundlage bezeichnet. Daher kann unser Geist Gott nicht in einem Schwung des Erkennens (κατὰ προσβολὴν νοήσεως) schauen. Zwar erkennen wir Gott aus theologischen Begriffen (ἐκ θεολογουμένων

[1] Erkennen ist ein Begegnen. Das ganze Fragment atmet besten Geist der platonischen Erkenntnislehre des Symposion, Philebos und des Staats.

ἐννοιῶν) von Ihm, die wir haben, wie durch Nebel hindurch[2], so gut das möglich ist[3]. Gott selbst aber hat nicht eine solcherart mittelbare, sondern durch sein Bei-Sich-Sein eine direkte Erkenntnis Seiner Selbst, da Er Selbst sowohl das Erkennen ist wie das Erkannte (*αὐτὸς ὢν καὶ ἡ νόησις καὶ τὸ νοούμενον*). Darum versteht Ihn allein der Sohn, der vom Vater erkannt ist und der den Vater erkennt (*νοούμενος καὶ νοῶν*).

Niemand hat Gott gesehen

[Frgm XIV] (Joh 1,18) «Niemand hat Gott je gesehen; der Einziggeborne, der Sohn, der im Schoß des Vaters ruht, Er hat uns Kunde gebracht».

Da in der Gottheit alles unbenannt ist, muß uns, die wir Menschen sind, solches kundgetan werden mittels menschlicher Ausdrucksformen. So gebraucht der Evangelist einen Ausdruck, von dem wir wissen, daß er die Vertrautheit mit dem Vater bezeichnet, indem er schreibt: «Der im Schoße des Vaters ruht». Wie von allen, die erlöst sind und die Verheißung Gottes empfingen, gesagt wird: Sie werden im Schoße Abrahams sein, der darum Vater der Gläubigen heißt, so wird auch vom Sohne Gottes gesagt, Er sei im Schoße dessen, der Ihn gezeugt hat. Wie also die gläubigen Menschen in den Schoß des gläubigen Abraham kommen, so ist auch der Sohn «im Schoße». Der Ausdruck «Schoß des Vaters» muß, wie auch das übrige, als menschliche Ausdrucksweise von Gott verstanden werden. Und wenn von den Propheten, den Patriarchen oder den Engeln gesagt wird, sie haben Gott gesehen, dann widerspricht sich die

[2] Das Beiwort *ἀμυδρῶς* bezeichnet die Mittelbarkeit, die Undeutlichkeit und die Distanz unseres Erkennens, das ein Sehen ist wie durch Wasser oder durch Nebel hindurch.

[3] Die Unerkennbarkeit Gottes, durch die die negative Theologie begründet ist, läßt sich schon bei Platon aufweisen (Parmen. 142 A; Ep. VII. 341 C–D). Origenes legt die Unerkennbarkeit Gottes nicht in dessen Wesen wie die Gnosis, sondern in unsere leibgebundene Erkenntnisfähigkeit. Gott selbst ist lauteres Erkennen und Erkanntwerden.

Heilige Schrift dabei nicht. Denn niemand sieht Gott, indem er mit seiner eigenen Denkkraft auf Ihn zugeht (sich Ihm zuwirft), so wie man sagt, man sehe, indem man den Blick seiner Augen auf einen Gegenstand wirft. Vielmehr wird Gott gesehen, wann und für wen Er selbst entscheidet, gesehen zu werden, indem Er sich ihm offenbart. Wenn nämlich jemand «Gott gesehen» hätte, so hieße das, daß er Ihn gleichsam erfaßt hätte, wie Er ist, in seinem Wesen und seiner Größe. Wenn er aber Gott nicht von sich aus sieht, sondern Gott sich ihm zeigt, dann bietet Er sich zur Erkenntnis so an, wie es für Geschöpfe möglich ist. So sagt auch der Erlöser: «Und Ich werde mich ihnen zeigen» (Joh 14,21). Er sagt nicht: ‚Jener wird Mich sehen', sondern: «Ich werde Mich selber ihm sichtbar machen».

Im Zweischritt von Verheißung und Erfüllung

[VI.4–5] Weil Offenbarung nicht den vielen zuteil ward, darum sagt Paulus: «In anderen Geschlechtern ist den Menschenkindern nicht kund geworden, so wie es jetzt seinen heiligen Aposteln und Propheten im Geist geoffenbart wurde, daß die Heiden Miterben und Miteinverleibte sind» (Eph 3,5). Überlege, ... ob der Begriff «geoffenbart» nicht in zweifacher Weise zu verstehen sei: einmal [gilt etwas als geoffenbart] wenn es erkannt wird, zum andern, wenn etwas Verheißenes so gegenwärtig wird, daß es sich verwirklicht und erfüllt. Denn dann geschieht seine Offenbarung (*ἀποκαλύπτεται*), wenn es sich erfüllend seine Vollendung erlangt. ... Denen, die das Künftige nur in ihrem Geist erkannten, ohne die Erfüllung der Weissagungen zu schauen, war das Kommende nicht in dem Maß geoffenbart wie denjenigen, die den Ausgang mit Augen sahen. Dies geschah zur Zeit der Apostel. Zwar haben die Apostel auch nach der Erfüllung, meine ich, die geoffenbarten Dinge nicht besser verstanden als die Väter und Propheten, und doch bewahrheitet sich an ihnen das Wort: «In andern Geschlechtern ist den Menschenkindern nicht kund geworden so wie jetzt ...», insofern nun zur Einsicht in die Mysterien noch die Einsicht durch die Evidenz[4] ihrer Verwirklichung hinzukam.

Man kann die Stelle: «Viele Propheten und Gerechte begehrten zu sehen, was ihr seht, und sahen es nicht, zu hören, was ihr hört, und hörten es nicht» (Mt 13,17) ganz ähnlich erklären: Jene begehrten das im Heilsplan vorgesehene Mysterium der Verleiblichung des Sohnes Gottes und seiner Herabkunft zur Erfüllung des Heilsplans durch sein für die vielen heilbringendes Leiden zu sehen. Noch ein Beispiel möchte ich herausgreifen: Gesetzt, es gibt einen Apostel, der «unaussprechliche Worte vernahm» (2Kor 12,4), die einem Menschen auszusprechen verwehrt ist: er, der die den Gläubigen verheißene zweite herrliche Ankunft Jesu nicht sehen sollte, mußte sie doch zu sehen begehren.

Setzen wir nun einen anderen, der nicht erkannte, was der Apostel erkannte und verstand, und auch viel weniger als er von der göttlichen Hoffnung empfing, dieser würde die zweite Ankunft unseres Erlösers wirklich erfahren: ... dann können wir mit Recht sagen, daß beide geschaut haben, was jener Apostel oder auch alle Apostel zu sehen begehrten; aber man braucht ihn deswegen durchaus nicht einsichtiger oder glückseliger zu nennen als die Apostel. So sind auch die Apostel nicht weiser als die Väter oder als Moses und die Propheten und besonders nicht als diejenigen, die ob langer Bemühung göttlicher Erscheinungen und Kundgaben und der Offenbarungen großer Mysterien gewürdigt wurden. ...

[VI.6] Einige, in der Meinung dadurch Christi Ankunft zu verherrlichen, preisen die Apostel als viel weiser denn die Väter und die Propheten, und haben zum Teil einen größeren Gott [als den des Alten Bundes] erdichtet[5], zum

[4] ἐνάϱγεια. Diese Korrektur Preuschens drängt sich aber nicht auf; man kann energeia stehen lassen: dann ist das «verwirklichte Sein» des Neuen Bundes in Gegensatz gestellt zu einer bloßen dynamis (Möglichkeit, die zur Wirklichkeit drängt) des Alten.

[5] Der gnostische Irrlehrer Marcion, vgl. Origenes, Contra Celsum VI. 53 (GCS 2, 124 ed. P. Koetschau).

Teil, wenn sie nicht so weit zu gehen wagen, beschneiden sie die von Gott durch Christus, «durch Den alles geworden ist», den Vätern und den Propheten gemachte Gabe, ohne die Offenbarungslehren überhaupt genauer untersucht zu haben, wie sie selbst zugeben. Wenn aber «alles durch Ihn geworden» ist, dann selbstverständlich doch auch die den Vätern geoffenbarten Güter und die Symbole, die in den Mysterien des gottesdienstlichen Kultes vollzogen werden.

Christus in den Christen

[VI.6] «Die Gnade und die Wahrheit ist [uns] durch Jesus Christus geworden» (Joh 1,17). Wenn wir diese Worte richtig verstehen, werden wir nicht in Verwirrung gebracht durch den Ausspruch: «Ich bin der Weg, die Wahrheit und das Leben», als ob er Gegenteiliges sage. Denn wenn Jesus sagt: «Ich bin die Wahrheit», wie kann dann die Wahrheit *durch* Ihn werden? Es wird doch niemand durch sich selbst.

Das ist so zu verstehen, daß die Wahrheit an sich sozusagen die Urform ist für jene Wahrheit, die in den vernunftbegabten Seelen ist. Von der wesenhaften Wahrheit her sind den Wahrheit Sinnenden gleichsam Bilder der Wahrheit eingeformt. Die Urform der Wahrheit aber wurde nicht durch Christus, sie wurde überhaupt *durch* niemand, sondern sie wurde *von* Gott. Wie auch das Wort, das «im Anfang bei Gott war», und die Weisheit, die «Gott gründete als Ursprung seiner Werke» (Spr 8,22), nicht *durch* jemand wurde, so auch nicht die Wahrheit. Die Wahrheit jedoch, die bei den Menschen ist, «ist durch Christus geworden». Die Wahrheit, die zum Beispiel in Paulus und den Aposteln war, «wurde durch Christus». Es ist also nicht verwunderlich, daß man, obwohl die Wahrheit nur eine ist, doch sagen kann, es seien aus ihr gleichsam viele Wahrheiten hervorgegangen. ... Dasselbe wie über die Wahrheit und die Wahrheiten finden wir über Gerechtigkeit und Gerechtigkeiten gesagt. Denn die wesenhafte Gerechtigkeit an sich ist Christus, «Der für uns Weisheit von Gott wurde und Gerechtigkeit und Heiligung und Erlösung» (1 Kor 1,30). Von dieser Gerechtigkeit her ist die Gerechtigkeit in jedem [Gerechten] geformt, so daß in den Erlösten viele Gerechtigkeiten entstehen. Daher steht geschrieben: «Gerecht ist der Herr und Er liebt Gerechtigkeiten» (Ps 10,7). – So finden wir in den genauen Abschriften und in den übrigen Ausgaben neben der Septuaginta und im hebräischen Text. – Überlege nun, ob nicht auch das Übrige, das Christus in Einmaligkeit ist, in ähnlicher Weise vervielfältigt in der Mehrzahl ausgesagt werden könne. Etwa: Christus ist unser Leben – wie Christus das selbst sagt: «Ich bin der Weg, die Wahrheit und das Leben». Und auch der Apostel sagt es: «Wenn Christus erscheint, unser Leben, dann werdet auch ihr mit Ihm erscheinen in Herrlichkeit» (Kol 3,4). ... Dadurch nämlich, daß Christus in jedem einzelnen das Leben ist, wird das Leben vervielfältigt. Vielleicht ist so auch das Wort zu verstehen: «Wollt ihr einen Erweis dessen, daß Christus in mir redet?» (2 Kor 13,3). In jedem Heiligen wird Christus gefunden, und durch den einen Christus entstehen viele Christus, die seine Nachahmer und nach Dem gestaltet sind, Der das Bild Gottes ist. Daher sagt Gott durch den Propheten: «Rührt meine Christus (*χριστοί* = Gesalbten) nicht an!» (Ps 104,15).

«Die Stimme des Rufers in der Wüste»

[Frgm CXVII] (Joh 1,23) Wie ein Prophet und Leuchter des Lichtes das Auge der Seele dessen vorübt und angewöhnt[6], der erleuchtet werden will, so tut es auch «die Stimme des Rufenden». Mit dem «Rufenden» ist das Wort gemeint, mit der «Stimme» Johannes. Denn vor dem «Wort» muß die «Stimme» da sein (vor dem Sinn muß die Sprache verlauten). Aufgabe der Stimme (Sprache) ist es, den Sinn der Worte zur Kenntnis zu geben.

[6] In der Medizin spricht man vom Adaptieren des Auges an ungewöhnliche Helligkeitsgrade.

«Wüste» (Öde) nennt [Johannes] die der göttlichen Lehre bare Seele. Was aber trägt die «Stimme des Rufenden» den öden Seelen auf? «Ebnet den Weg» zum Empfang des Herrn!

[Frgm CXV] (Joh 1,15) «Er rief» heißt soviel wie: Er verkündete offen und freimütig und ohne jeden Kleinmut die Ankunft [des Erlösers]. Von «Rufen» ist die Rede aber nicht im Hinblick auf den Stimmaufwand, sondern im Hinblick auf den Nachdruck der Gedanken. Denn wer gewichtige Lehren verkündet, trägt sie, wie es sich gehört, dem Gedanken entsprechend mit gewichtigem Ausdruck vor.

Gottes Wort bedarf menschlicher Verkündigung

[VI.17–18] (Joh 1,23) Wie der Sohn Gottes kein anderer ist als «das Wort» und deshalb das Wort nimmt ..., so ist Johannes der Täufer, der Diener jenes Wortes und (wenn wir die Schrift recht hören) nichts anderes als «die Stimme» und gebraucht deshalb die Stimme, die das Wort ankündigt. So versteht er die Weissagung des Isaias über ihn selbst, er sei «die Stimme», nicht: ‚die Rufende der Wüste', sondern: «des Rufenden in der Wüste», Dessen nämlich, Der dastand und rief: «Wenn einer dürstet, so komme er zu mir und trinke» (Joh 7,37). ... Wenn im Buch Exodus steht: «Gott sprach zu Moses: ‚Siehe ich mache dich zu einem Gott für Pharao, und Aaron, dein Bruder, wird dein Prophet sein'» (Ex 7,1), so ist das ein ähnliches Verhältnis, wenn auch nicht ganz dasselbe. Es gibt «das Wort im Anfang», das Gott ist, und es gibt Johannes, der die verkündigende und darstellende Stimme jenes Wortes war. ... Er schreit und ruft, damit auch die vom Worte Weitentfernten es vernehmen und auch die Schwerhörigen an der Stärke der Stimme der Wichtigkeit des Gesagten innewürden. So hilft die «Stimme» den Gottfernen und denen, die das feine Gehör verloren haben. ... Damit aber eine gottleere und mangels Wahrheit verödete Seele aufgerufen werde, weil sie noch krumm geht, den Weg des Herrn gerade zu gehen, deshalb muß die Stimme des Rufenden in der Wüste ertönen

– denn was gäbe es für eine ärgere Wüste als die Gottes und aller Tugend bare Seele? Diesen Weg macht gerade[7], wer die Krümmungen des Schlangenweges nicht nachahmt.

Erkennen und Handeln

[VI.19] Zweifach wird der Weg des Herrn bereitet: In der Einsicht, die durch die von allem Truge reine Wahrheit geschärft wird. Dann für das Handeln, das nach dem rechten Einblick in das zu Tuende sich richtet auf den Vollzug des rechten Sinns (*λόγος*).

Um aber das Wort: «Bereitet den Weg des Herrn» genauer zu verstehen, wird es günstig sein, einen Spruch aus den Sprichworten anzufügen: «Weiche nicht ab, weder nach rechts noch nach links!» (Spr 4,27). Wer nämlich nach einer von beiden Seiten abweicht, hat das Geradegehen verloren und ist nicht mehr der Beachtung (*ἐπισκοπή*) [seitens Gottes] würdig, seitdem er von der Richtigkeit des Weges abgegangen ist. «Denn der Herr ist gerecht und liebt Gerechtigkeit, und sein Antlitz sieht die Richtigkeit» (Ps 10,7). Was Er aber sieht, das erleuchtet Er. Deshalb spricht der Beobachtete, die Wohltat (*ὠφέλεια*) der Beachtung begreifend: «Das Licht deines Angesichts, o Herr, hat sich gezeigt über uns» (Ps 4,7). Stellen wir uns also nach dem Wort des Jeremias auf den Pfad [der Väter], und fragen wir nach den ewigen Wegen des Herrn und schauen wir, welches der Heilsweg sei, und wandeln wir auf ihm! (Jer 6,16). Tun wir wie die Apostel, die ihn betraten, und die die Patriarchen und Propheten nach den ewigen Wegen des Herrn befrugen! Sie befrugen deren Schriften, und durch das spätere Verständnis derselben fanden sie den Heilsweg, Jesus Christus, Der spricht: «Ich bin der Weg». Und sie gingen auf ihm. Dieser Weg ist gut, weil er den guten

[7] Origenes versteht *εὐθύνειν* intransitiv, im Sinne von: gerade gehen, einen geraden Weg gehen.

Menschen ...[8] und den guten und getreuen Knecht zum guten Vater führt. Aber eng ist dieser Weg, und die vielen, die fleischlich Großen, fassen es nicht, ihn zu gehen. Auch stark zertreten ist er von denen, die es erzwingen, ihn zu gehen. Es heißt ja nicht: er bereitet Mühe, sondern: er wird stark zertreten. Wer die Sandalen nicht von den Füßen löst und nicht wirklich gewahr nimmt, daß der Ort, auf dem er steht oder den er beschreitet, «heiliges Land ist», der quält nämlich den lebendigen Weg, der die Verfaßtheit des darauf Gehenden wohl spürt.

Der Weg führt zu Dem, der das Leben ist und der sprach: «Ich bin das Leben» – denn der Erlöser, zu dem jegliche Tugend hinstrebt, ist durch seine Aspekte vieles. Dem einen, der noch nicht ans Ziel gekommen ist sondern noch vorwärts strebt, ist Er Weg; dem, der schon alles Tote abgelegt hat, ist Er Leben. Wer auf diesem Wege geht, der wird unterwiesen, nichts mitzunehmen, da der Weg selbst Brot und das Lebensnotwendige birgt; auch keinen Stock soll er benützen, weil Feinde auf diesem Wege nichts vermögen; und da der Weg heilig ist, soll er keine Sandalen mitnehmen.[9]

Sakrament und Geist

[VI.33] (Joh 1,26) Es ist zu beachten, daß nach den vier [Evangelisten] Johannes bekennt, er sei gekommen, um in Wasser zu taufen, daß aber nur Matthäus hinzufügt: «zur Buße», und damit lehre, daß der Heilsnutzen, den die Taufe hat, von der Willensentscheidung (προαίρεσις) der Getauften abhängt. Dem Reuigen wird er zuteil, dem, der nicht so hinzutritt, wird sie zum schwereren Gericht. Man muß doch wissen: ebenso wie die vom Erlöser getätigten wunderbaren Heilswirkungen Symbole waren der immerdar durch

[8] Die Auslassung: «der aus seinem guten Schatz Gutes hervorholt» ist eine für Origenes typische Anreihung an das biblische Stichwort «gut», die sich aber hier sinnstörend einfügt.

[9] Sandalen sind immer wieder wie in der gnostischen Exegese Bild für das Fleischliche und das Verhaftetsein an die materielle Welt, die noch einen Ballast bildet für den geistigen Weg.

das Wort Gottes von aller Krankheit und Schwachheit Befreiten, und wie sie denjenigen, an denen diese Wohltaten körperlich geschahen, nicht weniger dadurch zunutze waren, daß sie sie zum Glauben aufriefen, ebenso ist auch das Bad des Wassers, dies Symbol der Reinigung der Seele, die von allem Schmutz der Bosheit abgewaschen wird, nicht weniger und als solches[10] Ursprung (*ἀρχή*) und Quelle der göttlichen Gnadengaben für den, der sich der göttlichen Macht hinhält, welche die Anrufung (*ἐπικλήσεις*) der angebeteten Trinität hat. «Denn es gibt gesonderte Verteilungen der Gnadengaben» (1 Kor 12,4).

Diese meine Meinung bezeugt die in der Apostelgeschichte aufgeschriebene Geschichte, die davon berichtet (Apg 8,16–19), daß damals der Geist so deutlich zugegen war, dem das Wasser den Weg bereitet, zu dem, der in der rechten Weise hinzutritt, daß auch der in Staunen versetzte Magier Simon diese Gnade von Petrus erhalten wollte. Er wollte jedoch den Gerechtesten um den Mammon der Ungerechtigkeit.

Anzumerken ist jedoch auch, daß die Taufe des Johannes geringer war als die Taufe Jesu, die durch seine Jünger erteilt wird. Die in der Taufe des Johannes Getauften, von denen die Apostelgeschichte berichtet, hörten nicht einmal, ob es einen Heiligen Geist gebe, und werden vom Apostel ein zweites Mal getauft. Denn die Neugeburt (*ἀναγέννησις*) wurde nicht von Johannes gespendet, sondern von Jesus durch seine Jünger. Das «Wiedergeburt» (*παλιγγενεσία*) genannte Bad erfolgt mit einer Erneuerung des Geistes, der auch jetzt über dem Wasser schwebt (Gn 1,2) da Er von Gott ist. Aber Er wird nach [dem Bad im] Wasser nicht allen eingezeugt.[11]

[10] *καθ' αὑτὸ* könnte übersetzt werden mit ex opere operato.

[11] Origenes will sagen, daß die sakramentalen Zeichen das Pneuma enthalten, daß zu ihrer Aneignung aber die persönliche Disposition hinzu erforderlich ist. Schön hervorgehoben ist die Zeichenhaftigkeit des Sakramentes, das anbietet, was es anzeigt. Die Übereignung der Gnade aber ist ein personales Geschehen.

Die Sandalen des Wortes

[VI.34] (Joh 1,27) Markus schreibt von Johannes: «Ich bin nicht wert, mich zu bücken und Ihm die Schuhriemen zu lösen» (Mk 1,7), während Matthäus ihn sagen läßt: «Ich bin nicht wert, Ihm die Schuhe zu tragen» (Mt 3,11). Es ist aber etwas anderes, Dem, der beschuht war, die von seinen Füßen gelösten Schuhe zu tragen, oder sich niederzubeugen und die Riemen der Schuhe zu lösen. Die Gläubigen würden wohl sagen, der Täufer habe beides bei verschiedenen Gelegenheiten gesagt, da ihm dabei Verschiedenes in den Sinn kam, und so habe keiner der Evangelisten sich getäuscht oder Falsches gesagt. Denn es kann sich nicht um eine bloße Ungenauigkeit des Gedächtnisses handeln, wie einige Erklärer meinen, als ob die Berichtenden ihre Erinnerungen an die Worte und Geschehnisse verschieden wiedergäben.[12] Vielmehr ist es etwas Bedeutendes, die Schuhe Jesu zu tragen, und es ist auch etwas Bedeutsames, sich vor dem leiblichen Jesus, der [in seinem Leib] doch Einer «drunten» (Joh 8,23) würde, niederzuknien, um sein Niedrigkeitsbild zu betrachten und dabei jede verborgene Einzelheit des *Mysteriums der Leibwerdung* gleichsam wie Schuhriemen zu lösen[13]. Denn es gibt nur eine Fessel der Verborgenheit, wie auch nur einen Riegel der Erkenntnis, die nicht einmal «der Größte der vom Weibe Geborenen» von sich aus zu lösen oder zu öffnen vermag. Binden und schließen kann Der allein, der das Lösen der Schuhriemen und das Öffnen des Verschlossenen denen schenkt, denen Er will.

Knechtsgestalt des Wortes

[Frgm XVIII] «Schuhriemen» verstehe aber so: Das Wort Gottes wirkt, was es für die Menschen plant, nicht durch

[12] Kein Jota des Wortlauts ist Zufall und ohne seinen eigenen Sinn.

[13] Hier gebraucht Origenes ein Wortspiel: Schuh heißt wörtlich: das unten Angebundene. Etwas weiter heißt es: «das Mysterium der Gottheit Christi stieg herab und band sich das Menschsein unter» (nämlich wie einen Schuh).

die nackte Gottheit, sondern es «nimmt Knechtsgestalt an» (Phil 2,7), so daß sein Weg der Verwirklichung des Heilsplanes ein verhüllter ist. Das ist auch in den Psalmen über Ihn gesagt: «Er neigte den Himmel und stieg herab, und Finsternis [ist] unter seinen Füßen» (Ps 17,10). Die Verschnürung seiner Sandalen, das ist das Dunkel um seine Füße, die Schwerverständlichkeit des Wortes. Sie bindet und hält die Sandale fest an seine Füße. Es wäre demnach wie ein Lösen der Schuhriemen, wenn jemand im Worte deutlich machen und darlegen könnte, wie Gott einen Leib annahm, hinter dem Er seine Macht verdeckte und verbarg, die den Heilsplan in Gang bringt. Da es also keinem Menschen möglich ist, die Weise der Vereinigung [Gottes mit einem Leib] genau aufzuzeigen, so bekennt der billigerweise, der mehr ist als ein Prophet und dem gegenüber es einen Größeren unter den von Frauen Geborenen nicht gibt, daß er nicht fähig ist, seine Schuhriemen zu lösen.

[VI.35] Da diese Stelle über die Sandalen tiefverborgenen Sinn hat, soll sie nicht übergangen werden. Ich glaube nämlich, daß die Menschwerdung, bei der der Sohn Gottes Fleisch und Bein annimmt, der eine Schuh sei, den Er sich untergebunden hat; der Abstieg in die Unterwelt aber.... und der Weg seines Geistes in das Gefängnis der andere. ... Wer nun den Sinn dieser beiden Ankünfte würdig darlegen kann, der ist imstande, die Schuhriemen Jesu zu lösen. Er kann es nur, wenn er sich in seinem Geiste mitbeugt und mit dem Absteigenden mithinabsteigt in die Unterwelt, und vom Himmel und den Geheimnissen der Gottheit Christi sich herniederläßt zu der notwendigerweise erfolgten Gegenwart bei uns Menschen, bei der sich Christus den Menschen untergebunden hat. Indem Er sich aber den Menschen unterband, hat Er sich auch den Toten untergebunden. «Denn dazu ist Jesus gestorben und auferstanden, um Herr über Tote und Lebende zu sein» (Röm 14,9).

Wer ist nun fähig, sich so beugend die Riemen solcher Schuhe zu lösen? Und wenn er sie gelöst hat, sie nicht fallen zu lassen, sondern die zweite Fähigkeit hinzuzuempfangen, nämlich sie zu tragen, indem er das Erkannte im Gedächtnis behält? ... Vielleicht gelingt dem, der sich niederbeugt, das Lösen, wie wir eben erklärt haben. Die Lösung der untergebundenen Schuhe zu finden ist jedoch nur dem möglich, der den großen Abstand beachtet, mit dem sich das Wort über sie erhebt. Sie lösend [ausziehend] kann er das, von den im Vergleich zu Ihm selbst doch sehr niedrigen Schuhen entblößte Wort sehen: nämlich den Sohn Gottes.

Immanenz und Transzendenz des Wortes

[Frgm XVIII] (Joh 1,23f.) Was will der Ausspruch des Johannes «Mitten in euch steht Der, Den ihr nicht kennt», da Jesus damals noch nicht dort war? ... Johannes wußte nämlich daß Gott «Wort» war. Das Wort aber ist jedem geistigen Wesen inne. Manche nehmen an, in unserer innersten Mitte befinde sich das Denkvermögen, welches einige das führende Vermögen (ἡγεμονικόν) nennen; dort aber befindet sich das Wort (λόγος), durch das wir geistige Wesen sind. Es ist dasselbe wie das «Bild Gottes», durch das der Mensch «nach dem Bilde Gottes wurde» (Gn 1,26). Auf dieses Wort Gottes ... zeigt der Täufer mit den Worten: «Mitten in euch steht Er, den ihr nicht kennt». Und zwar ist Er euch deshalb unbekannt, weil ihr Ihn, den ihr mitten in euch habt, den ihr ruhend zugeteilt besitzt, zur Tätigkeit bringen müßtet. Ihr habt Ihn aber sozusagen wirkungslos, da ihr nicht geistig [= vernünftig] handelt und denkt.[14]

Seiner Bemerkung über das Wesen des Wortes fügt Johannes sodann einen Ausspruch über dessen Gegenwart an, indem er sagt: «Der nach mir kommen wird», das heißt nach dem Gesetz und nach den Propheten, deren Inbegriff und Ende ich bin. Nach mir kommt Der, der alles über Ihn

[14] Wie die in einem Kinde ruhende Geistigkeit geweckt werden muß und sich erst zeigt, wenn es sich geistig regt und zu sprechen beginnt, so wird die Ebenbildlichkeit des Menschen mit dem Worte Gottes erst offenkundig, wenn er christus-ähnlich [wort-ähnlich] denkt und handelt.

Geweissagte erfüllt. Hinter und nach dem Vorausverkündeten kommt der Verheißene selbst.

[VI.38] (Joh 1,27) «In eurer Mitte steht der, den Ihr nicht kennt.» Das gilt vom Sohne Gottes, dem Wort, durch das alles geworden ist, der wesenhaft als eine Person in sich besteht und dasselbe ist wie die Weisheit. Dieser durchwohnt die ganze Schöpfung[15], damit das Werdende immer durch Ihn werde und damit auf jegliches zutreffe: «Alles wurde durch Ihn und nichts wurde ohne Ihn», und auch: «Alles schufst du in der Weisheit» (Ps 103,24). Wenn das Wort aber die ganze Schöpfung durchwohnt, so durchwohnt es selbstverständlich auch diejenigen, die fragen: «Warum taufst du? Wenn du nicht der Messias noch Elias noch der Prophet bist?» Mittendrin steht dieses Wort und fest ist es und vom Vater überall eingegründet.

Man kann den Ausspruch: «In eurer Mitte steht» auch so verstehen: Mitten in euch steht es, da ihr ja vernunftbegabte Wesen seid. Im Leibe eines jeden [von euch] findet sich doch Geistigkeit, die nach der Schrift im Herzen ihren Sitz hat. Die das Wort mitten in sich haben und sich doch über sein Wesen keine Gedanken machen, noch darüber, von welcher Quelle und von welchem Ursprung es herkam, noch darüber, wie es einmal in ihnen zustande kam, die haben Ihn in ihrer Mitte und wissen es nicht. Johannes aber kennt Ihn ...

Der Täufer wußte auch, daß der in ihrer Mitte Gegenwärtige nach ihm und seiner Tauflehre kommen werde, und daß Er bei denen wohnen werde, deren Geist gewaschen ist. ... Hier bedeutet das Wort «nach», daß nach den Lehren des Johannes (der ja kam, «damit alle durch ihn glauben sollten») den Vorbereiteten das vollkommene Wort geoffenbart werde und daß zu den durch geringere Worte Vorgereinigten das vollkommene [= endgültige] Wort komme.

Im ursprünglichen Sinn gilt das Wort «Stehen»[16] vom Vater, dem Unwandelbaren und Unveränderlichen. Aber

[15] Das ist stoisch gedacht.

[16] Im Sinne von «Bestehen».

auch sein Wort «steht», indem es immerdar rettet und erlöst, so auch wenn es Fleisch wird, so auch wenn es mitten in den Menschen ist, unbegriffen, sogar ungesehen. Und so «steht» es auch lehrend da und ruft alle zum Trinken von seiner unversieglichen Quelle zu sich heran: «Jesus stand da und rief: wenn jemand dürstet, so komme er zu mir und trinke!» (Joh 7,37).

Einheit von Wort und Sakrament

[VI.43] (Joh 1,26) «Ich taufe mit Wasser; Der nach mir kommt, ist stärker als ich. Er wird euch im Heiligen Geist taufen» (Mt 3,11). Dazu ist zu sagen: Wie das Wort Gottes, das ein Trank ist, den einen Wasser, den anderen «Wein ist, der des Menschen Herz erfreut» (Ps 103,15), andern aber Blut, von dem es heißt: «Wenn ihr mein Blut nicht trinkt, habt ihr das Leben nicht in euch» (Joh 6,53) ..., ebenso ist dasselbe Wort eine Taufe des Wassers und des Geistes und des Feuers[17], für einige auch des Blutes.[18] Von dieser letzten [vollkommenen, voll-einweihenden] Taufe, wie einige sie nennen, sagt Christus: «Ich muß getauft werden mit einer Taufe, und wie warte ich darauf, bis sie vollendet ist!» (Lk 12,50). Übereinstimmend damit schreibt der Jünger Johannes in seinem Brief, daß der Geist und das Wasser und das Blut, diese drei, eins seien (1 Joh 5,8).

Alle, die noch am Anfang eines Wandels nach den Worten Gottes stehen, noch nach der Stimme des Rufenden in der Wüste wandeln, wie sie noch jenseits des Jordan[19] ruft: «Machet gerade den Weg des Herrn» ..., die sollen sich noch vorbereiten, um durch ihre Vorbereitung instandgesetzt zu werden, das geistige Wort zu erfassen, das ihnen eingesenkt wird durch die Erleuchtung des [Heiligen] Geistes.[20]

[17] Die dreifache Taufe ist der dreifachen Heilszeit zugeordnet: dem Alten Testament das Zeichen im Wasser, dem Neuen Testament die Wahrheit im Geiste, dem ewigen Äon die Erfüllung im Feuer Gottes.

[18] Das Martyrium.

[19] Vor der Taufe und dem Eintritt in die Kirche als dem Gelobten Land.

[20] In der Taufe.

[VI.36] (Joh 1,27) Nicht «fähig» zu sein ist nicht dasselbe wie nicht «würdig» zu sein, schreibt Johannes[21]. Es ist nämlich möglich, daß jemand nicht würdig, aber fähig ist; aber auch, daß der Würdige unfähig ist. Wenn nun die Gnadengaben «zur Zuträglichkeit» (1 Kor 12,7) gegeben werden, nicht einfachhin «nach dem Maße des Glaubens» (Röm 12,6), so wäre es doch wohl die Handlungsweise des menschenfreundlichen Gottes, einem zwar Würdigen doch nicht die Fähigkeit zu verleihen, falls Er den Schaden einer nachfolgenden Einbildung oder des Dünkels voraussieht. Es ist der Güte Gottes eigen, durch sein Wohltun den Empfänger der Wohltat zu überwinden, indem Er es zuvor anrechnet, wenn jemand sich nachher würdig erweist. Gott stattet ihn aus mit der Fähigkeit, bevor er würdig ist, damit er nach der Fähigkeit auch zum Würdigsein gelange. Keinesfalls aber soll jemand von seinem Würdigsein aus dazu gelangen, auch fähig zu werden[22], denn sonst würde er ja dem Gebenden zuvorkommen und seine Gnade vorwegnehmen.

Die Verkündigung des Wortes erfordert Anpassung an die Empfänglichkeit des Hörers

[XX.2] Da gewisse Dinge [in der Schrift] einen Hörer, der nicht gründlich versteht, verwirren könnten, setzen wir uns einer Gefahr aus, wenn wir sie aussprechen. Es ist gefährlich, solche Dinge darzulegen, auch wenn sie wahr sind. Gefährlich darum, weil der Verwalter der Geheimnisse Gottes den geeigneten Augenblick heraussuchen muß, in dem er zu solchen Lehren hinführen kann ohne dem Hörer zu schaden, und weil er das Maß der Einschränkung oder der Ausführ-

[21] «Nach den drei [Synoptikern] sagt Johannes [der Täufer], er sei nicht fähig, nach dem [Evangelisten] Johannes aber sagt er, er sei nicht würdig.» (Mt 3,11 Par).

[22] Das wäre ein Erlangen der Gnade kraft eigenen Würdigseins, also Werkgerechtigkeit.

lichkeit abwägen muß. Und selbst wenn er den rechten Moment beachtet, darf ihm kein unrechtes Wort unterlaufen. Endlich muß er sorgfältig prüfen, ob die auch mittun werden, denen er solches anvertraut, oder ob sie einem andern als dem Herrn der Herrscher hörig sind.

Daß ein Verwalter der Geheimnisse Gottes dies alles in Betracht ziehen muß, das meint die Stelle: «Wer ist der treue und kluge Verwalter, den der Herr über seine Dienerschaft setzt, damit er seinen Mitknechten zur rechten Zeit ihren Bedarf reiche?» (Lk 12,42).

Stimme – Wort – Vermittlung

[VI. 49] (Joh 1,29) Durch die Stimme des Grußes Mariens, die an das Ohr von Elisabeth drang, bewegte sich freudig das Kind im Schoße der Mutter (Lk 1,41 f), da es von der Stimme her den Heiligen Geist empfing.

Nun gilt es auszulegen: «Johannes sieht Jesus auf sich zukommen und spricht: «Seht das Lamm Gottes, das die Sünden der Welt hinwegnimmt». In schwierige Dinge wird man so eingeführt, daß man zuerst von ihnen hört und sie schließlich selber zu sehen bekommt [αὐτόπτης]. Daß sicher auch Johannes für seine Gestaltwerdung von dem noch in seiner Mutter gestaltwerdenden Herrn bei Elisabeth Nutzen empfing, das wird dem klar sein, der begriffen hat, daß Johannes die **Stimme, Jesus aber** das Wort ist. Denn eine große Stimme bildet sich in Elisabeth, die durch den Gruß Mariens vom Heiligen Geist erfüllt ward, wie es ja der Text sagt: «Und sie rief mit lauter Stimme». Denn die Stimme des Grußes Mariens, die an Elisabeths Ohr drang, erfüllte Johannes, der sich deswegen freudig bewegt, während seine Mutter gleichsam zum Munde des Sohnes und zur Prophetin wird. ... Nun dürfte uns der eilige Gang Mariens ins Gebirge, ihr Besuch im Haus des Zacharias und ihr Gruß an Elisabeth klar sein. Alles geschieht, damit Maria von der Macht, die sie von Dem hat, den sie empfing, an Johannes noch im Mutterschoße mitteile, und Johannes seinerseits von der empfangenen prophetischen Gnade seiner Mutter mitteile.

Seht das Lamm Gottes

[VI.51–52] (Joh 1,29) [Im Alten Bund] wurden fünf Tiere auf dem Altar dargebracht. ... Wer den geistigen Sinn der Opfer erfassen will, das heißt, wer verstehen will, welcher himmlischen Dinge Darstellung und Schatten sie waren, der muß genau untersuchen, welches Tier in welchem Fall zu opfern der Sinn des Gesetzes festsetzt. Insbesondere ist das festzustellen beim Opfer des Lammes. Daß nämlich der Sinn der Opfer in himmlischen Mysterien zu sehen sei, das sagt der Apostel an der Stelle: «Sie versahen den heiligen Dienst zur Darstellung und als Schatten der himmlischen Dinge» (Hebr 8,5); und wiederum: «Es mußte gereinigt werden, was doch nur Hinweis auf das Himmlische war. Die himmlischen Dinge selbst aber erfordern bessere Opfer als diese» (Hebr 9,23). Die Wahrheit des geistigen Gesetzes für jedes einzelne Opfer kann man finden. Sie ist durch Jesus Christus verwirklicht. Freilich übersteigt das gänzlich die Fassungskraft der menschlichen Natur und kann höchstens die Arbeit eines Vollendeten sein, der «durch Gewöhnung zur Unterscheidung von Gut und Böse geübtere Sinne hat» (Hebr 5,14) und auf Grund wahrheitsliebender Haltung sagen kann: «Weisheit reden wir unter Eingeweihten» (1 Kor 2,6). Von solchen und ihnen Nahestehenden aber gilt das Wort: «Keiner der Fürsten dieser Welt hat sie erkannt» (1 Kor 2,8).

Das Lamm also finden wir dargebracht in den dauernden Opfern: «Folgendes sollst du auf dem Altar darbringen: Zwei einjährige fehlerlose Lämmer, Tag für Tag, als dauerndes Opfer. Das eine Lamm sollst du am Morgen darbringen, das andere am Abend. ... Es soll als euer von Geschlecht zu Geschlecht dauerndes Opfer vor dem Herrn dargebracht werden, und zwar am Eingang des Offenbarungszeltes, dort wo Ich mich dir zu erkennen gebe indem Ich zu dir rede»

(Ex 29,38–44). Welches andere geistige dauernde Opfer aber kann vom Geistbegabten dargebracht werden als das Wort im höchsten Sinn, das Wort, das symbolisch «Lamm» genannt wird? Es wurde ja, um die Seele zu erleuchten, herabgesandt – dies nämlich dürfte das dauernde morgendliche Opfer sein – und es wird jeweils am Schluß der Beschäftigung des Geistes mit göttlichen Dingen wieder emporgenommen [bzw. dargebracht: ἀναφερόμενος]; denn die Seele kann es, solange es ihr Los ist, mit dem erdhaften und beschwerlichen Leibe verbunden zu sein, nicht immer durchhalten, bei den höheren Dingen zu verweilen.

Wenn aber jemand zu erfahren sucht, was der Heilige zwischen Morgen und Abend tun soll, so soll er übertragen, was über den Gottesdienst gesagt ist, und dem folgen. Dort fangen nämlich die Priester mit dem regelmäßigen täglichen Opfer an. Dann folgen, bevor das regelmäßige Abendopfer stattfindet, die übrigen gesetzlichen Opfer, wie die Schuldopfer (Lev 7,1), die Opfer für die versehentlichen Vergehen (Num 15,25), die Opfer für den Frieden (Lev 3,1), die Hingabeopfer (Num 6,13), die Eifersuchtsopfer (Num 5,15), die Opfer am Sabbat (Num 28,10) und am Monatsbeginn (Num 28,11) und die übrigen, die aufzuzählen zu weit führen würde.

So haben auch wir den Anfang unserer Darbringung[23] gemacht mit der Lehre über das Bild, welches Christus ist, und werden weiterhin vieles sehr Nützliche durchnehmen können. Und wenn wir dann zum Schluß dessen kommen, was wir über Christus sagen, dann kommen wir gleichsam zum Abend und in die Nacht – wenn wir nämlich auch zum Leiblichen kommen.

Das Opfer des Gottmenschen

[VI.53] Wenn wir das Wort untersuchen: «Dieser ist das Lamm Gottes, das die Sünde der Welt hinwegnimmt», das Johannes von Jesus auf Ihn hinzeigend sagt, dann werden wir, auf dem Heilsplan von der leiblichen Ankunft des Soh-

[23] Dieses Werkes, das dem Ambrosius gewidmet ist.

nes Gottes ins Leben der Menschen fußend, unter dem «Lamm» nichts anderes verstehen, als den Menschen [die Menschheit Jesu]. Dieser war es nämlich, der «wie ein Schaf zur Schlachtung geführt wurde und wie ein Lamm vor seinem Scherer stumm blieb» (Is 53,7) und Der sprach: «Ich wurde wie ein argloses Lamm zum Schlachten geführt» (Jer 11,19). Darum wird auch in der [geheimen] Offenbarung ein Lamm geschaut, «das dasteht wie geschlachtet» (Apk 5,6). Dieses geschlachtete Lamm ist nach unaussprechlichen Plänen (*κατὰ ἀπορρήτους λόγους*) zum Reinigungsopfer der ganzen Welt geworden, für die es, der Menschenliebe des Vaters entsprechend, auch die Schlachtung auf sich nahm, indem es uns, die sich durch Sünden verkauften, mit seinem eigenen Blut erkaufte von dem, der uns eingehandelt hatte. Der aber dieses «Lamm» zum Opfer führte, das war der Gott im Menschen, der Hohepriester. Er offenbart das indem Er sagt: «Niemand nimmt Mir mein Leben, sondern Ich gebe es von Mir aus hin. Ich habe freie Verfügung darüber, es hinzugeben, und freie Verfügung, es wieder an Mich zu nehmen» (Joh 10,18).

Opferidee: Die Stellvertretung

[VI.54] Diesem Opfer sind die übrigen verwandt. Die gesetzlichen [alttestamentlichen] Opfer sind deren Symbol. Das Blutvergießen der edlen Märtyrer scheinen mir Opfer zu sein, die dem des Lammes verwandt sind. Nicht umsonst sieht der Jünger Johannes die Martyrer neben dem himmlischen Opferaltar stehen (Offb 6,9).

«Wer ist weise und versteht das, oder einsichtig und erkennt es?» (Osee 14,10). Wenn wir uns zur tieferen Betrachtung eine Weile mit dem Gedanken über solche Opfer befassen wollen, die den reinigen, für den sie gebracht werden, dann müssen wir nachdenken, welcher Sinn darin lag, daß Jephtes Tochter geopfert wurde. Jephte besiegte durch jenes [bekannte] Gelübde [den ihm zuerst Begegnenden zu opfern] die Ammoniter. Und die geopfert werden sollte, willigte ein, zum Vater, der ihr sagte: «Ich habe meinen Mund wider dich zum Herrn hin aufgetan», sprechend: «Auch wenn du deinen Mund wider mich zum Herrn hin aufgetan hast, so erfülle dein Gelübde!» (Richt 11,29–40).

Von einem[24], dem solche Opfer für das Heil von Menschen gebracht werden, wird damit der Eindruck großer Grausamkeit hervorgerufen. Es bedarf aber großer Hochherzigkeit des Geistes und des Blicks, um das, was da die Vorsehung berührend gesagt ist, so zu lösen und so zu erklären, daß wir zugleich über all das wie über Unsagbares und die menschliche Natur Übersteigendes[25] Rede stehen. «Denn groß sind die Entscheidungen Gottes und undurchdringlich. Darum haben sich blöde Seelen in ihnen geirrt» (Weish 17,1).

Es ist aber bezeugt, daß sich bei den Heiden nicht wenige bei Ausbruch von Pestseuchen für das Gemeinwohl schon hingegeben haben. Daß das so geschehen ist, nimmt auch der zuverlässige Klemens (1 Klemens 55,1) an, der Geschichtsberichten nicht unbegründet Glauben schenkt. (Es ist der Klemens, von dem Paulus sagt: «mit Klemens und meinen übrigen Mitarbeitern, deren Namen im Buch des Lebens stehen» – Phil 4,3.) Wer die Mysterien schlecht machen will, die sich dem Verstande der Masse entziehen, hat einen ähnlichen Einwand gegen die Märtyrerberichte. Gott hält es aber für besser, daß wir alle schwersten Qualen für das Bekenntnis seiner Gottheit auf uns nehmen, als daß wir durch Angleichung im Wort (in der Lehre) an den Willen der Feinde der Wahrheit von noch so vielen vermeintlichen Übeln kurze Zeit befreit würden. Man muß also an eine Auflösung böswilliger Mächte durch den Tod der heiligen Märtyrer glauben dergestalt, daß ihre Geduld und ihr Bekenntnis bis zum Tod und ihre Hingabe an die Frömmigkeit, die Schärfe der Ränke jener gegen den Leidenden

[24] Cod. Bodleianus ergänzt die kleine Textlücke mit τοῦ, Preuschen mit θεῷ. Dann hieße es: Über Gott, dem solche …

[25] Also Übernatürliches, dessen Geheimnischarakter rational auflösen zu können man sich nicht den Anschein geben darf.

stumpf macht, so daß, nachdem ihre Kraft stumpf und lahm geworden ist, manch andere Verurteilte entlassen und befreit werden von dem Schweren, mit dem die über ihnen schwebenden bösen Mächte sie bedrückten und schädigten. Aber auch wer [das Martyrium] doch erleidet, weil die Kraft der Böses Wirkenden noch nicht nachgelassen hat, unterliegt nicht dem Leiden, weil einer, der ein solches Opfer bringt, die gegnerische Macht schon besiegt hat.

Wie wäre es, wenn ich – wenigstens ein Stück weit – folgenden Vergleich heranzöge, der zur Sache geeignet ist: Wer eine Giftschlange tötet, oder sie durch Beschwörung oder sonst ein Mittel ihres Giftes entleert, der erweist vielen eine Wohltat, die sonst später Schlimmes von ihr erlitten, wenn sie nicht getötet, beschworen oder ihres Giftes entledigt worden wäre. Und wenn ein schon Gebissener in Kenntnis gesetzt würde, daß er von Schaden durch den Biß frei bliebe, wenn er auf einen schaut, der durch das schädliche Gift gestorben ist, oder wenn er auf den Leichnam tritt oder den Toten berührt oder ein Stück von ihm genießt[26], dann würde sogar dem, der vorher gelitten hat, Heilung und Wohltat zuteil von dem, der das Schädliche beseitigt hat. Etwas Ähnliches geschieht, so muß man denken, durch den Tod der tieffrommen Märtyrer: Viele erfahren von ihrem Tode her den Segen einer ganz unsagbaren Kraft.

[VI.55] Um die Herrlichkeit Dessen in den Blick zu bekommen, Der «wie ein Schaf zur Schlachtung geführt wurde und vor seinem Scherer verstummte» (Is 53,7), haben wir uns länger dabei aufgehalten, über die Märtyrer und über die um der Pestzeiten willen Gestorbenen zu sprechen. Denn wenn das eine, ohne aus der Luft gegriffen zu sein, von Griechen berichtet wird, und das andere, wohlbegründet, von den Märtyrern gesagt wird, die zum «Auswurf der Welt geworden sind» (1 Kor 4,13), und wenn die Apostel

[26] Die Tatsache, daß der Giftvorrat gewisser Schlangen sich bei einem Biß entleert und ein weiterer Biß innerhalb gewisser Zeit daher unschädlich ist, hat anscheinend zu dem Volksglauben geführt, die Verbindung mit dem getöteten Opfer bewahre vor Schaden.

deswegen «Abschaum aller» genannt werden, was und in welchem Maße ist dann [solches] vom «Lamm Gottes» anzunehmen, das sich dafür geopfert hat, die Sünde nicht nur einiger weniger, sondern der ganzen Welt, für die es auch gelitten hat, auf sich [und hinweg-] zu nehmen? «Wenn nämlich jemand gesündigt hat, haben wir einen Fürsprecher beim Vater: Jesus Christus, den Gerechten. Er ist die Versöhnung für unsere Sünden, und nicht nur für unsere, sondern auch für die der ganzen Welt» (1 Joh 1,1–2), weil «Er der Erlöser aller Menschen ist, vor allem der Gläubigen» (1 Tim 4,10), der «den Schuldschein gegen uns ausgestrichen hat» mit seinem Blut, und ihn hinweggenommen hat, damit auch nicht eine Spur der getilgten Sünden mehr gefunden werde, und der «ihn ans Kreuz geheftet hat». Er «hat die Herrschaften und Mächte entwaffnet und triumphierend öffentlich an den Pranger gestellt» (Kol 2,14) am Kreuz. Zuversichtlich zu sein also werden wir gelehrt, wir in der Welt Drangsalierte (Joh 16,33), wenn wir begreifen, daß der Grund unserer Zuversicht darin liegt, daß die Welt besiegt ist und daß sie offensichtlich Dem unterworfen ist, der sie besiegt hat. Daher dienen Ihm alle Völker, die von ihren einstigen Beherrschern befreit wurden, weil Er durch sein eigenes Leiden «den Armen befreit hat vom Mächtigen» (Ps 71,12), «den Armen, der keinen Helfer hatte» (Ps 71,4). Dieser Erlöser, der den Verleumder dadurch niedermachte, daß Er sich selbst erniedrigt hat, bleibt fortan die geistige Sonne über der hell erglänzenden Kirche – die übertragen Mond genannt wird – und Er bleibt es für alle Geschlechter.

Der im Kampf mächtige und gewaltige Herr, der durch sein Leiden die Feinde vernichtet hat, bedarf aber der Entsühnung, die Ihm nur vom Vater gewährt werden kann ob seiner tapferen Taten. Darum läßt Er sich von Maria nicht festhalten und sagt: «Halte Mich nicht fest, denn Ich bin noch nicht zum Vater gegangen; sondern geh und sage meinen Brüdern: Ich gehe zu meinem Vater und zu eurem Vater, zu meinem Gott und zu eurem Gott!»

[VI.56] Wenn aber der mit Sieg und Trophäen Geschmückte mit dem von den Toten auferstandenen Leibe hingeht (denn wie anders sollte das verstanden werden: «Ich bin noch nicht zu meinem Vater gegangen» und das: «Ich gehe zu meinem Vater»?), dann sagen die einen [himmlischen] Mächte: «Wer ist Dieser, der von Edom kommt, in roten Gewändern von Bosra, so prächtig?» (Is 63,1), und andere, die Ihn begleiten, sprechen zu den Posten an den himmlischen Toren: «Ihr Herrscher, hebet hinweg eure Tore, tuet euch auf, ewige Pforten, und der König der Herrlichkeit wird einziehen!» (Ps 23,7). Die aber seine (wenn man so sagen darf) blutbefleckte Rechte erblicken und Ihn so reich sehen an Werken, die von Kampfestüchtigkeit zeugen, die werden fragen: «Warum sind deine Kleider rot und dein Gewand wie Trester einer Kelter, die voll niedergetretener Trauben ist?» Dann antwortet Er: «Ich habe sie niedergestampft» (Is 63,2f). Darauf hin hatte Er wahrhaftig nötig «sein Gewand in Wein und seinen Mantel im Blut der Traube zu waschen» (Gn 49,11). Der «unsere Gebrechen annahm und unsere Krankheiten trug» (Mt 8,17 = Is 53,4) und die Sünde der ganzen Welt auf sich nahm und so vielen wohltat, Der hat damals wohl eine größere Taufe empfangen, als sie je von Menschen erdacht wurde. Darüber, meine ich, hat Er gesagt: «Mit einer Taufe muß Ich getauft werden, und wie bin Ich bedrängt, bis sie vollendet ist!» (Luk 12,50).

Vollendung der Reinigung – Erlöserliebe

Um aber dies Wort noch kühner auszuloten, nehme ich Stellung zu der allgemein verbreiteten Meinung derer, die uns sagen möchten, sie halten das Martyrium für die größte Taufe, über die hinaus man sich keine mehr denken könne. Warum nur sagt der Erlöser dann nach dieser Taufe zu Maria: «Halte mich nicht fest!»? Er hätte doch vielmehr dann das Festhalten gewähren müssen, da Er ja durch das Mysterium seines Leidens die vollkommene Taufe schon empfangen hatte [wie jene meinen].

[VI.57] Aber da Er, wie wir oben sagten, nach vollbrachter Großtat gegen die Widersacher noch, «sein Gewand in Wein und seinen Mantel im Blut der Traube waschen» mußte, so ging Er empor zum Weingärtner des wahren Weinstocks, zum Vater, um dort mit den befreiten Gefangenen in die Höhe aufgestiegen sich zu reinigen und wieder herabzukommen, die vielfältigen Gnadengaben bringend: die auf die Apostel verteilten Feuerzungen und die heiligen Engel, die bei jeglichem Tun zugegen sein und sie beschützen werden. Bevor nämlich dies in der Heilsgeschichte geschehen war, konnten die ja noch nicht Gereinigten die Gegenwart der Engel noch nicht fassen. Vielleicht wollten aber auch die Engel nicht in ihrer Gegenwart sein, solange jene noch nicht von Jesus wohlvorbereitet und gereinigt wären. Denn nur die Menschenliebe Jesu war solcher Art, daß Er mit Sündern und Zöllnern aß und trank und seine Füße den Tränen der reuigen Sünderin hinhielt (Luk 7,38) und bis in den Tod für die Gottlosen hinabstieg (Röm 5,6). Nur Jesus tat das, der das Gott-gleich-Sein nicht als eigenen Vorteil erachtete und sich erniedrigte, indem Er Knechtsgestalt annahm (Phil 2,6f). Mit all dem führte Er aber mehr den Willen des Vaters aus, der Ihn dahingab für die Gottlosen (Röm 8,32), als seinen eigenen. Denn der Vater ist gut (Mt 19,17), der Erlöser aber ist das «Bild von dessen Güte» (Weish 7,26).

Erlösungsordnung

Die Heilstaten aber, die Gott der ganzen Welt tut, da Er in Christus die Welt mit sich versöhnt, die vorher wegen ihrer Bosheit in Feindschaft mit Ihm lag, diese Heilstaten tut Er auf bestimmtem Wege und nach bestimmter Ordnung. Nicht auf einmal macht Er alle Feinde zum Schemel seiner Füße. Ihm, dem Herrn eines jeden von uns, sagt der Vater nämlich: «Setze Dich zu meiner Rechten, bis Ich deine Feinde Dir als Schemel zu Füßen lege!» (Ps 109,1). Das geschieht [weiterhin], bis der letzte Feind, der Tod, von Ihm entmachtet wird (1 Kor 15,26).

Wenn wir aber die Unterwerfung unter Christus überdenken – und das geschieht am besten anhand der Stelle: «Wenn aber einmal Ihm alles unterworfen ist, dann wird auch der Sohn selbst sich Dem unterwerfen, der Ihm alles unterworfen hat» (1Kor 15,28) – dann werden wir erkennen, daß das «Lamm Gottes, das die Sünden der Welt hinwegnimmt [trägt], der Güte des Gottes des Weltalls entspricht[27].

Subjektive Erlösung

[VI.58] Nicht die Sünde aller jedoch nimmt das Lamm hinweg. Jener nämlich nicht, die nicht leiden und sich nicht auf die Folter spannen, bis sie hinweggenommen würden. Dornen [der Sünde] sind ja nicht nur so mit daruntergestreut, sondern meist sind sie sogar eingewurzelt in den Händen eines jeden, der von Bosheit trunken ist und das Nüchternsein verloren hat, nach dem Spruch in den Sprichwörtern: «Dornen wachsen in den Händen von Trunkenen» (Spr 26,9). Was bedarf es der Worte, um zu sagen, welche Not solche Gewächse dem schaffen, der sie in den Leib seiner Seele eingelassen hat? Denn wer die Bosheit bis in solche Tiefe seiner Seele aufnahm, daß er selbst zur dornentragenden Erde (Gn 3,18) geworden ist, der hat es nötig, vom Wort des lebendigen Gottes beschnitten zu werden, das «schärfer ist als jedes zweischneidige Schwert» (Hebr 4,12), wirksam und brennender als jedes Feuer (Sir 48,1). Und es wird nötig sein, daß über eine solche Seele das Feuer gesandt wird, das die Dornen auffindet und das ihnen nahe geht kraft seiner Göttlichkeit, ein Feuer, das nicht Pflanzungen und Schößlinge des Feldes verbrennt.

Es gibt vielerlei Wege des Lammes, das die Sünde der Welt hinwegnimmt. Mit seiner eigenen Schlachtung beginnt es. Die einen davon sind der Menge begreifbar, die anderen sind ihr verborgen und nur den der göttlichen Weisheit Gewürdigten bekannt. Aber wozu sollte man auf-

[27] D.h., dann werden wir über das «Lamm Gottes» denken in einer Weise, die das Gutsein des Gottes des Weltganzen würdigt.

zählen, auf wievielen Wegen unter Menschen man zum Glauben kommt, wo doch jeder, der noch in diesem Leibe weilt, für sich das festzustellen vermag? Und einer der Wege zum Glauben und zur Tilgung der Sünde geht durch Züchtigungen, geistige Pein, sehr schwere Krankheiten und quälende Schwächen. Und wer weiß denn, was dem noch hinzuzufügen wäre?

Es war, um nicht widerlegt zu werden, notwendig, diese Dinge ausführlicher zu behandeln, wenn man schon vorhat, das Wort eingehend zu untersuchen, das sagt: «Seht das Lamm Gottes, das die Sünde der Welt hinwegnimmt». Es geschah in der Absicht, wir sollten wissen, es sei möglich, daß wir durch Gottes Unwillen zurechtgewiesen und durch den Zorn Dessen erzogen werden, Der ob seiner übergroßen Menschenliebe keinen ganz ungetadelt und ungezogen läßt. Wir sollten daher alles tun, um solcher Zurechtweisungen und der Erziehung durch die härtesten Leiden nicht zu bedürfen.

Das Lamm erlöst die Welt in der Kirche

[VI.59] Was die Bedeutung des Wortes «Kosmos» anbelangt, soll der Leser beachten, was wir schon früher unter Anführung mehrerer Beispiele gesagt haben[28]. Ich halte es nicht für angebracht, das jetzt zu wiederholen. Ich weiß wohl, daß es Leute gibt, die unter «Kosmos» allein die Kirche verstehen, die der Kosmos des Kosmos ist, und zwar weil sie auch «Licht der Welt» genannt wird. «Ihr seid das Licht der Welt», sagt die Schrift (Mt 5,14). Die Kirche ist die zur Ordnung gekommene Welt (*κόσμος τοῦ κόσμου ἡ ἐκκλησία*)[29], und zwar deshalb, weil Christus, das erste «Licht der Welt», zur Ordnung der Kirche geworden ist. ...

[28] Gemeint ist wohl Peri Archon II 3.6 (GCS 5, 121); vielleicht auch eine Stelle in den verlorenen Teilen des JoCo. Vgl. JoCo I.4; vgl. MtCo XIII.20 (GCS 10.I, 234–237).

[29] Wörtlich: die Zier, die Ordnung der Welt. Der Nachdruck liegt auf der Wiederholung desselben Wortes «Kosmos», d.h. die Kirche ist die zu ihrer Eigentlichkeit, zu ihrem eigentlichen Sinn gelangte Welt.

Wenn man der Auffassung ist, die Kirche = Licht der Welt, das besage, daß sie Licht des übrigen Menschengeschlechtes und der Ungläubigen sei, so hat das vielleicht seine Geltung, wenn es prophetisch verstanden wird, im Hinblick auf die Vollendung. Wenn aber Kirche = Licht der Welt als bereits eingetretenes Ereignis angesehen wird[30] – weil das Licht ja gleich das hell macht, dessen Licht es ist – dann möge man doch aufzeigen, wie das übrige Geschlecht von der in der Welt gegenwärtigen Kirche erhellt wird![31] Kann man das aber nicht aufweisen, dann möge man doch achtgeben, ob wir nicht zurecht der Auffassung sind, «Licht» sei die Kirche, «Welt» aber [für die sie Licht ist] seien [nur] die [nach dem Lichte] Rufenden[32]. Dem, der die Schrift sehr genau befragt, wird die folgende Stelle aus dem Matthäusevangelium die Erklärung geben, die sagt: «Ihr seid das Salz der Erde» (Mt 5,13). Mit «Erde» sind wohl die übrigen Menschen gemeint, deren «Salz» die Gläubigen sind, die durch ihr Glauben der Grund sind für die Erhaltung der Welt. Dann wird nämlich das Ende kommen, «wenn das Salz schal wird» und nicht mehr das die Welt Salzende und Erhaltende ist. Denn es steht fest: Wenn die Gesetzlosigkeit ihr volles Maß erreicht und die Liebe erkaltet auf der Erde (Mt 24,12), dann wird das Ende dessen da sein, was vor der Ewigkeit kommt. Schon der Erlöser selbst erhebt seine zweifelnde Stimme gegenüber den Menschen, unter denen Er lebte, indem Er sagt: «Wird wohl des Menschen Sohn bei seinem Kommen Glauben auf Erden finden?».

Die Kirche muß also im Hinblick darauf, daß sie vom Erlöser erhellt wird, «Kosmos» genannt werden. Nun fragen wir aber, ob in dem Wort: «Seht das Lamm Gottes, das hinwegnimmt die Sünde des Kosmos», unter Kosmos

[30] Als ob die Totalität der Welt durch die Gegenwart der Kirche unfehlbar und ausnahmslos erlöst sei.

[31] Das ist bittere Ironie.

[32] Subjektives Heilsverlangen ist notwendig, um in den Bereich der Erlöserkraft der Kirche zu gehören.

richtigerweise die Kirche zu verstehen sei, denn die Welt ist, damit die Sünde von ihr hinweggenommen wird, einbeschlossen in die einzige Kirche[33]. Wie sollten wir denn sonst erklären, was derselbe Jünger[34] in seinem Brief gesagt hat über den Erlöser, der die Versöhnung der Sünden ist: «Und hat jemand gesündigt, so haben wie einen Fürsprecher beim Vater, Jesus Christus, den Gerechten. Er ist die Versöhnung für unsere Sünden, und nicht nur für unsere, sondern auch für die der ganzen Welt» (1Joh 2,1). Auch ein Wort bei Paulus scheint mir diesem ähnlich zu sein, das so heißt: «Er ist der Erlöser aller Menschen, vor allem der Gläubigen» (1Tim 4,10).

Der Sinn anthropomorpher Worte und Ereignisse

[Frgm XX] (Joh 1,31) «Auch ich kannte Ihn nicht.» Ich, der ich euch über Christus belehre, sprach nicht aus bloß natürlicher Begabung und nicht aus gewöhnlicher menschlicher Einsicht, denn ich kannte Ihn nicht, sondern weil mir der Heilige Geist und der Vater es offenbarten, gab ich Zeugnis über Ihn. Ich wurde gesandt, Zeugnis zu geben für das Licht; und meine Erkenntnis dessen, wofür ich Zeugnis gebe, nahm damals ihren Anfang, als ich gesandt wurde.

Die fragliche Stelle heischt aber den Versuch noch einer anderen Lösung. Es ist möglich, daß Johannes in einer Hinsicht in Kenntnis, in anderer dagegen in Unkenntnis war. Wenn er also vom Erlöser sagt: «Ich kannte Ihn nicht», so behauptet er damit nichts, was mit seinem Zeugnis in Widerspruch stünde. Der Wortlaut sagt jedoch klar, daß er zuvor in Unkenntnis war, jetzt aber den Erlöser durch den offenbarenden Gott kenne. Das geht alles hervor aus den darauffolgenden Worten. Johannes sagt nämlich selbst, er habe den Geist in Gestalt einer Taube auf den Herrn herabkommen sehen. «Auch ich kannte Ihn nicht», sagt er, «aber Der mich in Wasser zu taufen sandte, sagte mir: ‚Der-

[33] Welt wird erlöst, insoweit sie in die Kirche aufgenommen ist.
[34] Der dies Evangelium schrieb.

jenige, auf Den du den Geist herabkommen siehst, Dieser ist mein Sohn'. Und ich habe es gesehen und bin Zeuge dafür.» Wenn Johannes nun freilich schon vor der Herabkunft des Heiligen Geistes Jesus kannte als «Lamm» und als Mann und als den «Propheten», als den «Christus» und als das «wahre Licht», so fehlte ihm doch noch die Erkenntnis, daß Er der Sohn Gottes sei und daß Er im Heiligen Geist taufe. Das wußte er, seitdem ihm das vereinbarte Zeichen erschienen war.

Nachdem darüber Klarheit herrscht, bleibt noch zu fragen, wie Johannes das meint, wenn er sagt, er habe den Geist geschaut. Es ist doch nicht angängig, zu meinen, er habe den Geist sinnenhaft gesehen, der nur ein geistigem Vernehmen zugängliches Dasein hat (*τὸ πεῦμα νοητὴν ὕπαρξιν ἔχον*).

Im Hinblick auf diese uns vorliegende Frage, da das Problem als ganzes sich stellt, sollen nun gleichartige Aussprüche in den Prophetien untersucht werden, denn viele von den Propheten und, sagen wir kurz, von heiligen Männern, die Erscheinungen und Visionen gesehen haben, haben ihre Schau niedergeschrieben. Nachdem aber schon in anderen Fällen «blicken» und «sehen» (*τὸ ἰδεῖν καὶ ὁρᾶν*) voneinander unterschieden wurde, nämlich in sinnliche Wahrnehmung (*ἀίσθησις*) und in geistiges Vernehmen (*νόησις*), so ist es doch unmöglich, daß die heiligen Männer Gott und überhaupt die Trinität (*τριὰς*) oder auch sonst etwas weniger Erhabenes, das geistige Existenz hat, sinnenhaft gesehen hätten. So bleibt demnach nur, daß sie die Erscheinungen in der Weise geistigen Vernehmens (*κατὰ τὴν νόησιν*) geschaut haben, nicht als ob sie eigentliche Wirklichkeit gehabt hätten, sondern wie man etwas durch ein Analogon sehen kann.

Da nun selbstverständlich der Heilige Geist keine Form oder Gestalt und überhaupt kein Aussehen hat, so erfährt Johannes die geistige Vorstellung wie einer Taube und sieht, obwohl der Heilige Geist sich nicht von Ort zu Ort gehend bewegt, den Vorgang seiner Herabkunft vom Himmel auf Jesus, der eben getauft wird. Daß aber davon nichts sinnenhaft wahrgenommen wurde, geht aus dem folgenden hervor, wo es heißt: «auf Den du Ihn herabkommen und bleiben siehst». Das Herabkommen von etwas kann man sinnenhaft sehen, wenn es einen Körper hat. Was da auf Jesus herabkam, wird aber nicht mit dem Gesicht, sondern mit dem Denken gesehen. Und auch die Schau seines Bleibens [die Johannes verheißen war], wird durch die sinnenhafte Wahrnehmungsfähigkeit nicht gewährt.

Als weiterer Beweis muß angeführt werden, daß die anderen Evangelisten sagen, die Herabkunft des Geistes auf den Sohn sei von Johannes gesehen worden, der auch sah, daß der Himmel» geöffnet» oder «aufgetan» (Mt 3,16; Lk 3,21; Mk 1,10) wurde. Ein Öffnen oder Auftun des Himmels ist sinnenhaft nicht zu sehen. ... Ein Aufgehen des Himmels dürfte wohl nicht in den Blick gelangen, zumal der von dort herabkommende Heilige Geist doch kein Körper ist. Auch das ist also vom Täufer geistigerweise geschaut worden.

Anzumerken ist noch, daß der Heilige Geist allein auf Jesus blieb. Denn wäre Er herabkommend auf einem anderen geblieben, so wäre das kein Zeichen gewesen, das auf Den hinwies, der im Heiligen Geist taufte. Das läßt sich auch folgenderart dartun: Der Heilige Geist wohnt [nur] unbefleckten und reinen Seelen inne und erträgt es nicht, zu bleiben, wo Sünde ist. «Der heilige Geist der Zucht flieht nämlich Trug und hält sich fern von unverständigen Gedanken» (Weish 1,5). Und David, in Sünde geraten, bittet Gott: «Deinen heiligen Geist nimm nicht von mir!» (Ps 50,13). Da nun allein Jesus keine Sünde tat und keinen Trug in seinem Munde führte (denn von Ihm allein ist gesagt: «Er, der Sünde nicht kannte») (Is 53,9 = 1Petr 2,22), so blieb natürlich der auf Ihn herabkommende Heilige Geist.

Das alles aber, das Herabkommen des Geistes aus dem Himmel auf Jesus, das Bleiben auf Ihm, ist aufgeschrieben, um Heilsgeschichte anzugeben; es hat keine historische Erklärung, sondern geistige Beträchtlichkeit (*οὐχ ἱστορικὴν διήγησιν ἔχοντα, ἀλλὰ θεωρίαν νοητήν*), wie schon gesagt wurde.

Der Heilige Geist ist nämlich vom Sohne untrennbar. Und weder der Sohn ist an einem Ort noch der Vater, so daß der Heilige Geist sich räumlich vom Vater zum Sohn bewegen und übergehen würde. Es gilt ganz grundsätzlich, daß man Worte von der Gottheit geistig auffassen muß (*νοητῶς ἐκλαμβάνειν*), auch wenn sie in menschlicher Ausdrucksweise gesprochen sind (*κἂν ἀνθρωπίνως λέγηται*), z. B. Stehen, Sitzen, Hinaufsteigen und was sonst dergleichen von der Gottheit gesagt ist.

X. BUCH

Die Evangelien sind keine historischen Berichte

[X.1] (zu Joh 2,12) «Danach zog Er hinab nach Kapharnaum, Er, seine Mutter und seine Jünger. Doch verweilten sie dort nur wenige Tage.»

Auch die anderen drei Verfasser der Evangelien berichten, der Herr habe sich nach seinem Kampf mit dem Teufel nach Galiläa zurückgezogen (Mt 4,11–17; Mk 1,13–15,21; Lk 4, 13–16,28–31)[1]. Matthäus und Lukas berichten, Er sei zuerst in Nazareth gewesen, sei aber von dort weggegangen und habe in Kapharnaum Wohnung genommen. Matthäus und Markus geben sogar als Grund, warum Er sich dorthin zurückzog, Er habe gehört, Johannes sei verhaftet worden.

[X.3] [Daraus, daß die chronologischen Angaben des Johannes und der übrigen drei Evangelisten nicht übereinstimmen,][2] geht deutlich hervor, daß die Wahrheit, auf die es bei diesen Ereignissen ankommt, in ihrem geistigen Sinn (*ἐν τοῖς νοητοῖς*) liegt. Viele, die für die Widersprüchlichkeit keine Lösung finden, verlieren den Glauben an die Evangelien, als ob sie nicht wahr oder gar nicht vom göttlichen Geist geschrieben oder unzuverlässige Gedächtnisberichte seien. Das alles wird nämlich über die Abfassung der Schrift der Evangelisten gesagt.

Diejenigen nun, die die vier Evangelien annehmen und dabei der Meinung sind, die vermeintliche Widersprüchlichkeit lasse sich nicht durch eine zum geistigen Sinn hinführende Interpretation lösen, die sollen uns zu den vorerwähnten Schwierigkeiten Rede stehen! Sie sollen uns doch dazu, daß für die vierzig Tage der Versuchung Jesu

[1] Origenes zitiert mit chronologischem Interesse alle diese Stellen wörtlich (X.2 S. 171–172).

[2] So etwa ist die Lücke im Text zu ergänzen.

bei Johannes gar kein Zeitraum gefunden werden kann, sagen, wann der Herr in Kapharnaum war? Waren es nämlich die sechs Tage nach seiner Taufe, so daß am siebten Tag die Heilstat (*οἰκονομία*) auf der Hochzeit im galiläischen Kana stattfand, dann wäre Er offensichtlich weder versucht worden, noch wäre Er in Nazareth, noch Johannes schon in Haft gewesen. Nach Kapharnaum, wo Er nur wenige Tage blieb, ging Er nach Jerusalem, weil das Passa der Juden nahe war. Dort trieb Er die Schafe und Ochsen aus dem Tempel und schüttete die Münzen der Wechsler auf den Boden. Wahrscheinlich ist auch in Jerusalem der Vorsteher der Pharisäer, Nikodemus, nachts zu Ihm gekommen und hat die bekannten Worte vernommen, die wir dem Evangelium entnehmen können.

«Danach kam Jesus mit seinen Jüngern in die Landschaft Judäa und verweilte dort mit ihnen und taufte. Zur gleichen Zeit taufte auch Johannes in Ainon nahe Salim, denn dort gab es viel Wasser. Die Leute kamen zu ihm und wurden getauft – Johannes war ja noch nicht ins Gefängnis geworfen –.» Damals «kam es auch zwischen Jüngern des Johannes und Juden zu einer Auseinandersetzung über die Reinigung. Man ging zu Johannes» und sagte über den Erlöser: «Sieh, dieser tauft, und alle laufen Ihm zu!» Sie haben vom Täufer die Antwort erhalten, die man in der Schrift selbst genauer nachlesen kann (Joh 3,22–30).

Wenn wir nun näherhin zu erfahren suchen, wann Christus zum erstenmal in Kapharnaum war, dann werden uns diejenigen sagen, die dem Text des Matthäus und der beiden andern [Synoptiker] folgen: nach der Versuchung, als Er Nazareth verließ, nach Kapharnaum am Meer ging und dort wohnte. Wie aber werden sie die Aussagen des Matthäus und Markus, daß Jesus sich nach Galiläa zurückzog, weil Er von der Verhaftung des Johannes gehört habe, und zugleich, was bei Johannes steht, als wahr gelten lassen, nämlich daß der Täufer noch nicht ins Gefängnis geworfen war, sondern in Ainon nahe Salim taufte? Und zwar steht das bei Johannes nach verschiedenen Heilstaten Jesu, zu seinem Aufenthalt in Kapharnaum hin und zuzüglich seinem Hinweg nach Jerusalem und seiner Rückkehr von dort nach Judäa.

Und wenn einer in mehreren anderen Punkten die Evangelien auf den Widerspruch bezüglich geschichtlicher Angaben hin (περὶ τῆς κατὰ τὴν ἱστορίαν ἀσυμφωνίας) genau durchforscht, wie wir es in diesem Fall versucht haben, so wird ihm schwindelig. Er wird dann entweder aufhören, die Evangelien alle für wahr zu halten und sich eines herauslesen, an das er sich halten wird, da er nicht wagt, dem Glauben an unseren Herrn vollständig aufzusagen; oder er wird weiterhin die vier Evangelien gelten lassen, ohne aber ihr Wahres in den leibhaften Ausdruck zu verlegen.

[X.4] Welch große Vorstellung von der Absicht der Evangelien bei diesen Dingen wir gewinnen müssen, darüber obliegt es mir, folgendes zu sagen: Angenommen, einige sehen im Geiste Gott, seine Worte an die Heiligen und seine Gegenwart, die Er den Heiligen gewährt, wenn Er ihnen an besonderen Augenblicken ihres [geistlichen] Fortschritts erscheint. Da es der Heilstaten, die sie [die Berichter unserer Annahme] sehen, der Zahl nach mehrere sind und sie an verschiedenen Orten an je verschiedenen Empfängern geschehen, so sind sie sich nicht gänzlich gleich. Einem jeden [der Augenzeugen] soll nun aufgetragen werden, selbständig zu berichten, was er durch den Geist schaute von Gott, seinen Worten und seinem Erscheinen vor den Heiligen. So berichtet also der eine darüber, was dem und dem Gerechten an dem und dem Ort von Gott gesagt oder getan wurde; ein zweiter wird über das einem anderen Geoffenbarte und an ihm Vollführte berichten; und wieder ein anderer wird uns wieder anders als die genannten zwei über das unterrichten wollen, was einem dritten widerfuhr; soll auch noch ein vierter sein, der Ähnliches wie die drei über irgend jemand tut.

Diese vier sollen aber in gewissen, ihnen vom Geiste eingegebenen Dingen miteinander übereinstimmen und in anderem geringfügig voneinander abweichen, dann lauten ihre

Erzählungen so: Gott erschien dem und dem zu dieser Zeit und an diesem Ort und tat dieses an ihm in der und der Weise. Er erschien ihm in dieser Gestalt und führte ihn an diesen Ort und dort tat Er dies. Der zweite wird berichten, Gott sei zur selben Zeit, von welcher der erste sprach, in einer Stadt erschienen, ... und er wird andere Worte aufschreiben, die zur selben Zeit – wie wir unterstellen – einem anderen gesagt wurden. Ähnliches ist vom dritten und vierten zu denken. Wie wir aber schon bemerkt haben, sollen diese Berichterstatter des Wahren über Gott und seine Wohltaten an einigen Leuten in gewissen Dingen ihrer Erzählungen übereinstimmen.

Wer nun ihre Schrift für einen Geschichtsbericht hält, der sich etwa vorgenommen hätte, die [eigentliche] Wirklichkeit so darzustellen, als bestehe sie aus einem historischen Bilde, und wer vermeint, Gott sei in der Weise einer begrenzten Gestalt an einem Orte und könne deshalb nicht zugleich mehrere Erscheinungen Seiner selbst vor mehreren Leuten und an mehreren Orten bewerkstelligen und Er könne nicht zugleich mehreres sagen, der wird es für unmöglich halten, daß die vier, von denen die Rede ist, Wahres berichten. ...[3]

[3] Der Gedanke des Origenes ist folgender: Die eigentliche Aussageabsicht der in verschiedenen Punkten voneinander abweichenden und sich widersprechenden Berichte der Evangelien liegt nicht in Ortsangaben und Umstandsschilderungen und in der Chronologie, denn Gott und sein Wirken läßt sich nicht auf solche Kategorien begrenzen. Die historischen Berichte sind nur Ausdruck für das Mysterium, das in ihnen transparent und gegenwärtig wird, ohne sich jedoch auf das Nur-Historische begrenzen zu lassen. Die Geschichte ist nicht eigentlich jene Wirklichkeit, um die es der Heiligen Schrift geht, sondern durch das geschichtliche Bild – so verschieden es nach Empfänger, Gelegenheit und Ort auch sei – stellt sie das den jeweiligen historischen Vorgang transzendierende Heilsgeschehen dar. Und in diesem eigentlich Gemeinten sind sich die heiligen Berichterstatter trotz ihrer Verschiedenheiten einig. Ihre Verschiedenheiten betreffen Historisches, Geographisches, Chronologisches, kurz, das Sichtbare; ihre Übereinstimmung bekundet das Inspirierte. Darauf ist ihre Aussageabsicht gerichtet.

Origenes bedient sich in seiner Annahme des Verhältnisses des verklärten Christus zu Raum und Zeit, nicht des Menschgewordenen in seiner Niedrigkeitsgestalt, denn er will ja hier gerade nicht von der

[X.5] Wenn nun die vier verschiedenen Berichterstatter uns den vor ihrem Geiste stehenden Sinn geschichtlicher Vorgänge mittels Darstellung äußerer Merkmale vermitteln wollen, so wird kein Widerspruch in dem Berichteten gefunden werden – sofern die vier Berichter weise sind.[4] So muß man denken, daß es sich bei den vier Evangelisten verhält. Sie gebrauchten viele [äußere] Handlungen und Worte Jesu [zur Darstellung], *um das Wunderbare und* höchst *Unbegreifliche* seiner Macht *zu vermitteln.* Es gibt Stellen, wo sie der Schrift durch den Ausdruck (*λέξεις*) gleichsam Anschauliches hinzuverwoben haben, was ihnen rein geistig deutlich geworden war. Ich möchte es aber nicht verurteilen, wenn sie da etwas historisch anders Abgelaufenes zugunsten der mystischen Aussageabsicht[5] irgendwie umgestellt haben, etwa so, daß sie etwas an diesem Ort Geschehenes an einen anderen Ort verlegten, oder etwas bei dieser Gelegenheit Geschehenes bei einer anderen berichteten[6], oder etwas so und so Ausgesprochenes mit einer gewissen Veränderung wiedergaben. Es oblag eben den Evangelisten, wo es anging, sowohl geistig wie sinnenhaft Wahres gleichzeitig zu sagen; wo beides aber nicht zugleich möglich war, der geistigen Wahrheit den Vorzug zu geben vor dem sinnenhaften Ausdruck, indem des öfteren das geistig Wahre in einer, wie man sagen könnte, literarischen (materiellen) Lüge[7] gewahrt wird.

Inkarnation des Logos in die Geschichte und in den geschichtlichen Bericht, sondern von seiner Übergeschichtlichkeit reden, vom Logos, der mehr ist als Geschichte und Geschichtsbericht.

[4] Und deshalb den Sinn, auf den es ankommt, recht erfaßt und das entsprechende Ausdrucksmittel dafür gewählt haben.

[5] *τὸ ὡς κατὰ τὴν ἱστορίαν ἑτέρως γενόμενον πρὸς τὸ χρήσιμον τοῦ [τού]των μυστικοῦ σκοποῦ μετατιθέναι πως αὐτούς.*

[6] Man denke etwa an die Bergpredigt, deren Komposition, so wie sie in der Schrift steht, das Werk der Evangelisten ist, die verschiedene Reden Jesu, bei verschiedenen Gelegenheiten gehalten, hier zusammengestellt haben.

[7] Was die Darstellung und Schilderung der Umstände anbelangt.

So geschah es, um ein Beispiel aus der Geschichte selber zu wählen, als Jakob zu Isaak sagte: «Ich bin Esau, dein erstgeborner Sohn» (Gn 27,19). In bezug auf die geistige Wirklichkeit sagte er Wahres, da er ja schon das Erstgeburtsrecht übernommen hatte, das Esau an den Bruder verloren hatte. ... Vielleicht nämlich wäre Esau, wenn nicht Jakob an seiner Stelle gesegnet worden wäre, so wie er war, gar nicht fähig gewesen, den Segen entgegenzunehmen.

Jesus nun ist vieles durch seine verschiedenen Aspekte. Die Evangelisten haben selbstverständlich verschiedene Aspekte aufgegriffen und sie bei der Abfassung der Evangelien manchmal nebeneinandergestellt. So sagen sie Wahres über unseren Herrn, wenn auch dem Wortlaut nach sich Widersprechendes, etwa daß «Er geworden ist aus David» (Röm 1,3), aber auch daß Er nicht geworden ist aus David. Daß Er, wie der Apostel sagt, ... «aus David geworden ist», ist wahr, wenn man es von seinem Leibe versteht. Dieselbe Aussage ist falsch, wenn man sie von seiner göttlichen Natur (*δύναμις*) verstehen wollte, denn «in Macht» (Röm 1,4) ist Er gesetzt als Sohn Gottes.

Die menschliche Gestalt des Wortes ist notwendig für unser Begreifen der Offenbarung

[X.6] Vielleicht nennen Ihn die Propheten darum an der einen Stelle Knecht Gottes, an der andern Sohn Gottes; Knecht nennen sie wegen seiner «Knechtgestalt» (Phil 2,7) Den «aus dem Geschlechte Davids» (Röm 1,3), Sohn aber nennen sie Ihn nach seiner einziggezeugten Natur. So ist es wahr, Ihn Mensch zu nennen und nicht Mensch: Mensch insofern Er den Tod erleiden kann, nicht Mensch sofern Er als Gott mehr ist denn Mensch.

Ich meine, daß Marcion ganz richtige Worte mißverstanden hat, wenn er verwarf, daß der Herr mit seiner göttlichen Natur aus Maria geboren sei und damit leugnete, daß [der Sohn Gottes] aus Maria geboren sei. Deswegen hat er sich erkühnt, diese Stellen aus dem Evangelium zu streichen.

Ähnlichem scheinen sowohl die zu erliegen, die seine Menschheit aufheben und nur seine Gottheit annehmen, als diejenigen, die das Gegenteil tun, nämlich seine Gottheit streichen und Ihn nur als Menschen gelten lassen, freilich als einen heiligen und den gerechtesten aller Menschen. Auch die, welche die Auffassung von einer Erscheinung (δόκησις) einführen und Den nicht erkennen, der «sich erniedrigte bis zum Tod» und «gehorsam geworden ist» «bis ans Kreuz» (Phil 2,8), auch sie[8] wollen uns – wenigstens soweit es auf sie ankommt – des gerechtesten aller Menschen berauben, so daß wir nicht durch Ihn erlöst werden könnten. Denn, wie «durch einen Menschen» «der Tod» (Röm 5,12), so kam auch durch einen Menschen die Rechtfertigung des Lebens. Ohne den Menschen[9] hätten wir die Heilsbedeutung des Logos nicht erfaßt, wenn Er geblieben wäre, wie Er im Anfang bei Gott, dem Vater, war und nicht einen Menschen[10] angenommen hätte, den ersten und erhabensten und den bei weitem reinsten [nahm Er an], mehr als alle [es sind], die Ihn erfassen können[11]. Nach Ihm[12] werden nun auch wir imstande sein, den Logos aufzunehmen, jeder nach dem Maß und der Weise, wieviel und welchen Raum in unserer Seele wir Ihm machen.

Das alles ist gesagt in der Absicht, auf dem Wege pneumatischer Auslegung die scheinbaren Differenzen der Evangelien zu klären.

Anpassung

[X.9] (Joh 2,12) «Er zog hinab nach Kapharnaum.» Zur Hochzeit von Kana waren nicht alle geladen. Tiefer unten aber [d.h. auf niedrigerer Stufe][13] empfangen Heilsnutzen

[8] Die doketisch lehrenden Gnostiker wie Marcion und die Valentinianer (Iren. Adv. haeres. III 16).

[9] Ohne die Menschheit des Logos.

[10] Menschennatur.

[11] Ich korrigiere *δυνάμενον* als Diktatfehler in *δυναμένων*.

[12] Nachdem der Logos menschliche Gestalt, oder – in Übertragung des Inkarnationsprinzips auf die Wortoffenbarung – nachdem das Wort menschlichen Ausdruck angenommen hat.

[13] Symbolisch dargestellt durch das tiefer als Kana gelegene Kapharnaum.

die, die sich Jünger Christi nennen, und auch anderes Volk. ... Zu ihnen steigt der Herr mit den Dienern des Wortes und seinen Jüngern hinab, um ihnen Heil zu bringen. Seine Mutter ist bei Ihm. Es scheint, daß die «Kapharnaum» – d.h. ‚Ort des Hilferufs' – Genannten einen längeren Aufenthalt Jesu und der mit Ihm Gekommenen bei sich nicht ertragen konnten. So bleiben sie nur wenige Tage bei ihnen. Denn eine Erleuchtung durch weitere Lehren faßt die niedrigere Stufe nicht. Sie ist nur aufnahmefähig für Weniges.

Um den Unterschied zu sehen zwischen jenen, die Jesus in größerem und denen, die Ihn in geringerem Maße aufnehmen, muß man zur Bemerkung: «Dort blieben sie nicht viele Tage» die Worte bei Matthäus hinzunehmen, die der von den Toten Auferstandene den Jüngern sagt, da Er sie sendet, alle Völker zu lehren: «Siehe, Ich bin bei euch alle Tage bis ans Ende dieser Weltzeit» (Mt 28,20). Den einen nämlich, die alles wissen werden, was die menschliche Natur hinieden zu erkennen fähig ist, wird mit deutlichem Hinweis gesagt: «Siehe, Ich bin bei euch»; während die Fortsetzung «Alle Tage bis zum Ende dieser Weltzeit» auf den Anbruch weiterer Tage des Schauens hinweist, die für die Seligsten kommen werden. Von den Geringeren aber in Kapharnaum, zu denen Jesus und seine Mutter, seine Brüder und Jünger hinabstiegen, heißt es: «Dort blieben sie nicht viele Tage.»

Zeithafte und eschatologische Existenz

[X.10] (Joh 2,12) «Dort blieben sie nicht viele Tage.» Natürlich werden einige nun nicht ohne Grund fragen, ob nach allen Tagen dieser Weltzeit Der nicht mehr da sein wird, der sagt: «Ich bin bei euch», nämlich bei denen, die Ihn «*bis* zum Ende dieser Weltzeit» (Mt 28,20) erfassen. Das «bis» offenbart tatsächlich so etwas wie eine zeitliche Begrenzung. Dazu ist aber zu sagen, daß «Ich bin bei euch» nicht dasselbe besagt wie «Ich bin *in* euch». Vielleicht sollte man nicht eigentlich sagen, der Erlöser sei «in» denen, die sich in seine Jüngerschaft einüben, Er sei vielmehr «bei» ihnen, solange sie noch nicht im Geiste ans «Ende der Weltzeit» gelangt sind. Wenn sie aber das Ende der «Welt, die ihnen gekreuzigt ist» (Gal 6,14), als ein [für sie] Gegenwärtiges schauen, soweit das auf ihrer eigenen Bereitschaft beruht, dann ist Jesus nicht mehr «bei ihnen», sondern «in ihnen» und sie können sprechen: «Nicht mehr ich lebe, sondern Christus lebt in mir» (Gal 2,20). ...

Das aber haben wir gesagt, indem wir das «alle Tage» und das «bis zum Ende der Weltzeit» in der dargelegten eigenen Weise verstanden, nämlich nach dem für die menschliche Natur hienieden Erreichbaren [an Gottgemeinschaft]. Nach dieser gleichen Auslegungsweise kann aber auch das «Ich» so verstanden werden, daß *bis* ans Ende der Welt der [Christus] mit denen ist, die gesandt sind, alle Völker zu lehren, der «sich selbst entäußerte und die Gestalt des Knechtes annahm» (Phil 2,7); der von diesem gleichsam verschiedene [Christus] aber in seinem Zustand vor seiner Selbstentäußerung wird, mit den Seinen wieder sein *nach* dem Ende der Weltzeit. Wenn dann «alle Feinde» vom Vater «als Schemel unter seine Füße gelegt» (Hebr 10,13) sind, dann, wenn der Sohn «das Reich Gott dem Vater übergibt» (1Kor 15,24), dann wird auch der *Vater* ihnen sagen: «Siehe, ich bin bei euch»[14].

Biblische Namen sind Andeutungen

[X.12] (Joh 2,12) Wir wissen, daß die Ortsnamen Beinamen sind zu den Ereignissen um Jesus. Gergesa z.B., wo die Schweinebürger Ihn baten, ihr Gebiet zu verlassen, bedeutet «Wohnort der Ausgetriebenen». Dasselbe bemerkten wir von Kapharnaum, das heißt: «Ort der Tröstung», wo Jesus nicht nur anfing zu verkünden: «Das Himmelreich ist gekommen», sondern nach den drei Evangelisten auch die ersten Wunder tat. Aber keiner von Ihnen schrieb über die in Kapharnaum geschehenen Wunder, was Johannes über

[14] Dann ist das Mittleramt Christi erfüllt und beendet, und die Gottgemeinschaft vollkommen.

das erste Werk Jesu sagt, nämlich es sei als Zeichen getan worden: «Diesen Anfang der Zeichen machte Jesus in Kana in Galiläa.» Denn was in Kapharnaum geschah, war kein Urzeichen (ἀρχὴ τῶν σημείων), weil das besondere Zeichen des Sohnes Gottes die Freude ist. Die menschlichen Umstände, die sich bei der Heilung Leidender ereigneten, zeigen nicht in solchem Maße die dem Worte eigene Schönheit wie das dadurch geschieht, daß Er die Gesunden und die, die beim Fest weilen können, mit nüchternem Trunke erfreut.

Vergängliche und Ewige Feste

[X.13] (Joh 2,13) «Das Passa der Juden war nahe». Beim Nachdenken über diesen sorgfältig gewählten Ausdruck des so weisen Johannes frug ich mich, was er mit dem Zusatz «der Juden» zu sagen beabsichtigt. Denn bei welchem andern Volk gibt es ein Passafest? So hätte es doch genügt, wenn er gesagt hätte: «Das Passa war nahe». Doch nein, denn das eine ist das menschliche Passa, derer nämlich, die es nicht nach der Absicht der Schrift begehen. Das göttliche Passa aber ist das wahre, das «im Geist und in der Wahrheit» vollzogen wird von denen, die Gott «im Geist und in der Wahrheit» verehren. Dem göttlichen wird das sogenannte «Passa der Juden» als Gegensatz gegenübergestellt.

[X.19] ... Hauptsächlich weil beim Passa der Juden sich die Verkäufer von Rindern und Schafen und Tauben im Tempel finden. Ihretwegen vor allem wird festgestellt, es sei nicht das Passa des Herrn, sondern das der Juden. Wie nämlich das Haus des Vaters zu einem Kaufhaus wurde durch die, die es nicht heiligten, so wurde das Passa des Herrn ein menschliches, ein jüdisches Passa durch die, die es niedrig und äußerlich auffaßten.

[X.14] Ähnliches ist im Buch Exodus auch über das Volk geschrieben, das, wenn es nicht sündigt, von Gott sein eigen genannt wird (Ex 8,16–20), wenn es aber durch die Anfertigung des Kalbes sich von Ihm lossagt, Volk des Moses genannt wird (Ex 32,7). ... Wie das Volk, wenn es nicht sündigt, Gottes Volk ist, wenn es sündigt dagegen, nicht mehr sein genannt wird, so auch die Feste. Sie werden vom Herrn im innersten gehaßt, wenn sie Feste von Menschen im Zustand der Sünde sind. Wenn sie aber durch die Ordnung des Herrn geregelt sind, werden sie Feste des Herrn genannt. Ein solches Fest ist das Passa, von dem im vorliegenden Evangelientext gesagt wird, es sei nicht das Passa des Herrn, sondern das der Juden.

Wahrscheinlich wird aber nun einer fragen, warum Paulus im Brief an die Korinther schreibt: «Unser Passa ist geschlachtet, Christus» (1Kor 5,7), und nicht etwa: ‚Das Passa des Herrn ist geschlachtet, Christus'. Dazu könnte man zunächst schlicht sagen, daß er das «für uns» geschlachtete Passa «unser» geschlachtetes Passa nennt; oder aber, daß jedes Fest, das wahrhaftig des Herrn ist, auch das Passa, nicht in dieser Weltzeit, sondern in der künftigen, noch auf der Erde, sondern im Himmel vollendet werden wird, im heranstehenden Himmelreich. Über diese Feste sagt ... Paulus im Hebräerbrief: «Ihr seid hinzugetreten zum Berge Sion, der Stadt des lebendigen Gottes, zum himmlischen Jerusalem, zu den zahllosen Engeln, zur Festversammlung und zur Gemeinde der Erstgeborenen, die im Himmel aufgeschrieben sind» (Hebr 12,22f). Und im Kolosserbrief: «Darum soll euch niemand richten nach Speise und Trank oder in Sachen eines Festes, des Neumonds oder Sabbats, denn das sind nur Schatten des Künftigen» (Kol 2,16f).

[X.15] Wie wir aber im Himmel die Feste feiern werden, deren Schatten bei den fleischlichen Juden bestanden – nachdem wir zuvor unter dem wahren Gesetz mit Statthaltern und Verwaltern wie Kinder geführt wurden bis dahin, da die Fülle der Zeit herankam und wir endlich der Vollkommenheit des Sohnes Gottes teilhaftig würden – das zu offenbaren wäre ein Werk jener Weisheit, die im Mysterium verborgen ist. Sie wird uns auch erkennen lassen, was gemeint ist mit den vom Gesetz angeordneten Speisen, die nur Sinnbilder derer sind, die dereinst die Seele nähren und stärken werden.

Wenn nun aber jemand sich das unendliche Meer so großer Erkenntnisse ausmalt und dabei festzulegen sucht, wie der irdische Gottesdienst Muster und Schatten der himmlischen Feier ist, und sich auch dort die Brandopfer und das Lamm vorstellt, dann würde er den Apostel überrennen, der zwar unser Denken von irdischen Lehren über das Gesetz erheben will, aber dennoch nicht offen darstellt, wie das Künftige sein wird. Und wenn schon die Feste, und das Passa als eines davon, in den künftigen Äon emporgeführt werden, so ist noch mehr zu beachten, wie «unser Passa, das geschlachtet ist, Christus» (1Kor 5,7) nach dieser Weltzeit geschlachtet wird.

[X.16] Einiges müssen wir noch über die schwierige Frage sagen – sie erforderte eigentlich eine eigene Untersuchung und ergäbe ein dickes Buch –, welche dogmatischen Lehren, welchen mystischen Sinn überhaupt das Gesetz, im besonderen die Feste und ganz besonders das Passa enthält. Als Passa der Juden wurde ein Lamm geschlachtet, es wurde von jedem gegessen im Hause seiner Familie. Dabei wurde eine Unzahl von Lämmern und Böckchen geschlachtet, entsprechend der Zahl der Häuser im Volke. «Unser Passa aber ist geschlachtet, Christus.» Ferner haben jene das «Ungesäuerte», das darin besteht, daß jeglicher Sauerteig aus ihren Häusern verschwindet. Wir aber feiern nicht «im alten Sauerteig», nicht «im Sauerteig der Bosheit und Schlechtigkeit, sondern im Ungesäuerten, in Reinheit und Wahrheit» (1Kor 5,7f).

Ob aber das Passa des Herrn und das Fest der Ungesäuerten noch etwas Drittes ist außer den erwähnten beiden Dingen, das wäre genauer zu prüfen auf grund der Tatsache, daß jene die himmlischen Dinge nur im Gleichnis und Schatten verehrten ...

Wenn es heißt: «Ihr sollt kein Bein an ihm zerbrechen» (Ex 12,46), so scheint Johannes in seinem Evangelium auf diese Stelle zu verweisen und sie auf das Kreuz des Erlösers zu beziehen. Er sagt nämlich: «Als sie zu Jesus kamen und sahen, daß er schon tot sei, zerbrachen sie seine Gebeine nicht. ... Dies geschah, damit die Schriftstelle erfüllt werde: ‚Sie sollen seine Gebeine nicht zerbrechen'.»

[X.17] ... Es scheint also, daß der Evangelist mit Paulus in den vorliegenden Fragen übereinstimmt. Anzufügen ist noch: Wenn das Wort Fleisch geworden ist und der Herr sagt: «Wenn ihr das Fleisch des Menschensohnes nicht esset und sein Blut nicht trinket, so habt ihr das Leben nicht in euch. ... Wer mein Fleisch ißt und mein Blut trinkt, der bleibt in Mir und Ich in ihm», ob dieses Fleisch nicht das des Lammes ist, das die Sünden der Welt hinwegnimmt, und dieses Blut jenes, von dem an die beiden Türpfosten und an die Schwellen der Häuser gestrichen werden muß, in denen wir das Passa essen?

Vom Fleisch des Lammes muß man essen in dieser Weltzeit, d.h. in der Nacht. Das am Feuer gebratene Fleisch ist zu essen mit Brot aus Ungesäuertem. Das Wort Gottes ist nämlich nicht nur Fleisch. Es sagt ja: «Ich bin das Brot des Lebens.» ...

Jede Nahrung wird doch gebräuchlich einfachhin Brot genannt. ... Das merke ich an, weil es bei Johannes heißt: «Das Brot, das Ich gebe, ist mein Fleisch für das Leben der Welt».

Mit «bitteren Kräutern» essen wir das Fleisch des Lammes und das Ungesäuerte. Das heißt: ob der Reue über unsere Sünden sind wir betrübt in einer «Trauer, die Gott gemäß ist» (2Kor 7,9f) und die eine Reue zum Heil bewirkt, die wir nicht zu bedauern haben. Oder es kann auch heißen, daß wir durch die Anfechtungen hindurchgehend suchen und genährt werden von der Wahrheit, die gefunden und geschaut wird.

Passamahl mit dem Wort

[X.18] (Joh 2,13) Nicht roh darf das Fleisch des Lammes gegessen werden, wie es nach Art vernunftloser Tiere die Sklaven des Textes tun, die wie wilde Tiere sind gegen die wahrhaft geistigen Menschen, welche den geistigen Sinn des Wortes zu verstehen suchen und damit die roh (gewachsenen) Tiere aufbereiten. Wer aber das Rohe der Schrift zum Kochen bereitet, muß darum besorgt sein, daß das Geschriebene nicht in etwas Schlaffes, Verwässertes, Aufgelöstes verwandelt wird, wie jene es tun, die «dem Ohr kitzeln und es von der Wahrheit abwenden» (2Tim 4,3) und die ihre spekulativen Textauslegungen (ἀναγωγαὶ) auf eine haltlose und ganz verwässerte Lebensführung hin einrichten. Wir aber werden durch den glühenden Geist und die feurigen Worte, die uns von Gott gegeben sind – wie sie auch Jeremias empfing von Dem, der zu ihm sagte: «Siehe ich habe meine Worte in deinen Mund gelegt wie Feuer» (Jer 5,14) –, das Fleisch des Lammes gebraten machen, so daß die davon Empfangenden sagen: «Brannte nicht unser Herz auf dem Wege, als Er uns die Schrift aufschloß?» (Lk 24,32) ...

Um aber zu einer solchen Exegese fähig zu sein [muß auch unser eigenes Fleisch][15] wie das des Lammes im Feuer gebraten werden. Erinnern wir uns doch, daß Jeremias bekannt hat, welches Leiden er an den Worten Gottes ausstand. Er sagt: «Es brennt in mir wie brennendes Feuer, flammend in meinen Gebeinen, ich bin ganz erschöpft und vermag es nicht zu ertragen» (Jer 20,9).

Beim Essen ist mit dem Kopf zu beginnen, das heißt mit den wichtigsten und grundsätzlichsten Lehren über die himmlischen Dinge. Zu enden ist bei den Füßen, da das Letzte, was man kennen zu lernen sucht, die dem Rang nach geringsten Dinge der Natur des Seienden sein sollen, das rein Materielle, das Unterirdische, die bösen Geister und unreinen Dämonen. Denn die Lehre über diese Dinge, die in den Mysterien der Schrift mit eingeschlossen ist, kann übertragen «Füße» des Lammes genannt werden. Die «Eingeweide» [des Lammes], das Innere (ἐσωτερικά) und Verborgene [der Schrift] darf nicht weggeworfen werden, sondern wie an einem einheitlichen Leib, so muß man an die ganze Schrift herangehen. Und den in der Harmonie ihrer gesamten Komposition wohl gestrafften und äußerst festen Zusammenhang darf man nicht zerkleinern noch zerhacken.

[15] So etwa ist die Lücke im Text zu ergänzen.

Solches tun die, welche die Einheit des Geistes, der in allen Schriften weht, eigenmächtig auseinanderreißen.[16]

Die von diesem Lamm aus gegebene Prophetie soll uns nur während dieser einzigen «Nacht» des dunklen Erdenlebens ernähren. Bis zum Anbruch des Tages nach diesem Leben «soll nichts mehr übrigsein» von dieser Speise, die uns nur im gegenwärtigen Leben nützlich ist. Wenn nämlich die Nacht vorübergegangen ist und der Tag danach anbricht, essen wir ein «ungesäuertes Brot», das nicht mehr vom alten und von unten stammenden Sauerteig gesäuert ist, ein Brot, das uns nützlich sein wird wenn nach dem Ungesäuerten uns das Manna gereicht wird, die englische und nicht-mehr-menschliche Speise. ...

Damit soll in Kürze dargelegt sein, was in Übereinstimmung mit der apostolischen Auffassung[17] und mit dem, was im Evangelium über das Lamm gesagt wird, das geschlachtete Passa Christus ist. Man darf nämlich nicht meinen, Historisches sei Typ für andere Ereignisse historischer Ordnung, und körperhafte [sinnenhafte] Vorgänge seien Typ für wiederum Körperhaftes. Sondern das Körperhafte ist Typ für Pneumatisches und das Historische ist Typ für Geistiges[18]. Man muß durch das Wort [und seinen Sinn] aufsteigen bis zum dritten Passa, das gefeiert wird in der Festversammlung unzähliger Engel bei einem vollkommenen und allerseligsten Exodus.

Irrtumslosigkeit der Schrift

[X.20–22] (Joh 2,14–17) Es war meines Erachtens notwendig, die Berichte der Evangelisten über die Tempelreinigung zu vergleichen, um die Unstimmigkeit des Wortlauts aufzuzeigen. Die drei [Synoptiker] sagen nämlich, alle Ereignisse (von denen die meisten annehmen, sie seien die-

[16] Wie Marcion.

[17] *συμφώνως τῇ ἀποστολικῇ ἐκδοχῇ*. Die apostolische Tradition ist Prinzip der rechten Schriftauslegung.

[18] *τὰ σωματικὰ [τύποι]πνευματικῶν καὶ τὰ ἱστορικὰ νοητῶν.*

selben, die Johannes beschreibt), seien bei ein und demselben Aufenthalt des Herrn in Jerusalem geschehen. Johannes dagegen teilt uns mit, daß diese Ereignisse sich bei zwei Reisen des Herrn nach Jerusalem abgespielt haben, zwischen denen viele Taten liegen. ...

Ich bin nun der Meinung, daß die scheinbare Unstimmigkeit dieser Berichte nur für diejenigen besteht, die über das Historische hinaus keinen Inhalt in ihnen finden. ...

[X.31] Überlege, ob es nicht möglich sei, die Abweichungen und Mißstimmigkeiten des Textes zu lösen durch Emporführung zum geistigen Verständnis (ἀναγωγή). Jeder der Evangelisten hat verschiedene Wirkungsweisen des Wortes in verschieden disponierten Seelen beschrieben, denn dessen Tätigkeit bewirkt nicht in allen dasselbe, sondern schafft Wirkungen, die einander ähnlich sind. Die scheinbaren Divergenzen der Reisen Jesu nach Jerusalem nach dem [Johannes-]Evangelium, das wir in Händen haben, in dem es anders steht als bei den drei [Synoptikern], läßt sich nur so rechtfertigen.[19]

[X.23] Wir bitten Den, der jedem Bittenden und in hartem Kampf Suchenden gewährt, und klopfen an, damit uns die Schlüssel der Erkenntnis die Verborgenheiten der Schrift öffnen mögen, und so wollen wir das, was uns veranlaßt, eine Übereinstimmung in diesen Texten zu finden, mit der uns verliehenen Fähigkeit nach derselben Methode [die wir bisher vertraten] erklären.

Tempelreinigung

Betrachten wir zuerst den Text des Johannes, der so beginnt: «Und Jesus ging nach Jerusalem hinauf». Jerusalem ist, wie der Herr bei Matthäus selbst sagt, «die Stadt des großen Königs» (Mt 5,35), die nicht im Tal oder in der Tiefe liegt, sondern auf hohem Berg erbaut ist (Mt 5,14). ...

[19] Ohne daß die Irrtumslosigkeit der inspirierten Schrift angetastet würde. Origenes sieht im höheren Sinn den vom Hagiographen intendierten Sinn. Dieser ist irrtumslos.

Aber auch jene Stadt wird Jerusalem genannt, zu der kein Irdischer aufsteigen und eingehen kann. Und doch ist jede Seele, die sich mit natürlichem Aufschwung über das Niedrige erhebt und eine scharfe Sehkraft für Geistiges hat, Bürgerin dieser Stadt. Es ist aber wohl möglich, daß der Jerusalemit auch in Sünde ist. Denn auch die Wohlgeborensten können fehlen. Wenn er nicht nach seiner Sünde schnellstens zurückkehrt, verliert er sein Wohlgeborensein und wird nicht nur ein Fremdling, sondern sogar eingeschriebener Bürger in einer Judäa fremden Stadt.

Jesus nun zieht nach Jerusalem hinauf ... Und Er findet im Tempel, der auch Vaterhaus des Erlösers genannt wird, das heißt in der Kirche oder bei der Verkündigung der kirchlichen und ordentlichen Lehre einige, die aus dem Hause des Vaters ein Kaufhaus machen. Jesus findet immer so einige im Heiligtum. Wann nämlich gibt es in der Kirche, dem Haus «des lebendigen Gottes, der Säule und Stütze der Wahrheit» (1Tim 3,15), nicht einige, die dasitzen und großes Geld in kleines umwechseln, die der Hiebe der von Jesus aus Stricken gefertigten Geißel bedürfen? Wann gibt es nicht einige, die nur Kleingeld ausgeben, deren Geld man ausleeren und deren Tische man umstürzen muß? Wann gibt es nicht solche, die händlerisch die Ochsen hergeben, die man am Pflug behalten sollte, damit, wer einmal Hand an ihn gelegt hat, sich nicht mehr zurückwende, sondern für das Reich Gottes brauchbar werde? Wann gibt es nicht solche, die den Mammon der Ungerechtigkeit den «Schafen» vorziehen, die ihnen nur zur Abgabe von Ehrenbezeugungen gut sind (Mt 23,5f)? Immer gibt es viele, die den Lauteren und Einfältigen berauben und jeden bitteren Gewissensbiß verachtend schnödem Gewinn zuliebe die Sorge um die – in übertragenem Sinn – «Tauben» Genannten verraten. Wenn aber der Erlöser im Heiligtum, im Hause seines Vaters, die Verkäufer von Ochsen, Schafen und Tauben und die dasitzenden Kleingeldwechsler[20] findet, dann wird Er

[20] Die Wiederholung des Dasitzens unterstreicht die Anspielung auf die Schriftgelehrten, die bei ihrer Belehrung saßen. Origenes wirft

sie mit einer selbstgemachten Geißel hinausjagen mitsamt ihren käuflichen Schafen und Ochsen; und Er wird ihr Kleingeld ausschütten wie etwas, das nicht wert ist aufgehoben zu werden, und wird die Unbrauchbarkeit all dessen zeigen. Die Tische in den Seelen derer, die das Geld lieben, wird Er umwerfen und denen, die Tauben verkaufen, wird er sagen: «Hebt das weg von hier!», damit im Heiligtum Gottes kein Handel mehr getrieben werde.

[X.24] Ich glaube aber außerdem, daß Jesus durch seine Reden ein Zeichen von noch tieferer Bedeutung gab, damit wir erkennen sollen, dies alles sei als Gleichnis geschehen, dafür nämlich, daß in diesem Tempel von den Priestern keine sichtbaren Opfer mehr als Gottesdienst dargebracht werden sollten und das Gesetz nicht mehr gehalten werden könne. Wenigstens nicht mehr so wie die fleischlichen Juden es wollten. Nachdem Jesus nämlich einmal die Ochsen und Schafe hinausgetrieben und die Tauben von dort wegzunehmen befohlen hatte, sollten fernerhin keine Ochsen und Schafe und Tauben mehr nach dem Brauch der Juden geopfert werden. Und selbstverständlich sollten die Münzen ausgeschüttet werden, die die Prägung irdischen Geldes und nicht diejenige Gottes trugen, da die ehrwürdig scheinende Gesetzgebung nach dem tötenden Buchstaben durch das Kommen Jesu mit Geißelhieben gegen das Volk aufgelöst und ausgeschüttet werden mußte. Darum wurde das Amt von den Juden auf die in Christo an Gott Glaubenden unter den Heiden übertragen (Apg 1,20), und das Reich Gottes jenen genommen und denen unter den Heiden gegeben, die seine Früchte bringen.

Ein naturhafter Tempel kann aber auch die in ihrer Geistigkeit wohlgestaltete Seele sein, in die Jesus emporsteigt. ... Bevor Er sie in Zucht nimmt, findet Er in dieser Seele nur irdische und unvernünftige und widrige Regungen. Was

ihnen vor, sie verkleinerten die großen Lehren der Offenbarung, sie lehren Unwesentliches, Kleinliches, Nebensächliches. Aus den großen Mysterien machen sie Kleinkram (vgl. Mt 23,23 f). Und wie im Tempel, so gibt es solche auch in der Kirche.

darin fälschlicherweise als gut erscheint, wird von Jesus durch sein aus aufweisenden und überführenden Lehren geflochtenes Wort ausgetrieben, damit das Haus seines Vaters nicht mehr ein Warenhaus sei, sondern künftighin einen nach himmlischen und geistigen Gesetzen vollzogenen Gottesdienst aufnehme zum eigenen Heil und dem vieler andern. ...

[X.25] Wer aber die Geschichte selbst festhalten will[21], der kann sich, um den Bericht wörtlich gelten zu lassen, auf die göttliche Macht Jesu berufen, mit der Er, wenn Er wollte, die entflammte Wut der Feinde auslöschen und Unzählige durch göttliche Gnade überwinden und das Sinnen der Sich-Auflehnenden zerstreuen konnte. «Denn der Herr zerstreut die Pläne der Heiden, Er macht zunichte das Sinnen der Völker. Der Plan des Herrn jedoch bleibt ewig» (Ps 32,10). So zeigt diese Geschichte, falls sie sich wirklich so ereignete, keine geringere Machtwirkung als die ganz ungewöhnlichen Wunder Jesu, die ob ihrer Göttlichkeit die Augenzeugen zum Glauben aufriefen. Ja man muß sie sogar noch gewaltiger nennen als die zu Kana geschehene Wandlung von Wasser in Wein, da dort nur unbelebte Materie verwandelt wurde, hier aber unterwarf Er sich die freie Persönlichkeit (τὸ ἡγεμονικὸν) so zahlloser Menschen.

[X.34] Wie hätten die Jünger sich noch an das Psalmwort: «Der Eifer für dein Haus verzehrte mich» (Ps 68,10) erinnert, wenn es nicht das Haus Gottes selbst, des Gottes Christi, gewesen wäre? ... Christus eifert aber am meisten für das Haus Gottes in einem jeden von uns, denn Er will nicht, daß es ein Warenhaus sei, noch daß das Haus des Gebets eine «Räuberhöhle» werde, ist er doch der Sohn eines «eifernden Gottes» (Ex 20,5). Das müssen wir einsehen, wenn wir den Wortlaut der Schrift einsichtsvoll hören, der von menschlichen Vorgängen ausgeht, die ihrer übertragenen Bedeutung wegen gesagt sind, um darzustellen, daß Gott nicht will, daß sich etwas seinem Willen Fremdes in

[21] Und dabei die Schwierigkeit in Kauf nehmen muß, daß eine so kühne Tat Jesu gegen eine solche Menge unwahrscheinlich ist.

die Seele eines Menschen einschleiche, am allerwenigsten bei denen, die den allergöttlichsten Glauben annehmen wollen.

[X.28] Sehen, wie sich das verhält [mit der Tempelreinigung], ist Sache derer, denen der wahre Sinn verliehen wurde und die sprechen: «Wir haben den Sinn Christi, um zu erkennen, was uns von Gott geschenkt ward» (1 Kor 2,16. 12), und zwar haben sie diesen Sinn, davon bin ich überzeugt, in größerem Maße als ich. Denn mein Inneres (*ἡγεμονικὸν*) ist nicht so lauter, noch sind meine Augen so, wie die Augen der schönen Braut Christi sein sollen, von denen der Bräutigam sagt: «Deine Augen sind Tauben gleich» (Hhld 1,5), und damit vielleicht die Fähigkeit, Geistiges zu verstehen gleichnishaft andeutet, da ja auch der Heilige Geist in Taubengestalt auf den Herrn herabkam, und so auch auf den Herrn in jedem von uns kommt. Aber obwohl ich so [unvollkommen] bin, will ich doch nicht zögern, die da gesprochenen Worte des Lebens zu ertasten[22] und will versuchen, ihre Kraft zu fassen, die auf den überströmt, der sie im Glauben berührt.

Jesus also ist das Wort Gottes, das in die – «Jerusalem» genannte – Seele einzieht, sitzend auf einer durch die Jünger von ihren Fesseln losgebundenen Eselin, will sagen, auf den einfältigen Buchstaben des Alten Bundes, die einsichtig gemacht wurden von zwei sie loskettenden Jüngern: der eine führt das Geschriebene zur Heilung der Seele anagogisch empor, indem er es zu ihrem Nutzen allegorisch deutet; der andere weist durch die schattenhaften Dinge hindurch die künftigen und wahren Güter auf. Jesus reitet aber auch auf einem «jungen Füllen», dem Neuen Bunde nämlich. Denn in beiden [Testamenten] ist das Wort der Wahrheit zu finden, das uns reinigt und alle verkäuferischen und krämerischen Überlegungen in uns austreibt.[23]

[22] Wie im Dunkel.

[23] Schönes Beispiel für den dreifachen Schriftsinn: den buchstäblichen (Alter Bund), geistlich-seelischen (Neuer Bund) und eschatologischen, der sich aus beiden Testamenten ergibt.

[X.29] Und vielleicht ist es gar nicht so unvernünftig, die Eselin mit den Stimmen zu vergleichen, die das Wort selbst in die Seele hineintragen. Denn der Esel ist ein Lasttier. Daß der Text, besonders der des Alten Bundes, eine «große Last» (Mt 23,4) und eine schwere Bürde darstellt, ist dem klar, der weiß, was bei den Juden geschah. Das Füllen trägt keine solchen Lasten wie der Esel. Wenn auch an der Bürde eines jeden Buchstabens [des Alten wie des Neuen Testaments] die schwer zu tragen haben, die das Aufstrebende und gänzlich Leichte des Geistes nicht zu begreifen vermögen, so trägt doch der neue Buchstabe geringere Last als der alte.

[X.28] Aber Jesus kommt nicht allein nach Jerusalem, ja nicht einmal bloß mit einigen Wenigen. Vieles muß nämlich in uns vorausgehend sich ereignen, bevor das in uns die Vollendung bewirkende Wort Gottes kommt; und zahlreiches anderes folgt Ihm. ...

[X.29] Es wäre nicht abwegig, die Vorausgehenden mit Moses und den Propheten zu vergleichen, die Nachfolgenden aber mit den heiligen Aposteln. Sie alle ziehen ja in die Stadt Jerusalem [das heißt die Seele oder den Himmel] ein. ... Die Jesus vorausgehenden und nachfolgenden Scharen können auch die Mitwirkung der Engel darstellen.

Nun ist aber noch nach dem Sinn der vielen Verkäufer und Händler zu forschen, die vom Gottessohn hinausgetrieben wurden, wenn wir den Einzug auf das «himmlische Jerusalem» (Gal 4,26) beziehen. ... Das sind die sogenannten «Geister der Bosheit im Bereiche des Unsichtbaren» (Eph 6,12). ... Diese sind es, die das himmlische Haus des Vaters, das heilige Jerusalem, das Haus des Gebetes beflecken und zu einer «Räuberhöhle» (nicht anderer Räuber, sondern ihrer selbst) machen. Sie haben unechtes Geld und geben den Herzutretenden Pfennige und Wechselgeld, wertlose und verächtliche Münzen. Sie sind es, die im Kampfe mit den Seelen ihnen das Wertvolle wegnehmen und sie des Guten berauben, um ihnen dafür Nichtswürdiges zu geben.

[X.35] (Joh 2,18f) «Die Juden stellten Ihn zur Rede: ,Was für ein Zeichen kannst Du uns vorweisen, daß Du dies tun darfst?' Jesus erwiderte ihnen: ,Reißt diesen Tempel nieder, und Ich werde ihn in drei Tagen wieder errichten!» Die äußerlichen Menschen (*οἱ σωματικοὶ*) und die Freunde des Sinnenhaften scheinen mir da durch die Juden dargestellt zu werden, die ärgerlich darüber sind, daß Jesus Dinge fortschaffte, an denen sie hingen, die das Haus des Vaters zu einem «Geschäftshaus» machten. Sie fordern ein Zeichen, aus dem hervorgehe, daß das Wort (das jene doch nicht aufnehmen) dies zurecht tue.

Mit dem Wort über jenen Tempel zugleich das über seinen eigenen Leib zu einem einzigen verbindend gibt Jesus auf ihre Einrede: «Was für ein Zeichen kannst Du uns vorweisen, daß Du dies tun darfst?,» die Antwort: «Reißt diesen Tempel nieder, und Ich werde ihn in drei Tagen wieder errichten!» Wenn Jesus auch tausend andere Zeichen vorzuweisen imstande gewesen wäre, so [paßte doch] kein anderes auf den Einwand: «daß Du dies tun darfst». Was den Tempel betrifft, antwortet Er passend anstatt mit irgend einem anderen, mit einem Zeichen des Tempels. Beides, sowohl der Tempel wie der Leib Jesu, scheint mir nach einer der möglichen Auffassungen darüber Bild (*τύπος*) der Kirche zu sein, sofern diese aus «lebendigen Steinen erbaut ist zu einem geistigen Hause, einer heiligen Priesterschaft» (1 Petr 2,5), auferbaut «auf dem Fundament der Apostel und Propheten, dessen Schlußstein Christus Jesus ist» und sofern sie «Tempel» genannt wird (Eph 2,20f).

Auch wenn die Verbindung der Steine des Tempels aufgelöst und zerrissen zu werden scheint, wie im 21. Psalm geschrieben ist, nämlich daß alle Gebeine Christi durch die Nachstellungen in Verfolgungen und Drangsalen [ausgerenkt werden] von denen, die die Einheit des Tempels bekämpfen, so wird doch um des Wortes willen: «Ihr seid Leib Christi und Glieder für euren Teil» (1 Kor 12,27), der

Tempel wieder aufgerichtet, und der Leib wird auferstehen am dritten Tage nach dem für ihn heranstehenden Tag der Bosheit, an dem darauf folgenden Tag der Weltvollendung. Denn es steht ein dritter Tag bevor im «neuen Himmel» und der «neuen Erde» (Apk 21,1), wenn «dies Gebein», nämlich «das ganze Haus Israel», am großen Herrentag auferweckt wird und der Tod besiegt ist. So schließt die schon geschehene Auferstehung Christi aus dem Kreuzesleiden das Geheimnis der Auferstehung des ganzen Leibes Christi ein. Gleichwie aber jener sinnenhafte Leib Jesu Christi gekreuzigt und begraben wurde und nachher auferstand, so ist der ganze Leib der Heiligen Christi mitgekreuzigt und «lebt jetzt nicht mehr» (Gal 2,20). Jeder nämlich ist auch mit Christus begraben, der sich wie Paulus in nichts anderem «rühmt, als im Kreuze unseres Herrn Jesus Christus», durch das er der Welt gekreuzigt ist und die Welt ihm (Gal 6,14). «Mit Christus sind wir mitbegraben», sagt doch Paulus (Röm 6,4). Und er sagt, gleichsam im Besitz eines gewissen «Angelds» der Auferstehung: wir sind mit Ihm auferstanden. Daher wandelt er «in Neuheit des Lebens» wie einer, der [nur] noch nicht in der erhofften glückseligen und vollendeten Auferstehung auferstand. Jetzt wird er also gekreuzigt, danach begraben; oder er wird, schon vom Kreuz abgenommen, jetzt begraben, einst aber auferstehen, weil er jetzt begraben ist.

Die Auferstehung des gesamten Leibes

[X.36] Groß ist das Geheimnis der Auferstehung und schwer zu betrachten für die meisten von uns. Das sagt die Schrift auch an anderen Stellen, nicht zum wenigsten bei Ezechiel, und zwar mit folgenden Worten: «Die Hand des Herrn kam über mich und führte mich im Geiste hinaus und stellte mich mitten in eine Ebene, die voll menschlicher Gebeine war. Der Herr führte mich rings an ihnen vorüber. Und siehe, es waren sehr viele auf der Ebene; sie waren ganz verdorrt. Und Er sprach zu mir: ‚Menschensohn, können diese Gebeine lebendig werden?' Ich antwortete: ,Herr, Herr, Du weißt es.' Und Er sprach zu mir: ,Prophezeie über diese Gebeine und sprich zu ihnen: ,Ihr verdorrten Gebeine, hört das Wort des Herrn!'» Etwas weiter heißt es: «Und der Herr sprach zu mir: ,Menschensohn, diese Gebeine sind das ganze Haus Israel'. Sie selbst sprechen: ,Verdorrt sind unsere Gebeine, vergangen ist unsere Hoffnung, wir sind völlig zugrunde gerichtet'.» (Ez 37,1–4,11). Zu welchen Gebeinen wird denn gesagt: «Hört das Wort des Herrn!», als zu solchen, die das Wort des Herrn wahrnehmen? Also zum Hause Israel, oder zum Leibe Christi, von dem der Herr sagt: «Zerstreut sind alle meine Gebeine» (Ps 21,15). Seine körperlichen Gebeine waren ja nicht zerstreut, und keines von ihnen wurde gebrochen (Joh 19,36). Wenn aber die Auferstehung dieses wahrhaften und vollkommeneren Leibes Christi erfolgen wird, dann werden die Glieder Christi, die «Gebeine» nämlich, die im Vergleich zum Kommenden «verdorrt» sind, zusammengefügt werden, Gebein zu Gebein und Gelenk (*ἁρμονία*) zu Gelenk. Denn keiner, dem die Verbindung (*ἁρμονία*) mangelt, wird ans Ziel der «vollen Mannesreife» gelangen, «zum Vollmaß der Lebensfülle» des Leibes Christi (Eph 4,13). Dann werden die vielen Glieder ein einziger Leib sein (1 Kor 12,12), wenn alle Glieder des Leibes, obschon sie viele sind, des einen Leibes sein werden.

Die Unterscheidung aber zu treffen von Fuß und Hand und Auge und Ohr und Nase, die in der Verschiedenheit dem Haupte die Fülle angliedern, und im einzelnen zu Füßen und zu anderen Gliedern, zu «schwächeren» und «geringeren», zu «weniger ehrenvollen» und zu «ehrenvolleren» zu machen, das liegt allein bei Gott, der den Leib zusammenfügen wird. Einst wird Er dann dem Geringeren größere Ehre verleihen als jetzt, damit keinerlei «Spaltung im Leibe bestehe, sondern die Glieder dieselbe Sorge für einander hegen», und wenn sich ein Glied in Wohlergehen befindet, es allen Gliedern wohl ergeht, oder wenn eines verherrlicht wird, alle sich mitfreuen (1 Kor 12, 23–26).

[X.37] Damit sage ich nicht etwas, das mit dem Tempel und den daraus Ausgetriebenen nichts zu tun hätte. Der Erlöser sagt dazu: «Der Eifer für dein Haus verzehrt Mich» ... und nimmt, da die Juden ein Zeichen fordern, in seiner Entgegnung das Wort über den Tempel mit dem über seinen eigenen Leib zusammen, indem Er sagt: «Zerstört diesen Tempel, und in drei Tagen werde Ich ihn wiedererstellen!». Aus dem Tempel nämlich, der sein Leib ist, muß all das Ungeistige und Händlerische ausgetrieben werden, damit er kein «Geschäftshaus» mehr sei. Er muß zerstört werden von denen, die dem Wort Gottes nachstellen, und wird nach der Zerstörung am uns vorausgesagten dritten Tage wiedererrichtet werden.

Wenn die Jünger sich erinnern und glauben werden, was das Wort sprach, bevor der Tempel Gottes zerstört wurde, und wenn mit ihrer Erkenntnis auch ihr Glaube vollkommen wird, dann glauben sie nicht der Schrift[24] allein, sondern auch dem Wort, das Jesus sprach.

Und ein jeder von denen, die Jesus reinigt, wird, alles Ungeistige und Händlerische ablegend, vom «Eifer» des Wortes in sich solcherart vernichtet, um von Jesus in drei Tagen wieder aufgerichtet zu werden ...

Wiederhergestellt wird der Tempel nämlich am ersten und zweiten Tag nach der Zerstörung, vollendet aber wird die Aufrichtung, wenn die drei Tage voll sind. Daher ist Auferstehung schon geschehen, und steht eine Auferstehung noch bevor, wenn wirklich wir mit Christus «mitbegraben» und mit Ihm mitauferstanden sind (Röm 6,4). Und weil zur vollen Auferstehung das «Wir sind mitauferstanden» nicht genügt, [wird hinzugefügt:][25] «In Christus werden alle lebendig gemacht werden. Jeder aber, wenn er an der Reihe ist: als Erstling Christus, dann die Christus angehören bei seiner Wiederkunft, dann der Rest»[26] (1 Kor

[24] «Die Schrift» bedeutet gelegentlich das Alte Testament, im Unterschied zum Worte Jesu, das jene «aufschloß».

[25] Das Wort fehlt, sicher infolge Hörfehlers beim Diktat.

[26] So muß hier τὸ τέλος übersetzt werden, um die Auffassung

15,22–24). Denn es war schon Auferstehung, am ersten Tag [gleich nach seinem Tode] ins Paradies Gottes zu kommen (Lk 23,43)[27]; und Auferstehung war es, da [Christus] erscheinend sprach: «Halte Mich nicht fest, denn Ich bin noch nicht zum Vater aufgefahren», die Vollendung der Auferstehung aber war es, da Er zum Vater ging.

Der Tempel seines Leibes

[X.39] (Joh 2,21) «Er sprach aber vom Tempel seines Leibes». Wenn der Leib Jesu sein Tempel genannt wird, dann ist die Frage angebracht, ob das so ganz einfach zu nehmen ist, oder ob man alles einzelne, was über den Tempel aufgezeichnet steht, auf das übertragen soll[28], was über den Leib Christi gesagt ist, zum Beispiel, daß Er ihn aus der Jungfrau empfing, oder daß von der Kirche gesagt wird, sie sei sein Leib, sodaß auch wir vom Apostel Glieder seines Leibes genannt werden. Wenn aber einer sich von diesem Geschäft abwendet und es als unmöglich aufgibt, alles einzelne vom Tempel auf den Leib Christi (wie immer dieser verstanden werde) zu übertragen, der wird zur einfacheren

des Origenes wiederzugeben, der als «Vollendung» die Wiederherstellung (ἀποκατάστασις) des ganzen durch die Bosheit zerstörten Leibes der Menschheit erwartet. Seine eigene Güte, der Glaube an die Macht der Menschenliebe Gottes und die Weisheit der göttlichen Erziehung, und vor allem das Pauluswort: «Als letzter Feind wird der Tod vernichtet» (1 Kor 15,26) führten Origenes zur Annahme, daß im Laufe der Äonen (hier ist der Einfluß der stoischen Lehre von Weltperioden wirksam) die Erlösung ihr Ziel so vollkommen erreichen werde, daß das All zur Auferstehung des Lebens gelange.

[27] «Heute noch wirst du mit Mir im im Paradiese sein», sagt Jesus am Kreuz zum Schächer. Gleich nach seinem Tod, am ersten der drei Tage, an denen Er «diesen Tempel wieder aufrichten» wollte, trat Er also schon ins Paradies ein. Die Auferstehung Christi vollendet sich über die Stufen: Auferstehung des verklärten Leibes, Eingehen in die Unsichtbarkeit beim Vater durch die Himmelfahrt. Ihm nach vollzieht sich die Auferstehung des mystischen Leibes, der Kirche, ebenfalls in Stufen, deren erste das Mitsterben, Mitbegrabenwerden und Mitauferstehen mit Christus in der Taufe ist. Sie ist der Anfang der Wiederaufrichtung des ganzen Leibes, der Kirche.

[28] Ob die Erklärung literal oder allegorisch-typologisch sein soll.

Lösung zurück seine Zuflucht nehmen und sagen, der Leib (auf beide Arten verstanden) werde deshalb Tempel genannt, weil der Erstgeborene aller Schöpfung das Bild und die Herrlichkeit Gottes ist, ebenso wie der Tempel die Herrlichkeit Gottes in sich wohnend barg. Daher wird sein Leib, beziehungsweise die Kirche, die ein heiliges Bild trägt, mit Recht Tempel Gottes genannt. Ich weiß, daß es schwierig ist, alles zu erläutern, was im 3. Buch der Könige über den Tempel ausgesagt wird und auch nicht zum gegenwärtigen Zusammenhang gehört, und ich bin überzeugt, daß es bei solchen Gegenständen Menschenkraft übersteigt und Sache der Weisheit Gottes ist, das Entscheidende, was die göttlich inspirierte Schrift (ἡ θεόπνευστος γραφὴ) enthält, sichtbar werden zu lassen, nämlich «die im Mysterium verborgene Weisheit, die keiner der Fürsten der Welt erkannt hat» (1 Kor 2,7 f). Wir bedürften des außerordentlichen Geistes der Weisheit, um solches in einer heiliggeziemenden Weise zu verstehen. So werden wir von der Stelle nur eine ganz umrißhafte Andeutung zu versuchen imstande sein.

Von Petrus erfahren wir, daß die Kirche ein Leib und «ein aus lebendigen Steinen erbautes Haus» Gottes ist, «ein geistliches Haus» zu «heiligem Priestertum» (1 Petr 2,5 f). So ist [Salomon] der Sohn Davids, als Tempelerbauer darin Vorbild Christi, da er, als nach Kriegen tiefer Friede eingetreten war, zur Ehre Gottes den Tempel im irdischen Jerusalem baute, damit der Gottesdienst nicht mehr in einem beweglichen Zelt vollzogen werden müsse (1 Kg 5,17 ff). Versuchen wir nun, alles, was vom Tempel gilt, auf die Kirche zu übertragen. Vielleicht dann, wenn «alle Feinde zum Fußschemel Christi» geworden sind und «der Tod als letzter Feind vernichtet» ist (1 Kor 15,25 f), wird jener endgültige Friede eintreten, wo Christus Salomon sein wird, nämlich der «Friedensfürst». ... Dann wird jeder der «lebendigen Steine» je nach Verdienst seines diesseitigen Lebens einen Stein des Tempels bilden, der eine im Fundament als Apostel oder als Prophet die Darüberliegenden tragend (Eph 2,20), ein anderer, nach dem Fundament kommend, einerseits von den Aposteln getragen, anderseits selbst mit ihnen die Folgenden tragend; und der eine wird Stein im Innersten sein, wo die Bundeslade und die Cherubim und der Raum der Versöhnung ist, ein anderer dagegen zum Vorraum gehören, und noch ein anderer außerhalb des «Vorhofs der Leviten und Priester» verwendet werden als Stein des Brandopferaltars. Mit der Anordnung all dessen und der Liturgie werden heilige Mächte betraut sein, die Engel Gottes, wovon die einen Herrschaften, Throne, Fürsten und Mächte sind, die andern ihnen untergeordnet, deren Vorbild die dreitausend sechshundert Aufseher Salomons sind (1 Kg 5,30). ...Das alles wird so sein, wenn der Friede vollendet ist nach den Jahren des Heilsplanes: vierhundertdreißig Jahre nach dem Auszug aus Ägypten, der vierhundertdreißig Jahre nach dem Bund Gottes mit Abraham war, so daß es von Abraham bis zum Beginn des Tempelbaus zwei Sabbatzahlen sind[29], nämlich siebenhundertsiebzig. Dann wird auch unser König Christus den «siebzigtausend Lastträgern» (1 Kg 5,29) auftragen, nicht jeden beliebigen Stein zum Fundament des Hauses zu nehmen, sondern große, wertvolle, ausgesuchte, die nicht von beliebigen Arbeitern behauen werden sollten, sondern von den Söhnen Salomons. So nämlich finden wirs im dritten Buch der Könige aufgezeichnet (1 Kg 5,31f). ...

[X.40] Es wird nicht unangebracht sein, zwischenhinein an die Vertreter der Meinung, in diesen Berichten [des Königsbuches über den Tempelbau und des Johannes-Evangeliums über die Tempelreinigung] werde nichts über die Geschichte hinaus kundgetan, eindringliche Worte zu richten, sie sollen in diesen Buchstaben als in Schriften des [Heiligen] Geistes auch einen dem [Heiligen] Geiste würdigen Sinn suchen. ... Ist die Zahl der Lastträger und Steinbrecher und Aufseher, die Zeit für das Zurichten der Steine und die Angabe ähnlicher Dinge etwa bloß zufällig verzeichnet? Das im Frieden errichtete heilige Haus für Gott

[29] Die Quersumme aus vierhundertdreißig ist sieben, dies zweimal und null gibt siebenhundertsiebzig.

mußte ohne Hammer und Meißel und ohne jedes eiserne Werkzeug errichtet werden, damit keinerlei Lärm im Tempel Gottes gehört werde. Auch das bringt mich in Verlegenheit für die Sklaven des Wortlauts, wie das bei achtzigtausend Steinhauern ... möglich gewesen sein soll. Aber werden denn nicht die lebendigen Steine geräuschlos gebrochen und lautlos behauen und außerhalb des Tempelbereichs, um dann schon vorbereitet an den ihnen zugemessenen Platz im Bau zu gelangen?

[X.41] Es bleibe dahingestellt, ob hier nicht Salomon [vorbildlich] als «Erstgeborner aller Schöpfung» aufgefaßt werden könnte. Hiram[30] wäre dann der Mensch, den Dieser annahm, ... der zu Ihm gebracht wurde als Kunstfertiger voller Wissen und Können, als Mitarbeiter (*συνεργῶν*) mit dem «Erstgebornen aller Schöpfung» beim Bau des Tempels. Im Tempel wurden auch schräge Fenster verborgen[31] (1 Kg 6,4) angebracht, um die Strahlen des Lichtes Gottes heilsam aufnehmen zu können, damit der Leib Christi, die Kirche, das Wort (den Sinn) habe, das sie zu einem geistigen Haus und zum Tempel Gottes macht. Denn wie ich schon sagte, bedürften wir der «im Mysterium verborgenen Weisheit» (1 Kor 2,7), wie sie allein einem solchen zugänglich ist, der sagen kann: «Wir aber haben den Sinn Christi» (1 Kor 2,16), um alles Erwähnte nach der Absicht dessen geistig aufzunehmen, der seine Aufzeichnung anordnete.

[X.42] Nun wäre es angebracht zuzusehen, ob es möglich ist, daß das historisch über den Tempel Berichtete sich auch wirklich einmal zugetragen hat, oder ob es sich erst am pneumatischen Hause verwirklichen wird. Es scheint nun, daß wir, was wir auch sagen, in die Enge kommen. Behaupten wir nämlich, es sei möglich, daß das geschichtlich über den Tempel Berichtete geschehe oder irgendwie geschehen

[30] 1 Kg 7,13 f. Hiram, ein Künstler und Architekt, wurde vom gleichnamigen König von Tyrus für den Tempelbau Salomons zur Verfügung gestellt.

[31] Die beiden, die Fenster beschreibenden hebräischen Worte sind noch ohne befriedigende Erklärung. Die LXX übersetzt *παρακυπτόμεναι κρυπταί.*

sei, so werden die Hörer schwer dazu zu bringen sein, eine so umstürzende Wandlung solcher Güter[32] anzunehmen, erstens, weil sie nicht erwünscht ist[33], zweitens, weil es allzu unwahrscheinlich erscheint, daß es einen solchen Wandel der Wertordnung gibt. Wenn wir aber die den Heiligen einmal gewährten Güter wandellos behalten wollen, dann werden wir dem Bericht der Geschichte nicht gerecht[34] und scheinen uns hier den Sekten ähnlich zu verhalten, welche die von Anfang bis zum Ende durchgehende Einheit der Schrift nicht festhalten.

Wenn wir freilich die von den Propheten und besonders von Isaias aufgezeichnete Verheißung (Is 54,11–15; 60,13–20) nicht bloß nach Art der alten Weiber und der Juden verstehen wollen, als würden sie nur am irdischen Jerusalem Wirklichkeit werden, dann müssen wir auch, wenn dasteht: nach der Gefangenschaft und der Zerstörung des Tempels werde sich Herrliches ereignen beim Neubau des Tempels und der Wiederherstellung des heimkehrenden Volkes, dazu bemerken, daß wir selbst der Tempel geworden sind und das Volk, das in Gefangenschaft geraten ist, aber nach Judäa und Jerusalem zurückkehren wird, und daß wir selbst das Jerusalem sind, das mit kostbaren Steinen aufgebaut werden wird. ... All dies aber ist den in der Gefangenschaft befindlichen Söhnen Israels deutlich über den kommenden Äon prophezeit, zu denen Der gesandt wurde und kam, der sagt: «Ich bin nur zu den verlorenen Schafen des Hauses Israels gesandt» (Mt 15,24). ... Die einst Tempel waren, werden Gefangene, sie kommen – zu wertvollen Steinen geworden (Apg 21,11) – wieder zurück, um wiederaufgebaut zu werden. Denn der Sieger hat bei Johannes in

[32] Wie Christus sie gebracht hat mit der Zerstörung des «alten» und der Errichtung des «neuen» Tempels.

[33] Die «Sklaven des Buchstabens» sind dies ja wegen ihrer Anhänglichkeit ans «Fleisch», an die sichtbare Welt und die alttestamentlichen Ordnungen.

[34] *οὐκ ἐφαρμόσομεν*: Die Beziehung Verheißung (Alter Bund) – Erfüllung (Neuer Bund) ist *die* Harmonie und Wahrheit der ganzen Schrift, was je das Vergehen des Alten voraussetzt.

der Apokalypse die Verheißung, eine «Säule» zu werden im Tempel Gottes, die nicht mehr daraus entfernt werden wird[35] (Apg 3,12).

Der Glaube an den geistigen Schriftsinn

[X.43] (Joh 2,22) «Als Er von den Toten auferstanden war, erinnerten sich seine Jünger, daß Er das gesagt hatte, und sie glaubten der Schrift und dem Worte, das Jesus gesprochen». Glauben im Voll-Sinne hat der, der das bei der Taufe zu glauben Vorgestellte mit ganzer Seele annimmt. Was nun den geistigen Sinn betrifft – da uns die Auferstehung des ganzen Leibes Christi verheißen ist –, so muß man wissen, daß die Jünger, «erinnert» durch die Erfüllungen der Schrift, die ihnen früher, als sie im Leben waren, unverstanden blieb, jetzt aber vor Augen liegt und ihnen zeigt, welcher himmlischen Dinge Gleichnis und Schatten jene gewesen, nun erst an eben diese Dinge *glauben*, an die sie bis dahin nicht geglaubt, und an das Wort Jesu, das sie vor der Auferstehung nicht so, wie es des Redenden Absicht war, verstanden hatten. Denn wie könnte man von einem, der in der Schrift nicht den Sinn des Heiligen Geistes schaut, wirklich sagen, daß er «der Schrift glaubt», wo doch Gott will, daß wir vielmehr Ihm[36] als dem Gebote des Buchstabens glauben? Demgemäß ist zu sagen, daß keiner derer, die nach dem Fleische wandeln, an das Geistige des Gesetzes glaubt, dessen Anfangsgründe er nicht einmal vermutet. Aber da kommen sie und sagen: Seliger seien die, die nicht sehen und doch glauben, als die, die gesehen und geglaubt haben (Joh 20,29), – und legen dabei in verkehrter Weise aus, was der Herr am Schluß bei Johannes zu Thomas sagt: «Selig, die nicht sehen und glauben.» Aber keineswegs nennt Er sie seliger, ... denn nach dieser Auslegung wären

[35] Durch die ganze Schilderung schimmert hindurch die Grundvorstellung des Origenes: Geschaffensein bei Gott, Abfall in die sündige Existenz, Wiederheimkehr in die Heimat und Herrlichkeit bei Gott.

[36] Dem Sinn des Heiligen Geistes.

die seliger, die nach den Aposteln kommen, als die Apostel selbst, was von allem das Törichteste ist. Vielmehr muß im Geiste sehen, was er glaubt, wer so selig wie die Apostel sein und das Wort vernehmen soll: «Selig eure Augen, weil sie sehen ...», und jenes: «Viele Propheten und Gerechte sehnten sich zu sehen, was ihr seht, und sahen es nicht.» (Mt 13,16f)...

Soweit über das Wort: «Sie glaubten der Schrift und dem Worte, das Jesus gesprochen», damit wir aus dem über den Glauben Gesagten begreifen, daß uns die Vollendung des Glaubens (*τὸ τέλειον τῆς πίστεως*) geschenkt werden wird bei der großen Auferstehung des gesamten Leibes Christi, nämlich seiner heiligen Kirche. – Was von der Erkenntnis gesagt ist, nämlich: «Jetzt erkenne ich stückweise», das gilt meiner Meinung von jeglichem Gut, so auch vom Glauben als einem Gut unter anderen. – Denn jetzt glaube ich «stückweise», wenn aber «die Vollendung» des Glaubens kommt, «so wird vernichtet werden, was stückhaft ist» (1 Kor 13,10), und es wird der Glaube in seiner Eigentlichkeit[37] gar sehr verschieden sein vom Glauben (wenn ich so sagen kann) «durch Spiegel und Rätsel». Dasselbe gilt für die jetzige Glaubenserkenntnis.

Der Heilige Geist und die Schrift

[Frgm XXXVII] (Joh 3,8) «Der Geist weht, wo Er will.» Dieses Wort beweist, daß auch der Geist eine Wesenheit ist. Denn Er ist nicht, wie manche meinen, eine bloße Wirkkraft Gottes, die kein Für-sich-Sein besitzt. Auch der Apostel fügt, wo er die Gnadengaben des Geistes aufzählt, sogleich hinzu: «Dies alles wirkt ein und derselbe Geist, der eigens jedem seine Gaben zuteilt, wie Er will» (1Kor 12,11). Wenn Er also «will» und «wirkt» und «zuteilt», so ist Er gewiß eine wirkende Wesenheit und keine (bloße) Wirkkraft. ...

[37] *διὰ εἴδους πίστις*: Die hier gebotene Übersetzung ist für den Zusammenhang bei Origenes richtig, obwohl auch richtig übersetzt werden kann: «Glaube durch Schau hindurch».

Ferner: Wenn «der Geist weht, wo Er will», dann vernahm Nikodemus, der Ihn nicht in sich hatte, weil er keinen richtigen Glauben an Jesus besaß, nur seine Stimme ohne zu wissen, wohin Er führt und woher Er kommt. Derjenige hört *nur* seine Stimme, der den Schriften des Geistes begegnet, ohne sie zu verstehen. Jeder, der die Schrift eifrig liest und befrägt, erfährt mit seiner Schriftkenntnis, woher der Weg des Geistes kommt und wo er sein Ziel hat. Er beschreitet ja diesen Weg bei der Erziehung durch die göttlichen Worte (*λόγια*). Wer nämlich weiß, aus welchem Grund die Lehre des Geistes den Menschen gegeben ist, der weiß, woher der Geist kommt; und wer die Absicht[38] und das Endziel dieser Lehre betrachtet, der weiß, wohin führend der Geist zur Ruhe kommt.

Gotteserkenntnis gibt es ausschließlich durch Offenbarung

[Frgm XLVI] (Joh 3,31) «Der von oben kommt». Wenn Er als Allherrscher von oben und aus dem Vater kommt, so ist klar, daß Er über allem steht. Wer eine irdische Gesinnung hat, trägt das Bild des Irdischen. Er redet von der Erde her. Wenn so jemand eine Lehre verbreitet, so enthält sie eben eine Weisheit, die Jakobus als «irdisch, triebhaft, dämonisch» (Jak 3,15) bezeichnet. Über solche schreibt auch Isaias: Da sie von der Erde sind, reden sie auch von ihr (Is 8,19).

Das von oben kommende Wort jedoch ist über allem und redet, «was Es gesehen und gehört hat». Auch die Propheten besaßen das von oben zu ihnen kommende Wort und redeten, was sie im Geiste sahen und mit den Ohren des inneren Menschen hörten: Himmlisches und Göttliches. Jeder von ihnen sagt doch: «So spricht der Herr». Selbstverständlich sagte also das Wort in seiner Lehre den Menschen, «was Es gesehen und gehört hat». Es fügt dies aber seinem Heilsplan

[38] *τὸ οὗ ἕνεκεν* ist ein Begriff der aristotelischen Ethik und bezeichnet das Ziel des Strebens (= *τὸ τέλος* Aristot. Nik. Ethik 1115b22, 1143b4).

ein[39]; [den Gedanken der Adaptation] auf die Gottheit zu übertragen, wäre nicht angängig.

Christus der Offenbarer und der Geoffenbarte

[Frgm XLVIII] (Joh 3,34) «Er gibt den Geist nicht nur teilweise.» Wenn auch weise, gotterfüllte Männer die Sprache Gottes verkündeten, so hatten sie doch nur anteilweise den Geist Gottes, der sagt: «Ich werde von meinem Geist ausgießen über alles Fleisch» (Joel 2,28). Der Erlöser jedoch, der dazu gesandt ist, die Sprache Gottes zu sprechen, Er gibt den Geist nicht nur teilweise[40]. Denn nicht selbst empfangend reicht Er [Ihn] andern weiter, sondern von oben gesandt und über allem seiend gibt Er den Geist, dessen Quelle Er selbst ist.

Die Stelle: «Sein Zeugnis nahm niemand an» wollen wir hier auch anders deuten: Wer die Schriften erforscht, findet, daß sie Zeugnis geben von Christus. Keiner derer, die mit den Schriften der Juden, so ohne sie zu erforschen umging, entnahm ihnen das Zeugnis über Ihn. Nur derjenige, aber auch jeder, der sagen kann: «Von Dem Moses im Gesetz und die Propheten schrieben, Den haben wir gefunden: Jesus», der nimmt das Zeugnis über Ihn an und verbürgt, daß Gott wahrhaftig ist, der das Evangelium durch die Propheten vorausverkündet hat. ...

[39] Jesus redet als Wort, das «unter uns gewohnt hat», zu uns Menschen nicht so unmittelbar, wie Er Gott sah, sondern die Weise seiner Verkündigung ist unserer Leiblichkeit sowie unserer Heilssituation angepaßt. Diese Anpassung nennt Origenes auch Heilsplan (*οἰκονομία*). Die Menschwerdung ist die Anpassung schlechthin. Vom Wesen Gottes selbst darf eine Anpassung und Erniedrigung nicht gedacht werden, da sich die göttliche Natur in der Verwirklichung der Heilsökonomie nicht verändert hat.

[40] Wie einer, der selbst nur Teilhaber ist.

XIII. BUCH

Im Gespräch mit der Samariterin

[XIII.3] (Joh 4,13 f] ... Ich aber habe ein solches Wort, daß es in dem, der meine Botschaft annimmt, zu einer Quelle lebendigen Trankes wird; und wer von meinem Wasser empfängt, der wird solches Heil erfahren, daß in ihm ein Quell von Wassern aufsprudelt, in dem sich alles Gesuchte finden läßt. Der Gedanke sprudelt und fliegt schnellstens dahin, diesem leichtbeweglichen Wasser zufolge, das ihn trägt, so daß er nach oben sprudelt und springt – bis zum ewigen Leben.

Sittliche Bereitschaft zum Hören

[XIII.4] Wer von dem Wasser trinkt, das Jesus gibt, wird dann die Quelle des zum ewigen Leben sprudelnden Wassers in sich haben, wenn bei ihm die Verkündigung des selig gepriesenen Hungerns und Dürstens nach der Gerechtigkeit verwirklicht ist. Denn das Wort sagt: «Selig sind die hungern und dürsten nach der Gerechtigkeit, denn sie werden gesättigt werden» (Mt 5,6). Und vielleicht bedarf es des Hungerns und Dürstens nach der Gerechtigkeit vor dem Gesättigtwerden. ...

Das Ungenügen der Schrift

[XIII.5] Nun möchten wir aber noch erfahren, ob sich für diejenigen, die mit der Wahrheit selber umgehen und Einsicht in sie haben, ein anders gearteter Nutzen zeigen lasse als es der Nutzen ist, den wir aus der Schrift zu erfahren glauben, auch wenn wir sie genau kennen. Die Frage ergibt sich daraus, daß es heißt, den aus der Jakobsquelle Trinkenden dürste wieder; der aber von dem Wasser trinke, welches Jesus gebe, der habe in sich eine Wasserquelle, die zum ewigen Leben sprudle.

Und wirklich, einige der wichtigsten und göttlichsten Mysterien Gottes hat die Schrift nicht eingefaßt; einiges kann menschlicher Ausdruck – wenigstens in seiner gewöhnlichen Bedeutung – und menschliche Sprache überhaupt nicht fassen. «Es gibt nämlich noch vieles andere, was Jesus tat. Wollte man es im einzelnen schreiben, so würde, meine ich, nicht einmal die ganze Welt die Bücher fassen.» Und als sich Johannes daran machte, aufzuschreiben, was die sieben Donner redeten, da wurde er davon abgehalten (Apk 10,4). Paulus aber sagt, er habe «unsagbare Reden gehört, die auszusprechen niemandem möglich ist» (2Kor 12,4). Ich meine, die gesamten Schriften, auch wenn wir sie ganz und genau kennen, seien nur eine sehr knappe Einführung in die einfachsten Grundlagen des gesamten Glaubenswissens[1]. Betrachte die Jakobsquelle [das Symbol der Schrift], aus der einst Jakob trank! Jetzt trinkt er nicht mehr daraus. Auch seine Söhne tranken aus ihr, aber jetzt haben sie einen besseren Trank als jenen, denn das Wasser Jesu ist «mehr als das, was geschrieben ist» (1 Kor 4,6). Nicht jedem aber ist es möglich, zu erforschen, was «über das hinaus geht, was geschrieben ist». Dem nämlich nicht, der sich dem [Erkannten] nicht angleichen würde. [Ich sage das], damit man nicht überrascht sei, wenn man hört: «Suche nicht, was für dich zu schwer ist! Forsche dem nicht nach, was über deine Kräfte geht!» (Sir 3,21).

Das Mysterium jenseits der Schrift

[XIII.6] Wenn wir aber behaupten, es gebe etwas «über das Geschriebene hinaus» (1 Kor 4,6), so sagen wir das nicht, als ob es der Menge möglich wäre, es zu erkennen; nein, wir sagen es, weil Johannes es hört, und doch nicht schreiben darf, welcher Art die Reden der Donner waren (Apk

[1] *οἶμαι δὲ τῆς ὅλης γνώσεως στοιχεῖά τινα ἐλαχίστα καὶ βραχυτάτας εἶναι εἰσαγωγὰς ὅλας γραφάς.*

10,4). Obwohl er sie kannte, schrieb er sie doch nicht auf, um die Welt zu schonen, in der Überzeugung, sie sei gar nicht imstande, die Bücher zu fassen, wenn sie auch geschrieben würden. Aber erst recht die «unsagbaren Reden» (2 Kor 12,4), die Paulus erfuhr, sind «über das hinaus, was geschrieben ist» (1 Kor 4,6). Denn Geschriebenes ist doch nur, was Menschen gesprochen haben. Auch «was kein Auge sah» (1 Kor 2,9), ist «über das Geschriebene hinaus», und «was kein Ohr hörte», kann nicht geschrieben werden, und was «in keines Menschen Herz gedrungen», ist größer als die Jakobsquelle: Es ist aus der Quelle des Wassers, das sprudelt zum ewigen Leben, und wird denen offenbar, die nicht mehr [nur] das Herz eines Menschen haben, sondern die sagen können: «Wir aber haben den Sinn Christi» (1Kor 2,16), «um zu erkennen, was uns von Gott geschenkt ward»[2] (1 Kor 2,12). Und das reden wir nicht in Worten, wie sie uns von Menschenweisheit gelehrt wurden, sondern in Worten «vom heiligen Geist gelehrt».... Das vom Geist Gelehrte ist wohl die Quelle des zum ewigen Leben sprudelnden Wassers. Die Schriften des [Alten Bundes] nun sind Einführungen – die wir jetzt Jakobsquelle nennen –, von denen aus man, wenn sie genau durchdacht werden, zu Jesus hinkommen muß, damit Er uns die Quelle des zum ewigen Leben sprudelnden Wassers gebe.

Verschiedenes Schöpfen aus der Schrift

Nicht jeder jedoch schöpft in gleicher Weise[3] aus der Jakobsquelle. Denn wenn Jakob aus ihr trank und seine Söhne und seine Herden, und wenn die dürstende Samaritin zu ihr kommt und schöpft, hat da nicht etwa Jakob und seine Söhne anders, nämlich verständig (ἐπιστημόνως) getrunken, anders seine Herden, die es einfacher und animalisch taten. Wieder anders aber als Jakob und seine Söhne,

[2] Der Geist der Schrift ist mehr als das Geschriebene.

[3] Das Schöpfen aus der Schrift erfordert als subjektive Voreinstellung, Glauben und «Verständnis». Verständnis (ἐπιστήμη) ist nach der damaligen Philosophie das Wissen von geistiger Wirklichkeit.

und anders als seine Herden, trank die Samaritin. Wer die Schrift weise liest, trinkt sie wie Jakob und seine Söhne; die Einfacheren[4] und Naiven, die «Schafe Christi», trinken wie die Herden Jakobs;[5] die aber die Schriften mißverstehen und unter dem Vorwand, sie verstanden zu haben, unheilvolle Worte herauslesen[6], sie trinken, wie die Samaritin trank bevor sie an Jesus glaubte.

Über die Schrift des Alten Bundes hinaus

[XIII.7] Jetzt aber, da sie auch von dem Wasser erbittet, das im Trinkenden zur Quelle des zum ewigen Leben sprudelnden Wassers wird ..., erhielt sie das lebendige Wasser, um nicht mehr die Not des Durstes leiden und zum Jakobsbrunnen zum Schöpfen gehen zu müssen, sondern um die Wahrheit ohne das Wasser Jakobs in engelhafte und menschliche Möglichkeit übersteigender Weise schauen zu können.

Auch den Engeln fehlt nicht ihr «Jakobsbrunnen», an dem sie trinken; aber jeder hat in sich selbst die Quelle mit Wasser, das zu ewigem Leben sprudelt. Sie ist aufgebrochen durch die Offenbarung des Wortes selbst und der Weisheit selbst.

Freilich ist es nicht möglich, daß jemand dieses vom Wort gereichte andere Wasser in sich aufnehme, der nicht aus Durst sich sehr eifrig bemüht, zu kommen um daraus zu schöpfen. Demnach herrscht wirkliches Verlangen eben bei jenen vielen, die darauf so gut als möglich vorgeübt sind durch das Schöpfen aus dem Jakobsbrunnen[7].

[4] Die «aus den Stämmen», vgl. I.1.

[5] Mit dieser Naivität der Schrift gegenüber meint Origenes den bloßen Glauben an die historischen Tatsachen, der nicht deren Mysterium, ihren theologischen Gehalt und ihre dogmatische Bedeutung erfaßt.

[6] Wie die «Gnostiker».

[7] Die Schrift des Alten Bundes ist «Erzieher zu Christus hin.»

[XIII.10] (zu Herakleons Exegese von Joh 4,13–15) Wir wollen uns auch die Erklärung Herakleons zu dieser Stelle ansehen. Er sagt, *jenes Leben*[8] *und seine Schönheit sei schwach, vergänglich und mangelhaft gewesen, denn es war ein [nur] natürliches (κοσμική) Leben.* Daß es ein natürliches Leben war, dafür meint er den Beweis damit erbringen zu können, daß *die Herden Jakobs aus [diesem Brunnen] tranken.*

Wenn Herakleon die stückhafte Erkenntnis aus der Schrift für «schwach, vergänglich und mangelhaft» (1 Kor 13,9) hielte im Verhältnis zu den «unaussprechlichen Worten, die auszusprechen einem Menschen nicht vergönnt ist» (2 Kor 12,4), oder wenn er damit unsere ganze jetzige Erkenntnis meinte, die eine solche «wie im Spiegel und Gleichnis» (1 Kor 13,12) ist und die «verschwindet, wenn die Vollendung kommt» (1 Kor 13,10), dann hätten wir nichts dagegen eingewandt. Wenn er das aber tut, um das Alte [Testament] in zu Mißkredit zu bringen (διαβάλλειν), so muß er doch wohl getadelt werden.

Wenn Herakleon sagt, *das Wasser, das der Erlöser gibt, sei aus dem Heiligen Geist und seiner Kraft,* dann hat er nicht unrecht. Zur Stelle: «wird nicht mehr dürsten in Ewigkeit», gibt er wörtlich folgende Erklärung: *Das Leben des Erlösers ist nämlich ewig; es unterliegt niemals der Vernichtung wie das erste Leben aus dem Brunnen, sondern es bleibt, denn die Gnade und die Gabe unseres Erlösers kann nicht entrissen werden. Sie ist weder etwas, das verbraucht wird, noch das vergeht in dem, der an ihr teilhat.*

Wenn Herakleon *das erste Leben als ein zur Vernichtung bestimmtes* darstellt – falls er damit das Leben nach dem Buchstaben meinen würde – und wenn er jenes Leben nach dem Geiste sucht, das entsteht, wenn die Hülle [des Buchstabens] hinweggenommen (2 Kor 3,16) und der Geist gefunden wird,

[8] Das Leben, welches das Wasser aus dem Jakobsbrunnen spendete und tränkte. Das aus dem Alten Testament genährte religiöse Leben, überhaupt das religiöse Leben des Alten Bundes, ist gemeint.

dann würde er recht haben. Aber wenn er überhaupt über das Alte [Testament] den Spruch der Vernichtung verhängt, dann tut er es offensichtlich, weil er nicht sieht, daß es den «Schatten künftiger Güter» (Hebr 10,1) enthält. Recht überzeugend aber erklärte er das «Sprudeln». Er sagt, daß *diejenigen, die in reichem Maße teilhaben an dem, was von oben gegeben wird, das ihnen Gewährte ihrerseits wieder verströmen zur Förderung des ewigen Lebens in anderen.*

Dagegen lobt er die Samaritin dafür, daß *sie einen entschiedenen und ihrer Natur entsprechenden Glauben zeigte, der nicht an dem zweifelte, was der Erlöser ihr sagte.* Wenn nun Herakleon ihren Willensentscheid gelten ließe ohne seine Andeutung einer höheren Natur zu machen, dann hätten auch wir ihm zugestimmt. Da er aber die Ursache der [Glaubens]zustimmung in die natürliche Anlage verlegt, als ob die Anlage dazu nicht bei allen Menschen vorhanden wäre, so muß sein Gedanke zurückgewiesen werden.

Ich verstehe nun nicht, wieso Herakleon aus der Stelle: «Gib mir dieses Wasser!» etwas herausliest, was gar nicht dasteht, nämlich daß [die Samaritin], *nachdem sie für eine kurze Weile vom Wort tief beeindruckt ward, hinfort selbst den Ort jenes sogenannten «lebendigen Wassers»[9] haßte.* Auch zum weiteren Text: «Gib mir dieses Wasser, damit ich nicht mehr dürste und nicht mehr hierher zu kommen brauche!» erklärt er, *die Frau weise mit ihren Worten darauf hin, daß jenes Wasser mühsam und schwer zu schöpfen sei und den Durst nicht nehme*[10]. Woher denn nimmt Herakleon den Hinweis, daß das Wasser Jakobs für den Durst nicht nütze?

Vom Gesetz zum Evangelium

[Frgm LVI] (Joh 4,13) «Jeder der von diesem Wasser trinkt, den dürstet wieder». Wenn das Gesetz des Moses dieses Wasser [des Jakobsbrunnens] ist, wie kann dann Jesus sagen, daß den daraus Trinkenden wiederum dürstet?

[9] Den Jakobsbrunnen, unter dem hier das AT verstanden wird.
[10] ἄτροφος d.h. wörtlich: ‚nicht nährend' sei.

Darauf ist zu erwidern, daß das Gesetz den Menschen gegeben ist, nicht um immerfort danach zu leben, sondern nur bis zu einer bestimmten Zeit, so daß der Trank aus dem, was übertragen «Brunnen» genannt ist, genügt bis ein besseres Wasser gezeigt wird. Die Gebote des Gesetzes nämlich sind gegeben bis zum Zeitpunkt ihrer Verbesserung. Deswegen wird den aus dem Wasser des Gesetzes Trinkenden wieder dürsten, da er ein Verlangen nach dem Trank der Frohbotschaft (dem Evangelium) hat. Weil das Evangelium aber ohne Ablösung ist, darum wird den aus ihm Trinkenden in Ewigkeit nicht dürsten. Wer dieses Wasser trinkt, besitzt nach dem Spruche Jesu in sich eine Quelle nicht irgend eines Wassers, sondern des zu ewigem Leben sprudelnden. Es hebt und drängt den zum Leben hinauf, der es wie eine Quelle in sich hat.

Vom Buchstäblichen zum Geistigen Gesetz

[XIII.8] (Joh 4,16) «Er sprach zu ihr: Geh, rufe deinen Mann und komm dann wieder her! Darauf erwiderte die Frau: Ich habe keinen Mann.» Der Gebieter über die Seele ist das Gesetz, dem jeder sich unterordnet. Dies ist der Mann. Zum Zeugnis dafür wollen wir den Apostel anführen, der im Römerbrief sagt: «Wißt ihr nicht, Brüder – ich rede zu solchen, die das Gesetz kennen – daß das Gesetz solange Herrschaft über den Menschen hat, als er lebt? ... Stirbt der Mann, so ist die Frau ledig vom Gesetz des Mannes. ... Sie ist frei vom Gesetz und keine Ehebrecherin, wenn sie sich einem anderen Manne hingibt» (Röm 7,1). Das Gesetz ist nun aber dem Buchstaben nach gestorben[11] und die Seele ist nicht bundesbrüchig, wenn sie einem anderen Manne folgt, der geistigen Bedeutung des Gesetzes nämlich. ...

Wenn nun das Gesetz der Mann ist, dann hat die Samaritin irgend einen Mann, ... den die Frau aber von sich aus

[11] Die buchstäbliche Verpflichtung des alttestamentlichen Gesetzes hat aufgehört.

verleugnet ..., da sie ja auf ihr Wort hin: «Gib mir dieses Wasser!» schon etwas von dem zu ewigem Leben sprudelnden Wasser hatte. ... Sich selbst verurteilend ob der Gemeinschaft mit solch einem Manne sprach sie: «Ich habe keinen Mann».

[XIII.9] (Joh 4,17f) «Jesus sagte zu ihr: Da hast du gut gesprochen.» ... Ich glaube, jede Seele hat, insofern sie durch die Schrift in die Christusfrömmigkeit eingeführt wird und bei den anschaulichen und leibhaften Erzählungen beginnt, fünf Männer: für jeden Sinn einen[12]. Wer dann nach dem Verweilen beim Sinnenhaften sich erheben will und sich dem Geistigen zuwendet und unter angeblicher Allegorie und pneumatischer [Erklärung] an eine falsche Lehre gerät, der läuft nach den fünf Männern wieder zu einem anderen und gibt den ersten fünf sozusagen den Scheidebrief und wählt das Zusammensein mit einem sechsten. Solange bleiben wir bei jenem, bis Jesus kommt und uns zur Einsicht führt über diesen Mann[13]. Wenn dann der Herr, das Wort, kommt und sich mit uns unterhält und wir [jenen Männern] absagen: «Ich habe keinen Mann», dann lobt uns der Herr und sagt: «Da hast du gut gesprochen».

Fortschreitende Sinnenthüllung und Vergeistigung der Schrift

[Frgm LVII] (Joh 4,15) Indem die Frau sagte, sie möchte von Jesus Wasser bekommen, um ihren Durst zu stillen, den sie als Quelle in sich hatte, zeigte sie ihr Verlangen nach Wasser. Mit diesen Worten gab sie zu, daß das Schöpfen des bisherigen Wassers große Mühe mache. Und sie hatte recht damit. Denn die Beachtung des Gesetzes nach dem Buchstaben ist eine schwere Last. Der Erlöser wendet sich verständlicherweise folgendermaßen an sie: Da du immer noch am Gesetz hängst, dem du dich anvertraut hast und

[12] Man vergleiche den Rang, den die Anwendung der fünf Sinne in der Betrachtungsmethode des hl. Ignatius hat.

[13] Damit ist sehr genau der Fall jüdischer Gesetzestreuer beschrieben, die sich später gnostischen Spekulationen über die Schrift zuwandten.

mit dem du verbunden bist wie mit einem Mann, so geh und rufe diesen [Gebieter], um das darin Geschriebene mit meinen Worten und Werken zu vergleichen. Du wirst dann finden können, daß der, der von dem bisherigen Wasser trinkt, ein anderes [neues Wasser] erwartet, weil er wieder Durst bekommen wird.

Als sie aber leugnete, einen Mann zu haben, wies der Erlöser ihre samaritische Ansicht sanft zurecht, indem Er sagte: «Gut sagst du, keinen Mann zu haben», denn du stimmtest nicht vollständig überein mit dem ganzen AT, dem Gesetz, über das geschrieben ist: «Das Ziel und Ende des Gesetzes ist Christus, damit Gerechtigkeit werde» (Röm 10,4). Christus hast du nicht zum Mann [zum Herrn] und hattest dafür fünf, da du nur vertraut bist mit dem Sinnenhaften in der Schrift. Wenn du mit dem ganzen AT zusammen gelebt hast, dann bist du fähig geworden, Den kennen zu lernen, Der nach[14] Gesetz und Propheten erwartet wird: Gott, das Wort.

Das: «fünf Männer hattest du», ist auf die fünf Bücher Moses' zu beziehen. Denn die Samariter lassen nur diese Schriften gelten. Wer aber ist der sechste, den sie außer den fünf Männern hat und der nicht einmal ihr Mann ist? Es ist, muß man sagen, das prophetische Wort. Sie hatte diesem nämlich schon durch diese Unterredung gezwungenerweise zugestimmt, jedoch noch nicht mit wahrer Zustimmung. Daher wird treffend gesagt: «Und der, den du jetzt hast, ist nicht dein Mann». Denn nicht in echter Weise bis du zu ihm gekommen. Da nämlich – wie gesagt – das Sinnenhafte [der Schrift] ihre fünf Männer waren, auf die hin sie auf grund der Erziehung durch Jesus dem geistigen Sinn (*νοητῷ λόγῳ*) zwar zustimmte, jedoch nicht mit vollem Wissen, so trifft es genau das Richtige, wenn ihr gesagt wird: Der geistige Sinn (*πνευματικὸς λόγος*), den du jetzt zu haben meinst, ist [noch] nicht dein Mann.

[14] *μετὰ*, also zeitlich.

[Frgm LVIII] (Joh 4,19f) «Unsere Väter haben auf diesem Berge angebetet, ihr aber sagt, in Jerusalem sei der Ort, wo man anbeten müsse.» Wenn du hörst, daß das Heil aus den Juden kommt, so verstehe, daß, was da gesagt ist, von Dem gilt, Der es sagt; denn Er selbst, die Erwartung der Heiden, ist dem Fleische nach geboren aus dem Samen Davids. –

[XIII.13] Die Juden, von denen das Heil kommt, sind Bild derer, die nach der rechten Lehre denken; die Samariter dagegen sind Bild der [hinsichtlich der Schrift] Andersgläubigen. So erheben die Samariter den Garizim – d.h. Scheidung oder Spaltung – ganz folgerichtig zur Würde der Verehrung, und damit auch die geschichtliche Spaltung der zehn Stämme von den übrigen zwei aus den Zeiten Jeroboams. Die Juden aber erheben den Sion – d.h. Ort der Ausschau[15] – zu solcher Würde ...«Scheidung» aber ist in gutem Sinn zu nehmen, nämlich im Sinne von Analyse, so wie sie die Kundigen bei jedem Problem richtigerweise als notwendiges Mittel zur Erkenntnis der Wahrheit anwenden.

Solange die vom Herrn bezeichnete Stunde noch nicht gekommen ist, da der Vater weder auf diesem Berg noch in Jerusalem angebetet wird, solange ist der Berg der Samariter zu meiden und Gott auf dem Sion anzubeten, wo Jerusalem ist, denn Jerusalem wird von Christus die Stadt des großen Königs genannt. Was ist aber ... das *wahre* Jerusalem anders als die Kirche, und zwar die aus lebendigen Steinen erbaute, wo ein heiliges Priestertum ist, wo Gott geistige Opfer dargebracht werden von solchen, die geistig sind und die das geistige Gesetz erkannt haben! Wenn aber die Fülle der Zeit da ist, dann darf man nicht glauben, finde die wahre Anbetung und der vollkommene Gottesdienst auch noch in Jerusalem statt, wenn niemand mehr im Fleische, sondern im Geiste existiert, niemand mehr im Gleichnis (ἐν τύπῳ), sondern jeder in der Wahrheit lebt, und wenn jeder so

[15] Oder Erwartung – nach dem kommenden Neuen Bund nämlich.

geworden ist, daß er denen gleicht, die Gott als seine Anbeter sucht.

[XIII.17] «Ihr betet an, was ihr nicht kennt. Wir beten an, was wir kennen, weil das Heil von den Juden kommt».

Mit «Ihr» sind dem Wortlaut nach die Samariter gemeint, in übertragenem Sinn die der Schrift nicht richtig Glaubenden. Mit «Wir» sind wörtlich die Juden gemeint, in allegorischem Sinn bedeutet es: Ich, das Wort, und die nach Mir Gebildeten, die das Heil von den jüdischen Worten her haben. Denn das jetzt offenbare Mysterium ist geoffenbart worden durch die prophetischen Schriften und die Epiphanie unseres Herrn Jesus Christus[16].

Schrift, Christus und Gläubige sind Eins im Geist

[Gegen Herakleon] ... Die Falschgläubigen wissen nicht, was sie anbeten, nämlich Erdichtung, nicht Wahrheit, und Mythos nicht Mysterien. Wer aber den Schöpfer anbetet, besonders der Jude im geistigen Sinn, und wer den jüdischen Lehren, wenn sie geistig genommen werden, folgt, der weiß was er anbetet. ...Freilich muß man der Wahrheit zuliebe auch untersuchen, wem der äußerliche Kult von den Juden dargebracht wurde. Daß es ihre Absicht war, die Opfer dem Schöpfer des Alls darzubringen, ist offensichtlich. ... Ich verstehe aber nicht, wie die Irrgläubigen[17] den Gott Abrahams und Isaaks und Jakobs, den Gott der Väter der Juden verleugnen, da doch der Erlöser offen sagt, daß «das Heil aus den Juden stammt». Außerdem, wenn der Erlöser das Gesetz erfüllt und zur Erfüllung der Schrift der Propheten dies und jenes im Leben des Herrn geschieht, wie sollte es da nicht offenkundig sein, wie es gemeint ist, daß «das Heil

[16] Wunderbar, wie Origenes zusammenfaßt: einerseits das Wort und die nach Ihm Gebildeten; andererseits die Heilige Schrift und die menschgewordene Epiphanie ihres Inhalts, Christus. Auf beiden Seiten ist ein einziges «wir». Wie die atl. Schriften Christus vorausbilden, so bilden die Schriftgläubigen Christus nach. AT, Christus und seine Gläubigen bilden ein einziges «wir».

[17] Gnostiker, besonders Marcion.

aus den Juden kommt»? Denn der Gott der Juden und der Heiden ist Derselbe, «da nur ein Gott ist, der die Juden auf grund des Glaubens wie auch die Heiden um ihres Glaubens willen rechtfertigen will» (Röm 4,30). Wir schaffen das Gesetz also nicht ab durch den Glauben, sondern wir verleihen ihm Geltung durch ihn.

Im Geist und in Wahrheit

[XIII.18] «Aber es kommt die Stunde, und jetzt ist sie da, zu der die wahren Anbeter den Vater anbeten werden in Geist und Wahrheit» (Joh 4,23). Man ist «wahrer Anbeter» des Vaters, wenn man Ihn «im Geiste» anbetet, nicht im Fleisch, «in Wahrheit», nicht in Gleichnisbildern (*τύποις*). Wer es nicht so tut, ist nicht «wahr» zu nennen. Wer dem tötenden Buchstaben dient, den lebendigmachenden Geist (2 Kor 3,6) dagegen nicht aufnimmt und nicht dem Geist des Gesetzes folgt, der dürfte wohl nicht der wahre Verehrer des Vaters sein und Ihn nicht «im Geiste» anbeten. Der ganz im Figürlichen und Äußerlichen Stehende (*ὁ ὅλος τῶν τύπων καὶ τῶν σωματικῶν ὤν*), gerade wenn er das in Vollendung zu vollbringen glaubt, betet Gott eben im Bild an und nicht «in Wahrheit» und kann deshalb keinesfalls «wahrer Anbeter» genannt werden. Vielleicht allerdings ist gelegentlich der Fall legitim gegeben, daß auch der «wahre Anbeter im Geist und in Wahrheit» Äußerliches (*τυπικὰ*) tut, um die an Äußerliches Gebundenen in ganz heilsökonomischer Weise vom Äußerlichen zu befreien und zur Wahrheit zu führen. So hat Paulus offensichtlich an Timotheus getan, und vielleicht auch in Kenchreä und Jerusalem (Apg 16,3; 18,18; 21,23 ff).

Nun ist zu beachten, daß «die wahren Anbeter» nicht nur in der kommenden [Welt-]Stunde, sondern in der gegenwärtigen den Vater «im Geist und in Wahrheit» anbeten. In der Gegenwart beten sie im Geist an, den sie als «Angeld» (2 Kor 5,5) empfangen haben. Im kommenden Äon aber, wenn sie den Geist ganz fassen, beten sie den

Vater ganz «im Geiste» an. Wie der «im Spiegel» Schauende (1 Kor 13,12) nicht das Wahre [die Wirklichkeit] sieht ..., so betet er Gott auch «im Spiegel» an wie er Ihn sieht. Wenn aber die nach dieser gegenwärtigen Stunde heranstehende kommt, dann wird die Anbetung erfolgen «in Wahrheit», die «von Angesicht zu Angesicht», nicht mehr «im Spiegel» geschaut wird.

«Gott ist Geist»

[XIII.21] (Joh 4,24) Über Gott und sein Wesen wird von vielen vielerlei behauptet. Das geht soweit, daß einige sogar gesagt haben, Er sei feiner und ätherischer körperlicher Natur[18]. Andere wieder meinen, Er sei unkörperlich und an Würde und Macht jenseits des Körperhaften, anderen Wesens als dieses[19]. Es ist daher angebracht, zu sehen, ob wir in den Heiligen Schriften Ausgangspunkte für Aussagen über das Wesen Gottes haben.

Hier ist nun gesagt, Geist sei gleichsam sein Wesen (*οὐσία*). «Gott ist Geist», sagt die Stelle. Im Gesetz steht, sein Wesen sei Feuer. Es heißt dort: «Unser Gott ist ein verzehrendes Feuer» (Dt 4,24). Bei Johannes ist es auch Licht. Er sagt: «Gott ist Licht, und Finsternis ist keine in Ihm». Wenn wir das ganz naiv hören wollten ohne uns über den Wortlaut hinaus Gedanken zu machen, dann müßten wir jetzt also sagen, Gott sei ein Körper. Die große Mehrzahl kann dabei freilich nicht gewahr werden, welche Folgen das nach sich ziehen würde, wenn wir diesen Unsinn sagen würden, denn wenige haben über die Natur der Körper Untersuchungen angestellt. ... Wenn aber jeder stoffliche Körper an sich eine eigenschaftslose, wandelbare, veränderliche Natur hat, die ganz umgewandelt werden und Eigenschaften annehmen kann, die ihr ein Bildner zulegen will, dann wäre ja Gott, wenn Er stofflich wäre, notwendigerweise vergänglich, wandelbar und veränderlich. Und jene[20]

[18] Nach der Stoa ist Gott, wie alles Pneumatische feinster Körper, wie Luft und Feuer.

[19] Besonders der Mittlere Platonismus.

[20] Die Stoiker vgl. Clem. Alex. Strom. I.11.51 (BKV II.17, S. 51).

schämen sich in der Tat nicht, zu sagen, daß Gott als Körper auch vergänglich sei, nur sei sein Leib geistig und ätherisch, vor allem, was seine Denk- und Willenskraft (τὸ ἡγεμονικὸν) anbelangt. Obwohl er aber vergänglich sei, vergehe er doch nicht, da es niemand gebe, der ihn vernichte, sagen sie.

Wir aber sehen die Folgen nicht ab, wenn wir Gott einen Körper nennen würden, selbst wenn wir auf Grund der Schrift sagten, Er sei ein Körper wie Odem (Pneuma) und verzehrendes Feuer und Licht. Wenn wir dann trotz einer solchen Behauptung die daraus sich ergebenden Folgerungen nicht annehmen würden, so wären wir wirklich komisch und würden töricht und gegen die Evidenz reden. Jedes Feuer bedarf nämlich der Nahrung und ist also vergänglich; und jedes Pneuma ist ein Körper – wenn wir das Wort in seiner schlichtesten Bedeutung nehmen (Pneuma = Odem, Wind, Hauch) und kann auf Grund der ihm eigenen Natur eine Verwandlung zu größerer Festigkeit erfahren.

Es ist so, daß wir uns in diesen Dingen entweder an den Wortlaut klammern und dann solchen blasphemischen Unsinn über Gott hinnehmen müssen, oder wir müssen so vorgehen, wie wir es auch sonst in vielem tun, daß wir herausforschen, was damit geoffenbart sein könne, wenn gesagt ist, Gott sei Pneuma oder Feuer oder Licht.

Wie dürfte die Schrift, da sie über Gott redet, anders verstanden werden, als geistig?

[XIII.22] Wie von Augen, Lidern, Ohren, Händen, Armen und Füßen Gottes die Rede ist, sogar von Flügeln, und wir diese Stellen allegorisch verstehen, voll Verachtung für die, die Gott so etwas Ähnliches wie Menschengestalt zulegen – und wir tun recht damit – genau so müssen wir in Folgerichtigkeit mit den genannten Bezeichnungen [Pneuma, Feuer, Licht] verfahren. Das scheint uns offenbar auch meistens so zu geschehen.

«Gott ist Licht», nach Johannes, «und Finsternis ist keine in Ihm.» Wie nun Gott als Licht zu denken sei, das wollen wir, so gut wir können, mit Verständnis ins Auge fassen. Die Bezeichnung «Licht» wird nämlich in doppelter Weise gebraucht: für Körperliches und für Geistiges, d.h. Denkbares – die Schrift würde sagen: «Unsichtbares», und die Griechen würden es «Unkörperliches» nennen. Als Beispiel körperhaften Lichtes greifen wir den Bericht heraus (für die, die das gelten lassen): «Für alle Israeliten war überall Licht, wo sie sich befanden» (Ex 10,2f). Als Beispiel nicht sinnlich erkennbaren geistigen Lichts aber die Stelle bei einem der Zwölf [Propheten]: «... Erleuchtet euch mit dem Licht der Erkenntnis!» (Osee 10,12). In gleicher Weise wird auch das Wort «Finsternis» doppelt verwendet. In gewöhnlichem Sinn zum Beispiel: «Und Gott nannte das Licht Tag, und die Finsternis nannte Er Nacht» (Gn 1,5). In geistigem Sinn (*τοῦ νοητοῦ*) aber die Stelle: «Dem Volk, das in Finsternis saß ... und im Schatten des Todes, ihm ging ein Licht auf» (Is 9,2).

[XIII.23] Wenn das so ist, dann ist es angebracht, darauf zu achten, was wir über Gott zu denken haben, wenn Er «Licht» genannt wird, «in dem keine Finsternis ist». Ist Gott ein Licht, das die leiblichen Augen erleuchtet, oder die geistigen Augen, von denen der Prophet sagt: «Gib Licht meinen Augen, damit ich nicht in den Tod entschlafe!» (Ps 12,4)? Ich meine, es sei für jeden eine Selbstverständlichkeit, daß man von Gott nicht sagen solle, Er tue das Werk der Sonne und überlasse es einem anderen, den Augen derer Licht zu geben, die nicht in den Tod entschlafen sollen. Gott erleuchtet nun doch den Geist derer, die Er seiner besonderen Erleuchtung für würdig hält. Wenn der Geist fähig ist, Licht zu empfangen, nach dem Wort: «Der Herr ist meine Erleuchtung» (Ps 26,1), dann sind wir genötigt, anzunehmen, daß Gott ein geistiges, unsichtbares und unkörperliches Licht sei für diesen [des Lichtes fähigen Geist]. ... Gott wird also Licht genannt, indem [der Begriff] übertragen wird vom körperlichen auf das unsichtbare und unkörperliche Licht.

Gott wird aber auch als «verzehrendes Feuer» angesprochen. Auch das ist vom Stoff verzehrenden, körperlichen Feuer her gedacht. Genau so scheint es mir zu sein mit dem Wort: «Gott ist Odem». Da wir nämlich für das gewöhnlich mit diesem Wort gemeinte, das «mittlere»[21] Leben, odemholend körperlichen Lebenshauch einziehen und so vom «Pneuma»[21a] belebt werden, so vermute ich, komme es daher, daß Gott, der uns zum wahren Leben führt, «Pneuma» genannt werde. In der Schrift wird nämlich vom Pneuma gesagt, es belebe – freilich nicht mit jener mittleren[21] (indifferenten) Belebung, sondern mit der göttlichen. Auch der Buchstabe tötet nämlich und bringt den Tod – nicht den der Trennung der Seele vom Leib, sondern den der Trennung der Seele von Gott und von ihrem Herrn und vom Heiligen Pneuma.

Christus, Offenbarer des geistigen Gottes

[XIII.24] Wem anders aber kommt es zu, uns zu sagen, wer Gott ist, als dem Sohn? «Denn keiner sah den Vater als der Sohn», damit wir durch den offenbarenden Sohn erkennen, wie Gott «Geist» ist und danach eifern, Gott im belebenden Geist, nicht im tötenden Buchstaben anzubeten und Ihn «in Wahrheit» zu verehren, nicht mehr in Vorbildern und Schatten und Abbildern. Auch die Engel beten Gott nicht in Abbildern und Schattenbildern des Himmlischen an, sondern in geistiger und himmlischer Wirklichkeit, da sie als Heilsbedürftige den «Hohenpriester nach der Ordnung des Melchisedek» (Hebr 5,6 = Ps 110,4) zum Führer ihrer Gottesverehrung und ihrer mystischen und unsagbaren Schau haben.

[21] Der Begriff ist aus der stoischen Ethik genommen (vgl. Arnim, 3,135), wo er «weder gut noch böse» bedeutet, also: indifferent. «Mittleres» wird das natürliche Leben genannt, weil es weder Tod noch unvergängliches Leben ist. Es steht in seiner Abhängigkeit vom Leben und vom Tod an sich zwischen beiden.

[21a] πνεῦμα heißt Odem, Hauch, Geist.

[XIII.25] Dem Erlöser, der sagt: «Der Vater, der Mich gesandt hat, ist größer als Ich» (Joh 14,28), und daher die Ihm entgegengebrachte Anrede «guter» im eigentlichen und wahren und letzten Sinn nicht annimmt, sondern ehrerbietig (*εὐχαρίστως*) auf den Vater überträgt und den schilt, der den Sohn über Gebühr ehren wollte (*ὑπερδοξάζειν*), Ihm gehorchend sagen wir, der Erlöser und der Heilige Geist sei mit allem Gewordenen gar nicht vergleichbar, sondern überrage es in überwältigendem Übermaß. So sehr Er und der Heilige Geist aber das Übrige überragt, so sehr und mehr wird Er überragt vom Vater ... Denn der Logos ist «das Bild seiner Güte» und «Abglanz», nicht Gottes, sondern «seiner Herrlichkeit» (Hebr 1,3) und «des ewigen Lichtes», «Hauch», nicht des Vaters, sondern «seiner Macht», «lauterer Ausfluß seiner allherrschenden Herrlichkeit», «makelloser Spiegel seines Wirkens» (Weish 7,25f). In diesem «Spiegel» (1 Kor 13,12), der spricht: «Wer Mich sieht, sieht den Vater, Der Mich gesandt hat», sehen Paulus und Petrus und ihresgleichen Gott.

Der nach dem Alten Testament Erwartete

[XIII.26] (Joh 4,25) «Ich weiß, daß der Messias kommen wird». Nun wollen wir noch sehen, wie die Samaritin, die doch außer dem Pentateuch des Moses nichts anderes gelten ließ, die Ankunft Christi als allein schon vom Gesetz verkündet erwartet. Wahrscheinlich hofften sie auf Grund des Jakobsegens über Juda, daß seine[22] Ankunft erfolgen werde. In diesem Segen heißt es: ...«Nicht wird es fehlen an einem Führer aus Juda und an einem Fürsten aus seinen Lenden bis Der kommt, dem es hinterlegt ist, die Erwartung der Völker zu sein» (Gn 49,8 und 10). Und aus den Prophezeihungen des Balaam (Num 24,7–9) hofften sie wahrscheinlich dasselbe. ... Du wirst nun verstehen, wie es den

[22] Statt *αὐτούς* lese ich *αὐτοῦ*.

Samaritern wichtig erschien, den Mosessegen über Juda auf Christus zu beziehen, der so lautet: «Erhöre Herr die Stimme Judas! Er komme zu seinem Volk; seine Hände mögen ihm Recht schaffen und Du wirst ihm Hilfe sein gegen seine Feinde» (Dt 33,7). Da die Samariter sich aber des Patriarchen Josef rühmen, führe ich an, wie einige den Jakobsegen über Josef und den Segen Moses als von der Ankunft Christi gesprochen auffassen. Wer will, kann die Worte in der Schrift selbst nachlesen. Und der Erlöser selbst weiß, daß Moses viel Prophetisches über Christus geschrieben hat, und sagt zu den Juden: «Wenn ihr dem Moses glauben würdet, würdet ihr auch Mir glauben, denn über Mich hat jener geschrieben.» Das meiste, was in der Schrift des Gesetzes zu finden ist, ist gleichnis- und rätselhaft auf Christus bezogen. Direkt und offen [über Christus Geschriebenes] sehe ich im Augenblick nichts außer dem hebräischen Namen «Messias», den die Septuaginta mit «Christus» übersetzte, Aquila aber mit «Gesalbter»[23].

Die Selbsterniedrigung Gottes in der Offenbarung, sei es in der Schrift, sei es im Gespräch Jesu

[XIII.28] (Joh 4,26) «Ich bin es, Der mit dir redet.» Wir müssen nun untersuchen, ob Christus etwa sich selbst als Evangelium verkündete. Dazu müssen wir Worte miteinander vergleichen wie: «Ich bin es, der Sich bezeugt, und zugleich bezeugt Mich, der Mich sandte, der Vater»; «Wenn ihr dem Moses glauben würdet, so würdet ihr Mir glauben, denn er hat über Mich geschrieben», und ähnliche Aussprüche, die in einem der Evangelien stehen.

Wir lernen von Christus – um bei seinem eigenen Ausspruch zu bleiben, daß Er «freundlich und demütig ist von Herzen» (Mt 11,29) und sich nicht darüber erhaben fühlt, über solche Dinge mit einer wasserholenden Frau zu sprechen, die in großer Bedürftigkeit aus der Stadt kam und

[23] «*χϱιστός*» und das von Aquila gebrauchte *'Ηλιμμένος* bedeutet beides: «der Gesalbte».

sich mit Wasserholen abmühte. Darüber staunen auch die ankommenden Jünger, die vorher die Größe der Gottheit in Ihm geschaut haben, und sie wundern sich, mit welcher Art ein so Großer mit einer Frau spricht. Wir aber, von Großtuerei und Überheblichkeit getrieben, übersehen die Geringeren und vergessen, daß von jedem Menschen das Wort gilt: «Lasset uns den Menschen machen nach unserem Bild und nach unserer Ähnlichkeit» (Gn 1,26). Wir denken nicht an Den, der «im Mutterleibe bildet» (Jer 1,5) und der «die Herzen aller Menschen einzeln schafft» und «auf alle ihre Werke achtet» (Ps 32,15); und wir scheinen nicht zu wissen, daß Er «der Gott der Demütigen und der Helfer der Geringen ist, der sich der Schwachen annimmt und auf die Verzweifelten acht gibt, und der Erlöser der Vergessenen ist» (Jdt 9,11).

Jesus gebraucht diese Frau wie einen Apostel für die Bewohner der Stadt, indem Er sie mit Seinen Worten so entzündet, daß sie ihren Krug stehen läßt und in die Stadt geht und den Leuten sagt: «Kommt und seht jemanden, der mir alles gesagt hat, was ich getan habe – ob Dieser nicht der Messias ist?» Gleich in diesem Augenblick, nicht erst später, offenbart sich das Wort einer solchen [Frau] so deutlich, daß die ankommenden Jünger staunten, daß auch sie, die doch ein weibliches und leicht zu täuschendes Wesen ist, des Gespräches mit dem Worte gewürdigt wurde. Aber in der Überzeugung, daß alles richtig sei, was das Wort tut, tadeln und kritisieren die Jünger seine eingehende Unterhaltung und die Gemeinschaft im Gespräch mit ihr nicht. Vielleicht aber waren sie auch ganz betroffen von der großen Güte des Wortes, das sich herabgab zu einer Seele, die den Sion verachtet und vom Berge Samarias überzeugt ist.

Was mehr ist als das Gefäß

[XIII.29] (Joh 4,28) «Nun ließ die Frau ihren Krug stehen.» Nicht umsonst, meine ich, habe der Evangelist das Stehenlassen des Kruges aufgeschrieben. ... Was wir in geistigem Sinn unter dem Wasserkrug verstehen müssen, den die Samaritin stehen läßt, nachdem sie die Worte Jesu aufgenommen hat, ist dies: Vielleicht stellt sie das Gefäß eines ob seiner Tiefe verehrungswürdigen Wassers ab, das Gefäß der Lehre nämlich, die sie vorher im Sinn hatte und jetzt gering schätzte, da sie Besseres empfangen hatte als das Gefäß, nämlich das Wasser selbst, das in ihr zum Ursprung eines Wassers wurde, das zum ewigen Leben sprudelt. Wie hätte sie auch vorher, dieses Wassers noch nicht teilhaftig, so menschenfreundlich Christus ihren Mitbürgern verkünden können, ... wie, wenn sie nicht in dem Gehörten heilsames Wasser empfangen hätte?

Das Wort ist eine Speise

[XIII.32] (Joh 4,31) «Mittlerweile baten Ihn die Jünger: Meister iß!» Nachdem das Lehrgespräch über den Heilsplan bezüglich des Trankes und über den Unterschied der Wasser geführt wurde, war es folgerichtig, daß auch über die Nahrung gesprochen würde. Die Samaritin, die zuvor um einen Trank gebeten hat, [wird] wegen ihrer eigenen Bedürftigkeit vom Bittenden [getränkt][24]. ... Die Jünger[24] ... sagten Ihm: «Iß», da sie die Zwischenzeit nach dem Weggang der Frau, bis die Samariter zu Ihm kämen, für geeignet hielten zu einem Mahl. ...

Angepaßte Speise

[XIII.33–34] (Joh 4,32) «Er aber sagte ihnen: Ich habe eine Speise zu essen, die ihr nicht kennt.» Was sich selbst genügt, bedarf keiner Speise; was aber Speise braucht, ist bedürftig. Wer ißt, tut das offenbar doch nicht, weil er keine Speise braucht, sondern weil er ihrer bedarf. Die Körper ernähren sich, weil sie von Natur (stoff-)wechselnd sind, um den Raum des Abgebauten mit Nahrung aufzufüllen[25]. Was höher ist als der Körper, nährt sich mit unstofflichen Ge-

[24] Lücken im Text.
[25] Platon, Theätet 182.

danken und Worten und rechten Taten, nicht weil es sich ins Nicht-Sein auflösen würde, wenn es nicht genährt würde – nicht einmal die Körper lösen sich ins Nicht-Sein auf, wenn sie nicht genährt werden – sondern es verliert sein So-Sein, wenn es nicht mit einer sich von körperlicher Art unterscheidenden Weise genährt wird. Wie aber die der Nahrung bedürftigen Körper sich nicht von der Beschaffenheit der Speisen nähren[26], noch allen ein- und dieselbe Nahrungsmenge reicht, so ist das auch zu denken bei dem, was höher ist als die Körper. Der eine [Geist] braucht mehr, der andere weniger Nahrung, da nicht jeder gleich viel faßt. Auch nicht dieselbe Beschaffenheit der nährenden Worte und der theoretischen Gedanken über das Handeln ist passend für jede Seele, sondern ihre Beschaffenheit paßt sich an. Denn Gemüse und feste Speise sind nicht zu jeder Zeit die rechte Speise für diejenigen, die zur Stärkung einer Nahrung bedürfen (Hebr 5,12). Neugeborene Kinder sollen, wie Petrus sagt, nach der geistigen unverfälschten Milch verlangen (1 Petr 2,2); und ebenso, wer sich im Zustand der Kindlichkeit der Korinther befindet, zu denen Paulus sagt: «Milch gab ich euch zu trinken, nicht feste Nahrung» (1 Kor 3,2); der im Glauben Schwache soll Gemüse essen. Und auch dies lehrt Paulus, wenn er schreibt: «Der eine glaubt alles essen zu dürfen, der Schwache ißt nur Gemüse» (Röm 14,2). ... «Feste Nahrung ist für Gereifte, deren Sinn durch Gewöhnung schon geübt ist zur Unterscheidung von Gut und Böse» (Hebr 5,14).

Es gibt auch schädliche Nahrung. Das erfahren wir im 4. Buch der Könige, wo einige zu Elisäus sagen: «Der Tod ist im Topf, Mann Gottes!» (2 Kg 4,40). Die geistige Speise der unvernünftigen Seelen ist Grünes oder Gras und Heu. ... Wenn aber einer ein geistiger Mensch ist und daher verständig, dann ißt er das Brot der Erkenntnis ..., und von geistigem Wein kann niemand erfreut werden (Ps 103,15) als nur der (verständige) Mensch.

[26] Platon führt als solche Akzidentien Farbe und Härte an; aaO.

Von Tieren und von Menschen muß man im Geiste zu den Engeln aufsteigen: auch sie werden genährt und sind ganz und gar nicht unbedürftig [d. h. sich selbst genügend]. [Heißt es doch:] «Brot der Engel aß der Mensch» (Ps 77,25).

Ordnung des Empfangens

[XIII.34] Aber kehren wir zu unserem vorliegenden Text über die Speise Jesu zurück! ... Jesus spricht wahr, wenn er sagt: «Ich habe eine Speise zu essen, die ihr nicht kennt». ... Immer wird, wer sich von Zurückbleibenden unterscheidet, die nicht dasselbe zu betrachten vermögen wie die Höhergekommenen, sprechen: «Ich habe eine Speise zu essen, die ihr nicht kennt». Und es ist nicht ungereimt zu sagen, daß nicht nur die Menschen und Engel geistiger Nahrung bedürfen, sondern auch der Gesalbte Gottes (Christus). Denn auch Er wird immerfort sozusagen vom Vater versehen, der allein unbedürftig und sich selbst genügend ist. Die vielen Belehrten [d.i. die Christen] erhalten ihre Speise von den Jüngern Jesu, die den Auftrag haben, sie den Massen zu reichen. Die Jünger erhalten sie von Jesus selbst, außer manchmal von heiligen Engeln. Der Sohn Gottes erhält seine Speise vom Vater allein ohne Vermittlung. Es ist auch nicht unangebracht zu sagen, der Heilige Geist werde genährt. Darüber ist der Text der Schrift zu befragen, der uns diesen Gedanken nahelegt.

Mysterium des Mahls

Das ganze Mysterium der Berufung und Erwählung ist in der Speise beim großen Mahl [zusammengefaßt][27]. «Ein Mann veranstaltete ein großes Mahl, und zur Zeit des Mahles sandte er aus, die Geladenen zu rufen.» Alle Gleichnisse

[27] Die Tiefe dessen, was in der Bibel Essen heißt, wird hier aufgenommen, nämlich Gemeinsamkeit erlangen, Einswerden. Immer freilich ist das geistige Essen des Wortes gemeint. Origenes läßt die beiden Gedanken ineinanderspielen: das Essen des Wortes ist Weg zur Gottgemeinschaft und Genuß dieser Gemeinschaft zugleich.

aus dem Evangelium, die vom Mahl handeln, müßte man jetzt zusammentragen, dazu die Verheißungen des Isaias über das Essen und Trinken: «Siehe, die Mir dienen, werden essen, ihr aber werdet hungern; die Mir dienen, werden trinken, ihr aber werdet dürsten» (Is 65,13).

Schon bei der Erschaffung des Menschen im Paradies gibt Gott Gesetze darüber, was der Mensch esse und was nicht. Der Mensch wäre unsterblich geblieben, wenn er von jedem Baum im Paradies als Speise gegessen hätte, vom Baum der Erkenntnis des Guten und Bösen aber nicht. Beachte auch, was im 21. Psalm gesagt ist über die, die Gott preisen, weil sie gegessen haben: «Es aßen und beteten an alle Reichen der Erde» (Ps 21,30). Darum «wird der Herr keine gerechte Seele hungern lassen» (Spr 10,3); aber wenn die Menschen ungerecht werden, «schickt Er Hunger auf die Erde, nicht Hunger nach Brot und Durst nach Wasser, sondern Hunger danach, das Wort des Herrn zu hören» (Amos 8,11). Je mehr wir Fortschritte machen, umso Besseres und umso mehr werden wir essen, bis wir vielleicht so weit gelangen, daß wir dieselbe Speise essen wie der Sohn Gottes, die die Jünger gegenwärtig noch nicht kennen.

Das Bild des Vaters

[XIII.36] (Joh 4,34) «Meine Speise ist es, den Willen Dessen zu tun, der Mich gesandt hat.» Es ist eine richtige Speise für den Sohn Gottes, wenn Er den väterlichen Willen erfüllt, weil Er damit dasselbe Wollen sich selbst verschafft, das auch im Vater war, so daß der Wille des Vaters im Willen des Sohnes ist, und der Wille des Sohnes ununterschieden wird vom Willen des Vaters, damit nicht mehr zwei Willen seien, sondern ein Wille. Auf grund des einen Willens sagt der Sohn: «Ich und der Vater sind eins». Und wegen dieses einen Willens sieht, wer den Sohn sieht, auch Den, der Ihn sendet. ... Übrigens besteht der ganze Wille des Vaters nicht nur in dem, was außerhalb des Wollenden geschehen ist[28], sondern der ganze Wille des Vaters ist vom Sohne

[28] In der Schöpfung.

verwirklicht worden, da das Wollen Gottes, im Sohne zu Wirklichkeit geworden, wirkt, was der Wille Gottes will. Einzig der Sohn faßt und wirkt den ganzen Willen des Vaters. Deshalb ist Er auch dessen Bild (2 Kor 4,4). Aber auch über den Heiligen Geist muß man dieser Ansicht sein.

Auch die übrigen Heiligen tun nichts am Willen Gottes vorbei, sondern alles, was sie tun, werden sie nach dem Willen Gottes tun. Freilich genügt das nicht, um nach dem ganzen Willen Gottes geprägt zu werden. Es wird der eine Heilige im Verhältnis zu einem andern den väterlichen Willen besser und mehr und ausgeprägter fassen, und letzterer wird dafür etwas anderes in ausgezeichneterem Maße erfassen. Den ganzen und vollen Willen Gottes aber wird nur Der tun, der spricht: «Meine Speise ist es, den Willen Dessen zu tun, der Mich gesandt hat». Und gleich danach spricht Er dankbar (εὐχαρίστως)[29] von Gott: «Der Sohn vermag nichts aus sich selbst zu tun, wenn Er es nicht den Vater tun sieht. Denn was der Vater wirkt, das wirkt gleicherweise auch der Sohn. Der Vater liebt ja den Sohn und zeigt Ihm alles, was Er selbst wirkt».[30] Vielleicht ist der Sohn auch darum das «Bild des unsichtbaren Gottes» (Kol 1,15). Denn der Wille in Ihm ist das Bild des ersten Willens, und die Gottheit in Ihm ist das Bild der wahren Gottheit. Als Bild der Güte des Vaters sagt Er: «Was nennst du Mich gut?» (Lk 18,19), weil dieser [gute] Wille die dem Sohn eigene Speise ist. Um dieser Speise willen ist Er, was Er ist.[31]

Daß aber der Wille sich auf eine Anordnung richtet, erklärt der folgende Text, der nach dem Tun des Willens von der Vollendung des Werkes Gottes spricht.[32]

[29] In Danksagung für die empfangene Speise.

[30] Der Speise bedürfen, heißt abhängig sein. Dies ist eine Formel für das Gezeugtwerden des Sohnes aus dem Vater.

[31] Nicht unabhängig vom Vater.

[32] Nach der existentiellen Bedeutung des Willens Gottes ist nun vom objektiven Ziel dieses Willens die Rede.

Erschaffung durch das Wort – Fall durch Ungehorsam gegen das Wort – Erlösung durch das Wort

[XIII.37] (Joh 4,34) «... und sein Werk zu vollenden». Da wird indes einer sagen: Wenn das Werk Gottes von Christus vollendet wird, so geht daraus hervor, daß es zuvor unvollendet war. Wie aber ist es möglich, daß ein Werk Gottes unvollkommen war? Und wie ist es möglich, daß das Werk Gottes von Dem vollendet wird, der sagt: «Der Vater ist größer als Ich»? Die Vollendung des Werkes jedoch war die Vollendung des Geistigen (*ἡ τοῦ λογικοῦ τελείωσις ἦν*).[33] Die geistigen Wesen, die unvollkommen waren,[34] vollkommen zu machen, dazu kam das Fleisch gewordene Wort. Wurde denn ein unvollendetes Werk geschaffen und wird der Erlöser gesandt, das Unvollendete zu vollenden? Ist es nicht widersinnig, daß der Vater ein Schöpfer von Unvollendetem wäre und der Erlöser das unvollkommen Geschaffene vollendet hätte? Ich meine, die Textstelle enthalte ein tieferes Geheimnis: Vielleicht waren die geistigen Geschöpfe damals, als sie ins Paradies versetzt wurden, ganz und gar nicht unvollkommen. Denn wie hätte Gott Unvollkommenes in das Paradies gestellt mit dem Auftrag, es zu bearbeiten und zu pflegen?[35] Wer nämlich imstande war, den «Baum des Lebens» und alles, was Gott pflanzte und was nachher entstand, zu bearbeiten, der kann wohl nicht gut «unfertig» genannt werden[36]. Wurde nicht vielmehr der, der vollkommen war, unvollkommen durch den Ungehorsam und bedurfte Dessen, der ihn aus seiner Unvollkommenheit wieder vollkommen mache? Deshalb wurde der Erlöser gesandt: Erstens, um den Willen des Ihn Sendenden zu tun – auch hier[37] war [das Wort] Ausführender[38] –; zweitens [wurde

[33] Also von Wesen mit freiem Willen.

[34] Durch ihren Ungehorsam, also durch ihre eigene Schuld.

[35] Wie hätte ein unvollkommener Mensch eine gute Welt gut beherrschen sollen?

[36] Der Mensch im Urstand, der Adam des Paradieses.

[37] Bei der Erlösung.

[38] Wie bei der Erschaffung.

der Erlöser gesandt], um das Werk Gottes zu vollenden, und damit jeder Vollendete mit fester Nahrung vertraut werde[39] und mit der Weisheit zusammen sei. Denn «feste Nahrung ist für Vollkommene, deren Sinne durch Gewöhnung schon geübter sind...» ...

Wenn jeder von uns als Werk Gottes von Jesus vollendet sein wird, werden wir sprechen: «Ich habe den guten Kampf gekämpft, den Lauf vollendet, den Glauben bewahrt; im übrigen ist mir der gerechte Kranz aufbewahrt (2Tim 4,7f).

Alle fielen vom Vollkommenen zum Unvollkommenen ab ..., die «ihre Wohnstatt preisgaben und ihren Ursprung nicht bewahrten» (Jud 6)[40].

Das war der der Freiheit anvertraute Ursprung. Ich spreche aber hier von dem der Vollendung sich widersetzenden, neben den ersten gesetzten Ursprung[41], der die Ursache dafür ist, daß, wie der Anfang des Menschen im Paradiese lag, so sein Ende durch seinen Ungehorsam wohl in der Hölle drunten oder einem derartigen Orte liegt. So hat also jeder Abgefallene seinen ihm eigentümlichen Ursprung, (Anfang, Ursache)[42].

Wenn Jesus jedoch das Werk Gottes vollendet ..., so vollendet Er es nach demselben Prinzip[43]: Die seligen Wesen nämlich, die dem Worte glauben und gehorchen, bedürfen nicht der Pein und werden durch das bloße Wort vollendet. Die andern aber, die dem Worte nicht gehorchen, bedürfen des Leidens, um, nach dem Leiden für Worte zugänglich, später durch diese vollendet zu werden.

[39] Das «Wort» bereitet uns vor auf den Empfang jener Speise, die der Vater beim ewigen Mahl gibt. (Hebr 5,14).

[40] Nämlich das Wort Gottes, «durch das alles geworden ist».

[41] Der selbstgesetzte Anfang ist der Ungehorsam gegen das Wort.

[42] Der Gedankenführung liegt diese dreifache Bedeutung des Wortes zugrunde.

[43] Das welterschaffende Wort bringt auch zur Vollendung, was es erschuf. Das geschieht im Gehorsam: des Wortes gegen den Vater, und des Menschen gegen das Wort, freiwillig, oder durch Leiden zum Gehorsam erzogen.

Vom weltlich gesinnten Hörer will sich die Schrift nicht verstehen lassen

[XIII.39–40] (Joh 4,35) «Sagt ihr nicht: noch vier Monate, dann kommt die Ernte?» Gegenüber denen, die das ganz einfach und dinglich auffassen, ist in Frage zu stellen, [ob die Stelle einfach gemeint sei], damit diese Leute zur Überzeugung kommen, daß der Erlöser häufig Geistiges sagte ohne sinnenhafte und dingliche Bedeutung.

Wenn Jesus das vier Monate vor der Ernte sagte, dann war es gerade Winter. Denn die Ernte beginnt in Judäa in dem auf Hebräisch Nisan genannten Monat, in dem das Passa gefeiert wird, so daß man manchmal die ungesäuerten Brote vom neuen Weizen macht. Aber auch wenn wir annehmen, daß die Ernte nicht im Nisan, sondern im darauffolgenden Monat stattfand, der bei ihnen Jar heißt, auch dann läge der vierte Monat vor der Ernte mitten im Winter. Wenn wir nun aufweisen, daß es doch Erntezeit oder gegen Ende der Ernte war, als Jesus das sagte, dann hätten wir gezeigt, worauf es ankommt. [In einer längeren chronologischen Untersuchung der Texte stellt Origenes nun fest, daß die Szene in Sichem vor dem Laubhüttenfest stattgefunden haben müsse, und fährt fort:]

[XIII.40] Aus diesen längeren Untersuchungen ergibt sich für den, der den Sinn der Schrift tiefer sieht, mit welchen Gedanken Jesus zu seinen Jüngern gesprochen hat: «Sagt ihr nicht: noch vier Monate, dann kommt die Ernte? Seht, Ich sage euch: Erhebet eure Augen und schaut die Felder an, die schon weiß sind zur Ernte!» Wer würde nun nicht zugeben, daß das geistig gemeint ist? Das Geistige ist abgehoben vom Sinnenhaften. Demnach muß also die in der Redensart der Jünger nach vier Monaten kommende Ernte ihrer Unterbedeutung nach (ὑπονοίᾳ) der von Jesus gezeigten Ernte vergleichbar sein. Und ich glaube, das sei der Fall.

Die meisten Jünger des Wortes [die Christen] erkennen, daß die Wahrheit für die menschliche Natur schwer erreichbar ist, und sind, seitdem sie an einem anderen als dem gegenwärtigen Leben festhalten[44], davon abgekommen, das Endziel im gegenwärtigen Leben zu suchen[45], und daher nehmen sie an, sie werden die Wahrheit erlangen, wenn sie ihre Bindung an die vier Elemente transzendieren[46]. Die Jünger sprechen also nach dem Ausspruch des Herrn von einer Ernte, die in der Vollendung des Werkes der Wahrheit besteht, das die Erntenden zusammentragen. Von Monaten ist die Rede, weil das [vom Werdegang] der natürlichen Ernte genommen ist. Man würde aber statt von vier Monaten besser von vier Tagen oder Jahren sprechen, vor allem weil das Wort sich den vielen und den fleischlich Gesinnten entziehen will, indem es das Mystische verbirgt, den einfachen Sinn aber vorzeigt, damit man glaube, die vom Erlöser verkündeten Worte seien klar.[47]

Das Wort schauen in der Schrift und in der Schöpfung

[XIII.42] (Joh 4,35) «Erhebet eure Augen!» An vielen Stellen der Schrift ermahnt uns das göttliche Wort mit «Erhebet eure Augen» dazu, unser Denken und den darniederliegenden und nach unten gekrümmten[48] Blick aufzurichten und zu erheben. Doch er ist nicht imstande, sich aufzurichten und sich ganz zu erheben (Lk 13,11). ... So heißt es bei Isaias: «Erhebet eure Augen zur Höhe und sehet: wer hat das alles geschaffen?» (Is 40,26). Und der Erlöser, im Begriff den in der Ebene Versammelten die Seligpreisungen zu verkünden, erhob seine Augen zu den Jün-

[44] Die pneumatische Deutung der Schrift ist auch im prophetischen Charakter des Wortes begründet, denn die Wahrheit des Schriftwortes kommt erst in einem zukünftigen, pneumatischen Leben zur Erfüllung.

[45] Wie das der Chiliasmus der jüdischen Apokalyptik, aber auch noch des Papias und Irenäus tat.

[46] στοιχείων συγγένειαν ὑπερβάντες.

[47] Würde man von Jahren sprechen, dann wäre leichter zu sehen, daß nicht von der natürlichen Ernte und ihrem Ablauf die Rede ist, sondern daß Ernte nur Bild sein soll.

[48] συγκύπτον sagt dasselbe wie das incurvatus Luthers.

gern und sprach: «Selig sind» die und die ... (Lk 6,20), denn kein echter Jünger Jesu ist drunten. ... Niemand aber, der in Leidenschaften weilt und dem Fleisch hingegeben ist oder dem Materiellen anhängt, befolgt die Aufforderung: «Erhebet eure Augen!» Er sieht deshalb auch die Felder nicht, selbst wenn sie «schon weiß sind zur Ernte». Keiner, der noch «die Werke des Fleisches» (Gal 5,19) tut, hat die Augen erhoben.

«Weiß» sind die Felder «schon zur Ernte» seitdem das Wort Gottes da ist und alle Felder der Schrift klar macht und erleuchtet, die erfüllt sind von seiner Gegenwart. Vielleicht aber auch ist alles, was man sinnlich wahrnimmt, bis zum Himmel hin und dem, was in ihm ist, ein «weißes Feld», reif «zur Ernte» für diejenigen, welche die Augen erheben, denn das Wort macht aus allem, was wir sehen, unverkennbar ein Gleichnisbild, wenn unsere Augen nur sehen, wie «gut» alles Geschaffene ist. Daher werden die, die es aufnehmen, in sein Bild umgebildet «von Herrlichkeit zu [immer weiterer] Herrlichkeit» (2 Kor 3,18). Wenn nämlich Gott an jedem Geschöpf «sah, daß es gut war» (Gn 1,10), dann ist das gleichbedeutend damit, daß Gott in den Sinn (*οἱ λόγοι*) von allem Einblick hatte und sah, wie jedes einzelne Geschöpf durch das Wort, nach dem es geschaffen wurde, gut ist. ... Der *Sinn* (= das Wort) von allem ist es, den Gott als «gut» ansieht.[49] ...

[49] Christus, das «Wort» enthält in sich das geistige, herrliche Bild alles Geschaffenen. In ihm wird alles erkennbar, und so gewinnen wir durch das «Wort» Anteil an den Dingen. Wir heimsen die Herrlichkeit der Dinge geistig ein in der Erkenntnis des «Wortes», das die Urbilder alles Geschaffenen in sich enthält. Diese Ernte wird nicht ein bloßes Haben, sondern wir selbst werden durch die Erkenntnis umgebildet nach dem Wort, so daß der Mensch – und dies ist der umgekehrte, ebenso wichtige und fruchtbare Gedanke des Origenes – durch das geistige Erkennen der Dinge dem Wort, nämlich Christus, ähnlich wird. Das Wort reicht uns den Sinn der Dinge dar, und der Sinn der Dinge führt uns zur Ähnlichkeit mit dem Wort. So wird der Mensch über die Erkenntnis des Wortes zur Zusammenfassung der ganzen Schöpfung) zum geistigen Mikrokosmos des materiellen Makrokosmos. Der Sinn der Dinge, das Gute, und damit die Heilsgüter werden durch das Wort im Menschen wie eine Ernte einge-

Das aber ist uns gesagt anläßlich der Stelle: «Erhebet eure Augen und sehet die Felder, wie sie schon weiß sind zur Ernte». Dies Wort, das an die Jünger gerichtet ist, ermahnt die Hörer, die Augen zu erheben zu den Feldern der Schrift und zu den Feldern des in jedem einzelnen Sein [innewohnenden] Wortes, damit sie das Weiße und den Glanz des überall seienden Lichtes der Wahrheit schauen. Denn nach Salomon ist «alles offen vor den Verständigen, und alles ist richtig für den, der Erkenntnis erwerben will» (Spr 8,9).

Textgetreue Exegese

[XIII.46] (Joh 4,36) «Schon empfängt der Schnitter seinen Lohn: Er sammelt Frucht fürs ewige Leben damit sich Sämann und Schnitter zugleich freuen.» Herakleon meint, das Wort: «der Schnitter empfängt seinen Lohn» sei gesagt, weil der Erlöser sich selbst den Schnitter nenne. Und er nimmt an, der Lohn des Herrn sei das Heil und die Wiederherstellung derer, die Er erntet, denn, nachdem Er sie gewonnen habe, könne Er ruhen. Die Fortsetzung: «und Er sammelt Frucht fürs ewige Leben», bedeute entweder, sagt Herakleon, daß das Eingeheimste Frucht ewigen Lebens sei oder das ewige Leben selbst.

Aber ich meine, Herakleons Erklärung sei gewalttätig, und zwar deswegen, weil er sagt, der Erlöser empfange Lohn, und weil er den Lohn und das Eingeheimste der Frucht in eins zusammennimmt in Widerspruch zur Schrift, die Lohn und Frucht als zwei Dinge darstellt.

bracht. Da aber Christus dieses Wort der Dinge ist, in dem sie geschaffen wurden, kann nur Er uns diesen Sinn der Dinge kund tun und vermitteln. Die Offenbarung macht den Sinn der Schöpfung deutlich. Indem wir aber den Sinn der Dinge erkennen durch das «Wort», erfassen und nehmen wir teil an diesem Worte selbst, nämlich Christus. Origenes ist dabei weit vom Pantheismus entfernt, weil die Teilhabe am Worte über das Geschaffene nicht möglich ist ohne Offenbarung und Vermittlung des göttlichen «Wortes» selbst, das selbst viel größer und göttlicher ist als das Geschaffene, dessen es sich nur zum Ausdruck bedient.

Wenn uns das Erheben der Augen mit den Aposteln und der Blick auf die schon zur Ernte weißen Felder gelungen ist, dann sind wir soweit, daß wir an die Untersuchung dessen gehen können, was es bedeutet, daß «sich der Sämann zugleich freut mit dem Schnitter». Ich glaube, daß sowohl in der angewandten wie in der reinen Forschung[50], die sich auf mehrfachen Lehrsätzen aufbauen, derjenige sät, der die Prinzipien findet, die andere übernehmen und ausarbeiten, um dann das selbst Gefundene wieder anderen weiterzugeben. So legten jene durch ihre Entdeckungen den Grund, daß Künste und Wissenschaften zu einer Fülle an Erträgnissen herangewachsen sind, welche die Nachgeborenen übernehmen wie die reif gewordene Ernte. Denn ihnen wäre es nicht möglich gewesen, sowohl die Prinzipien zu finden als das daraus sich Ergebende hinzuzufügen, also auch die Vollendung der Künste und Wissenschaften anzustreben.

Wenn das aber von Künsten und Wissenschaften gilt, wieviel mehr ist es dann einzusehen von der Kunst der Künste und der Wissenschaft der Wissenschaften[51]. Was nämlich die Früheren gefunden haben, das arbeiteten die nach ihnen aus und überlieferten es den Folgenden, die an das Gefundene [ihrerseits wieder] forschend herangingen, und so [gaben die Ersten] den Anstoß, daß der eine Leib der Wahrheit mit Weisheit zusammengetragen werde[52]. Wenn dann das Gesamtwerk der Kunst der Künste vollendet ist, dann «freut sich der Sämann zugleich mit dem Schnitter», wobei Gott es ist, der seinerseits einwirkend alle zu ein- und derselben Vollendung zusammenführt.

Denke einmal darüber nach, ob nicht Moses und die Propheten die «Säenden» sind, die zur Ermahnung schrieben und die Ankunft Christi verkündeten für uns, «zu denen die Vollendung (das Ziel) der Äonen gekommen ist»

[50] Das Begriffspaar (*τέχνη καὶ ἐπιστήμη*) ist aristotelischer Herkunft, vgl. Nik. Ethik 1094a 7.

[51] Der Erforschung der Schrift.

[52] *τὸ ἓν σῶμα τῆς ἀληθείας μετὰ σοφίας συναχθῆναι.*

(1Kor 10,11). Die Erntenden aber sind die Apostel, die Christus empfangen durften und seine Herrlichkeit sahen. Sie stimmen in dem, was sie von «dem von Ewigkeit her verborgenen Mysterium» (Eph 3,9) auffanden und erkannten, mit dem Samen der prophetischen Worte über Ihn überein. Dies Mysterium, «das in früheren Generationen den Menschenkindern noch nicht kund geworden war, wie es jetzt seinen heiligen Aposteln und Verkündern geoffenbart wurde» (Eph 3,5), «ist am Ende der Zeiten offenbar geworden» (1Petr 1,20). Denn ein Same ist jedes Wort, das hindrängt auf die Offenbarung des durch Weltzeiten hindurch verschwiegenen Mysteriums, das jetzt kund wurde durch die prophetischen Schriften und die Erscheinung unseres Herrn Jesus Christus. Jetzt nämlich hat das wahre Licht die Felder weiß gemacht zur Ernte, indem es sie beleuchtete.

Die Ernte des ausgesäten Wortes

[XIII.47] So aufgefaßt sind die Felder, in die der Same gelegt war, die Schriften des Gesetzes und der Propheten, die noch nicht reif waren für diejenigen, die der Parusie des Wortes noch nicht Raum gegeben haben. Sie werden aber reif für die, die vom Sohne Gottes belehrt werden und Ihm glauben. ... Als echte Jünger Jesu wollen wir also unsere Augen erheben und die Felder betrachten, in die Moses und die Propheten gesät haben, damit wir ihre Reife sehen und auch sehen, auf welche Weise man sie schon aberntet und Frucht fürs ewige Leben aus ihnen einführt, [so daß der Sämann] zugleich Lohn erhoffen darf vom Herrn der Felder und vom Spender des Samens. ...

Sollte aber jemand gegen die Annahme Bedenken haben, daß sich jetzt schon[53] jeder Säende zugleich mit jedem Erntenden freut, so soll er doch daran denken, daß die Verklärung Jesu gewissermaßen eine Ernte ist. Da erschien Er in Herrlichkeit nicht nur den Schnittern Petrus, Jakobus und Johannes, die mit Ihm hinaufgestiegen waren, sondern auch

[53] Nicht erst im kommenden Äon.

denen, die gesät haben, nämlich dem Moses und Elias, die sich zugleich mit jenen freuten, da sie die Herrlichkeit des Sohnes Gottes sahen. Moses und Elias hatten die Herrlichkeit Christi früher noch nicht in dem Maße gesehen, wie sie jetzt zugleich mit den heiligen Aposteln sie sahen, da der Vater die Herrlichkeit seines Sohnes und die Sehenden zugleich ins Licht stellte.

Wir können aber das Wort: «Der Schnitter empfängt seinen Lohn und führt Frucht ein für das ewige Leben, damit Sämann und Schnitter zugleich sich freuen» auch ganz allgemein auffassen, weil nämlich in der Folgezeit von vielen gesagt werden kann, sie seien Erntende *und* sich Mühende, nämlich beim Säen. Denn gleichsam wie an viele Schnitter ergeht das Wort: «Siehe ich habe euch gesandt zu ernten, was ihr nicht erarbeitet habt»; und da es viele gibt, die sich beim Säen abgemüht haben, heißt es auch: «Andere haben gearbeitet und ihr seid in ihre Arbeit eingetreten.» …

Das Schriftverständnis der Gerechten des Alten Bundes

[XIII.48] Viele sind mit dieser Erklärung einverstanden und zweifeln nicht, daß, was früheren Generationen und selbst dem Moses und den Propheten verborgen war, [erst] den heiligen Aposteln offenbar wurde mit der Ankunft Christi, der ihnen das Licht für die Erkenntnis der ganzen Schrift entzündete.

Andere dagegen haben Bedenken und wagen es nicht, von so großen [Gottesmännern] wie Moses und den Propheten zu sagen, sie seien in ihrem Erdenleben nicht zu den Erkenntnissen der Apostel gelangt, da sie ja dies [Mysterium] in die Heiligen Schriften, deren Diener sie waren, eingesät haben. Erstere berufen sich auf Stellen wie: «Viele Propheten und Gerechte begehrten zu sehen, was ihr seht und sahen es nicht» (Mt 13,17)[54] … «Die Worte dieses Buches sind wie ein für Menschen versiegeltes Buch. Gibt man es einem, der nicht lesen kann und sagt: ‚Lies!' dann wird er sagen: ‚Ich

[54] Origenes zitiert weiter: Mt 12,42; Eph 3,5f; Dan 8,27.

kann nicht lesen' und gibt man es einem, der lesen kann, so wird er sagen: ‚Ich kann es nicht lesen, es ist ja versiegelt'» (Is 29,11f). Die letzteren lassen das nicht gelten, indem sie sich auf die Stelle berufen: «Der Weise versteht, was sein eigener Mund sagt. ...» (Spr 16,23). Sie sagen, Moses und jeder Prophet habe verstanden, wozu er Dienst leistete, nicht freilich, um auch anderen die Geheimnisse weiterzugeben und zu öffnen. Die Apostel aber, in der Heilszeit der Offenbarung stehend, können sagen: «Stehet fest und haltet die Lehren fest, die euch übergeben wurden!» (2Thess 2,15), und: «Was du von mir vor vielen Zeugen gehört hast, das übergib verläßlichen Menschen, die geeignet sind, auch andere zu lehren!» (2Thim 2,2).

Wenn viele Propheten und Gerechte zu sehen begehrten, was die Apostel sahen und was sie den Erlöser sprechen hörten, dann werden sie nicht nur gerade Verlangen nach dem Inhalt der Schriften des Gesetzes und der Propheten gehabt haben, sondern nach größerer Botschaft als dieser, nämlich danach, was der Erlöser den Aposteln noch außer dem geistigen Sinn des Gesetzes und dem unausgesprochenen Sinn der Propheten kundtat. Von solchem spricht zum Beispiel die Stelle: «Ich hörte unaussprechliche Worte, die einem Menschen auszusprechen nicht möglich ist» (2Kor 12,4). Solches und Ähnliches, was vom «Parakleten» gesprochen ist, erwarteten sie.

Jetzt müssen wir noch den Ausspruch betrachten: «Damit der Sämann und der Schnitter zugleich sich freuen» ... Vielleicht ist das so, daß der Sämann am Lohn des Schnitters und an der Einfuhr der Frucht fürs ewige Leben teilhat und sich daher zugleich mit dem Schnitter freut. Ein anderer aber wird sagen, alles Gesetzliche und Prophetische, in seinem geistigen Sinn von Moses und den Propheten zwar genau verstanden, aber notwendigerweise verhüllt und verdeckt aufgeschrieben, sei das Ausgesäte. ... Die Apostel aber hatten unaussprechlichen und tieferen Samen als den, den schon Moses und die Propheten kannten, und so sind sie weitergekommen und gelangten zu vermehrter Schau der

Wahrheit, da ja Jesus ihre Augen erhob und ihre Einsicht erleuchtete. Diese Vermehrung war die Ernte der reifen[55] Felder. Aber nicht, weil sie geringer gewesen wären, sahen die Propheten und Moses, die in einer Zeit des Anfangs lebten, nicht, was die Apostel während des Erdenlebens Jesu sahen, sondern weil sie Wartende waren auf die Erfüllung der Zeit, in der mit dem außergewöhnlichen Erdenleben Jesu Christi über das hinaus, was je in der Welt gesprochen oder geschrieben worden ist, auch Außergewöhnliches geoffenbart wurde von Dem, der es nicht als einen Raub betrachtete, «Gott gleich zu sein», der sich aber herabließ und «Knechtsgestalt» annahm (Phil 2,6f).

Das Ziel des Alten und Neuen Bundes

[XIII.49] (Joh 4,37) «Hier gilt das Wort: ‚Einer sät und ein anderer mäht'.» Da also Moses und die Propheten gesät haben, diejenigen aber die reif gewordenen Felder geschaut haben, die auf Geheiß unseres Erlösers Jesus die Augen erhoben, so ist klar, wieso einer der Sämann und der andere der Schnitter ist.

Sieh aber einmal näherhin zu, ob nicht mit «der eine und der andere» dies verstanden werden kann, daß die einen durch jene Lebensführung, die andern aber durch eine andere gerechtfertigt wurden. Die eine wäre die gesetzliche, die andere die evangelische Lebensart. Überdies erfreuen sie sich gemeinsam ein- und desselben Ziels, das von dem Einen Gott durch den Einen Christus in Einem Heiligen Geiste gesetzt ist.

Erntefreude

[XIII.50] (Joh 4,38) «Ich sandte euch, zu ernten, was ihr nicht erarbeitet habt. Andere haben sich gemüht, und ihr seid in ihre Arbeit eingetreten.» Jetzt ist es nicht mehr

[55] Ich folge hier Codex Bodleinaus, im Gegensatz zu Preuschen in GCS, der Cod. Regius und Barberinus folgt, wo es heißt: «der vielen Felder».

schwer, zu schauen, in welcher Weise Jesus die Jünger zu ernten sandte, was nicht sie, sondern andere vor ihnen erarbeitet haben. Moses und die Propheten haben sich abgemüht, die Mysterien mit [einigem] Verständnis begreifen zu können, deren Spuren sie uns in ihren Schriften hinterließen. In die Bemühung des Moses und der Propheten sind die Apostel eingetreten, erntend und den Sinn in die Scheunen ihrer Seele einheimsend, der in jenen Schriften liegt, weil Jesus sie in die Mysterien einweihte. Das Wort macht immer den willig von Ihm Lernenden das mühsam Erarbeitete der Früheren klarer, und zwar ohne jene Mühe, wie sie die Säenden hatten.

Zum ganzen [Bild] des Erntens durch andere möchte ich noch auf folgendes aufmerksam machen: Da die Engel über die Saat der Menschen gesetzt sind, so sind die Apostel erntend und Früchte an denen findend, deren Heil sie wirken, «in die Arbeit anderer eingetreten» und Mitarbeiter der Engel an der Vollendung des Gesäten. Die Ankunft Jesu aber hat diese Früchte reif gemacht zur Ernte. ...

Kult des Buchstabens oder des Geistes

[XIII.55] (Joh 4,44) «In seiner eigenen Heimat genießt ein Prophet kein Ansehen». Den Propheten ist ein ganz paradoxes Geschick zugestoßen: Das Lebendige an ihnen haben ihre Mitbürger nicht geehrt, um das Tote haben sie Aufhebens gemacht indem sie Grabmäler dafür bauten und es mit Ehren umgaben. Grabmäler der Propheten errichtet und ehrt man, wenn man den lebendigmachenden Geist verläßt, der in der Aussageabsicht der prophetischen Schriften liegt, sich dagegen mit dem tötenden Buchstaben überbeschäftigt und ihn überschätzt in der Meinung, die Schönheit der Prophetie liege im rein buchstäblichen Verständnis. Dies ist das Werk der vom Herrn unselig genannten Schriftgelehrten und Pharisäer – «Schriftlinge» werden die einen genannt und haben diesen Beinamen vom bloßen Buchstaben, Pharisäer die anderen, die ‚abgetrennt' sind und die göttliche Einheit[56] verloren haben. «Pharisäer» heißt nämlich «die Abgetrennten».

Die Erste und die Zweite Parusie

[XIII.57] (Joh 4,46) «Er kam wiederum nach Kana in Galiläa.» Nicht umsonst besuchte Jesus Kana zweimal. Denn das bezeichnet die zwei Ankünfte Jesu in der Welt. Die erste erfolgte, um die Mitfeiernden zu erfreuen; die zweite, um den dem Tode nahen Sohn aufzurichten; nicht den des Königs, sondern nur den eines Königlichen. Und vielleicht war der «Königliche» Abraham oder Jakob, deren Sohn (nämlich das Volk) Er zuletzt retten wird, nachdem die Fülle der Völker eingetreten sein wird.

Es können aber auch zwei Ankünfte des Wortes in der Seele gemeint sein: Die erste, die den aus Wasser gewordenen Wein spendet; die zweite, die alle dann noch verbliebene Schwäche und das Gefährdetsein durch den Tod hinwegnimmt.

Es ist nicht zu verwundern, daß von dem Vielen, was Jesus vielerorts für unser Heil getan hat, das Meiste im Verborgenen bleibt. Für die vielen Heilstaten sind die übrigen schriftlich erwähnten Orte Zeichen. Zweimal kommt Er in dieses Kana [d.h. in seinen «Besitz»] und verweilt dort, um sich unter den Bewohnern dieser Erde die durch Ihn an den Vater Glaubenden als Besitz zu sichern.

Historische und immer geltende Bedeutung der Taten Jesu

[XIII.57] (Joh 4,46–53) «In Kapharnaum war jemand aus dem königlichen Hause, dessen Sohn krank war. ...»

Die Bezeichnung «ein Königlicher» ist bei den Juden nicht üblich, so daß wir unsere Aufmerksamkeit nicht auf die historische Frage richten können, wer dieser «Königliche» war und nach welchem König er so hieß. ... Was das Historische anbelangt, so sei dem wie ihm wolle, jedenfalls ging es

[56] Der Schrift, nämlich die Einheit von AT und NT.

dem Sohn des «Königlichen» auf das Wort des Heilands hin besser, und er war in der siebten Stunde von seinem Fieber befreit, und sein ganzes Haus glaubte.

Wohlan aber, laß uns nun untersuchen so gut wir können, wofür der «Königliche» und sein Sohn Symbol sein mögen. Ich kenne keinen anderen König, dessen Bürgerschaft das wahre Jerusalem ist, und keinen König der Könige, der in ein fernes Land zog, um die Herrschaft an sich zu nehmen und dann zurückzukehren, als Den, der sagt: «Zum König bin Ich von Ihm eingesetzt auf Sion, seinem heiligen Berg; Ich verkünde den Beschluß des Herrn» (Ps 2,6). Alle, die diesen Tag sehen und sich an ihm freuen, sind «Königliche», und die durch diesen König an den Vater glauben, sind genannt nach seinem Reich. – Um einen davon und seinen kranken Sohn und das über ihn Geschriebene handelt es sich.

Oben sagten wir, das ganze Volk sei der Sohn Abrahams. ... Es ist doch offenkundig, daß er als erster Vater des Volkes gilt und deshalb mit Vorzug «Vater» genannt wird. Nehmen wir also an, der «Königliche» sei Abraham, sein kranker Sohn in Kapharnaum aber, der im Sterben lag, das israelitische Volk, das krank war in seiner Gottesverehrung und Beachtung der göttlichen Gebote und das durch die feurigen Geschosse des Feindes – darum heißt es, es lag im Fieber – nahe daran, in seinem Verhältnis zu Gott zu sterben. Es scheint aber, daß die schon früher aus diesem Leben geschiedenen Heiligen sich um das Volk sorgen, wie im Buch der Makkabäer geschrieben ist, und zwar sehr viele Jahre nach dem Tod des Jeremias: «Das ist Jeremias, der Prophet Gottes, der so viel betet für das Volk Gottes» (2 Makk 15,14). Meinst du nicht, die Auffassung sei möglich, Abraham sei ein «Königlicher», der für seinen Kranken und im Sterben liegenden Sohn bittet, es möge ihm von unserem Erlöser geholfen werden?

Die Macht des Sprechenden ist im Wort

[XIII.59] Wenn der «Königliche» aber zugleich ein Bild der Macht der Herrschenden dieser Welt ist, und sein Sohn das Bild des unter seiner Gewalt stehenden Volkes, ... dann ist in dessen Krankheit eine ungesunde Einstellung gegen die Absichten des Vorgesetzten, und in Kapharnaum das Sinnbild für den Platz der Untergebenen zu sehen. Ich glaube ja, daß einige Machthaber über die Macht Jesu erstaunt waren und zu seiner Gottheit Zuflucht nahmen, um für ihre Untergebenen zu bitten. Wenn Menschen Sinnesänderungen annehmen und sich vom Unglauben zum Glauben wenden, was zögern wir dann noch, bei solchen (vom Erweis) von Wundermacht zu sprechen? Oder es soll uns einer sagen, was der Grund dafür ist, daß Menschen von Fleisch und Blut sich zu ändern und sich durch Christus zu Gott hinzukehren imstande sind! ...

Ich glaube aber, daß sich auch bei Machthabern mit der Ankunft Christi einiges zum Besseren gewendet hat, so daß einige ganze Städte oder auch Völker sich freundlicher als viele andere gegenüber dem Christentum verhielten. Daher ist es gar nicht unangebracht, daß zu dem Königlichen gesagt wird: «Wenn ihr nicht Zeichen und Wunder sehet, dann glaubt ihr nicht». Möglicherweise hat der Königliche Jesus um der Wundermacht Gottes willen angerufen, hinabzukommen dorthin, wo der Knabe krank lag, und den Erkrankten zu heilen. Aber es war nicht nötig, zum fiebernden Sohn des Königlichen ganz hinabzugehen, es genügte das zum Heil des Knaben gesprochene: «Dein Sohn lebt». Denn das Wort ist wirksam und vollbringt, was Der will, der es spricht.

Die Zwei Ankünfte Christi

[XIII.62] (Joh 4,54) «Dies tat Jesus als sein zweites Zeichen.» ... Schau, ob wir den Heilsplan erkennen können aus dem Hinweis des Evangelisten, daß dies [nämlich die Heilung des Sohnes des Königlichen] als zweites Zeichen geschehen ist als der Herr von Judäa nach Galiläa herabkam. Wir sagten ja vorher, daß das zweimalige Kommen des Erlösers nach Kana als Symbol aufgefaßt werden könne des zweimaligen Kommens auf die Erde, die «Kana» (d.h. «er besitzt») genannt wurde, weil sie «Besitz» Dessen wurde, der alle Macht im Himmel und auf Erden erhielt. Durch seine erste Ankunft erfreut Er uns, die nach dem Reinigungsbade mit Ihm zusammen sind, und gibt uns zu trinken vom Wein, der aus seiner Macht kommt. Es war Wasser, als es zuerst geschöpft wurde, wurde jedoch Wein, als Jesus es verwandelte. Und tatsächlich war die Schrift nämlich *vor* Jesus Wasser, *seit* Jesus aber ist sie uns zu Wein geworden.

Bei seiner zweiten Ankunft erlöst uns Jesus vom Feuer der Gerichtszeit, die zu halten Ihm von Gott anvertraut wurde. Er erlöst uns, indem Er den Sohn des Königlichen – sei es Abrahams, sei es irgend eines Herrschenden, der hier «Königlicher» genannt wird – vom Fieber befreit und heilt.

Dies nur, um die früheren Erklärungen im Vorübergehen zu streifen.

Wunder sind Eschatologische Zeichen[57]

[XIII.64] Zur Stelle: «Dies tat Jesus als sein zweites Zeichen», ist zu sagen, daß nirgends nur «das Wunderbare» genannt wird. Wenn von «Wunder» die Rede ist, dann folgt dieser Ausdruck immer dem Wort «Zeichen», wie zum Beispiel: «Wenn ihr nicht Zeichen und Wunder sehet, so glaubt ihr nicht». Dagegen liest man oft «Zeichen» ohne den Zusatz «Wunder». So auch hier. Fragen wir also, ob zwischen «Wunder» und «Zeichen» ein Unterschied bestehe. Ich glaube nun, daß die wunderbaren Machttaten Jesu «Wunder» genannt werden, insofern sie in sich unbegreiflich und durch ihre Außergewöhnlichkeit erstaunlich sind und Menschenmögliches übersteigen. «Zeichen» werden

[57] J.-P. Charlier, *La notion signe* (σημεῖον) dans le IVe Evangile, in: *RSPhTh XLIII* (1959) 434–448, führt dasselbe aus wie hier Origenes: «Zeichen» sind Offenbarungen der δόξα, die zum Glauben führen. Vgl. XXVIII. 6.

sie genannt, insofern sie auf etwas anderes neben dem [sichtbar] Geschehenen hinweisen. Deswegen finden wir auch den Namen «Zeichen» bei Dingen, die an sich gar nicht unbegreiflich sind. So wird etwa die Beschneidung ein «Zeichen» genannt: ... «sie soll ein Zeichen des Bundes sein zwischen Mir und euch» (Gn 17,10f). Nirgends aber werden bloß «Wunder» genannt. Denn es gibt in der Schrift nichts Wunderbares, das nicht Zeichen und Symbol für etwas neben dem sinnenfällig Geschehenen wäre. Wenn ein wunderbares Ereignis nicht zugleich symbolisch auf anderes hinweisen würde, dann wäre geschrieben worden, Jesus oder Moses oder einer der Heiligen habe just dies Wunder gewirkt. Weil wir aber nun von der Schrift belehrt werden, daß man suchen müsse, wofür das [historisch] Geschehene Zeichen sei, so heißt es: «Dieses war das zweite Zeichen, das Jesus wirkte».

Der Tadel an dem Königlichen, daß er nicht glaube ohne Außergewöhnliches gesehen zu haben, lautet nicht: ‚Wenn ihr nicht Zeichen seht, so glaubt ihr nicht – denn die gewirkten Zeichen würden nicht zum Glauben einladen, wenn sie nur Zeichen, und als Zeichen nicht auch wunderbar wären – sondern: «Wenn ihr nicht Zeichen und Wunder seht, so glaubt ihr nicht», wobei ihr zwar zum Glauben kommt wegen des Wundercharakters [eines Ereignisses], wir wirken aber dazuhin Wunderbares auch um dessetwillen, wofür es «Zeichen» ist.[58]

Im 77. Psalm heißt es: «Wie Er in Ägypten seine Zeichen wirkte und in Tanis seine Wunder» (Ps 77,43), und du wirst fragen, ob an dieser Stelle mit «Zeichen» und «Wundern» dasselbe oder Verschiedenes gemeint sei. Du wirst fragen,

[58] Jesu Wirken ist nicht nur der wunderbare Beweis seiner göttlichen Macht, es hat auch nicht nur erlösende Wirkung, sondern es ist zugleich Symbol seiner kommenden Herrlichkeit. Jede seiner Taten hat eschatologische Bedeutung. Daher sind die Sakramente nicht nur Repräsentation des Willens Jesu, sondern zugleich auch hindeutende Zeichen der kommenden Vollendung und deren Vorwegnahme. Die Sakramente, als vergegenwärtigte Wunder, bedürfen auch des eschatologischen Verständnisses (ἀναγωγή).

worauf die «Zeichen» hinweisen, auf welche geistige Wirklichkeit die Ereignisse in Ägypten hingedeutet werden müssen, und ob die «Wunder im Lande Tanis» nicht auch zugleich ... von anderem sprechen? Ja, auch die Wunder, insofern sie Zeichen sind, bedürfen der hinaufweisenden Deutung (ἀναγωγή).

Wunder sind mehr als der Vorgang, Worte erläutern ihren Sinn

[Frgm LXI] (Joh 5,2–9) «In Jerusalem beim Schaftor ist ein Teich. ...» Jesus hielt es nicht für nötig, die Runde zu machen und die Kranken zu heilen, die immer gerade da waren, um ja nicht die Meinung aufkommen zu lassen, Er sei für die Selbstliebe da, sondern Er heilte [nur] *einen* und machte sich durch ihn allen offenbar. Aus diesem Grunde geht Er zum Teich am Schaftor. ... Dort nun lag eine große Menge an verschiedenen Gebrechen Leidender beisammen mit der Hoffnung auf Heilung, als ob das Wasser dieses Ortes wirklich etwas vermöge, weil die Eingeweide der Gott dargebrachten und geopferten Lämmer hineingeworfen wurden. Zu dieser ihrer Überzeugung wirkte Gott mit, indem Er in gewissen unbekannten Momenten eine Bewegung des Wassers hervorrief, von der man glaubte, sie werde durch göttliche Tätigkeit bewirkt. So holten sich die Hinabsteigenden die Heilung. Bei gleichem Tun wurden viele aber doch nicht geheilt, sondern nur der erste Hinabsteigende kam in den Genuß der Gnade, damit nicht das Zuhanden-sein der Heilung das Wunder verringere (degradiere). Wer aber nüchterner ist und mit viel Bereitschaft die Bewegung des Wassers erwartet, der wird dadurch dazu erzogen, auch nach der Heilung die richtige Denkweise beizubehalten.

Obwohl also viele Kranke da waren, heilte Jesus nicht alle, sondern Er zeigte die Ihm eigene Macht dadurch, daß Er *einen* auswählte, und zwar den, der das weitaus schwerste Leiden hatte, und dies schon so lange, daß eine Heilung aussichtslos war. Es war nämlich ein Gelähmter unter ihnen, der schon 38 Jahre sein Leiden hatte. Als Jesus zu ihm hinging, sagte Er nicht sofort: «Nimm deine Liege und geh!», sondern Er beginnt seine Worte an ihn mit einem gemeinsamen Ausgangspunkt[59].

So hat es Jesus ja auch bei der Samaritin getan.

[59] Wörtlich: Er begann seine Worte an ihn mit etwas, worin sie übereinstimmten.

XIX. BUCH

Existentielles Gotterkennen

[XIX.3] (Joh 8,19) «Ihr kennt weder Mich noch meinen Vater.» Wenn der Erlöser das zu den Pharisäern sagte, die doch ihrer Behauptung nach dem Schöpfer dienten, dann meinen die Irrgläubigen[1], daraus lasse sich deutlich schließen, daß nicht der Gott, dem die Juden dienten, der Vater Christi sei. Das aber sagen sie, weil sie die Heilige Schrift nicht gelesen noch beachtet haben, was zum Ausdruck zu bringen ihr eine Gewohnheit ist. Sie sagt nämlich: wenn auch jemand die Gotteslehre der Väter in- und auswendig kennt und von ihnen gelernt hat, daß man Gott allein dienen muß, so hat er doch nicht die Erkenntnis (Gnosis) Gottes, wenn er nicht richtig lebt. Wie keine andern kannten sich die Söhne des Priesters Heli, neben dem Gottesdienst aufgewachsen, über den Schöpfer und im priesterlichen Gottesdienst aus. Aber trotzdem, und zwar weil sie sündigten, heißt es von ihnen im ersten Buch der Könige: «Auch die Söhne Helis, verdorbene Söhne, kannten den Herrn nicht» (1 Sam 2,12). ... Ist das wegen ihrer Lehre über Gott den Schöpfer oder wegen ihrer Bosheit gesagt? Es ist doch offensichtlich, daß es ob ihrer Bosheit von ihnen heißt, daß sie den Herrn nicht kennen (erkannt haben). Nicht nur über die Söhne Helis findet man solche Worte in der Schrift, sondern auch über andere, sogar solche, die Könige in Israel und in Juda, und dennoch Sünder waren. In dieser Weise also kannten auch die Pharisäer den Vater nicht, denn sie lebten nicht nach dem Willen des Schöpfers.

Bloßer Glaube – Erkenntnis

[XIX. 3] Gott zu erkennen ist etwas anderes, als bloßen Glauben an Gott zu haben. ... In den Psalmen ist nämlich ge-

[1] Die Gnostiker.

sagt: «Lasset ab [vom Übermut] und erkennet, daß ich Gott bin!» (Ps 45,11). Wer würde nicht zugeben, daß dies einem Volk gesagt ist, das an den Schöpfer glaubt? Ihn zu erkennen, ist aber nicht möglich, wenn man nicht zuvor abläßt [vom Übermut] und seinen Sinn reinigt. Denn die, die Gott erkennen und mit übernatürlichen (irgendwie göttlichen) Augen schauen, werden dieser Gnade gewürdigt, weil sie ihr Herz rein gemacht haben. So bezeugt der Erlöser, wenn Er sagt: «Selig, die reinen Herzens sind, denn sie werden Gott schauen» (Mt 5,8).

Auch zur Stelle: «Keiner kennt den Vater als der Sohn» (Mt 11,27) möchten wir es wiederholen, daß den Vater erkennen, und an Ihn glauben, nicht dasselbe ist. ...

Wenn aber jemand meint, wir tun [den Worten] Gewalt an, wenn wir behaupten, Glauben und Erkennen sei nicht dasselbe, und wenn wir es für möglich halten, daß jemand glaube, ohne eine Erkenntnis des Geglaubten zu haben, der höre, was Jesus zu den Juden sagt, die zum Glauben an Ihn gekommen waren: «Wenn ihr in meinem Worte bleibet, werdet ihr die Wahrheit erkennen, und die Wahrheit wird euch frei machen». Beachte, daß es vor den Worten: ... «ihr werdet die Wahrheit erkennen» heißt: «Jesus sprach zu den Juden, die zum Glauben an Ihn gekommen waren.» ... Es besteht nämlich ein großer Unterschied zwischen dem Erkennen, das zum Glauben hinzukommt, und dem Glauben allein. «Den einen wird durch den Geist das Wort der Weisheit gegeben, einem andern das Wort der Erkenntnis in demselben Geist, wieder einem anderen der Glaube in demselben Geist» (1 Kor 12,8f).

[XIX.4] Dies zur Darlegung, daß Gotteserkenntnis und Glaube je etwas anderes ist, und um genauer zu sein, fügen wir dem Gesagten hinzu, daß man den Pharisäern, zu denen Jesus sagte: «Ihr kennt weder mich noch meinen Vater» mit Recht sagen könnte: Ihr *glaubt* nicht einmal an meinen Vater. Sie glaubten ja nicht dem vom Vater Gesandten. Wer aber den Sohn ablehnt, hat auch keinesfalls den Vater.

Ich betone: keinesfalls, und zwar weder dem Glauben noch der Erkenntnis nach.

Beachte aber, daß die Schrift noch anders vom Erkennen einer Sache spricht. Wenn sich nämlich jemand mit etwas verbindet und vereint, nennt sie das ein Erkennen dessen, womit man sich verbindet und vereint. Selbst wenn man vor einer solchen Einigung und Gemeinschaft Worte über etwas begreift, so erkennt man es doch nicht. So hat auch Adam die Frau nicht erkannt, als er von Eva sagte: «Das ist jetzt Bein von meinem Bein... Fleisch von meinem Fleisch» (Gn 2,23). Als er sich aber dann mit ihr vereinigte, heißt es: «Adam erkannte Eva, seine Frau» (Gn 4,1).

Sollte aber jemand daran Anstoß nehmen, daß wir für die Gotteserkenntnis das Beispiel heranziehen: «Adam erkannte Eva, seine Frau», so möge er erstens das Wort verstehen: «Dieses Mysterium ist groß» (Eph 5,32); zweitens halte er sich das vom Apostel über das Verhältnis von Mann und Frau Gesagte vor Augen, wo er sich in seinen Worten über den Menschen und über den Herrn desselben Ausdrucks bedient: «Wer sich der Dirne verbindet, wird ein Leib mit ihr» und «wer sich dem Herrn verbindet, wird ein Geist mit Ihm» (1 Kor 6,16f). Der erkennt also die Dirne, wer sich mit der Dirne verbindet; und die Frau erkennt, wer sich mit der Frau verbindet. In viel höherem Maße und auf heilige Weise erkennt den Herrn, wer sich dem Herrn verbindet. Wenn wir aber «erkennen» nicht in dieser vollendeten Bedeutung des Wortes fassen, im Sinne von Sich-Verschmelzen und Einswerden, dann soll einmal einer das Wort erklären: «Jetzt aber erkennt ihr Gott, vielmehr jedoch seid ihr von Gott erkannt»! (Gal 4,9). Und dies andere: «Der Herr erkannte die Seinen»! (2Tim 2,19). Wir erklären das so: Der Herr erkannte die Seinen, indem Er sich ihnen verband und ihnen teilgab an seiner eigenen Gottheit und sie, wie der Text des Evangeliums sagt (Joh 10,28), in seine eigene Hand nahm. Denn die an den Erlöser glauben, sind in der Hand des Vaters. Wenn sie also nicht sich selbst von der Hand Gottes entfernend aus ihr herausfallen, so werden sie nicht geraubt werden, denn keiner entreißt sie der Hand des Vaters.

Christus der Mittler – Zur Gotteserkenntnis nur über vermittelnde Stufen

[XIX.6] (Joh 8,19) «Würdet ihr Mich kennen, so würdet ihr auch meinen Vater kennen». Ich frage mich, ob dieses Wort auch heißen könnte: ‚Würdet ihr meinen Vater kennen, so würdet ihr auch Mich kennen?' Aber ich glaube, es ist nicht dasselbe, weil man von der Erkenntnis des Sohnes aufsteigt zur Erkenntnis des Vaters, und weil der Vater nicht anders geschaut werden kann als dadurch, daß man den Sohn sieht. «Wer mich sieht, sieht Den, der Mich gesandt hat», sagt Jesus. Er hätte aber nicht gesagt: 'Wer den Vater sieht, sieht Mich', da ja, wer das Wort Gottes geschaut hat, Gott schaut, vom Wort aufsteigend zu Gott. Es ist aber unmöglich, anders als vermittels des Wortes Gott zu schauen. Und wer die Weisheit schaut, die Gott vor den Äonen im Hinblick auf seine Werke schuf, der steigt von der Erkenntnis der Weisheit zu deren Vater auf. Es ist aber unmöglich, ohne die Weisheit als Führerin den Gott der Weisheit zu erkennen. Dasselbe gilt von der Wahrheit. Denn niemand wird erst Gott erkennen und Ihn schauen, und danach erst die Wahrheit, sondern zuerst wird er die Wahrheit erkennen, um dadurch zur Einsicht in das Wesen oder in die überwesenhafte Macht und Natur Gottes zu gelangen.

Vielleicht kann man das so sagen: Wie es am Tempel gewisse Stufen gab, über welche man zum Allerheiligsten einging, so ist der Einziggeborene Gottes alle unsere Stufen. Und wie es unten eine erste Stufe gibt, dann eine nächsthöhere und so weiter bis zur obersten, so sind alle unsere Stufen der Erlöser. Gleichsam die erste unten, das ist seine Menschheit. Auf sie uns stellend gehen wir den ganzen Stufenweg empor, der Reihe nach über alles gehend, was Er ist, so daß man aufwärtsgeht durch Ihn. ... Und dementsprechend, als was Er sich uns darbietet ..., müssen wir Ihn zuerst betreten als «den Weg», um danach zur «Tür» zu gelangen; und Ihn, sofern Er der «Hirte» ist, zum Vorgesetzten haben, damit wir uns seiner auch als des «Königs» erfreuen dürfen; und von Ihm Nutzen haben zuerst als dem «Lamm», damit Er zuerst unsere Sünde hinwegnehme und wir danach gereinigt sein «Fleisch» essen, die wahre Speise. Wenn man dem, was alles daher gehört, genauer nachgeht und es annimmt, dann wird man hören: «Würdet ihr Mich kennen, so würdet ihr auch meinen Vater kennen.»

Rechte Erkenntnis dient der Ehre Gottes und der Förderung der Kirche

[XIX.7] (Joh 8,20) «Diese Worte sprach Jesus bei der Schatzkammer.» Wenn es nicht nützlich wäre, zu erfahren, daß der Erlöser die vorausgehende Verkündigung in der Schatzkammer gesprochen hat, dann hätte der Evangelist das nicht bemerkt. ... Überall, wo er beifügt: «Diese Worte sprach Er» an dem und dem Ort, wirst du, wenn du die Anmerkung verstehst, ihren guten Sinn finden. Damit man nun verstehe, warum diese Worte von Jesus in der Schatzkammer gesprochen wurden, führen wir hier [die Erzählung vom Heller der armen Witwe] an, bei der Lukas und Markus auch die Schatzkammer nennen (Lk 21,1–4; Mk 12,41–44)...

Wenn wir den Tempel und was zu ihm gehört in den geistigen Sinn übertragen (*ἀνάγειν εἰς τὸν πνευματικὸν λόγον*), dann wollen wir konsequenterweise auch die Schatzkammer im Tempel so verstehen, wo Münzen zur Ehre Gottes und zur Armenfürsorge geopfert werden. Was könnten die Münzen denn anderes sein als die göttlichen Worte, die das Bild des großen Königs aufgeprägt tragen und die von kundigen Wechslern angeschaut werden, die echt und unecht zu unterscheiden wissen – denn das Unechte gibt immer Echtheit vor – und die das Gebot Jesu befolgen: «Werdet kundige Wechsler!»[2], sowie die Lehre des Paulus: «Alles

[2] Ein ungeschriebenes Wort Jesu. Vgl. Reuschen, *Antilegomena* S. 44,33ff; Resch, *Agrapha* S. 116f, 233ff.

prüfet, das Gute behaltet; alles, was schlecht aussieht, meidet!» (1 Thess 5, 21 f). Jeder trage also zum Bau der Kirche bei, indem er in die geistige Schatzkammer zur Ehre Gottes und zum Gemeinwohl bringe, was er vermag.

Wieviel Erkenntnis und Tat gefordert ist

[XIX.8] Weil man der Gemeinschaft (*τὸ κοινὸν*) auf zweifache Weise nützt, mit Worten nämlich und mit Taten, die der Gerechte tut, so werden billigerweise auch sie in die geistige Schatzkammer gebracht. Aber das Vermögen eines jeden in diesem Leben ist nicht gleich. Weil der Hausherr dem einen fünf, dem anderen zwei und dem anderen ein Talent gab, so trägt das lebendige Wort dem Rechnung, indem Er auf die Fähigkeit derer blickt, die etwas in die – im angegebenen Sinn verstandene – Schatzkammer werfen. Wenn Jesus etwas anerkennt, so tut Er es nicht nur mit dem Blick auf die Größe des Beigebrachten. Er anerkennt jene mehr, die mit ganzer Kraft das Geringere tun, als solche, die Größeres leisten aus einer Fähigkeit, die noch mehr leisten könnte, wie der angeführte Text des Lukas und Markus schreibt.

Zugleich lehren diese Worte den, der sie geistig versteht, daß diejenigen, die man für hervorragend hält, sich nicht überheben sollen über jene, die nach menschlichem Urteil geringer sind. Denn einer, der im Rufe steht, mehr und Besseres zu tun, soll, wenn er sich vergleicht mit solchen, die nach menschlichem Urteil recht Geringes leisten, nicht überzeugt sein, er habe alles getan, was er vermag; oder jener habe nicht alles gegeben, was das Wort entsprechend seiner Fähigkeit von ihm fordert.

Jesus schaute also den Reichen zu, die ihre Gaben in die Schatzkammer warfen, und Er sah eine bedürftige Witwe, die zwei der kleinsten Münzen hineinwarf – die zwei Heller vertreten die Erkenntnis und das Handeln: sie dachte vielleicht recht einfältig über die göttlichen Dinge und lebte auch entsprechend ihren Einsichten –. Da sprach Er: «Wahrlich Ich sage euch, diese arme Witwe hat mehr als alle andern gegeben» (Lk 21,3). Dies sagte Er im Blick darauf, wie die an Vermögen Reichen, wenngleich imstande, Vieles zum Gemeinwohl beizutragen, aus ihrem Überfluß nur einen sehr geringen Teil dessen, was beizubringen sie imstande gewesen wären, zu den Opfergaben Gottes legten. Betrachte dagegen die Bedürftigkeit der Witwe, die sich Gewalt antat und alles, was sie zum Leben hatte, zur Schatzkammer trug und so ihr ganzes Vermögen Gott darbrachte.

[XIX.10] Wenn jemand Christus nachahmt, dann komme er zu dem geistigen, nicht an einem Orte befindlichen Tempel Gottes. In seiner Gesinnung gehe er den Weg dorthin und folge dem Geiste, der ihn dorthin führen kann, und er bringe gültige Münzen zur Schatzkammer: Reden des ewigen Lebens und Werke, die solchen Worten entsprechen. Aber es möge doch niemand von uns so arm und niemand verwitwet sein, daß er nicht mehr als zwei Heller bringen könne! Aber auch kein Reicher möge nur von seinem Überfluß geben! Sondern ein jeder möge seinen ganzen Reichtum Gott weihen!

Das kostbarste Wort

[XIX.9] ... Das sagt Jesus nicht irgendwelchen Leuten, sondern seinen Jüngern, wie Markus bemerkt. Er ruft sie jetzt ja zu sich und lehrt sie sehen, nicht wie der Mensch sieht, sondern wie Gott sieht – «Der Mensch sieht nämlich auf die Erscheinung, Gott dagegen sieht auf das Herz» (1 Sam 16,7) – indem Er sagt: «Seht diese arme Witwe usw.» ... Was anders soll das alles nun beitragen zur Erklärung des vorliegenden Textes: «Diese Worte sprach Er bei der Schatzkammer als Er im Tempel lehrte»? als dies: Während alle in die Schatzkammer des Tempels, der für die Gesamtheit da ist, das bringen, was die Bedürftigen ernähren soll, mußte Jesus mehr bringen als sie alle, nämlich zum Heil Dienliches, das sind die Worte des ewigen Lebens und die Lehre über Gott und Sich selbst. Und wertvoller als jede Münze war das in der Schatzkammer Gesprochene: «Ich bin das Licht der Welt» und: «Würdet ihr Mich kennen, so würdet ihr auch meinen Vater kennen» und alles, was dort gesagt wurde. Alles Gold, das die andern in die Schatzkammer zu bringen hatten, war doch nur ein «bißchen Sand» gegenüber den Worten Jesu; denn Weisheit war jedes Wort von Ihm. «Alles Gold ist angesichts der Weisheit nur ein wenig Sand, und wie Kehricht gilt Silber neben ihr» (Weish 7,9). Die werden das richtig verstehen, die gelernt haben, die zu den Vollkommenen gesprochene Weisheit zu hören, die im Geheimnis verborgen «Gott vor aller Zeit uns zugedacht hat zur Verherrlichung» (1 Kor 2,6f) seiner Gerechten. Die werden das verstehen, die einzusehen imstande sind, daß die Weisheit Gottes die «Weisheit dieser Welt», und die Weisheit «der Herrschenden dieser Welt» überragt, die weggefegt werden, auch wenn sie für ihre Weisheit eigene Propheten anstellen, die mit unwahren Worten umgehen. Angesichts der Weisheit, die Gott «im Ursprung seiner Wege schuf für seine Werke», sind die anderen Weisheiten nur «ein wenig Sand», wenn man sie auch für Gold hält, und das Silber der glänzenden und gewinnenden Worte der vielen wird wie «Kehricht» erachtet werden gegenüber den heiligen Worten des Herrn, der siebenfach geschmolzenen und gereinigten und geprüften, die hervorgegangen sind aus dem Worte, das «am Anfang bei Gott war».

Unfaßbarkeit der Kraft des Wortes
Faßbarkeit in seiner Erniedrigung

[XIX.10] Jesus sprach jedoch nicht alle Worte, die Er hatte, als Er in der Schatzkammer lehrte, sondern nur so viele als die Schatzkammer faßte. Denn ich glaube, nicht einmal die Welt würde das Wort Gottes als Ganzes fassen. Obschon aber Jesus nur dieses [faßbare] Maß an Worten in der Schatzkammer sprach und lehrte, so wurde Er doch von niemand im Tempel je begriffen[3], denn seine Worte waren stärker

[3] Origenes gebraucht absichtlich den Doppelsinn des Wortes «ergreifen», das im Griechischen auch «begreifen» bedeutet. «Ergreifen»

als die, die Ihn ergreifen (fassen) wollten. Und wenn immer Er redet, wird keiner von denen, die Ihm nachstellen, Ihn zu fassen bekommen. Erst wenn Er schweigt, dann wird man sich Seiner bemächtigen. Daher schweigt Er, von Pilatus ausgefragt und gegeißelt, da Er für die Welt leiden wollte. Hätte Er nämlich geredet, wäre es Ihm nicht widerfahren, ob seiner Schwachheit gekreuzigt zu werden, weil darin, was das Wort spricht, keine Schwachheit ist.

Zum Glauben kommen und erkennen

[XIX.11] (Joh 8,21) «Wiederum sprach Er zu ihnen: ‚Ich gehe hin, und ihr werdet Mich suchen, aber ihr werdet in eurer Sünde sterben. Denn wohin Ich gehe, könnt ihr nicht kommen'.» ... Das sagt Jesus, damit geschehe, was die Schrift hinzufügt: «Als Er so redete, glaubten viele an Ihn». Wie Arme kommen sie zur Schatzkammer, um dort zu empfangen, was sie können und was ihnen zugeteilt wird. Viele also glaubten an Ihn, nicht viele aber erkannten Ihn, da von den zum Glauben Gekommenen nur diejenigen wahrhaft seine Jünger werden und die Wahrheit erkennen werden, die «in seinem Worte bleiben». Nicht aber die Vielen der zum Glauben an Ihn Gekommenen sind es, die in seinem Worte bleiben, und nicht die Vielen werden wahrhaft seine Jünger. Daher werden auch nicht viele «die Wahrheit erkennen». Und wenn «die Wahrheit frei macht», so werden sie nicht frei. Denn sehr wenige fassen die Freiheit.

Welche aber sind es, die Ihn erkennen, wenn nicht die, die Ihn «erhöhen»?[4], wie Er selber lehrt wenn Er sagt: «Wenn ihr den Menschensohn erhöht habt, werdet ihr erkennen, daß Ich es bin». Keiner «erhöht» Ihn, der «Milch» trinkt und sich [erst] auf den Empfang «fester Nahrung» vor-

betrifft die sichtbare Situation, «begreifen» deren geistigen Hintergrund.

[4] Durch ihr erhöhtes geistiges Verständnis (ἀναγωγή) des Sinnenhaften an Jesus. Durch diese «Erhöhung» wird Er verherrlicht und in seiner Herrlichkeit erkennbar.

bereitet (1 Kor 3,2; Hebr 5,12). Einem solchen [erst zum Glauben Gekommenen und daher Anfangenden] sagt daher Paulus: «Ich hielt dafür, nichts zu wissen bei euch als nur Jesus Christus, und zwar den Gekreuzigten» (1 Kor 2,2). Mit einem solchen verkehrt auch der Diener des Wortes (*ὁ τοῦ λόγου διάκονος*) in Schwachheit, wie Paulus es sagt: «Ich habe in Schwachheit und Furcht und mit vielem Zagen mit euch verkehrt» (1 Kor 2,3).

Nun sagt das Wort Gottes, seine Lehren in der Schatzkammer des Tempels erneut beginnend: «Ich gehe hin, und ihr werdet Mich suchen, aber ihr werdet in eurer Sünde sterben». Weil es nachher heißt: «Als Er so redete, glaubten viele an Ihn», frage ich mich, ob Er das zu allen Anwesenden sagt oder nur zu denen, von denen Er wußte, daß sie nicht glaubten und deshalb in ihren Sünden sterben würden und Ihm nicht nachfolgen könnten. Sie können es nicht, weil sie nicht wollen. Wenn sie nämlich trotz guten Willens nicht könnten, dann würde ihnen nicht zurecht gesagt: «Ihr werdet in euren Sünden sterben».

Vom Suchen und Finden

[XIX.12] (Joh 8,21) «Ihr werdet Mich suchen.» Es ist gut, Jesus zu suchen, ebenso wie es gut ist, das Wort und die Wahrheit und die Weisheit zu suchen. Aber auch von denen, die Jesus nachstellen, heißt es, daß sie «Ihn suchen ...» wie z.B.: «Ihr suchet Mich, um Mich zu töten, einen Menschen, der euch die Wahrheit gesagt hat, die Ich von meinem Vater gehört habe.» ... Aber es gibt immer Unterschiede unter denen, die Jesus suchen. Denn nicht alle suchen Ihn echt und für ihr Heil, um Hilfe bei Ihm zu erfahren. Es gibt Leute, die Jesus suchen und es mit tausenderlei unrechten Absichten tun. Nur die Ihn in rechter Weise suchten, fanden den Frieden; die, von denen man mit Fug und Recht sagen kann, daß sie das Wort suchen, das «im Anfang war, das Wort bei Gott», und zwar, damit Es sie zum Vater führe. Das Wort ist bei uns und zeigt sich uns, aber Es droht, wegzugehen wenn

Es nicht angenommen wird und spricht: «Ich gehe dahin»; und wenn wir den Entschwundenen suchen, werden wir Ihn nicht mehr finden, sondern «in unserer Sünde sterben».

Samen der Wahrheit in der Seele

«Ich gehe weg und ihr werdet Mich suchen und in euren Sünden sterben.» Denen [die das Wort richtig suchen] zeigt der Erlöser menschenfreundlich die Dinge des Reiches Gottes, damit sie Ihn nicht außer sich suchen und sagen: «Siehe, da ist Er oder siehe dort» (Lk 17,21), denn Er sagt ihnen: «Das Reich Gottes ist in euch» (Lk 12,20). Und solange wir den Samen der Wahrheit, der in unsere Seele gelegt ist, und die Prinzipien der Wahrheit bewahren, solange ist das Wort noch nicht von uns weggegangen. Wenn wir aber vom Einfluß der Bosheit in uns verdorben sind, dann wird Er sagen: «Ich gehe dahin», damit wir Ihn dann nicht mehr finden, auch wenn wir Ihn suchen, sondern in unseren Sünden sterben. Wenn wir in Sünden ergriffen und weggerafft werden von denen, die damit beauftragt sind, unsere Seele zu fordern – nach dem Wort Jesu: «Du Tor, in dieser Nacht werden sie deine Seele von dir fordern.»

Weg von der Sünde zu Jesus

[XIX.14] (Joh 8,21) «Ihr werdet in euren Sünden sterben.» Diesem Wort sollst du eines aus Ezechiel an die Seite stellen, das so lautet: «Die Seele, die sündigt, sie wird sterben» (Ez 18,20). Der Tod der Seele ist die Sünde; meiner Meinung aber nicht jede Sünde, sondern die, welche Johannes «Sünde zum Tode» (1 Joh 5,16) nennt. Damit trifft er eine Unterscheidung: die eine Sünde ist der Tod der Seele, eine andere deren Krankheit; und vielleicht gibt es noch eine dritte Sünde, die der Verlust der Seele ist. Das geht doch aus dem Wort hervor: «Was wird es dem Menschen nützen, wenn er die ganze Welt gewinnt, seine Seele aber zu Grunde richtet oder verliert?» (Mt 16,26; Lk 9,25), und aus dem anderen: «Wenn jemandes Werk verbrennt, wird er mit Verlust bestraft werden» (1 Kor 3,15).

Zu denen also, die in der Sünde sterben, sagt der Herr: «Ich gehe dahin, und ihr werdet Mich suchen und werdet in eurer Sünde sterben. Wohin Ich gehe, dahin könnt ihr nicht kommen». Zu Petrus aber sagt Er: «Wohin Ich gehe, dahin kannst du Mir jetzt nicht folgen, du wirst aber später nachkommen». Denn das gibt es, daß einer, der in die Lehre Jesu geht, nicht sofort dazu bereit ist, Ihm zu folgen, der zum Vater geht. Wenn er aber seine Schritte aufmerksam in den Spuren des Meisters macht, wird er Ihm später nachkommen und dem Worte Gottes folgen.

Nun ist es begreiflich, daß jemand im Gedanken an die Vorstellung, die wir uns von der Vollendung machen[5], bei dem Wort: «Wohin Ich gehe, dahin könnt ihr jetzt nicht kommen», anhalten und dazu sagen wird, man werde später können, was man möglicherweise jetzt nicht kann. Wenn es in der Tat eine «gegenwärtige Weltzeit» (Gal 1,4) gibt und eine andere, «künftige» (Röm; 8,38 1 Kor 3,22), dann können die, zu denen gesagt ist: «Ihr könnt nicht kommen», in dieser gegenwärtigen Weltzeit – bis zu ihrem Ende bleibt aber noch eine lange Zeit – nicht dorthin kommen, wo Jesus ist, das heißt, wo die Wahrheit und die Weisheit und das Wort ist. Das nämlich ist gemeint mit: «wo Jesus ist.»

Ich kenne aber welche, die nicht nur in dieser Weltzeit, sondern auch in der künftigen von der Herrschaft ihrer eigenen Sünde festgehalten werden, nämlich die, von denen das Wort sagt: «Wer gegen den Heiligen Geist lästert, erlangt keine Vergebung; weder in dieser Weltzeit, noch in der künftigen.» (Mk 3,29) ...[6]

[5] Die durch die stoische Lehre von der Wiederkehr aller Dinge angeregte Darstellung, daß sie in kommenden Äonen *allmählich* erreicht werde.

[6] Origenes fährt fort: «Wenn freilich nicht im künftigen Äon, dann ist damit nicht gesagt, [daß er die Vergebung] auch nicht in den darauffolgenden Äonen erlange.» Zu dieser irrtümlichen Meinung einer endlichen Erlösung, die das All ausnahmslos umfaßt (Apokatastasis), wird Origenes durch 1 Kor 15,25–28 und seinen Glauben an die unwider-

Herakleon nun sagt in seinem Kommentar über die [Szene in der] Schatzkammer nichts über diese selbst. Zur Stelle dagegen: «Wohin Ich gehe, dahin könnt ihr nicht kommen», erklärt er: «Wie können diejenigen, die in Unkenntnis und Unglauben und in Sünden sind, in den Zustand der Unvergänglichkeit gelangen?» Aber nicht einmal da hört Herakleon genau auf sich selber hin[7]. Wenn nämlich diejenigen, die in Unkenntnis und Unglauben und in Sünden sind, nicht in den Zustand der Unvergänglichkeit kommen können, wie kamen dann die Apostel dahin, die doch einst in Unkenntnis und Unglauben und in Sünden waren? [Einen solchen Übergang] gibt es also, wenn man sich ändert. Daß sich solche ändern, die in Unkenntnis, Unglaube und in Sünden sind, das ist möglich.

Wer von Unten und wer von Oben ist

[XIX.20] (Joh 8,23) «Ihr seid von unten, Ich bin von oben; ihr seid von dieser Welt, Ich bin nicht von dieser Welt.» Das «unten» denkt von Lehren und Gesinnung wie von einem Ort. Jeder, der Lehren und Gesinnungen hat, die von unten stammen, ist «von unten». Die sichtbare Welt, die eine stoffliche ist, hat um der Bedürfnisse des stofflichen Lebens willen verschiedene Orte, die alle im Vergleich zum Unstofflichen, Unsichtbaren und Unkörperhaften «unten» sind, freilich nicht örtlich, sondern vielmehr im Vergleich zum Unsichtbaren. Wenn man die Orte dieser Welt ver-

stehliche, allmächtige Liebe Gottes veranlaßt. Er verlegt die Erreichung des Ziels der Liebe, die Wiederherstellung des Alls, in die Unendlichkeit einer Folge von Äonen, angeregt durch hellenistische, besonders stoische astronomische Vorstellungen (H.-Ch. Puech, La Gnose et le Temps, in: Eranos-Jahrbuch XX [1952] 59), um die menschliche Freiheit nicht anzutasten. Die Apotakastasis im mathematischen Unendlichen der Zeit ist der rationale Versuch eines gütigen Menschen, der Origenes war, die göttliche Liebe und die menschliche Freiheit integrierend zu vereinbaren. Im Gegensatz zu seinem Frühwerk Peri Archon trägt Origenes diese Meinung jedoch im Joh.kommentar nur sehr zurückhaltend vor.

[7] Für die Gnostiker ist die Unkenntnis unabänderlich und veranlagungsmäßig eine Prädestinierung zum Unheil.

gleicht, so mag es welche unten und andere oben geben: was auf dem Erdboden ist, ist unten, was am Himmel ist, ist oben.... Da nun der Erlöser kam, «zu suchen und zu retten», was verloren war (Lk 19,10), so kam Er, diejenigen «nach oben» zu versetzen, die «unten» und als Bürger bei denen «unten» eingeschrieben sind. Er ist herabgestiegen in die unteren Regionen der Erde um deretwillen, die in den Tiefen der Erde wohnen. Aber Er ist auch aufgefahren über alle Himmel und hat den Weg bereitet für alle, die seine echten Jünger werden und den Weg zu gehen gewillt sind, der über alle Himmel hinaus führt, das heißt aber: zum Unkörperlichen.

[XIX.21] Wenn du aber von der Schrift zu erfahren begehrst, wer «von unten» und wer «von oben» ist, so höre: «Wo dein Schatz ist, da ist auch dein Herz» (Mt 6,21). Wer auf der Erde Schätze sammelt, wird durch eben dieses Schätzesammeln auf der Erde einer «von unten». Wer aber Schätze sammelt im Himmel, wird «von oben» geboren und nimmt «das Bild des Himmlischen an». (1Kor 15,49)... Wenn also jemand «die Werke des Fleisches» tut, der ist «von unten», wer aber «die Frucht des Geistes» (Gal 5,19, 22) bringt, ist «von oben». Oder anders: Wer die Liebe zu dieser Welt hat (1Joh 2,15), der ist «von dieser Welt», wer aber die Liebe Gottes hat, von der Johannes spricht (1Joh 2,5), der ist «nicht von dieser Welt». Wer die Welt und was in der Welt ist, nicht liebt, sondern sagt: «Mir sei es ferne, mich anders zu rühmen als im Kreuze unseres Herrn Jesus Christus. Durch Ihn ist mir die Welt gekreuzigt und ich der Welt» (Gal 6,14). Und wer es faßt, «den Herrn, seinen Gott aus seinem ganzen Herzen, aus seiner ganzen Seele und aus seinem ganzen Sinnen» (Mt 22,37 = Dt 6,5) zu lieben ohne daß diese [Gottes-]Liebe verdrängt wird von der Liebe zur Welt und dem, was in der Welt ist, [der ist «nicht von dieser Welt» sondern «von oben»]. Denn es ist unmöglich, daß die Liebe zur Welt neben der Liebe zu Gott besteht, so wie es unmöglich ist, daß Licht und Finsternis beisammen sind oder Christus und Beliar, oder der Tempel Gottes und der Tempel von Götzen....

[XIX.22] Wenn also dies der Unterschied ist, der mit «unten» und «oben» ausgesprochen ist, ... dann sieh zu, ob man die Stelle, die von der Seele Jesu sagt: «Er stieg auf über alle Himmel», nicht mystisch statt örtlich verstehen[8] müsse. Die geistige Himmelfahrt jener Seele übersprang alle Himmel und gelangte zu Gott selbst. Denn es gibt außer dieser sichtbaren und sinnenhaften Welt, die aus Himmel und Erde besteht, oder vielmehr aus Himmelsräumen und Erde, noch eine andere, in der das Unsichtbare ist. Ja jene ganze Welt ist unsichtbar, eine nicht gesehene, eine geistige Welt, deren Schau und Schönheit die sehen werden, «die reinen Herzens sind» (Mt 5,8). Durch die Schau dieser [geistigen] Welt werden sie darauf vorbereitet, dahin zu gelangen, auch Gott selbst zu schauen, so wie Gott seiner Natur nach geschaut wird.

Gnostische Kosmologie

...[9] Und sieh zu, ob es nicht die in jener gesamten Welt[10] beheimatete, in ihr sich frei bewegende und auch ihre Jünger zu ihr hinführende Seele Jesu sein könne, die sagt: «Ich bin nicht von dieser Welt». Jene [übersinnliche] Welt hat kein «Unten», so wie diese [irdische], wenn man es genau nimmt, kein «Oben» hat. Denn wie kann diese Welt hier ein «Oben» haben, deren Erschaffung ein «Herabfall» (*καταβολή*)[11] ist? Der Ausdruck: «vor dem Herabfall der Welt» (Joh 17,24) darf ja nicht einfach als zufällig hingenommen werden, sondern die Heiligen haben die Bezeichnung «Herabfall» geprägt, weil sie in dieser Hinsicht geeignet ist. Sie

[8] *μυστικώτερον καὶ οὐ τοπικῶς ἀκούειν* ist die origenistische Formel für eine «Entmythologisierung».

[9] Der hier ausgelassene Text ist auf Seite 122 eingefügt.

[10] Dem «Pleroma» der Gnostiker, d.h. in der übersinnlichen und ideellen Welt.

[11] *καταβολή* heißt Niederlegen, Grundlegung, Gründung. Das Wort ist eine Zusammensetzung aus der Präposition *κατά* = herab, und dem Verbum *βάλλειν* = werfen, gelegentlich auch = fallen. Die etymologische Auffassung, die hier den Sinn des Wortes bestimmt, ist ungewöhnlich und hier von der gnostischen Kosmologie her inspiriert.

hätten doch auch sagen können: ‚vor Gründung (κτίσις) der Welt', ohne den Ausdruck «Herabfall» zu gebrauchen. Die ganze Welt also und alles in ihr befindet sich im «Abfall». Aus dem «Abfall» der ganzen Welt heraus gelangen die echten Jünger Jesu, die Er «aus der Welt ausgewählt» hat (Joh 15,19), damit sie nicht mehr «von der Welt» seien, wenn sie ihr Kreuz nehmen und Ihm folgen (Mk 8,34).

Glauben ist Leben nach dem Wort

[XIX.23] (Joh 8,24) «Wenn ihr nicht glaubt, daß Ich es bin, werdet ihr in euren Sünden sterben.» Wenn derjenige in seinen Sünden stirbt, der nicht glaubt, daß Jesus der Christus ist, so ist klar, daß, wer nicht in seinen Sünden stirbt, christusgläubig ist. Der in seinen Sünden Sterbende aber, auch wenn er sich christusgläubig nennt, ist in Wahrheit nicht gläubig. Wenn man Glaube sagt, dieser aber ohne Werke ist, so ist es ein toter Glaube, wie wir in dem Jakobus zugeschriebenen Briefe lesen (Jak 2,17).

Wer also anders ist ein Gläubiger, als wer in den Zustand gelangt ist, daß er aus der dem Wort entsprechenden Existenz (Haltung) und dem Verwachsensein mit Ihm[12] nicht in Sünden fällt, die nach vorliegenden Worten zum Tode sind (1 Joh 5,16), sondern wer gemäß dem Wort: «Jeder, der glaubt, daß Jesus der Christus ist, ist aus Gott geboren» (1 Joh 5,1), nicht damit sündigt, irgend etwas gegen das richtige Wort zu tun?

Du wirst noch besser verstehen, was es heißt: «Wenn ihr nicht glaubt, daß Ich es bin, werdet ihr in euren Sünden sterben», wenn du nochmals überdenkst, was der Erstgeborene aller Schöpfung ist. Wer glaubend etwa inne wird, was die Gerechtigkeit ist, der wird kein Unrecht tun; und wer durch die Betrachtung [Christi als] der Weisheit an die Weisheit glaubt, der wird nichts Törichtes reden oder tun. Wer an das Wort glaubt, das «im Anfang bei Gott war», der wird in dieser Erkenntnis nichts Sinnloses tun. Weiter:

[12] *διακεῖσθαι κατὰ τὸν λόγον καὶ συμπεφυκέναι αὐτῷ.*

Wer glaubt, daß «Er unser Friede ist», der wird nicht Streit und Zwietracht hegen. Da aber Christus nicht nur «Gottes Weisheit», sondern auch «Gottes Macht» ist, so wird der an Ihn Glaubende, sofern Christus Macht ist, nicht unfähig sein, das Gute zu vollbringen. ... Wenn wir alle Aspekte aufzählen, die von Christus genannt werden, dann werden wir nach dem Gesagten unschwer finden, warum der nicht an Christus Glaubende in seinen Sünden stirbt: Dadurch nämlich, daß er sich in absichtlichem geistigem Gegensatz befindet zu dem, was Christus ist, wird er in eben diesen Sünden sterben.

XX. BUCH

Im Glauben des Alten Bundes Gereifte fassen das Wort

[XX.6] (Joh 8,37) «Ich weiß, daß ihr Abrahams Same seid; jedoch ihr sucht Mich zu töten, weil mein Wort nicht Raum in euch gewinnt.» Scheinbar können diejenigen, an welche dieses Wort gerichtet ist, es wegen der ihm eigenen, ihre Fassungskraft übersteigenden Größe nicht fassen, wenngleich sie doch Abrahams Same waren – allerdings waren sie eben bloß sein Same [nicht Abrahams Kinder][1].

Wenn sie nämlich die Gnade gepflegt hätten, Same Abrahams zu sein, dann hätte der Same Abrahams Größe und Wachstum gewonnen und hätte in seiner Größe und seinem Wuchs das Wort Jesu fassen können. Bis heute noch wirst du feststellen können, daß das Wort nicht Raum hat in jenen, die aus dem Zustand, Abrahams Same zu sein, nicht dazu gelangt sind, Abrahams Kinder zu werden. Diese sind es, die das Wort töten möchten und es gleichsam zerkleinern, da sie seine ganze Größe nicht zu fassen vermögen. Immer wieder sieht man solche, die das Wort nicht begreifen, weil sie zu kleine Gefäße dafür sind, und daher die Ganzheit seiner Größe töten wollen, gleich als ob sie nach seiner Zerstörung und Zerkleinerung seine Teile zu fassen vermöchten. Ihnen sagt das Wort, wenn es in ihre gleichsam zer-

[1] Nach Joh 8,37,39 und Röm 6,7 unterscheidet Origenes «Abrahams Same» und «Abrahams Kinder». Weiter oben [XX.2] sagte er: «Der Same von jemand trägt die geistigen Keime des Säenden ruhend und verborgen in sich [was Aristoteles Entelechien nennt, bezeichnet Origenes wie die Stoa mit logoi; Augustin wird es rationes semiales nennen]; das Kind dagegen hat Gestaltgewordenes und zur Geburt gelangtes Dasein (ὑφίσταται). Der Same ist dann in ein anderes Stadium übergegangen und hat den ihm vom Weiblichen her bereitliegenden Stoff und die ihm zugeführte Nahrung verarbeitet. Wenn ein Teil von etwas im echten Sinne Kind von ihm ist, so ist es – wenigstens bei körperlichen Wesen – aus Samen entstanden. Wenn aber etwas Same ist, so wird es durchaus noch nicht unbedingt ‚Kind'.»

störenden Hände gerät: «Alle meine Gebeine haben sie ausgerenkt». Wenn also einer unter uns Abrahams Same ist und das Wort Gottes noch nicht in sich faßt[2], dann suche er das Wort nicht zu töten, sondern er ändere seinen Zustand und werde aus einem Samen Abrahams ein Kind Abrahams. Dann wird er das Wort Gottes begreifen können, das er bislang nicht faßte.

Der Mittler

[XX.7] (Joh 8,38) «Was Ich gesehen habe beim Vater, das rede Ich; nun tut denn auch ihr, was ihr vom Vater gehört habt!»

Wie wir von einigen Menschen sagen, daß sie von Anfang an Augenzeugen des Wortes gewesen seien, (Lk 1,2)... so können wir den Erlöser den Augenzeugen der Dinge beim Vater nennen. Genau dies will der Ausspruch sagen: «Niemand hat den Vater erkannt, als der Sohn» (Mt 11,27), denn niemand ist Augenzeuge, dem der Sohn etwas offenbaren muß. Daß der Erlöser aber Augenzeuge der Dinge beim Vater ist, tut der vorliegende Text kund. Du könntest nun fragen, ob es einmal so sein wird, daß die Engel die Dinge beim Vater selbst sehen werden, ohne durch Mittler und Interpreten zu schauen?

Wenn einer, den Sohn erblickend, «den Vater sieht, der Ihn gesandt hat», dann schaut er im Sohne den Vater. Wenn er aber den Vater und was des Vaters ist sehen wird, so wie der Sohn, dann wird er gleich wie der Sohn zu einem Augenzeugen des Vaters und dessen, was des Vaters ist, und er erkennt nicht mehr an einem Bilde, was dieses abbildet. Und ich glaube, dies ist das Ziel, das erreicht ist, «wenn der Sohn das Reich Gott dem Vater übergeben wird und wenn Gott alles in allem sein wird» (1 Kor 15,24,28).

Der Erlöser nun, Der geschaut hat, was des Vaters ist, Er redet. Die gläubigen Juden sahen zwar nicht, was des Vaters ist, aber sie hörten es, damit sie tun sollen, was sie hörten.

[2] D.h. seinen Geist nicht begreift.

Wann hörten sie es? ... Sie hörten vom Vater dadurch, daß der Vater das durch Moses im Gesetz und durch die Propheten in ihren Schriften Geschriebene bestätigte, das zu vollziehen war.

Geistiger Nachvollzug der Werke Abrahams

[XX.10] (Joh 8,39) Jesus sagt ihnen: «Wenn ihr Kinder Abrahams seid, so tut die Werke Abrahams!» [Es gibt Leute,] die von den Werken Abrahams nur ein einziges anführen, nämlich: «Abraham glaubte Gott, und das wurde ihm zur Gerechtigkeit angerechnet» (Gn 15,6 = Röm 4,3; Jak 2,23). Sie meinen, darauf beziehe sich die Aufforderung: «Tuet die Werke Abrahams!», damit auch ihnen zugestanden werde, der Glaube sei ein [zureichendes] Werk.[3] Wer aber das Wort gelten läßt: «Der Glaube ohne Werke ist tot» (Jak 2,20), der stimmt dem nicht zu. Wer der Auffassung ist, es sei besser «aus dem Glauben» gerechtfertigt zu werden, «als aus Gesetzeswerken» (Röm 3,28,30), der möge seine Ansicht verteidigen, indem er erkläre, warum nicht im Singular gesprochen ist: «Wenn ihr Kinder Abrahams seid, so tut» *das* Werk Abrahams, sondern im Pluralis: «tuet *die* Werke Abrahams!», was, wie ich meine, gleichbedeutend ist mit: Tuet alle Werke Abrahams!

Wenn man zwar alle «Werke Abrahams tun» soll, aber nach der Erklärung des Erlösers, wer eine Ehegattin hat nicht auch körperlich der Magd beiwohnen darf[4] (Mt 19,9; 5,28), ... sofern er sich durch die Werke, die er tut, als Kind Abrahams erweisen will, so lernen wir daraus ganz deutlich, daß jede Abrahamsgeschichte allegorisch verstanden und, was er getan hat, von uns geistig nachvollzogen werden soll, angefangen von dem Befehl: «Ziehe fort aus deinem Land und von deiner Sippe und vom Hause deines Vaters in das Land, das Ich dir zeigen werde!» (Gn 12) ... Unser eigenes Land gleichsam verlassend gelangen wir zu dem

[3] Die Gnostiker lehrten dies für die Pneumatiker.

[4] Was Abraham tat (Gn 16,1–4), darf nicht buchstäblich nachgeahmt werden.

wahrhaft guten und weiten Land, das Gott uns zeigt und das Gott der Herr jenen gibt, die den Auftrag erfüllen: «Ziehe fort aus deinem Lande!» Gleichsam unsere ungute Sippe verlassend, werden wir zu einem großen Volk, das größer ist als Menschenmaß. Und gleichsam verachtend das unlöbliche Vaterhaus werden wir gesegnet werden, indem unser Name groß gemacht wird. So sehr werden wir gesegnet werden, daß, wer uns Gutes wünscht, von Gott gesegnet werden wird, wer uns flucht, selbst unter dem Fluch stehen wird, ja das ganze Geschlecht der Erde wird in uns gesegnet. ... Wenn wir in das Land Kanaan kommen, werden wir bis nach Sichem gehen, und so werden wir durch den Aufstieg unserer Gesinnung bis zu der hohen Terebinthe gelangen. Dort wird uns Gott der Herr erscheinen, der dem Abraham erschien, und wird verheißen, daß Er dem geistigen Samen unserer Seele das Land um die hohe Terebinthe geben wird.

Wer darauf bedacht ist, die Werke Abrahams zu tun, der wird dort, wo der Herr ihm erscheint, auch einen Altar erbauen. ... Wer ein Kind Abrahams sein will, der wird zu kämpfen wissen und sich darüber im klaren sein, gegen welche Feinde er sich ausrüsten muß. Dann wird er die Erfahrung des Hungers im Lande machen, nach Ägypten ziehen und dort wohnen, damit nicht auch ihn der Hunger überwältige, der die Erde befiel. Und er wird nach Ägypten gehen mit seiner schönen Frau und eine Übereinkunft mit ihr treffen dahingehend, daß die Ägypter um ihretwillen gut mit ihm umgehen und er «Schafe, Rinder, Esel, Knechte und Mägde, Maultiere und Kamele» erhalte. Das alles im einzelnen durchzugehen, kurz, die ganze Abrahamsgeschichte und was über ihn geschrieben ist, zu erklären – denn das ist ja allegorisch gesprochen –, das wird die Aufgabe eines Weisen sein, der in die Tiefen der Schrift verstehend einzudringen vermag (vgl. 1Kor 2,10). Als geistliche Menschen wollen wir, was von Abraham mit allegorischer Bedeutung geschrieben ist (Gal 4,24), geistig nachzuvollziehen versuchen (*ὡς πνευματικοὶ πνευματικῶς ποιεῖν*).

Nun beachte, ob sich nach einer solchen Auslegung nicht für uns klar ergebe, daß es zum Weisen und mit jeglicher Tugend Gezierten gehört, Kind Abrahams zu werden? Denn wozu sollte man sonst davon sprechen, wieviel Weisheit nötig sei, die Werke Abrahams zu verstehen und wievieler Kraft es bedürfe, sie zu tun? Welcher anderen Weisheit oder welcher Kraft bedürfen wir als der Christi, die «Gottes Kraft und Gottes Weisheit» (1Kor 1,24) ist? Es steht also geschrieben: «Wenn ihr Kinder Abrahams seid, so tut die Werke Abrahams!» Entsprechend könntest du sagen: Wenn ihr Kinder Isaaks seid, so tut die Werke Isaaks; das Gleiche gilt bezüglich Jakobs und jedes einzelnen der heiligen Väter.

Im Gegensatz dazu ist jeder, der sündigt, ein echtes Kind des Teufels, da jeder, «der sündigt, vom Teufel stammt» (1Joh 3,8) oder – ins Speziellere gewendet – von Kain oder Cham oder Chanaan oder Pharao oder Nabuchodonosor oder aus einem der Unfrommen. Dementsprechend wird man sagen können, daß jeder, der dieses Leben ablegt, zu den ihm eigenen Vätern eingehen wird.

Allezeit gegenwärtige Heilsgeschichte

[XX.12] (Joh 8,40) «Nun aber sucht ihr Mich zu töten, einen Menschen, der euch die Wahrheit gesagt hat, die Ich gehört habe von Gott. Das hat Abraham nicht getan!» Nun könnte jemand sagen: Es sei ja ganz gegenstandslos zu sagen: «Das hat Abraham nicht getan», da Jesus zu Abrahams Zeit noch gar nicht geboren war. Aber da dies vermutlich zum Lobe Abrahams gesagt ist, so folge ich doch dem Wort Dessen, der lehrt: «Abraham, euer Vater, frohlockte, daß er schon meinen Tag sehen sollte; er sah ihn und freute sich», wenn ich annehme, daß es schon zu Abrahams Zeiten einen Menschen gegeben habe, der die Wahrheit sagte, die er von Gott hörte. Abraham aber suchte diesen nicht zu beseitigen. Und nun verstehe: Es gibt überhaupt keine Zeit, weder nach der Geschichte Abrahams noch vorher, zu der unserem

Leben die Gegenwart eines Menschen gefehlt hätte, wie Jesus ihn mit der Gestalt Abrahams meinte.

Demnach glaube ich, daß, wer «einmal erleuchtet wurde, die himmlische Gabe gekostet hat und des heiligen Geistes teilhaftig ward, wer das hehre Wort Gottes und die Kräfte der kommenden Welt erfahren hat, und dann doch abfiel» (Hebr 6,4–6)..., daß der den Sohn Gottes schon im voraus gekreuzigt hat oder Ihn wieder kreuzigt und schmäht, sei es vor der historischen fleischlichen Gegenwart des Erlösers unter uns oder später. Wer nach der Erleuchtung und den übrigen Wohltaten Gottes sündigt, der kreuzigt den Sohn Gottes durch seine eigenen Sünden, zu denen er zurücklief, auch ohne daß er eine der körperlichen Tätigkeiten ausführt, die wir von der Kreuzigung Jesu her kennen. Ebenso wenn einer zur Zeit vor Chrstus sündigte, nachdem er das Wort Gottes gehört hatte, so hat er den Sohn Gottes im voraus gekreuzigt.

Wer das Wort anzunehmen geneigt ist: «Ich muß wiederum gekreuzigt werden», das nach den Paulusakten[5] der Erlöser gesprochen haben soll, der könnte es ebenso wie für die Zeit nach der Ankunft [Jesu im Fleische] auch für die Zeit davor gelten lassen. Denn damals hätten dieselben Gründe bestanden zu sagen: «Ich muß schon jetzt gekreuzigt werden». Denn warum sollte Er nicht auch schon vorher gekreuzigt worden sein, so wie Er «wiederum» gekreuzigt werden muß? Und überlege, ob nur nach der Ankunft Jesu die Stimme der Heiligen sagt: «Christus bin ich mitgekreuzigt» (Gal 2,19), oder ob das nicht auch die Stimme der Früheren ist, so daß wir sagen müssen: die Heiligen nach der Ankunft Jesu unterscheiden sich nicht von Moses und den Patriarchen. Auch das Wort: «Nicht mehr ich lebe, Christus lebt in mir» (Gal 2,20) könnte nicht nur von den nach der Ankunft Jesu, sondern auch von den vorher Lebenden gesagt worden sein. ... Abraham, Isaak und Jakob sind wohl darum Lebende – erinnere dich an das Wort des Hei-

[5] Vgl. Hilgenfeld, NT extra canon. recept. IV. 69f.

lands: «Der Gott Abrahams, Gott Isaaks und der Gott Jakobs ist nicht ein Gott der Toten, sondern der Lebenden»! (Mt 22,32) – weil auch sie mit Christus begraben und mit Ihm auferstanden sind – nicht freilich ganz mit Jesu körperlichem Begräbnis oder seiner körperlichen Auferstehung ... Was wir vortragen ist dies: Niemals gab es eine Zeit, in der die auf Christus hin gerichtete geistige Heilsordnung für die Heiligen nicht bestanden hätte[6]. Dies soll gesagt sein zur Stelle: «Das hat Abraham nicht getan», d.h. er suchte nicht Den zu töten, Der die Wahrheit sprach, die Er von Gott gehört hat.

Gegen die gnostische Lehre einer Prädestination durch Veranlagung

[XX.15] (Joh 8,41) Auf das über Abraham Gesagte folgt ohne Unterbrechung das Wort: «*Ihr* tut die Werke *eures* Vaters». Fragen wir uns daher, ob das nicht geschrieben ist wegen des ersten dem Abraham gegebenen Gebotes: «Ziehe fort aus deinem Lande!» Abraham verließ also das Haus seines Vaters. Das haben die eben nicht getan, denen vorgeworfen wird, sie haben zu unrecht gesagt: «Unser Vater ist Abraham». Wenn nämlich die Kinder Abrahams auch die Werke Abrahams vollbringen, dann wäre das erste Werk, aus ihrem Lande, ihrer Sippe und dem Hause ihres Vaters fortzuziehen und in das Land zu gehen, das Gott ihnen zeigt. Deswegen werden die mit diesem Wort Angeredeten getadelt, sie seien nicht die Kinder Abrahams, weil sie eben offensichtlich nicht aus dem Hause ihres Vaters gegangen sind. Sie werden gescholten als solche, die Kinder eines schlechten Vaters sind und dessen Werke tun. Damit, meine ich, hätte ich deutlich genug diejenigen[7] widerlegt, die zu dieser Stelle behaupten, einige seien ihrer Veranlagung nach Kinder des Teufels[8].

[6] ἡ κατὰ τὸν Ἰησοῦν πνευματικὴ οἰκονομία οὐκ ἔστιν ὅτε τοῖς ἁγίοις οὐκ ἦν.

[7] Herakleon und die Gnostiker.

[8] Man ist also nicht durch natürliche Veranlagung (als Hyliker) Kind des Teufels, sondern durch die Werke, die man tut.

[XX.13] Es ist nicht zu verwundern, wenn Jesus den Juden sagte, die Ihm zwar glauben, aber noch nicht «in seinem Worte bleiben», um «wahrhaft seine Jünger» zu werden und die Wahrheit so zu erkennen, bis sie von ihr befreit werden: «Ihr tut die Werke eures Vaters», und hinzufügt: «Ihr seid aus dem Teufel als eurem Vater». Wenn es auch schroff zu sein scheint, solches von Leuten zu sagen, die Ihm glauben und von Ihm gelehrt wurden, ohne daß sie freilich schon ganz seine Jünger genannt wurden, so ist doch zugleich zu beachten, was Johannes in seinem Brief über die Söhne Gottes und die Söhne des Teufels sagt: «Wer die Sünde begeht, ist aus dem Teufel usw.» (1Joh 3,8–10) ... Insofern wir Sünden begehen, haben wir die Abstammung aus dem Teufel noch nicht abgelegt, auch wenn wir meinen, an Jesus zu glauben. Demzufolge sagt Jesus: «Ihr tut die Werke eures Vaters», wobei mit «Vater» der Teufel gemeint ist. ... Wenn auch «der Sohn Gottes dazu erschienen ist, die Werke des Teufels zunichte zu machen» (1Joh 3,8), so hat Er die Werke des Teufels in uns doch darum noch nicht zunichte gemacht, weil wir uns selbst noch nicht Dem hingegeben haben, der die Werke des Teufels aufhebt, und daher haben wir die Kindschaft des Teufels noch nicht abgelegt. An unseren Früchten erkennt man, wessen Kinder wir sind.

Daraus geht nun deutlich hervor, daß ein Mensch weder durch Veranlagung Sohn des Teufels ist, noch durch seine Erschaffung Sohn Gottes. Es ist klar, daß, wer einst ein Sohn des Teufels war, Sohn Gottes werden kann, was Matthäus feststellt, wenn er schreibt, der Erlöser habe gesagt: «... Liebet eure Feinde und betet für die, die euch verfolgen, damit ihr Söhne eures Vaters im Himmel werdet» (Mt 5,43–45). Beachte wohl, daß durch Befolgung des Gebotes: «Liebet eure Feinde» und des anderen: «Betet für die Verfolgenden» der nachher ein Sohn des Vaters im Himmel wird, der es vorher nicht war. ... Jeder Mensch, der die volle Vernunft erlangt hat[9], ist entweder ein Kind Gottes oder ein Kind des Teufels, denn entweder begeht er Sünde oder nicht. Es gibt ja kein Tun, das dazwischen läge. Wer sündigt, ist vom Teufel; wer dagegen keine Sünde tut, ist aus Gott geboren.

[XX.17] In dem Menschen, der seine eigenen Feinde liebt und für die betet, die ihn verfolgen, leuchtet die Ähnlichkeit mit Gott auf und die Nachahmung dessen, der alles Seiende liebt und Der nichts verabscheut, was Er schuf und Der seine Hand über alles hält – alles ist ja Eigentum dieses Herrn, der das Leben liebt (Weish 11,24f) – ... Wie der Vater im Himmel die Sonne über Schlechte und Gute aufgehen läßt (Mt 5,45), so läßt jeder, der die Liebe wie eine Sonne in sich hat, diese aufgehen über Schlechte und Gute, wenn er seine Feinde liebt. Und noch einmal: Wie es regnet über Gerechte und Ungerechte, so sendet der Heilige sein Gebet wie Regen auf seine Verfolger, die, weil sie ihn verfolgen, auf niederer Stufe sich befinden, während er für sie betet.

Hören können

[XX.20] (Joh 8,43) «Warum erkennt ihr nicht, was Ich rede? Weil ihr mein Wort nicht zu hören imstande seid.» Schuld daran, daß ihr nicht erkennet, was Ich rede, ist, so sagt Jesus, daß ihr auf mein Wort gar nicht zu hören vermöget. Zuerst muß die hörbare Wirkung des göttlichen Wortes zur Geltung kommen, damit wir instand gesetzt werden, danach auch zu erkennen, was Jesus sagt. Es ist nämlich möglich, daß jemand nicht gleich, aber doch später die Fähigkeit erlange, das Wort Jesu zu hören. Der Taube kann den Laut des Wortes Dessen, der zu ihm spricht: «Tue dich auf!» (Mk 7,34) nicht hören, solange er nicht geheilt ist. Wenn aber die seine Taubheit verursachende Fes-

[9] Wer des Vernunftgebrauchs fähig ist, muß nach dem Worte Gottes oder dagegen handeln, denn er handelt vernünftig (*κατὰ λόγον*) oder vernunftwidrig. Das Wort Gottes ist die höchste Vernunft (*λόγος*).

sel gelöst ist, dann wird er fähig sein, Jesus zu hören, und dann kann er auch verstehen, was Er redet. ... Es gibt also eine Besserung der Unfähigkeit, Jesu Worte zu hören. Diese Unfähigkeit ist nicht von Natur unheilbar.

Vor allem ist das den Irrgläubigen beizubringen, die sich an Allegorien ergötzen und die geschichtlichen Berichte von Heilungen[10] auf Heilungen der Seele[11] beziehen, die Jesus von jeglicher Krankheit und Verkümmerung befreit.

Ich meine aber, daß hier «hören» soviel wie verstehen des Gesagten bedeutet; «erkennen» aber die innere Zustimmung dessen, der etwas begreift und erleuchtet ist vom Licht der Einsicht in das Gesagte.

Ein Beispiel gnostischer Exegese

Herakleon allerdings nimmt an, *der Grund der Unfähigkeit, das Wort Jesu zu hören und seine Rede zu verstehen, werde mit der Stelle angegeben:* «Ihr seid aus dem Teufel als eurem Vater» ... *d.h. so viel als: «Aus der Substanz des Teufels.» Damit enthülle Jesus außerdem ihre Natur, nachdem Er ihnen schon vorher gesagt habe, sie seien weder Kinder Abrahams, sonst hätten sie Ihn ja nicht gehaßt, noch Kinder Gottes (darum liebten sie Ihn nicht).* ... Damit ist klar, daß [Herakleon] gewisse Menschen wesensgleich (ὁμοούσιοι) mit dem Teufel nennt, andere,

[10] Offensichtlich hat Origenes hier wieder die Gnostiker im Auge, die der unveränderlichen und unheilbaren Natur der Hyliker das Unvermögen zuschreiben, zu hören und zu verstehen. Die Kritik an der allegorischen und anagogischen Erklärung geschichtlicher Berichte im Munde von Origenes, der sie doch selbst übte, ist nur so zu verstehen, daß er den gnostischen Gebrauch dieser Methode verurteilt, weil die Gnostiker ungebunden spielerisch verfuhren, und weil sie die historische Tatsächlichkeit leugneten – hier die wirkliche Heilung eines Tauben, der – gnostisch ausgedrückt – aus einem Hyliker zu einem Pneumatiker gewandelt worden wäre, wenn man den Bericht nicht übertragen deutet sondern wörtlich gelten läßt. Origenes wendet sich also kritisch gegen den Mißbrauch der Allegorese und der übertragenen Deutung, die *nur* die allegorische Bedeutung kennt, *ohne* die Voraussetzung des historischen Faktums bestehen zu lassen.

[11] Des Pneumatikers oder Psychikers, die solange sie in Sünden sich vergaß, «kraftlos», «zerrissen», «gestaltlos» war, wie das Evangelium Veritatis sagt (fol. XIV*r* 20; XV*r* 13).

so meinen seine Anhänger, haben ein Wesen, demzufolge man sie Psychiker oder Pneumatiker nennt[12].

Entscheidung

[XX.21] (Joh 8,44) «Wenn er die Lüge spricht, redet er aus seinem Wesen, weil er ein Lügner ist und der Vater der Lüge.» Die Stelle sagt, der Teufel sei die Lüge selbst. ... Die Lüge gehört zum Gegner Dessen, der spricht: «Ich bin die Wahrheit». Mit diesem Gegner meine ich den Antichrist, dessen Vater der Lügner, der Teufel, ist.

Freilich kann man sich daran stoßen, wenn man sagt, der Antichrist sei Lüge, als gebe es nichts anderes an ihm zu tadeln als sein Lügenwesen. Dazu führen wir das Wort des Ezechiel an: «Du bist Verderbnis geworden und wirst in Ewigkeit nicht mehr bestehen» (Ez 28,19), was über einen ob seiner Schlechtigkeit zur Verderbnis selber Gewordenen gesagt ist. Dasselbe kann man sagen von der Lüge. Aber nicht darum ist einer die Lüge selbst, weil er als Lügenwesen geschaffen ist, sondern weil er dazu wurde, und weil durch eigene Entscheidung die Lüge sozusagen seine Natur geworden ist. Wenn es also einer als unangebracht vermeidet, zu sagen, Lüge sei der Antichrist, so wird er doch sagen, daß für alle Lügner paßt: «Wenn einer die Lüge spricht, dann redet er aus seinem Wesen», ... oder auch: «Der Lügner ist seiner Lüge Vater».[13]

[12] Die Natur der Hyliker ist nach gnostischer Auffassung unabänderlich der Verdammung und Vernichtung bestimmt, wie der Teufel und die materielle Welt, die sie naturhaft lieben. Psychiker und Pneumatiker sind kraft ihrer anderen Natur zu retten, letztere sogar unfehlbar. Nach der «Gnosis» entscheidet also naturhafte Veranlagung aus Prädestination Heil oder Unheil (lediglich der Psychiker hat begrenzte Entscheidungsfreiheit).

[13] Der geistbegabte Mensch, Abbild des Wortes hat die Wahl, sich für die Wahrheit oder für die Lüge zu entscheiden. Danach gestaltet er sein Wesen erfüllend entweder zum Ebenbild des Wortes, oder er verfehlt sein Wesen, insofern er es mit Lüge beeindruckt (*τυποῦται* – XX.22).

[XX.22] (Joh 8,44) «Ihr seid aus dem Teufel als eurem Vater und wollt nach den Begierden eures Vaters handeln.» Wenn man durch das Vollbringen der Sünde einer geworden ist, der dem Teufel entstammt, und diese Geburt aus ihm nicht außer Wirksamkeit gesetzt hat, dann will man nicht nur nach einer einzigen, sondern nach vielerlei Begierden eines solchen Vaters handeln. Die Begierden eines echten Sohnes des Teufels entstammen ebenfalls den Begierden, die im Teufel sind. Offenkundig bestehen sie darin, Materielles und Vergängliches im Sinn zu haben (*φρόνημα ὕλης εἰσὶν καὶ φθορᾶς*). Und von solcher Gesinnung kann man doch wirklich sagen, sie sei gottfeindlich.

An Begierden des Teufels kann man Mord und Unrecht und Habsucht nennen. Und es bleibt nicht verhohlen, daß jener dieselben Begierden in seinen Söhnen erzeugt. Gleicherweise wird man unbedenklich zustimmen, Unreinheit, ... Hurerei, Ehebruch, Knabenschändung und Weichlichkeit zu den Begierden des Teufels rechnen, ... überhaupt alles, was die Menschen gesetzwidrig begehren. ...

Zwar begehrt der Teufel kein Geld. Aber es verlangt ihn, Menschen geldgierig und an materielle Dinge anhänglich (*προσπαθεῖς τοῖς ὑλικοῖς πράγμασιν*) zu machen. Dieselbe Begierde haben diejenigen, die das Geld nur in ihrem Wollen lieben[14]. Es ist also notwendig, alles, was wir tun wollen, zu beachten und zu prüfen, ob nicht das Wollen aus den Begierden des Teufels stamme.

Was Bild ist, soll Gleichnis werden

Wenn wir erkennen, welche Begierden aus dem Teufel stammen, dann werden wir aufhören, nach ihnen handeln zu wollen in der Erkenntnis, daß wer das dennoch tut, nicht aus Gott als seinem Vater stammt, sondern ein Kind des

[14] Wie schon des öfteren, so wird auch hier die Gesinnungsethik des Origenes deutlich, die auf seiner Wertethik aufruht.

Teufels ist. Davon daß man die Begierden des Bösen zu erfüllen begehrt, wird man selbst geformt und wird zum Bild des bösen Vaters, von dem die Bilder des «irdischen» [Menschen] herkommen und geprägt werden (τυποῦνται). ... Wenn wir gleichsam das bessere Wesen in uns vergessen[15] und uns dem Gebilde aus Staub unterwerfen, dann wird auch unser Besseres «das Bild des Irdischen» (1Kor 15,49) annehmen. Wenn wir aber das in uns nach dem Bilde [Gottes] Geschaffene, und das vom Staub der Erde Genommene erkennen und uns in unserer Ganzheit Dem zuwenden, nach dessen Bild wir geworden sind [dem Logos], dann werden wir es auch erreichen, Gleichnis Gottes zu werden und werden jedes leidenschaftliche Hinneigen zur Materie und zum Leib[16] und die Ähnlichkeit mit derartigem ablegen[17]. ...

[15] Typisch gnostische Formulierung. In der Sünde «vergißt» der Pneumatiker sein besseres Wesen, den pneumatischen Samen in sich (vgl. Herakleon über die Samaritin).

[16] Origenes versteht dies unter der «Gesinnung des Fleisches» (Röm 8,7) und unter der «Begierde nach dem Vergänglichen in der Welt» (2Petr 1,4). Es gehört zur Grundlage seiner Moral, daß das *φρόνημα ὕλης καὶ φθορᾶς* die gottfeindliche Denkart sei.

[17] Dieser Text zeigt stark platonischen und gnostischen Einfluß, auf den die Unterscheidung der von Gn 1,26 genommenen Ausdrücke «Bild» und «Gleichnis» (= Ähnlichkeit, *ὁμοίωσις*) zurückgeht. Die Gnosis hat diese Unterscheidung Platon entnommen, Irenäus hat sie in die kirchliche Literatur eingeführt und Augustinus übernahm sie (vgl. M. Schmaus, Dogmatik 4 II. S. 292f). Nach Platon hat das Bild teil an der Idee (Parmenides 132C), aber es besitzt nicht die vollkommene Ähnlichkeit mit dem Musterbild, solange es den ungefügen Stoff der Erde an sich trägt. Möglichste Verähnlichung) (*ὁμοίωσις*) mit Gott ist das Ziel des Bildes (Theätet 176B), die nicht ohne Reinigung (*κάθαρσις*) der Seele «von der Torheit des Leibes» (Phädon 67B) möglich ist. Nach der Lehre der «Gnosis» nun hat der Pneumatiker durch die Bindung an die Leiblichkeit das «Bild» in sich vergessen und wird aus diesem «Schlaf» durch den Erlöser geweckt (Evang. Veritatis fol. XV*r* 32–*v*16). Der dualistische Ausdruck des Origenes «unser besseres Wesen» (*ἡ ἐν ἡμῖν κρείττων οὐσία*) klingt, ebenso wie das Wort «vergessen» an gnostische Vorstellungen an. Origenes verbindet sie aber sofort mit dem paulinischen Dualismus, der vom «Bild des Irdischen» und vom «Bild des Himmlischen» in uns redet (1Kor 15,49). Irenäus verbindet Gn 1,26 mit Kol 1,15 und sieht in Christus das vollkommene und sichtbar gewordene Bild Gottes, der als Menschgewordener unser Musterbild wurde, um uns, die wir nach seinem Bilde wurden, aber davon abgefallen waren, wieder

Man muß wohl sagen, daß jede gezeugte Natur das Streben ihres Vaters ausführen will. Jede Natur tut selbstverständlich die Werke ihres eigenen Vaters, die [guten] des ungewordenen Vaters, der die Ursache der Heiligkeit ist, das ist Gott. Aber auch die des Vaters, der als erster böse war, eines Vaters, der aus dem Nichts existiert (besteht). Denn kein Vater hat in ihm die Bosheit grundgelegt, sondern der Abfall von Gott hat sie gezeugt[18].

Wollen und Vollbringen

[XX.23] Jeder Sohn will das Streben seines Vaters ausführen, und jeder Sohn vollbringt die Werke seines Vaters. So will auch der Erlöser das Streben seines Vaters ausführen und vollbringt dessen Werke. Auch «der Mensch der Sünde, der Sohn des Verderbens» (2Thess 2,3) will das Streben *seines* Vaters ausführen und vollbringt dessen Werke. Was uns betrifft, die Menschen, so ist jedes unserer Werke entweder Gottes oder des Teufels, und was wir ausführen wol-

zur Ähnlichkeit mit Gott zurückzuführen. «In den früheren Zeiten wurde zwar *gesagt*, der Mensch sei nach dem Bilde Gottes geworden, aber es wurde nicht *gezeigt*, denn Das Wort, nach dessen Bilde der Mensch geworden ist, war noch unsichtbar. Darum verlor der Mensch auch leicht die Ähnlichkeit (das Gleichnis-sein, ὁμοίωσις). Als aber das Wort Gottes Fleisch wurde, bekräftigte Es beides (sc. das Bild und die Ähnlichkeit), denn Es zeigte das Bild wirklich, indem Es selbst das ward, was sein Bild war (sc. Mensch) und Es stellte die Ähnlichkeit fest her, indem Es den Menschen dem unsichtbaren Vater verähnlichte.» (Adv. haer. V 16,1). «Bild» meint hier die naturhafte Logosebenbildlichkeit des Menschen als freiem Geistwesen; «Ähnlichkeit» («Gleichnis») meint die Vollendung der geschaffenen Gottebenbildlichkeit durch Gnade und Erlösung, die Christus durch seine Menschwerdung brachte. Origenes beschreibt es als Aufgabe des geistlichen Lebens, das nach Gott geschaffene Bild in uns zur Vollendung der «Ähnlichkeit» mit Gott zu führen. Nach dem vorliegenden antignostischen Text soll das durch Entscheidung und sittliches Leben geschehen. An anderen Stellen betont Origenes mehr die Bedeutung Christi und der Gnade (z.B. I.9–10; XX.25).

[18] Die philosophische und teilweise gnostische Meinung, das Böse sei das Nichts, kann Origenes durch diese Erklärung gutheißen, das Böse sei insofern das Nichts, als es Abfall vom Sein und dem Ursprung des Seins ist nämlich von Gott.

len, ist entweder das Streben unseres guten Vaters im Himmel oder seines Feindes, des Teufels. Achten wir also darauf, nicht nur was wir *tun*, sondern auch was wir *wollen!* Um ein Sohn des Teufels zu sein, genügt es nämlich, dessen Streben ausführen zu wollen. ...

Vielleicht wird nun jemand ganz schlau dazu bemerken, daß es dann auch genüge, um ein Sohn Gottes zu sein, dessen Absicht tun zu *wollen*, auch wenn er nicht darangeht, die Werke Gottes zu *vollbringen*. Aber dazu ist zu sagen, daß, wer die Absicht Gottes ausführen will, auch seine Werke tun muß. Denn nicht nur das Wollen, sondern auch das Vollbringen ist aus Gott, wie der heilige Paulus sagt (Phil 2,13). Dem guten Wollen folgt als sein Mitgespann das Vollbringen, «denn den Gott Liebenden vollbringt Er mitwirkend alles zum Guten» (Röm 8,28). Der «alles sehr gut» macht (Gn 1,31), läßt gutes Wollen nicht unvollendet. Ja gutes Wollen kann nicht einmal gedacht werden ohne seine ihm zugehörige Wirksamkeit, die freilich von der Vorsehung oft mit Bedacht aufgehalten wird, weil es um eines allgemeinen oder sonst irgend eines Nutzens willen notwendig ist, ein im Verhältnis zum Wollen weniger zweckdienliches Werk zu verhindern.

Fähigkeit und Entscheidung

Zu dieser Stelle sagt Herakleon: «Die mit diesem Wort Gemeinten waren aus dem Stoff (οὐσία) des Teufels» – als ob die Substanz des Teufels eine andere sei als die der übrigen geistigen Wesen [der Engel]. Das scheint mir dieselbe Meinung zu sein, wie wenn man sagte, die Substanz des sehenden Auges und diejenige des schlechtsehenden Auges sei eine verschiedene; oder die Substanz des sich verhörenden Ohres sei eine andere als die des richtig hörenden. Wie nämlich in diesen Dingen nicht das Wesen (οὐσία) verschieden ist, sondern der Grund des falschen Hörens und Sehens etwas ist, das hinzukommt, so ist das Wesen einer jeglichen Natur, die zum Gehorsam gegen das Wort geschaffen ist, dasselbe, ob es das Wort nun annimmt oder zurückweist. Was an sich den gehorsamen vom ungehorsamen Menschen unterscheidet, das vermögen wir wohl nicht zu sagen.

Das eingeprägte Bild, nicht der Stoff macht des Menschen Wesen

[XX.24] Mit Recht sagt man, ebenso wie der verschiedene Stoff des Goldes, Silbers, Zinns, Bleis und des Wachses durch dasselbe Siegel gleich geprägt werde, sei es auch möglich, daß von denselben Vorstellungsbildern her ganz ähnliche Abbilder in ... verschiedenen Verstand, verschiedenes Denken und Gedächtnis eingeprägt werden. ... Das Bild, ob sein Abdruck nun in Gold oder in Silber geprägt ist, ist dasselbe in jedem Stoff.

Da sollen sie[19] uns noch vormachen, daß es in der Eigenart eines Menschen liegt, wenn er ein besseres, ein geringeres, oder sogar ein minderwertiges Vorbild annimmt! Sie sollen nur weiter darüber zu schwatzen versuchen, es sei auch das Wesen derer verschieden, die einen Eindruck von [verschiedenen] Vorbildern (*τύποι*) in sich aufnehmen!

Leben ist Gestaltetsein nach dem Bilde des Auferstandenen

[XX.25] (Joh 8,44) «Jener war ein Menschenmörder von Anbeginn.» Verstehe auch das Wort: «In Adam sterben alle, und in Christus werden alle wieder belebt werden»! (1Kor 15,22). Damit ist ... weder jener ‚mittlere' Tod gemeint, noch ... jenes indifferente Leben, das in sich weder gut noch böse ist, ... sondern du mußt darin [den Tod bzw.] das Leben des Bildes [Gottes] im Menschen sehen! Denkst du aber an dieses sein Leben, so verstehst du auch, auf welche Weise der «Menschenmörder» den [als Bild Gottes] lebenden Menschen umgebracht hat. Und zwar hat er nicht nur einen einzelnen Menschen umgebracht, sondern das ganze Menschengeschlecht, insofern nämlich «in Adam alle starben». Und daher wird er mit Recht der «Menschenmörder» genannt. ...

[19] Die Gnostiker.

Der Menschenmörder tötete uns zwar, wir sind aber durch die Gnade Gottes mit Christus «mitbegraben» und mit Ihm auferstanden (Röm 6,4), wenn wirklich wir gleichgestaltet wurden seiner Auferstehung und in der Neuheit des Lebens wandeln. Der Menschenmörder herrscht nur über die Vernichteten und die Toten. Von den Lebenden kann er keinen anführen. Wenn du aber weiterhin in Betracht ziehst, was über die Toten geschrieben ist, z. B. dies: «Dazu ist Christus gestorben und auferstanden, daß Er Herr sei über Tote und Lebende» (Röm 14,9), dann wirst du sehen, wie durch seinen Tod Jesus Herr ist nicht mehr über Tote. Insofern der Mensch nun lebt, trägt er nicht das Bild des Irdischen. Wenn er aber durch den Menschenmörder stirbt und von ihm vernichtet wird, dann behält er nicht das Bild Gottes, sondern nimmt das Bild des Irdischen und Toten an. Wenn er tot ist, ist er der Irdische, wenn lebend, der Himmlische. Gott ist nicht ein Gott der Toten, sondern ein Gott der Lebenden. Darum, wenn wir auferstanden sind und in der Neuheit des Lebens wandeln, dann ist Gott unser Gott.

Der Stehende – der Betrogene

[XX.27] (Joh 8,44) «... und steht nicht in der Wahrheit.» Jeder, und nur der, der die rechte Lehre festhält und ob der Festigkeit der Lehre jederzeit in seinem Urteil unerschütterlich steht, wer durch keine Änderung der Verhältnisse oder durch keinerlei materielles Motiv schwankend gemacht und vom Guten abgewandt wird, seien es schwer erträgliche Leiden oder heftiges aphrodisisches Begehren oder sonst ein Grund, von dem darf man mit Recht annehmen, daß er in der Wahrheit steht. Das gilt auch von den Naturen ohne Fleisch und Blut. Auch im Leben der Engel gibt es eine Bewährung, und von solch einem [Engel] sagt man gebührlich, er stehe in der Wahrheit. ...

Aber ich frage mich, ob das «in der Wahrheit Stehen» nicht etwas Einheitliches oder Eingestaltiges sei, das Nicht-in-ihr-Stehen dagegen das Vielerlei und etwas Vielgestaltiges?[20] Einige strengen sich wohl an, in ihr zu stehen, aber es zittern ihnen sozusagen die Schritte, sie wanken und erreichen es nicht. Andern geht es zwar nicht [ganz] so, aber sie stehen in Gefahr, zu wanken, wie jener, der spricht: «Mir aber wären um ein weniges die Füße ausgeglitten.» (Ps 72,2) ...

Um ihn zum Stehen in der Wahrheit zu ermahnen, sprach der Herr zu Moses: «Sieh, bei mir ist Platz, stelle dich auf den Felsen!» (Ex 33,21). Wenn mit dem Felsen Christus gemeint war, der spricht: «Ich bin die Wahrheit», dann kann die Aufforderung: «Stelle dich auf den Felsen!» vielleicht gleichgesetzt werden mit jener: «Stelle dich auf die Wahrheit!» ...

Wenn man die menschliche Natur genauer ansieht, die sich nicht von selbst von falschen Lehren reinhalten kann, wird man bemerken, daß «jeder Mensch ein Lügner» (Ps 115,2) ist und daher kein Mensch in der Wahrheit steht. ... Im Teufel aber ist keine Wahrheit, weil er betrogen ist und Gelogenes aufgreift. Er ist von sich selbst betrogen worden. Er ist schlechter als alle übrigen Betrogenen zu erachten, weil jene von ihm betrogen werden, er aber ist der Schöpfer seines eigenen Betrogenseins. Beachte, daß der Name «Lügner» gleicherweise dem Teufel gegeben ist, der die Lüge zeugt, und den Menschen. ...

[XX. 29] Mit aller Macht müssen wir daher den Zustand zu fliehen suchen, [bloße] Menschen zu sein, und uns bemühen, «Götter» (Ps 81,6) zu werden. Denn solange wir Menschen sind, sind wir «Lügner» wie auch der Vater der Lüge ein «Lügner» ist. Denn wer den Namen [Lügner] hat, hat auch an der vom Namen bezeichneten Sache teil: Wir, solange wir bloße Menschen bleiben, und der Teufel, der Lügner genannt wird.

[20] Alle Wahrheit ist zusammengefaßt in dem einen Wort, Christus. Der Abfall davon und die Lüge sind vielfältig. Der Gegensatz vom Einen und Vielerlei ist ein im Neuplatonismus vorherrschendes Thema. Origenes bewegt sich in ähnlichen, der «Gnosis» entnommenen Denkformen, doch hat er sie mit ganz christlichem Inhalt gefüllt.

Der wahre Mensch

[XX.28] (Joh 8,44) «Es ist keine Wahrheit in ihm.» Das kann bedeuten: Er besitzt keine einzige wahre Lehre oder: alles was er glaubt, ist falsch, oder: es steht so mit ihm, weil er nicht wie die Christen teilhat an Christus, der sagt: «Ich bin die Wahrheit.» Wer nämlich an Christus teilhat, der hat auch an Ihm teil insofern Er die Wahrheit ist, und daher ist Wahrheit in ihm.

Der Geist geht aus vom Wort

[XX.29] (Joh 8,44) «Er redet aus Eigenem.» Wenn der Heilige Geist redet, dieser Botschaft kündende Geist, dann redet Er nicht aus Eigenem, sondern vom Wort der Wahrheit und der Weisheit ausgehend. Das offenbart uns Jesus in seiner Lehre über den Beistand, über den Er bei Johannes sagt: «Er nimmt von dem Meinigen und verkündet es euch.» Die Lüge freilich «redet aus Eigenem», wenn sie redet.

Glaube an das Faktum und an das Kerygma

[XX.30] (Joh 8,45) «Weil Ich aber die Wahrheit rede, so glaubt ihr Mir nicht.» Wenn wir bedenken, an wen dieses Wort gerichtet ist, nämlich an *gläubige* Juden, die die Verheißung empfingen, wenn sie im Worte Jesu bleiben, seien sie wahrhaft seine Jünger und werden die sie erlösende Wahrheit erkennen, dann geraten wir in Verlegenheit: Denn wie kann Jesus gerade solchen sagen: «Weil Ich die Wahrheit rede, glaubt ihr Mir nicht?» Überlege aber, ob nicht jemand derselben Person in einer Hinsicht glauben, in einer andern dagegen nicht glauben kann, wie etwa jene es tun, die an Jesus als den unter Pontius Pilatus in Judäa Gekreuzigten glauben, nicht aber an den aus der Jungfrau Maria Geborenen. Andere wiederum glauben an den Jesus, der in Judäa die aufgezeichneten Wunder und Zeichen tat, nicht aber als an den Sohn Dessen, der Himmel und Erde schuf. So glauben sie an Ihn, und glauben auch nicht. Andere wiederum, die an den Vater Jesu Christi glauben, glauben nicht an Ihn als den Demiurgen und Schöpfer des Alls. Auch sie glauben und glauben nicht an Ein- und Denselben. Oder sie glauben zwar an den Schöpfer Himmels und der Erde, nicht aber an Ihn als den Vater Jesu, des unter Pontius Pilatus Gekreuzigten. Auch sie glauben an Gott, und glauben doch nicht.

Damit also nicht ein offensichtlicher Widerspruch bleibe, den der Evangelist nicht gesehen hätte, so wird man sagen: Der zu den Juden sprach, die Ihm glaubten: «Weil Ich aber die Wahrheit rede, so glaubt ihr Mir nicht», Der sprach dies zu solchen, die in einer Hinsicht glaubten, in anderer Hinsicht dagegen nicht. Selbstverständlich glaubten sie Ihm wegen seiner Wunder, was das Sichtbare anbelangt. Sie glaubten aber nicht den tieferen Sinn des von Ihm Gesagten. Daß Er vorher gesagt hatte: «Ihr werdet die Wahrheit erkennen», als sie sie noch nicht erkannt hatten, und jetzt: «weil Ich die Wahrheit sage, glaubt ihr Mir nicht», das paßt zusammen. Er wollte damit sagen: Sofern Ich Wunder tue, glaubt ihr Mir; sofern Ich aber die Wahrheit rede, glaubt ihr Mir nicht.

Man kann das auch heute noch bei vielen beobachten. Sie verehren Jesus, wenn sie auf das hinblicken, was sich mit Ihm historisch zugetragen hat. Sie glauben aber nicht mehr, wenn ihnen ein tieferer Sinn (λόγος) entwickelt wird, der ihre bisherige Glaubenshaltung (ἕξις) übersteigt[21]. Sie argwöhnen dann, diese Lehre sei falsch.

Annahme der Glaubensgnade

[XX.32] (Joh 8,46) «Wenn Ich die Wahrheit rede, warum glaubt ihr Mir nicht?» Es lohnt, zu sehen, was in dieser Frage zum Vorschein kommt. Das werden wir erkennen, auch wenn die Befragten nicht die gebührende Antwort gaben. Eine mögliche Antwort wäre: Darum glauben wir nicht,

[21] Man könnte auch übersetzen: «Eine tiefere Lehre, die ihren Glaubensbesitz vergrößert.» In dem Begriff ἕξις liegt aber jedenfalls ein subjektives Moment.

weil unsere von Natur zur Erkenntnis der Wahrheit fähigen Augen noch nicht geläutert sind. In diesem Zustand sind wir nicht aus Gott. Wenn wir noch nicht aus Gott sind, sind auch unsere zur Schau der Wahrheit fähigen Augen noch nicht gereinigt. Denn sie sind noch zugedeckt, verfettet und getrübt von der Sünde.

Wenn wir aber genau betrachten, was echtes Glauben ist, dem Wort zufolge: «Jeder, der glaubt, daß Jesus der Christus ist, der ist aus Gott geboren» (1 Joh 5,1), und wenn wir wahrnehmen, wie weit wir von solchem Glauben entfernt sind, dann werden wir die Frage beantworten, indem wir den Arzt unserer seelischen Augen inständig bitten, Er möge mit seiner Weisheit und Menschenliebe alles tun, um unsere Augen zu enthüllen, die noch zugedeckt sind von der Schande ihrer Bosheit – es heißt doch: «Unsere Schande bedeckt uns» (Jer 3,25). Er wird uns erhören, wenn wir die Schuld bekennen, die der Grund ist dafür, daß wir noch nicht glauben. Er wird uns helfen wie solchen, die krank sind und des Arztes bedürfen. Er wird mitwirken, daß wir die Gnade des Glaubens annehmen, die bei Paulus in der Aufzählung der Charismen als dritte eingereiht ist, nachdem die Rede war von der Weisheit und der Einsicht. ... Dem Verständigen ist es schon aus der Wirksamkeit [des Glaubens] klar, daß es gar kein unbedeutendes Geschenk Gottes ist, keinem anderen als dem allein Wahren [Gott] zu glauben, während allerlei Lehren von vielen verkündet werden, die von sich ankündigen, sie lehren das Wahre.

Das Hören von Gottes Wort ist existentielles Verhalten

[XX.33] (Joh 8,47) «Wer aus Gott ist, hört Gottes Worte.» Diejenigen, die die Erdichtung einer [religiösen] Verschiedenheit der Naturen einführen und sagen, es gebe Menschen, die von Natur und aus ursprünglicher Anlage Kinder Gottes sind, und sie seien nur ob ihrer Verwandtschaft mit Gott aufnahmefähig für das Wort Gottes, die scheinen das auch aus obiger Schriftstelle beweisen zu wollen. ... Nicht durch [natürliches] Aus-Gott-Sein aber haben die Menschen «das wahre Licht» erhalten. Wenn sie es nämlich durch ihr Aus-Gott-Sein empfangen hätten, dann wäre nicht über sie geschrieben: «Allen aber, die Ihn aufnahmen, gab Er Macht, Kinder Gottes zu werden, denen, die an seinen Namen glaubten». So ist also klar: die nicht aus Gott sind, haben, bevor sie das wahre Licht empfangen, auch noch nicht die Macht, Kinder Gottes zu werden. Wenn sie es aber empfangen[22], werden sie doch noch nicht Kinder Gottes, sondern empfangen durch den Empfang des Lichts [erst] die Macht, Kinder Gottes zu werden[23]. ... Wer nicht danach strebt, seine Worte zu hören – und zwar nicht nur, sie einfach zu glauben, sondern die göttlichen Dinge tiefer dringend zu verstehen – der wird weder Kind Gottes noch ist er aus Gott und hört darum seine Worte nicht und versteht seinen Willen nicht. Solche bleiben auf der Vorstufe der Kinder Gottes, derer, die nur zum Glauben gekommen sind. Knechte Gottes bleiben sie, weil sie nur den «Geist der Knechtschaft in Furcht» begriffen haben ohne sich zu bemühen, weiter zu gelangen, so daß sie den «Geist der Kindschaft» fassen könnten, in welchem, die ihn haben, rufen: «Abba, Vater» (Röm 8,15).

Daß nämlich überhaupt kein Mensch von seinem Ursprung her Sohn Gottes ist, das geht aus dem Wort des Paulus hervor: «Wir waren Kinder des Zornes» (Eph 2,3). Das sagt er auch von sich selbst. Und es wird ersichtlich aus der Stelle: «Ich aber sage euch: liebet eure Feinde und betet für eure Verfolger, damit ihr Söhne eures Vaters im Himmel werdet!» (Mt 5,44f). Wenn nun auch Paulus «von Natur aus ein Sohn des Zornes» war, wer wäre dann der Veranlagung nach dem Paulus über und etwa kein Sohn des

[22] In der Taufe, die auch «Erleuchtung» genannt wird (B. Neunheuser, Taufe und Firmung, in: Hdb. der Dogmengeschichte IV,2 S. 29f; 36).

[23] Man erinnere sich der origenistischen Unterscheidung von «Same» und «Kind» nach Röm 6,7 (XX.2; 6). Die Taufe senkt den Samen der Kindschaft ein, der erst zum Kind-werden entwickelt werden muß.

Zornes, bevor er die Macht empfing, Kind Gottes zu werden? Nicht anders wird man ein Sohn des Vaters im Himmel, als indem man seine Feinde liebt und für seine Verfolger betet. Dann ist man aus Gott und hört seine Worte und versteht sie und nimmt ihr Verständnis in sich auf. Das ist nicht dem Sklaven Gottes, sondern seinem Kind eigen, das damit jede Bedingtheit natürlicher Geburt aufhebt (hinter sich läßt) und statt dessen die Geburt von Gott «durch den Geist der Kindschaft» annimmt.

Nun müssen wir genauer untersuchen, wie das: «er hört Gottes Worte» zu verstehen sei. Ähnlich der Stelle: «Meine Schafe hören meine Stimme». Wenn wir «hören» als bloße Zustimmung auffassen, dann wären auch die bloß dahinvegetierenden Menschen zeitweise solche, die an Gott glauben, denn das göttliche Wort selbst bezeugt ja, daß einige eine Zeitlang glauben. Wenn wir aber unter «hören» das Halten der Gebote verstehen, dann wäre auch der in einem einzigen Punkte Sündigende nicht Sohn Gottes, was uns ja nicht in Verlegenheit brächte, da wir immer schon sagen, man werde nur über eine Umwandlung Sohn Gottes. Vielmehr wird [das Verständnis von Hören = Gehorchen] die in die Enge treiben, die weit davon entfernt sind, sich selbst und die Anhänger ihrer Lehren sündlos zu zeigen.

Wenn wir aber «hören» im Sinne von verstehen und erkennen auffassen, dann kann man jemand Sohn Gottes nennen, der alle Worte des Neuen Testaments in solcher Weise «hört», vorausgesetzt, daß seine Auffassung keine Verkehrung der Heiligen Schrift enthält.[24]

[24] Die antignostische Tendenz dieses Kapitels ist in folgenden Punkten besonders deutlich: 1. Origenes wendet sich gegen die gnostische Anthropologie und deren Ansicht, der Mensch sei durch Naturanlage religiös determiniert und keiner religiösen Umwandlung fähig; 2. wendet er sich gegen den bloßen Intellektualismus der Gnosis und fordert außer dem Verstehen der Worte Gottes auch das Halten der Gebote und das praktische sittliche Leben nach dem Wort; 3. Will er das tiefere Verstehen der Heiligen Schrift verwahren gegen das in der Gnosis übliche Unterstellen eines antibiblischen verkehrten Sinns. Anderseits zeigt der Text aber auch den positiven Einfluß der Gnosis, insofern nämlich Origenes gleich wie die Gnosis den «ein-

[XX.34] ... Nun gibt es aber wohl mehr Worte Gottes, nicht nur die geschriebenen, sondern auch unsagbare, die einem Menschen auszusprechen unmöglich ist –. Von ihnen sagt Johannes: «Ich glaube, nicht einmal die ganze Welt könnte die geschriebenen Bücher fassen». Jeder, der irgendwelche Worte Gottes hört, ist schon aus Gott. Je mehr Worte Gottes er hört, desto mehr wird er aus Gott werden, so daß, ... wer alle Worte Gottes hört – falls das einem, der den Geist der Kindschaft empfängt, je gelingt – Kind Gottes wird in vollkommener und nicht mehr zu steigernder Weise, völlig und in allem ganz aus Gott. Das «in allem und ganz» ist mit Bedacht zu hören, [es will sagen:] entsprechend allen Lehren und aller Erkenntnis und allen Mysterien, so daß man sagen kann: Wer alle Mysterien kennt und jegliche Einsicht hat und zugleich die Werke der vollkommenen Liebe recht vollbringt, der sei völlig und in allem aus Gott. ... Wenn wir die Macht empfangen haben, Kinder Gottes zu werden, dann wollen wir alles tun, um aus Gott zu werden und seine Worte zu hören! Und wir wollen im Aus-Gott-Sein Fortschritte machen, indem[25] wir auch im Hören der Worte Gottes weiterkommen, immer mehr aus ihnen aufklärend, bis wir alle Worte Gottes fassen, wenigstens alle, die zu fassen jetzt oder später den des Geistes der Kindschaft Gewürdigten verstattet ist.

So oft wir aber Worte, die von Gott gesprochen sind, nicht hören, das heißt, sie nicht verstehen, sooft muß man annehmen, daß wir uns als solche erweisen, die nicht aus Gott sind. Darum nämlich hört (versteht) einer die Worte Gottes

fachen Glauben» für unzureichend hält und ein «tiefer in die göttlichen Dinge eindringendes *Verstehen*» fordert, um Kind Gottes zu werden. Er findet das johanneische «nicht mehr Knechte nenne Ich euch, denn der Knecht weiß nicht, was sein Herr tut» (15,15) und das paulinische ‚Knechtschaft des Buchstabens in Furcht', und 'Geist der Kindschaft im Geiste' (Röm 7,6 und 8,15) im gnostischen Axiom: ‚nicht bloßer Glaube, sondern Verstehen!' gewahrt.

[25] Diese außergewöhnliche Bedeutung von ἵνα s. Liddell-Scott ἵνα II. 2.

nicht, weil er nicht aus Gott ist. Aber daß er nicht aus Gott ist, das liegt an ihm selbst.

Jesus, der Samariter

[XX.35] (Joh 8,48) «Sagen wir nicht mit Recht, Du seiest ein Samariter und habest einen bösen Geist?» Einen Samariter nennen sie Ihn, weil Er gleich wie die Samariter die jüdischen Anschauungen entwertet. «Die Juden verkehren nämlich nicht mit den Samaritern», da sie in vielen Lehren anders dachten als jene. Dabei muß man sich fragen, wie sie es wagen konnten, den Erlöser einen Samariter zu nennen, da jene doch einen kommenden Äon leugnen und auch kein Fortleben der Seele zugeben, während Jesus doch außerordentlich Vieles über die Auferstehung und das Gericht lehrte. Aber die Juden nannten Jesus eben einen Samariter nicht etwa, weil Er dasselbe lehrte wie diese, sondern einfach um Ihn zu beschimpfen. ... Daß Er einen bösen Geist habe, sagten sie von Ihm seiner übermenschlichen Worte wegen, etwa wenn Er Gott seinen eigenen Vater nannte, oder wenn Er sagte, Er sei aus dem Himmel herabgekommen, und Er sei das Brot des Lebens, ein so viel besseres als das Manna, daß in Ewigkeit leben werde, wer dieses Brot esse, und tausend anderes, wovon die Evangelien voll sind....

Die Feinde Jesu werden wissen, was sie mit der Behauptung, Er habe einen Dämon, aussprachen. Wir aber glauben Ihm, wenn Er entgegnet: «Ich habe keinen bösen Geist». Denn ein böser Geist kann nicht Blinden die Augen öffnen oder solche Zeichen tun, wie sie aufgeschrieben sind, und deren Spur und bleibendes Erbe bis heute in den Kirchen durch den Namen Jesu Ereignis wird. ...

Überlege, ob man hier nicht beiziehen kann, was in der Parabel im Lukasevangelium (Lk 10,30–37) erzählt wird von dem Mann, der von Jerusalem nach Jericho hinabging und unter die Räuber fiel, an dem der Priester und der Levit vorüberging. Der des Weges kommende Samariter aber, der in die Nähe kam und ihn sah, wurde von Mitleid ergriffen, ging zu ihm hin, verband seine Wunden und goß Öl und Wein auf sie. Wenn ein Erklärer dieser Parabel zu zeigen vermag, daß das vom Samariter Gesagte sich auf niemand anderen bezieht als auf den Erlöser, der den Halbtoten und unter die Räuber Gefallenen heilte, dann erklärt er damit auch, warum Jesus es nicht ablehnte, ein Samariter zu sein [Er entgegnete ja nur: «Ich habe keinen bösen Geist»].

Ein anderer greift zur Übersetzung des Wortes «Samariter» – das bedeutet «Hüter» – und wird sagen: wenn auch die Juden Jesus in anderer Absicht einen Samariter nannten, so begriff doch Er selbst die Bedeutung dieses Namens und lehnte ihn daher nicht ab im Bewußtsein, der «Hüter» der Menschenseelen zu sein, von dem gesagt ist: «Siehe der Hüter Israels schläft und schlummert nicht» (Ps 102,4), und: «Hüter der Kinder ist der Herr» (Ps 114,6).

«Hüter», «Wächter» heißt im Hebräischen schomer. So seien, wie man überliefert, die Samariter zuerst genannt worden, weil sie vom assyrischen König als Hüter (Wächter) des israelitischen Landes [dorthin] gesandt wurden nach der Gefangenschaft, als Israel – getrennt von Juda – wegen seiner vielen Sünden nach Assyrien in die Gefangenschaft kam.[26]

Tiefe des einfachsten Wortes Jesu

[XX.36] (Joh 8,49) «Ich habe keinen bösen Geist.» Wenn der «an Wasserläufen» gepflanzte Baum ein solcher ist, daß er «seine Frucht bringt zu seiner Zeit» (Ps 1,3), daß selbst keines seiner Blätter abfällt, sondern alles gedeiht, was er tut, was ist dann von unserem Erlöser Jesus anderes zu denken, als daß Er selbst dieser Baum des Lebens ist insofern Er die Weisheit ist, weil die Weisheit «ein Baum des Lebens ist für alle, die sich um sie bemühen» (Spr 3,18)? Der Baum bringt Frucht, und von seinen Blättern fällt nicht eines ab. Darum ist kein Wort Jesu, zumal wenn es von seinen heili-

[26] Erst sagt Origenes ganz kurz: «nach der Gefangenschaft». Gleich darauf erläutert er diese geschichtliche Bemerkung. Solch verbessernden Wiederholungen merkt man das gesprochene Diktat an.

gen Jüngern der Niederschrift wert gehalten wurde, als etwas Zufälliges aufzunehmen. Vielmehr soll man allen Worten jegliche Sorgfalt zuwenden, auch denen, die man für klar hält, indem man die Hoffnung nicht aufgibt, daß der, der richtig sucht, auch an einem Wort, hinter dem man nichts erwartet und das man für einfach hält, etwas finden wird, das des heiligen Mundes Jesu würdig ist. Wenn wir aber irgendwo nichts finden, dann ist der Grund dafür bei uns zu suchen und nicht beim Worte Jesu, als ob es nicht Lehren aus der Fülle Gottes hauche, Lehren voll der Wahrheit und Weisheit.

Die Macht des Wortes

Das möchte ich sagen, wenn ich das Wort überdenke: «Ich habe keinen bösen Geist», durch welches wir, die Leser des Evangeliums, doch etwas erfahren, was wir nicht wußten bevor wir das Evangelium hatten. Es ist die Meinung der Schrift, daß die vielen Sünden gegen das Wort nicht anders begangen werden als so, daß die Sünder der Wirkung des bösen Geistes gegenüber empfänglich geworden sind. Diejenigen, die sagen, die leichte Bereitschaft zum Ärger und die Übelrederei sei ein böser Geist, zögern nicht, auch die wohl für die kleinsten gehaltenen Sünden bösen Geistern zuzuschreiben. ... Kein Mensch ist immerdar von bösen Geistern rein und unempfänglich gegenüber ihrem Einfluß. Deswegen erklären wir die im Evangelium berichteten Heilungen durch Austreibung böser Geister allegorisch, indem wir sagen, aus allen Menschen und immerfort werden durch Jesus die bösen Geister ausgetrieben aus denen, die seitdem sie durch das Wort geheilt sind, den Einfluß der bösen Geister nicht mehr in sich einlassen.

Ein Wort wie: «Es kommt der Fürst dieser Welt, und über Mich vermag er nichts» (Joh 14,30) kann nach meinem Dafürhalten nur ein Ausspruch Jesu sein, der ja allein die Mächte und Gewalten entwaffnet und öffentlich an den Pranger gestellt hat, indem Er über sie am Holze triumphierte (Kol 2,15), da Er das Kreuz als Siegeszeichen gegen jede entgegenstehende Macht aufrichtete.

Auch wir können das Wort sprechen: «Ich habe keinen bösen Geist.» Ist das jedoch nicht wahr, dann werden wir überführt werden gleich solchen, die leugnen, geistesgestört zu sein, während sie durch ihr Handeln erweisen, gelogen zu haben. Wäre es nicht ein Beweis dafür, daß wir besessen sind, wenn wir wut- und zornentbrannt wie Wahnsinnige schreien oder tollwütig sind in unserer Leidenschaft und so die Worte Gottes über die Gelassenheit (*ἀπάθεια*) achtlos beiseite schieben? Aber auch wenn wir niedergeschlagen und von Traurigkeit verdüstert und gedrückt sind und das dem geistigen Menschen eigene Gehobensein verlieren, vergessend, daß ohne Gott kein Sperling in die Falle geht und daß die Entscheidungen darüber, was jedem einzelnen Menschen zustößt, gerecht sind. Wenn wir solche Leiden haben, was können wir dann anderes sagen, als daß wir sie haben, weil der böse Geist über uns gesiegt und die führende Kraft unseres Geistes (*τὸ ἡγεμονικὸν*) aufgewühlt und getrübt hat[27]? Auch Furcht vor Dingen, die gar nicht furchtbar sind, und ausgelassene Freude an Dingen, die nichts wert sind – was könnte das anderes sein als die Wirkung von bösen Geistern, die denjenigen in Beschlag nehmen, der nicht in Wahrheit sagen kann: «Ich habe keinen bösen Geist?»

[XX.37] (Joh 8,49) «... Sondern Ich ehre meinen Vater.» Es versteht sich, daß Jesus ganz eigentlich und in vollkommenstem Maße sagt: «Ich habe keinen bösen Geist, sondern Ich ehre meinen Vater.» Seine Nachahmer aber werden ebenso sprechen, ein jeder nach seinem Vermögen, da jeder in dem ihn befähigenden Christus Jesus zu allem die Kraft hat. ... Wer aber anderes mehr achtet als den Vater und dessen Wort und die Gebote des Wortes, wer anderem die Ehre gibt, kann der etwa wie ein Jünger Jesu sprechen: «ich ehre meinen Vater?»

[27] Der bildhafte Ausdruck ist vom Wasser genommen, das durch Aufwühlen trübe wird.

[XX.39] (Joh 8,51) «Wahrlich Ich sage euch, wenn jemand mein Wort bewahrt, wird er den Tod in Ewigkeit nicht schauen.» Dies Wort ist so zu verstehen als ob Er den Hörern ein Licht schenkend sagen würde: Wenn jemand dieses mein Licht bewahrt, wird er die Finsternis in Ewigkeit nicht schauen. Denn es ist unmöglich, daß es für den finster werde, der das Licht bewahrt. Wenn er freilich dies Licht verliert, dann ist für ihn sofort die Folge, daß er die Finsternis sieht.

So [wie das Licht] ist auch das Leben im Wort, das «im Ursprung bei Gott war». Darum lehrt der Ursprung, in dem das Leben war, nämlich die Weisheit, die spricht: «Gott schuf Mich als Ursprung seiner Wege für seine Werke» (Spr 8,22) über das Wort bei Sich, und sagt: «Wenn jemand mein Wort bewahrt, wird er den Tod in Ewigkeit nicht schauen». Zugleich nämlich mit dem Wort bewahrt man auch das von ihm unabtrennbare Leben, das im Wort ist, und das zugleich das Licht der Menschen ist. ...

Ich möchte die Stelle auch daraufhin untersuchen, ob das «in Ewigkeit» nicht anders bezogen werden könne als üblich, so daß die ganze Stelle lautet: Wenn jemand mein Wort in Ewigkeit bewahrt, wird er den Tod nicht schauen. Denn es ist doch einleuchtend, daß man den Tod [der Sünde] solange nicht schaut, als man das Wort Jesu bewahrt. Verliert man es, schaut man zugleich damit den Tod.

Wer zum tieferen Sinn vorzudringen und zu verstehen vermag, wie ein Mensch wohl sagen kann: «In Todesstaub hast Du mich zurückgeführt» (Ps 21,16) oder wie Paulus sagen kann: «Wer wird mich erlösen von diesem Todesleib?» (Röm 7,24), der wird dessen inne werden, welche Art von Tod man nicht schaut, solange man das Wort bewahrt. Wenn aber einer nachlässig wird in der Aufmerksamkeit und im Bewahren des Wortes, oder in seiner Unaufmerksamkeit das Wort nicht mehr bewahrt, dann schaut er den Tod, und zwar nicht bei einem andern, sondern bei sich selbst. ... Ähnlich, wenn ich so sagen soll, wie die Finsternis, längere Zeit angeschaut, das Sehvermögen des Schauenden mindert, so tötet der Tod, angeschaut von einem, der das Wort nicht bewahrt, die Sehkraft, die ihn anschaut, und macht sie blind, so daß man darum Den braucht, der die Augen der Blinden öffnet. Und ich glaube, daß die Blinden, deren Symbol die Blinden im Evangelium waren, deswegen ihre Sehfähigkeit verloren hatten, weil sie das Wort nicht bewahrten und den Tod anschauten.

[XX.40] (Joh 8,52) «Da sagten die Juden zu Ihm: nun wissen wir, daß Du einen bösen Geist hast.»

Mit dem Tod, den die Sünder sterben, meinte Jesus doch den Feind des Wortes, und von diesem sagte Er, er werde in Ewigkeit nicht geschaut werden von dem, der Jesu Wort bewahrt.

Wer freilich der Meinung war, vom gewöhnlichen Tod sei die Rede, der konnte glauben, der da Redende sei geistig irre, da Abraham und die Propheten doch gestorben waren.

[XX.42] Die Juden redeten aber nicht verständig, wenn sie entgegneten: «Abraham ist gestorben», so als ob er noch im Tode sei. Auch über die Propheten könnte man so reden. Wenn aber «Gott kein Gott der Toten ist, sondern der Lebenden» (Mt 22,32), dann ist Er ebenso der Gott der übrigen Propheten, wie der Gott Abrahams, Isaaks und Jakobs. Die Propheten leben also, wie die Patriarchen. Sie bewahrten doch das Wort des Sohnes Gottes, als das Wort des Herrn an Osee oder an Jeremias oder an Isaias erging. Denn kein anderes Wort Gottes erging an sie, als das Wort, das «am Anfang bei Gott war», sein Sohn, das Wort, das Gott ist. Und wenn irgend jemand, dann haben die Propheten dieses Wort bewahrt. Und seitdem sie es empfangen haben, sahen sie den Tod nicht mehr.

Rechtes Schöpfen

[Frgm LXIV] (Joh 9,8) «Ist das nicht derselbe, der dasaß und bettelte?» Der Bettler bettelt aus Mangel am Notwendigen und aus Unfähigkeit, sich auf ehrenwertere Weise etwas zu erwerben. Ihnen gleich kann man wohl die erachten, die von den die Wahrheit versprechenden Griechen und Barbaren geradezu Heilswerte (ὠφέλειαν) erbitten, weil sie es daran fehlen lassen, die Wahrheit in geziemender Weise zu erwerben, die doch dem Vernünftigen in reichen Lehrgegenständen ohne Schwierigkeit zugänglich ist. Solchem Suchen [aus falschen Quellen] absagend spricht das Wort irgendwo: «Kind, führe nicht das Leben eines Bettlers! Lieber sterben als betteln!» (Sir 40,28).

Zu betteln schämte sich der ungerechte Verwalter im Evangelium. ... Er zog es vor, von den Schuldnern seines Herrn etwas anzunehmen, als in Schande zu betteln. Und dafür wurde er gelobt. Nicht nur von seiner Blindheit also befreite Jesus den Blindgeborenen, sondern auch vom Betteln. Denn zugleich mit der Sehkraft schenkte Er ihm die Erkenntnis, wie er sich das zum Heil der Seele Notwendige erwerben solle. Bei ihm war die Blindheit der Grund des Bettelns. In der Apostelgeschichte war es die Lahmheit: Wer von diesen Gebrechen befreit ward, wird nicht mehr betteln.

Hören ist nützlich nur mit der Bereitschaft zur Jüngerschaft

[Frgm LXVIII] (Joh 9,27) «Ihr habt nicht gehört.» Das ist gleichbedeutend mit: Ihr habt's nicht angenommen, ihr wolltet das Gesagte nicht. Daß Jesus aber sagt: «Wozu wollt ihr es noch einmal hören?», heißt soviel wie wenn Er sagte: ‚Wie, wollt ihr jetzt etwa hören? Es nützt ja nichts, hören zu wollen, wenn ihr Mir nicht glaubt, Mir, der die Wahrheit sagt, Der jeden, der die Ereignisse meines Lebens kennen lernt, auffordert, von Ihm zu lernen, Der göttlich lehrt, anders als jede menschliche Lehre.‘

Gott hört auf den, der sich Ihm auch nur ein wenig zuwendet

[Frgm LXX] (Joh 9,31) [Der Blindgeborene:] «Es ist gewiß, daß Gott auf Sünder nicht hört.» Eine solche Lehre wäre, wenn sie wahr wäre, nicht verschwiegen worden, sondern von einem gesagt worden, der glaubwürdig ist, etwa von Dem, der den Blinden heilte, oder von einem der Propheten. Wenn aber Gott den Sünder nicht hörte, wie könnten dann die Sünder zu sprechen gelehrt werden: «Vergib uns unsere Schuld wie auch wir unseren Schuldigern vergeben» (Mt 6,12)? Auf wen hört nun Gott? Auf die, die zur Reue neigen, auch wenn sie noch nicht aufgehört haben, Sünder zu sein. Wenn Gott nicht auf Sünder hören würde, dann hätte der Heiland nicht mit Zöllnern und Sündern gegessen und getrunken.

Das göttlich-irdische Wort

[Frgm LXIII] (Joh 9,6) «Während Er das sagte, spie Er auf die Erde und machte mit dem Speichel einen Teig.»

Ich glaube, dies ist gesagt, um zu zeigen, welcher Art die Heilkraft war, die der Speichel Christi hatte. Denn wenn der Blinde auch nicht selbst um die Sehkraft gebeten hat, so ist er doch darin lobwürdig, daß er Jesus gewähren und sich die Augen mit Lehm bestreichen ließ und daß er, ohne zu zweifeln, tut, was ihm aufgetragen wird, obwohl Jesus noch nicht einmal gesagt hat, er werde wieder sehen.

Ob nicht der Speichel des Herrn Symbol war für ein Wort[1], und zwar für das Äußerste, was es an Worten gibt, über das hinaus ein größeres Wort die menschliche Natur nicht mehr fassen kann?

[1] Denn der Speichel kommt wie das Wort aus dem Munde und hat schon natürliche Heilkraft.

Weil aber ein solches Wort nicht bar des Stoffes und bar körperlichen Ausdrucks zu den Menschen kommt, darum spuckt Jesus auf den Boden und macht eine Erdmasse an. Überlege nun, ob du nicht deutend sagen könnest, die gegesamte Schrift und die Weise ihrer Verkündigung bestehe, was die göttlichen Gedanken anbelangt, aus dem Speichel Christi, was aber ihre Verkündigung in Geschichten und menschlichen Ereignissen anbelangt, aus dem Boden der Erde. So ist der ganze Buchstabe des Gesetzes, der Propheten und der übrigen Schriften von solcher Erdmasse. Mit ihr muß man die Augen der Nichtsehenden bestreichen, die dann aber hingehen müssen zum Teich Siloa des von Gott Gesandten[2]. Durch den Teich Siloam wird gleichsam das Untertauchen im notvollen Suchen nach der Wahrheit angedeutet. Auch Job sagt irgendwo: «Der Mensch badet sich in Einsichten» (λόγοις – Job 11, 12). Waschen wir also mit dem Wasser aus dem Tauchbad «des Gesandten» die auf unsere Augen gestrichene Erdmasse ab, um danach sehen zu können.

Du wirst aber im Erdenstoff die Anfangsgründe dessen erkennen, was Gott sagt. Damit werden wir aufgezogen, wie kleine Kinder mit Milch (Hebr 5,12; 1 Kor 3,2; 13,11). Später, wenn das Kindhafte abgelegt ist, werfen wir den Erdenstoff[3] ab, um sehend zu Jesus zu kommen.

Das alles aber kreist um den Sohn Gottes[4]: Unter einem der verschiedenen Aspekte gesehen ist Er nämlich auch der Gesandte [d. h. Siloa]. Unter ‚vor Siloa' versteh seine Menschheit, das «gesandte» Wasser und Siloa bezieh auf seine Gottheit! ...

Zeichen und Wort

[Frgm LXXIII] (Joh 9,37) «Du hast Ihn gesehen. Der mit dir redet, der ist es.» Man muß sorgfältig hinhören, wie

[2] Zu Christus, denn «Siloam» heißt: «der Gesalbte».

[3] Die irdische Erscheinungsweise, die sinnenhafte, geschichthafte Gestalt, in die der göttliche Logos sich und seine Mysterien inkarnierte.

[4] Schrift und menschgewordenes Licht werden hier wieder in Parallele gestellt.

Jesus das: «du hast Ihn gesehen» auf die vergangene Zeit bezieht; das: «Der mit dir redet» dagegen auf die gegenwärtige. Der Gesehene ist derselbe wie der jetzt mit ihm Redende. ... Viele, die Jesus gesehen haben, erkannten Ihn nicht. Richtig gesehen hat Ihn [erst] der, dessen geistige Augen von Gott selbst erleuchtet werden. [Nach einer solchen Erleuchtung] hat der einst Blinde von beidem Nutzen: vom Sehen und vom Wort. Und daher sagte er nicht nur: «Ich glaube, Herr!», sondern er fiel Ihm auch anbetend zu Füßen.

Bericht und Lehre

[Frgm LXXIV] (Joh 10,31) Du wirst in der heiligen Schrift eine Mischung von geschichtlichem Bericht mit dem Lehrgespräch[5] finden, vor allem bei Johannes. Beachte etwa, wie es bei der Unterhaltung mit der Samaritin heißt: «Jesus setzte sich am Brunnen». Das ist ein Bericht über den leibhaftigen Brunnen und den sichtbaren Leib. Wenn es aber heißt: «Jesus antwortete und sprach: Wenn du die Gabe Gottes kennen würdest und Den, der zu dir sagt: Gib mir zu trinken, so hättest du Ihn gebeten, und Er hätte dir lebendiges Wasser gegeben», so ist es nicht mehr möglich, das vom körperlichen Trank zu verstehen[6].

Und ähnlich[7]: «Viele Werke habe Ich euch gezeigt; um welchen Werkes willen wollt ihr Mich steinigen?» Wer vorn im Evangelium beginnend die Werke Jesu zusammentrüge und sie auf sein geistiges Wirken zurückführen würde, der würde am besten sehen, welche vielen Werke Jesus denen zeigte, die Steine aufhoben, um Ihn zu steinigen.

[5] *μίγμα τοῦ ὡσὰν ἱστορικοῦ πρὸς τὸ γυμναστικόν.* In dem Begriff aus dem philosophischen Schulbetrieb liegt sowohl die Bedeutung von «Lehrgespräch» als die von «Worten, um die man sich dialektisch bemühen muß».

[6] Und also kein bloß geschichtlicher Bericht.

[7] Auch in jedem Werk ist rein geschichtlich feststellbares Geschehen mit dem Mysterium geistigen Wirkens vermischt, ähnlich wie im Wort Bericht und Lehrinhalt.

Eines[8] dieser Heilswerke war das Zeichen in Kana, damals als der zuerst vorgesetzte Wein ausging – [wie es gehen mußte] ob des Wortes: «Das Gesetz und die Propheten reichen bis Johannes» (Lk 16,16), uns aber, mit denen Jesus Mahl hält, ward guter Wein im Überfluß zuteil. Und dies ist der Anfang seiner Zeichen. ... Aber wozu soll ich aufzählen, wie viele Heilswerke Jesus aus seinem Vater getan hat?

Hinweis auf alttestamentliche Tauftypen

[Frgm LXXV] (Joh 10,40) Überlege, ob es einen bestimmten Sinn habe, daß nicht einfach geschrieben ist: «Er begab sich an den Jordan», sondern daß noch dabei steht: «an sein jenseitiges Ufer» [als Hinweis darauf], wie die durch Moses als Erben des Landes Eingesetzten auf dem jenseitigen Ufer des Jordans ihr Teil erhielten – sie waren freilich geringer daran, als die durch Jesus als Erben Eingesetzten. – Dort errichteten sie einen Altar, Symbol der Opferstätte im heiligen Land. Opfer oder Brandopfer aber brachten sie auf ihm nicht dar. Daher verstehen wir die Stelle: «Jesus ging ans jenseitige Ufer des Jordan» schon tropologisch[9]. Auch Josue, der Sohn Nuns, führt das Volk unter Wundern ans andere Ufer des Jordan (Jos 3). Und auch Elias, der im nächsten Augenblick mit feurigem Wagen und feurigen Rossen vom jenseitigen Ufer des Jordan in den Himmel aufgenommen werden sollte, teilte mit seinem Mantel die Strömung des Flusses und schritt hinüber (2 Kg 2,6–11)[10].

[8] Reine Stichwortreihung. Stichwort ist «Werk».

[9] Als figürliche Redeweise mit geistigem Sinn.

[10] Die Jordanüberschreitung des Josue und des Elias sind Typen der Taufe, die ein Hindurchgehen durch Wasser und der Eintritt in das Erbe des gelobten Landes jenseits dieser Welt ist. Die Himmelfahrt des Elias ist außerdem Typ der eschatologischen Taufe, die ein Hindurchgehen ist durch das Weltfeuer (unter dem sich die Stoa das Vergehen dieser Welt vorstellte). Origenes kennt also eine dreifache Taufe: die Tauftypen des Alten Bundes, die sowohl die neutestamentliche Wassertaufe wie die eschatologische Feuertaufe vorbilden; die neutestamentliche Erfüllung; und die eschatologische Vollendung der Taufe. Die dreifache Taufe entspricht der in drei Zeiten sich vollziehenden Heilökonomie.

Gehorsam

[Frgm LXXVII] (Joh 11,1) «Lazarus von Bethanien.» Er war von Bethanien, das heißt übersetzt: Haus des Gehorsams. Vielleicht ist jeder, der von Bethanien her [mit Ihm] vertraut ist, durch den Gehorsam Jesu Freund. Da aber die menschliche Natur wandelbar ist, so kann wohl auch ein Freund Jesu einmal schwach und krank werden. Er kann schwach werden, wenn Jesus nicht bei ihm ist, ja er könnte nicht nur schwach werden, sondern sogar sterben.

Eifer und Gehorsam

[Frgm LXXX] (Joh 11,19) Maria ist Sinnbild des betrachtenden, Martha des tätigen, und Lazarus des nach dem Glaubensempfang in Sünden geratenen Lebens. Mit Recht trauern Maria und Martha um Lazarus. In ihrer Trauer über ihren Bruder bedürfen sie des Trostes, den ihnen die Juden bringen wollen. Vor der Fülle der Zeit ist es indes Worten versagt, die Totenklage der Schwester des Verstorbenen zum Schweigen bringen zu können.

Jetzt aber, [da Jesus da ist,] scheint Martha eifriger zu sein als Maria. Martha lief ja Jesus entgegen, Maria dagegen blieb zu Hause sitzen. Es gibt einige, die Jesus nicht zu empfangen vermögen, z.B. der Hauptmann; andere sind dessen würdig, etwa der Synagogenvorsteher. Daher lief Martha – als die unter Maria Stehende – zu Jesus hin; Maria aber, fähig, seiner Einkehr Raum zu bieten, wartet darauf, Ihn zu Hause zu empfangen. Sie wäre auch nicht aus dem Hause gegangen, wenn sie ihre Schwester nicht hätte sagen hören: «Der Meister ist da und ruft dich». Nun erhob sie sich nicht einfach, sondern sie tat dies eilends und fiel Jesus zu Füßen und sprach zu Ihm die Worte, die wir kennen. – Martha aber war Ihm nicht zu Füßen gefallen.[11]

[11] Gehorsam aus abwartender innerer Bereitschaft tut auf Anruf und auf das Hören des Wortes hin mehr, als selbstwillige äußere Eifrigkeit.

Nicht Gehorsam gegen viele Buchstaben, sondern gegen den Geist der Gebote

[Frgm LXXVIII] Sehr wahrscheinlich wird wegen des Wandels im Gesetz zu Martha gesagt: «Martha, Martha, du wirst von vielem bedrängt und abgelenkt, weniges aber ist nötig.» Denn zum Heil bedarf es nicht der vielen Gesetzesgebote dem Buchstaben nach, sondern weniger, an denen das ganze Gesetz und die Propheten hängen: dessen, was über die Liebe geboten ist.

Das Licht für den Tag der Kirche: Das Wort

[Frgm CXXXVII] (Joh 11,9) «Hat der Tag nicht zwölf Stunden?» Gleichwie der Tag in zwölf Stunden eingeteilt ist, so haben entsprechend die zwölf Patriarchen und der Chor der Apostel dieselbe Zahl gleich den zwölf Stunden des Tages. Als Sonne haben sie Christus, unseren Gott. Er ist ja der geistige Tag, von Dem die Worte und die Erleuchtung ihrer Erkenntnis kommen.

XXVIII. BUCH

Unverzüglicher Gehorsam ist Nachvollzug des Schöpfer-Wortes

[XXVIII.3] (Joh 11,41) «Nun hoben sie den Stein hinweg.» Das Hinwegheben des auf dem Grabe liegenden Steins wurde verzögert von der Schwester des Toten, denn sie hielt gewissermaßen die auf, denen Jesus aufgetragen hatte: «Hebet den Stein hinweg!» indem sie sagte: «Er riecht schon, er ist ja schon den vierten Tag hier.» ...

Es ist gut, wenn nichts zwischen den Auftrag Jesu und die Ausführung des von Jesus befohlenen Werkes eingeschoben wird. Ich meine, von dem [auf's Wort Gehorchenden] ist es angebracht, zu sagen, er sei ein Nachahmer Christi geworden. Sowie nämlich Gott zu Christus «sprach, da geschah es auch; Er ordnete an und es wurde geschaffen» (Ps 32,9). Ebenso sprach Christus zum Gläubigen, und dieser hat es ausgeführt. Auch der Sohn Gottes ordnete an, der Gläubige aber hat den Auftrag ohne Aufschub erfüllt, ohne sich durch den Ungehorsam strafbar zu machen, zwischen Auftrag und Tat Zeit einzuschieben. Wer nämlich das Gebotene später tut, dem muß der Aufschub als Zeit des Ungehorsams angerechnet werden. Auch der Mann im Gleichnis des Evangeliums (Mt 21,28–31), der von seinem Vater den Auftrag hatte, auf den Acker zu gehen und zu arbeiten, hat somit den Willen seines Vaters in der Zeit vor der Reue nicht getan. Darum ist daran zu erinnern: «Säume nicht, dich zum Herrn zu bekehren, verschiebe es nicht von Tag zu Tag!» (Sir 5,7). Und «sage nicht [zu deinem Nächsten]: ‚Geh, komm wieder, morgen werde ich dir geben!' wenn du gleich imstande bist» (Spr 3,28), Gutes zu tun! Es ist also als Tadel gegenüber Martha anzusehen, wenn es erst später heißt: «Sie hoben nun den Stein hinweg.»

[XXVIII.4] (Joh 11,41) «Jesus erhob die Augen zum Himmel und sprach.» Hier werden wir belehrt, ... daß Jesus seinen Geist abwandte vom Verkehr mit denen, die unten weilen, ihn emporrichtete und erhob, wenn Er ihn hinwandte zum Gebet zum Vater, der über allem ist. Wenn nun wirklich Paulus und Leute wie er Nachahmer Christi sind, dann müssen sie, wenn sie eifrig und in Nachahmung des Gebetes Christi beten wollen, die Augen der Seele nach oben richten und von den Angelegenheiten, Erinnerungen, Gedanken und Überlegungen von hinieden weg hinauf erheben, und dann Gott große und himmlische Worte des Gebetes über Großes und Himmlisches sagen.

[XXVIII.5] Wer die Augen so recht nach oben und zum Himmel erhebt, [dessen innerer Haltung] entspricht es, auch heilige Hände aufzuheben, zumal wenn er «frei von Zorn und Streit» sein Gebet emporsendet (1Tim 2,8). Denn wenn wir unsere Augen durch Besinnung und Betrachtung, und unsere Hände in Taten erheben, welche die Seele aufrichten und erhöhen, so wie Moses seine Hände aufhob, so daß «das Erheben meiner Hände ein Abendopfer ist» (Ps 140,2), dann werden die Amalekiter und all die unsichtbaren Feinde unterliegen, die Israeliten in uns aber, d.h. die heiligen Gedanken, werden obsiegen.

Vom Zeichen zum Glauben durch das Wort

[XXVIII.6] (Joh 11,41) «Vater ich danke Dir, daß Du Mich erhört hast ...» Jesus war im Begriff, um die Auferstehung des Lazarus zu beten, und der alleinige gute Gott und Vater nahm sein Gebet vorweg und hörte, was Jesus in seiner Bitte erst sagen wollte. Wegen der mithörenden Menge, die um Ihn herumstand, sandte der Erlöser statt der Bitte eine Danksagung empor und tat damit zwei Dinge zugleich: Er dankte für das, was mit Lazarus geschah, und Er brachte die umstehende Menge zum Glauben. Denn Er wollte, sie sollten es annehmen, daß Er von Gott gesandt unserem

Leben gegenwärtig sei. Er erkannte die Erhörung, da Er im Geiste sah, daß die Seele des Lazarus in seinen Leib zurückversetzt sei (ἀποκαθίστημι), herabgeschickt aus dem Bereich der Seelen. Denn man darf ja nicht meinen, die Seele des Lazarus sei nach dem Tod beim Leibe gewesen. ...

Da aber Jesus vor Lazarus schon für Tausende andere[1] gebetet hat und [das Erbetene] erlangte, deshalb dankt Er nicht nur für Lazarus, sondern auch für die Früheren, wenn Er über Lazarus sprach: «Vater, Ich danke Dir, daß Du Mich erhört hast». An die Früheren denkend sagt Er aber: «Ich wußte ja, daß Du Mich immer erhörst». Dies alles – so sagt Jesus – «sprach Ich der umstehenden Menge wegen, damit sie glauben, daß Du Mich gesandt hast» –.

Der höhere Sinn [der Auferweckung des Lazarus] aber ist nach dem bisher Erklärten nicht schwierig zu erkennen. Jesus bat nämlich, daß der, der nach der Freundschaft mit Ihm gesündigt hat und für Gott tot wurde, durch göttliche Macht zurückkehre zum Leben. Das erlangte Jesus und sah in diesem Toten Regungen des Lebens. Für sie dankt Er dem Vater.

Um den solcherart Toten stand eine Menge Menschen, die noch nicht glaubten, daß Gott Jesus gesandt habe, und daß dieses Wort von Gott herkommend bei den Menschen Wohnung genommen hatte. Die umstehende Menge geriet nun in Staunen darüber, daß einer, der ob seiner tödlichen Sünde so übelriechend geworden und der Tugend abgestorben war, wieder zur Tugend zurückkehrte. Vom Staunen würden sie dann wohl auch zum Glauben kommen, daß das Wort, das jenen lebendig machte, von Gott ist und unter den Menschen wohnt.

[1] Die nach ihren Sünden wieder Begnadigten und zum Leben Erweckten Gerechten des Alten Bundes. Denn «Gott ist ein Gott der Lebenden, nicht der Toten» (Mt 22,32), ein Wort, das Origenes oft zitiert. Die Gerechten des Alten Bundes leben aber nur durch Christus, denn es gibt keine andere Heilsordnung als die durch Ihn (XX. 12).

[XXVIII.7] (Joh 11,43 f) «Nach diesen Worten rief Er mit lauter Stimme: Lazarus, komm heraus!» Nach der Danksagung an seinen Vater tat Jesus dem Lazarus mit starkem Stimmaufwand Gewalt an. Er mußte dem Lazarus laut rufen, weil er ja noch nicht feinhörig war für den Ruf, der ihn aus dem Grab hervorrief.

Auch das ist als ein ganz Jesu würdiges Werk zu betrachten: nicht nur zu beten, daß der Tote lebendig werde, sondern ihn auch anzurufen und den in der Tiefe des Grabes Befindlichen daraus hervorzurufen.

Nun muß man wissen, daß es auch jetzt noch Lazarusse gibt, die nach der Freundschaft mit Jesus schwach wurden, starben und als Tote sich unter Toten im Grabe und am Ort von Toten aufhalten, und die dann durch das Gebet Jesu lebendig gemacht und von Jesus mit seiner starken Stimme aus dem Grabe herausgerufen werden. ...

Und glaube: Wer die Erkenntnis der Wahrheit erlangt hat und erleuchtet wurde, wer die himmlische Gabe empfangen hat, teilhaftig wurde des Heiligen Geistes und das gute Reden Gottes und die Kräfte des kommenden Äon gekostet hat (Hebr 6,4 f), aber danach von Christus abfällt und in heidnische Lebensweise zurücksinkt, der befindet sich in der Unterwelt, bei den Schatten und den Toten, im Lande der Toten und der Gräber! Wenn nun um eines solchen Menschen willen Jesus an sein Grab kommt und vor ihm stehend betet und erhört wird, dann bittet Er, Macht möge in seine Stimme und in seine Worte kommen. Dann ruft Er mit lauter Stimme den heraus aus seinem heidnischen Leben und aus seinem Grab und seiner Höhle, der Ihm so lieb war. Ein solcher kommt dann heraus, der Stimme Jesu Folge leistend, aber, wie man sehen kann, noch durch die Bande seiner eigenen Sünden gebunden und gefesselt, obwohl er lebt wegen seiner Reue und weil er die Stimme Jesu gehört hat. Weil er noch nicht gelöst ist von den Fesseln der Sünde, kann er noch nicht freien Fußes gehen und auch durchaus noch nichts Rechtes wirken, da er ja an Füßen und Händen fest mit Leichenbinden gebunden ist. Weil das Totsein noch an ihm haftet, ist neben den Banden an Händen und Füßen auch sein Blick noch von Unkenntnis verhüllt (2 Kor 3,14) und zugebunden.

Auftrag zur Seelsorge

Da es aber der Wille Jesu nicht nur ist, daß er zwar lebe, aber dennoch im Grabe bleibe, [sondern daß er ins tätige und erkennende Leben schreite, so ruft Er ihn][2] heraus ins Leben. Aber er kommt gebunden und kann deshalb noch nicht ganz aus dem Grab herauskommen. Darum sagt Jesus nun denen, die ihm diesen Dienst leisten können: «Löset ihn und machet ihn frei zum Gehen!» Ich glaube, nachdem er gesündigt hat, befand er sich noch nicht ganz in Zustimmung zum Wort über die Umkehr (ἐπιστροφή). Noch zu schlaff kommt er aus dem Grabe, und noch ist er mit Banden gebunden an den Füßen und den Händen, und sein Blick ist noch vom Schweißtuch umbunden. Aber als Jesus zu denen, die ihn lösen können, sprach: «Löset ihn und macht ihn frei zum Gehen!», und als auf den Befehl des geradezu herrischen Christus die Füße und Hände gelöst werden und die auf seinem Blick liegende Hülle weggenommen wird, da schreitet er so voran, daß er dahin gelangt, auch wieder in der Mahlgemeinschaft mit Jesus zu sein.

Die Gnade des Wortes: Erweckung zum Glauben

[XXVIII.10] (Joh 11,45) «Viele von den Juden ... glaubten nun an Ihn.» Wer von denen, die ganz in die Bosheit untergetaucht sind [wie in Grabestiefe], würde nicht wahrhaftig wie aus Totsein und Verwesungsgeruch zum Glauben an die Verkündigung Jesu bewegt, wenn er auf Geheiß und durch die Mitwirkung des Wortes in einer tiefgehenden Umwandlung nicht nur den argen Gestank der Sünde, ...

[2] Der (vielleicht durch Diktatfehler) verderbte Text muß etwa so ergänzt werden.

sondern auch die Fesseln abgestreift hat, die bislang die Kraft der Seele zum Handeln und Wandeln und ihre Fähigkeit zu Erkenntnis und Betrachtung darniederhielten?

Als die Juden am Grab des Lazarus sahen, wieviel Jesus vermochte, staunten sie, die sich sonst doch rühmten, mit dem Wort Gottes umzugehen, die aber seine Fülle nie in sich aufgenommen hatten. ... Jesus kam ans Grab des Toten und richtete dieses Dankgebet an den Vater wohl mehr ihretwegen als des Lazarus wegen, an dem es in Erfüllung ging. Jesus bemühte sich um Lazarus der umstehenden Menge wegen, damit die vielen Juden an Ihn glauben sollten, die zu Maria gekommen waren und sahen, was Er tat.

Die Botschaft biblischer Augenzeugen ist nicht nur Bericht, sondern Zeugnis des Glaubens

[XXVIII.11] (Joh 11,45) «Einige aber von ihnen liefen zu den Pharisäern und berichteten ihnen, was Jesus tat.» Versteh auch das nicht nur sinnenhaft! Der Wortlaut ist doppeldeutig: Entweder waren diejenigen, die hingingen, solche der «vielen Juden, die schauten und an Ihn glaubten» und nun auch die gegen Jesus feindlich Gesinnten durch die Verkündigung des an Lazarus Geschehenen beschämen wollten; oder es waren die anderen, die durch das Geschehene nicht zum Glauben an Jesus bewegt wurden und die es sich zum Anliegen machten, durch ihre Botschaft über Lazarus den ihnen eigenen bösen Affekt gegen Jesus auch in den Pharisäern zu wecken. Und darauf scheint mir der Evangelist mehr hinweisen zu wollen. Daher fügt er auch an, daß «die Hohenpriester und Pharisäer zusammenkamen» usw. Er sagt aber, daß viele es waren, die durch das Betrachten der Ereignisse an Lazarus zum Glauben kamen. Wie wenn es die wenigeren gewesen wären, die nicht gläubig wurden, sagt [der Evangelist]: «Einige von ihnen aber liefen weg.»

Nun gib acht auf das, was ich sagen werde, und ob wir dem unsere Zustimmung geben können.[3] ... Mich beschäf-

[3] Textentstellung durch Hörfehler beim Diktat.

tigt vor allem der höhere Sinn (ἀναγωγή), demzufolge alle diejenigen Zuschauer an Jesus glaubten, die schauten, d. h. die schauten und verstanden, was Jesus tat. Von denen dagegen, die zu den Pharisäern wegliefen und ihnen berichteten, was Jesus tat, wird nicht bezeugt, daß sie *schauten.* Ihnen ist das Wort «sie schauten» nicht zugeschrieben, das zum Lob der Glaubenden gesagt ist. Es hätte doch geschrieben sein können, da ja auch sie Augenzeugen waren, daß ‚einige von ihnen zu den Pharisäern wegliefen und ihnen berichteten, was sie Jesus tun schauten' oder: ‚was sie schauten und was Jesus tat'. Nun aber ist «sie schauten» von ihnen überhaupt nicht gesagt, sondern nur von den Glaubenden, die «zu Maria gekommen waren und schauten, was Jesus tat». Ihretwegen, meine ich, sprach Jesus: «Aber um der umstehenden Menge willen spreche Ich so, damit sie zum Glauben kommen, daß Du Mich gesandt hat». ... Sie, die zu Maria kamen und schauten, was Jesus tat, und an Ihn glaubten, sie allein waren die Menge, die Jesus «umstand» [= nahestand]. Die übrigen «schauten» weder, was Er tat, noch standen sie «um Ihn».

Sieg der geistigen über die fleischliche Auffassung der Heilsökonomie

[XXVIII.12] (Joh 11,47f) «Dieser Mensch vollbringt viele Zeichen, und wenn wir Ihn so gewähren lassen, werden noch alle an Ihn glauben. Dann werden die Römer kommen und uns die heilige Stätte und das Volk wegnehmen!» Wie diese Schriftstelle sagt, bemerkten die Pharisäer und Hohenpriester, daß das ganze Volk der Juden wegen der wunderbaren Machttaten Jesu im Glauben an Ihn dazu geführt wurde, den örtlichen äußeren levitischen und priesterlichen Gottesdienst zu verachten, so daß dies zur Veranlassung werden könnte, daß der von ihnen heilig gehaltene Ort und das ganze Volk der Juden wegen des Erlösers an die Römer übergehe – da man ja nicht mehr am Örtlichen des Judentums hänge – und daß man das Bekenntnis, Jude zu sein, in keiner Weise mehr aufrecht erhalten wolle. Da die Pharisäer und

Hohenpriester aber den Gottesdienst, den Ort und den Bestand des Volkes all dem vorzogen, was man höher werten sollte, darum planten sie, Jesus nicht am Leben zu lassen. ...

Aus ihren Worten ist aber ihre widerspruchsvolle Bosheit und Blindheit zu erkennen: widerspruchsvoll ist sie, weil sie Jesus zwar bezeugten, daß Er viele Zeichen getan und die Macht dazu habe, weil sie aber dennoch Einem nachstellten, der solche Zeichen gewirkt hat, als ob Er nichts zu seinem eigenen Schutz vermöchte. Nicht geringer ist ihre Blindheit. Denn Dem, der soviele Zeichen tat, war es doch eigen, stärker zu sein als der Anschlag derer, die Ihn nicht entkommen lassen wollten. Sie zielten darauf ab, Ihn zu verhaften, in der Meinung, damit könnten sie den Glauben an Ihn verhindern und die Römer davon abhalten, ihr Land und Volk wegzunehmen.

Aber da «der Herr die Pläne der Heiden zerschlägt und das Sinnen der Völker zunichte macht» (Ps 32,10), so hat, auch wenn jene Ihn nicht entkommen ließen, doch Gott Ihn auferweckt und befreit, und alle Völker dienten Ihm. Und auch die Römer kamen dennoch und nahmen das Land. Denn wo ist das, was sie Heiligtum nennen? Die Römer rafften das Volk hinweg und vertrieben die Menschen aus dem Land und erlaubten ihnen kaum, sich in der Zerstreuung aufzuhalten, wo ihnen beliebte.

Wenn es gewagt werden muß, auch die angeführte Rede der Pharisäer und Hohenpriester zu höherem Sinn zu erheben, so möchten wir sagen, daß die Heiden den Ort der Beschnittenen einnahmen. «Durch ihren Fall nämlich kam das Heil zu den Heiden, um jene zum Eifer zu reizen.» (Röm 11,11) ... Das Volk wurde von Heidenvölkern[4] hinweggerafft. Das Volk wurde ein Nicht-Volk (1 Petr 2,10), und die aus Israel stammen, sind nicht mehr Israel. Der Same [Abrahams] erreichte es nicht, zu Kindern Israels zu werden (Röm 6,7). Grund dafür sind die vielen Zeichen Jesu und dies, daß der Vater Ihn befreite, Ihn, der dem Anschlag der

[4] Wortspiel.

gegen Ihn ratschlagenden Hohenpriester und Pharisäer überlegen war.

Die Hohenpriester mit dem ganzen materiellen jüdischen Gottesdienst, sowie die Pharisäer mit der gesamten buchstäblichen Gesetzeslehre stellten sich gegen Jesus, die Wahrheit. Das vorläufige Bild (τύπος) will um seines Bestandes willen das Offenbarwerden der Wahrheit verhindern, wie eben «das Fleisch» und fleischliche Gesinnung «gegen den Geist aufbegehrt» (Gal 5,17). Weil aber der gegen das Fleisch (σάρξ) aufstrebende Geist (πνεῦμα) stärker ist, so löst das wahre Hohepriestertum unseres Erlösers und seine geistige (πνευματική) Lehre den Rat der gegen Ihn ratschlagenden Hohenpriester und Pharisäer auf.

Es ist anzunehmen, daß das auch jetzt so geht. Man kann das ja an denen beobachten, die mit den äußerlichen Einrichtungen des Judaismus die geistige Lehre Christi auflösen wollen.

Dem sinnenhaften Menschen ist Jesus unbegreifbar

[Frgm LXXVI] (Joh 10,39) «Sie suchten Ihn wieder zu ergreifen, aber Er entkam ihren Händen.» Verstehen wir diesen Text übertragen: Es gibt Menschen, welche die christliche Lehre verfolgen in der Absicht, sie zu zerstören und zu vernichten. Von ihnen könnte man jetzt sagen, sie suchen Jesus zu ergreifen. Aber da «in eine Seele, die Böses sinnt, die Weisheit nicht einkehrt» (Weish 1,4) und da «die bewährte Macht des Wortes die Toren überführt» (Weish 1,3), deswegen entkommt Er. Jedesmal jedoch, wenn diejenigen, die sich Seiner bemächtigen möchten, wähnen, das Wort der Wahrheit sei in ihrer Hand, dann entgeht Es ihnen doch, denn sie können Es nicht fassen. Deswegen, wenn sie auch zu vernichten meinen, so vernichten sie doch nicht das Wahre, denn sie begreifen es ja gar nicht.

Ihren Händen entschlüpft, geht Jesus an den Jordan, ... dort öffnet sich der Himmel und bezeugt dem Worte, daß «Dieses der Sohn Gottes ist, an Dem der Vater sein Wohlgefallen hat». Und wenn jemand an das andere Ufer des Jordan geht[5] und nahe zu Jesus herantritt, dann wird er Jesus finden, der besser tauft als Johannes. Denn Johannes taufte mit der sichtbaren ersten Taufe, Jesus aber mit der geistigen Taufe im heiligen Geiste und im Feuer; einem Feuer, das mehr ist als das sichtbare Feuer des Dornbusches, der nicht verbrannte.

Der wahre Prophet redet aus rechtem Motiv

[XXVIII.13–17] [Frgm LXXXV] (Joh 11,49) Wenn jemand prophezeit, ist er nicht deswegen auch schon ein Prophet. Wenn einer etwas Heilkundliches tat, ist er ja auch nicht deswegen schon ein Arzt; oder weil jemand etwas Bauliches arbeitete, ist er darum noch kein Baumeister. Kaiphas, der als Hoherpriester jenes Jahres prophezeite, «daß Jesus für das Volk sterben werde, und nicht nur für das Volk, sondern auch für die Sammlung der zerstreuten Kinder Gottes zur Einheit», war doch deswegen noch kein Prophet. ... [Die ausführliche Darlegung der Worte des Kaiphas] zeigt, daß sie, wie alle Evangelisten mehrfach bezeugen, ein Erguß seiner Bosheit waren, daß Kaiphas aber, obwohl er Jesus bekämpfte, nichtsdestoweniger prophezeite. ... Auch Balaam, der prophezeite – das steht im Buch Numeri 22,38 – und sprach: «Die Worte, die Gott mir in den Mund legt, werde ich verkünden», ... war selbstverständlich kein Prophet. Er sei ein Seher gewesen, heißt es dort.

Nur wenn einer wirklich ein Prophet ist, prophezeit er in voller Weise. ... Ich will das mit etwas anderem aus dem göttlichen Bereich erläutern: Wenn jemand gerecht ist, trachtet er nach dem, was recht ist; oder anders: wenn jemand nach dem trachtet, was recht ist, ist er gerecht.

[5] Symbol für den Eintritt in den heiligen geistigen Bereich, wie er in der Erleuchtung durch die Taufe vollzogen wird. Symbol auch für den Übergang vom rein historischen zum geistigen Schriftverständnis, d.h. zur Erkenntnis der Mysterien, zur Erkenntnis nicht nur der Menschheit, sondern der Gottheit Jesu.

Wenn du die Worte kennst: «Trachte in rechter Weise nach dem, was recht ist!» (Dt 16,20), wirst du das begreifen. Das «in rechter Weise» steht nicht umsonst da. Es ist meiner Meinung nämlich möglich, in einer Weise, die nicht recht ist, nach dem Rechten zu trachten. Wer ein an sich rechtes Werk tut, z. B. für die Armen, um von den Menschen geehrt zu werden, der hat etwas Rechtes getan, aber nicht aus Gerechtigkeit, sondern aus eitler Geltungssucht. ... Ähnliches ließe sich über die andern Tugenden sagen. Ich führte das an als Vergleich für ein Prophezeien, ohne Prophet zu sein.

[XXVIII.15] Nun wirst du aber vielleicht die Frage stellen, ob einer, der prophezeit, das ausschließlich aus dem Heiligen Geiste tue. Das scheint manchen ganz fraglos zu sein. Warum sollte es aber nicht doch fraglich sein, wenn doch David [der in den Psalmen prophetisch spricht] nach der Sünde mit der Frau des Urias aus Furcht, der Heilige Geist werde von ihm genommen, spricht: «Deinen Heiligen Geist nimm nicht von mir!» (Ps 50,13)? ... Einige sind daher der Meinung, Kaiphas habe nicht aus dem Heiligen Geist gesprochen, weil der Heilige Geist nicht in einem mit Sünde beladenen Leibe wohnt. Sie meinen, Kaiphas habe unter Einwirkung böser Geister gesprochen. ... Kühnerweise könnte man zur Unterstützung dieser These anführen, wie ein solcher böser Geist spricht: «Wir wissen, wer Du bist: der Heilige Gottes» (Mk 1,24). Oder auf jene Dämonen könnte man hinweisen, die baten, der Herr möge sie nicht in den Abgrund fahren heißen (Lk 8,31). Sie sagten: «Du kommst, um uns zu vernichten». Und in der Apostelgeschichte (16,16f) steht folgendes: «Einmal, als wir zum Gebetshause gingen, geschah es, daß uns eine Sklavin begegnete, die einen wahrsagenden Geist hatte und als Wahrsagerin ihren Herren reichliche Einnahmen brachte. Sie folgte Paulus und uns auf dem Fuße und rief: Das sind Diener des höchsten Gottes. Sie künden euch den Weg des Heils». Wer diese Stellen beachtet, wird feststellen, daß die Dämonen voraussagen können, wie es der Geist der Wahrsagerin bei Paulus und die Dämonen beim Erlöser taten, und daß der pythische Spruch der Prophetie nicht nachsteht, da es ja für die Apostel Zeugnis ablegt und die Zuhörer ermahnt, an den verkündeten Weg des Heils zu glauben. …

[Frgm LXXXV] Daraus ersehen wir, daß die Menschen nicht alles aus sich selbst heraus reden, sondern daß sie manchmal von einer höheren oder einer niederen Macht in Tätigkeit gesetzt werden. – Hiezu gehört auch, daß einige Irrgläubige den Sinn der Schrift falsch auffassen, so etwa die Pharisäer, die den Ausspruch des Kaiphas nach ihrem eigenen Sinn deuten[6].

[XXVIII.17] Wie es sich mit der Prophetie des Kaiphas verhielt, lohnt also die Untersuchung. Es wäre auch der Mühe wert, zu prüfen, wie es sich mit dem Prophezeien der zu David gesandten Boten Sauls und dem Prophezeien Sauls verhielt (1 Sam 19,14–24). … Man sagte doch [nach der 1 Sam 19 berichteten Geschichte]: «Gehört auch Saul zu den Propheten?» Ich halte es für notwendig, das anzuführen, um zu verdeutlichen, wie Sünder prophezeien. Ob sie es aus dem Heiligen Geist oder aus einer anderen Macht tun, selbst wenn diese, ohne zu lügen, die Wahrheit bezeugt. … Zu all dem wird doch, wer wirklich einigen Mut aufbringt, bemerken, daß es von Saul auch heißt: «Ein böser Geist Gottes quälte ihn» (1Sam 16,14). …

[XXVIII.16] Die Stelle: «Der Geist Gottes kam über Balaam», halte ich für unecht, denn ich habe das in den übrigen Ausgaben nicht gefunden. Auch nichts Ähnliches. Ebenso die Stelle: «Gott begegnete dem Balaam und legte seinen Spruch in dessen Mund» (Num 23,6.16).

[XXVIII.17] … Wer also so will, daß Kaiphas von einer bösen Macht her prophezeit habe, der kann für sich in Anspruch nehmen, daß es gar nicht paradox ist, wenn eine böse Macht so etwas gesprochen hat. Wird doch aus den Niederschriften der Evangelisten über die Reden des Teufels an den Herrn ersichtlich, daß der Teufel sehr wohl wußte, Jesus sei der Sohn Gottes.

[6] Sie haben nicht den «Sinn Christi», sondern ihr Sinn ist von bösen Geistern beeinflußt.

Man wird sagen müssen: Der Macht, die dieses Prophezeien bewirkte, wohnte Bosheit inne. Ihre Absicht (σκόπος) war es nicht, bei den Hörern Glauben zu schaffen, sondern, die Hohenpriester und Pharisäer im Synedrium gegen Jesus aufzustacheln, sie sollten Ihn kreuzigen. Das war kein Wirken nach der Art des Heiligen Geistes.

Der stellvertretende Sühnetod des Gottmenschen

[XXVIII.18] (Joh 11,49f) «Kaiphas, der Hohepriester jenes Jahres sprach zu Ihnen: Ihr versteht nichts und bedenkt nicht, daß es für euch besser ist, ein Mensch sterbe für das Volk, als daß die ganze Nation zu Grunde gehe.»

Meinst du nun nicht, daß Kaiphas, oder der ihn zum Prophezeien anregte, die Hörer durch die Worte: «Ihr versteht nichts ...» dazu reizen wollte, Jesus zu töten. Gewiß verstanden die Pharisäer und Hohenpriester nichts, die Jesus nicht als Wahrheit, Weisheit, Gerechtigkeit und als Frieden kannten. «Er ist nämlich unser Friede» (Eph 2,14). Und diejenigen bedachten auch nichts, die gar nicht wußten, wieso es auch für sie gut war, daß dieser Eine in seinem Menschsein für das Volk sterbe. Denn es ist Jesus, insofern ErMensch ist, der stirbt ... Gott das «Wort», die «Wahrheit», die «Weisheit» und die «Gerechtigkeit» ist nicht gestorben. Denn das «Bild des unsichtbaren Gottes, der Erstgeborene aller Schöpfung» (Kol 1,15), kann keinen Tod erleiden. Für das Volk also starb dieser Mensch, der Reinste aller Lebenden, der «unsere Sünden und Schwächen trug» (Is 53,4 = Mt 8,17), weil Er imstande war, die gesamte Sünde der ganzen Welt auf Sich zu nehmen und so zu lösen und aufzuheben und auszulöschen, denn Er selbst hatte keine Sünde begangen und «Trug ward nicht gefunden in seinem Munde» (1 Petr 2,22 = Is 53,9). Er «kannte die Sünde nicht» (2 Kor 5,21).

[XXVIII.19] Wir wollen den Sinn nicht verachten oder verwerfen, der vielen griechischen und anderen Erzählungen zugrundeliegt, nach denen häufig gewisse, das Menschengeschlecht beherrschende Plagen wie Pest, schädliches Unwetter oder Hunger dadurch aufgehoben werden, daß jemand sich für das Gemeinwohl hingibt, gleich als ob so der dies verursachende böse Geist entmächtigt würde. Ob die Berichte Tatsachen enthalten oder nicht, soll hier nicht kritisch erörtert werden. Es ist jedoch noch nie irgendwo von einem berichtet worden – und kann nicht berichtet werden –, der imstande gewesen wäre, sich für die Erlösung der Welt als Erlösungsopfer hinzugeben. Auch wenn einer starb, so nahm er den Tod doch nicht für die ganze Welt auf sich. Nur Jesus war imstande, die Last der Sünden aller an seinem von Gott verlassenen[7] Kreuz für die gesamte Menschheit auf sich zu nehmen und mit seiner großen Kraft zu tragen. Er allein konnte Leiden tragen, wie der Prophet Isaias es sagt: «Ein Mann der Schmerzen, der Leiden zu tragen wußte» (Is 53,3). Er nahm unsere Sünden auf sich und wurde krank von unserem Unrecht, und die Strafe fiel auf Ihn, die uns gebührte, damit wir erzogen würden und wieder Frieden erlangten. So nämlich verstehe ich die Stelle: «Die Züchtigung, die uns Frieden bringt, liegt auf Ihm» (Is 53,5). Weil «wir durch seine Wunden geheilt wurden», während Ihm die Wunden deswegen geschlagen wurden, können wir, die durch das Kreuz Geheilten, wohl auch sagen: «Mir aber steht es an, mich nicht anders zu rühmen, als im Kreuze des Herrn Jesus Christus, durch das mir die Welt gekreuzigt ist und ich der Welt» (Gal 6,14). Diesen Jesus gab der Vater an unsere Sünden hin, und ihretwegen «wurde Er wie ein Schaf zur Schlachtbank geführt und war stumm wie ein Lamm vor dem Scherer» (Is 53,7). In seiner Erniedrigung, «in die hinein Er sich erniedrigte, indem Er gehorsam wurde bis zum Tod, ja bis zum Tod am Kreuze» (Phil 2,8), wurde das Urteil aufgehoben. So fasse ich die Stelle auf: «In der Erniedrigung wurde seine Verurteilung aufgehoben» (Is 53,8).

[7] Origenes ist hier Zeuge dieser Variante von Hebr 2,9.

Dieser Mensch also starb für das Volk, und seinetwegen ging die gesamte Völkerschaft (ἔθνος) nicht zugrunde. – Überlege auch, ob man nicht «Volk» (λαὸς) auf die Juden, «Völkerschaft» (ἔθνος) aber auf die übrigen Völker beziehen kann.

Die Heilige Schrift ist mißdeutbar

[XXVIII.22] Wer aber [auf die Frage, welche Macht den Kaiphas zu seiner Prophetie veranlaßt habe] antworten will, ihm scheine der Heilige Geist der Urheber dafür gewesen zu sein, daß die Hohenpriester und Pharisäer durch die Worte des Kaiphas bewegt wurden und beschlossen, Jesus zu töten, der wird anführen, daß das kein der Heiligkeit fremdes Werk war, denn Jesus habe nichts seiner Unwürdiges getan, wenn Er «zum Fall und zur Auferstehung vieler in Israel» kam (Lk 2,34). Sprach Er doch: «Zum Gericht bin Ich in diese Welt gekommen, damit die Nichtsehenden sehen und die Sehenden blind werden» (Joh 9,39). Zur apologetischen Darlegung, daß Jesus damit nichts Seiner Unwürdiges getan hat, wenn Er von Sich bekennt, Er sei zum Gericht in diese Welt gekommen, bedürfen wir freilich ebenso eines Wortes der Weisheit, wie wenn wir vertreten wollten, daß die Worte des Kaiphas aus dem Heiligen Geist gesprochen waren, auf grund derer die Hohenpriester und Pharisäer beschlossen, Jesus zu töten. Über dieses Wort Jesu habe ich, so gut ich konnte, in der Exegese zur Stelle gesprochen.

Zur vorliegenden Frage aber könnte man folgendes sagen: Der heilige Sinn (ὁ ἱερὸς νοῦς) der Schrift ist denen zu Nutzen gesagt, die Heilsnutzen (ὠφέλεια) von ihm suchen. Einige aber mißdeuten ihn so schlimm, daß für solche in hohem Maße Unsinn Daherredenden die Schrift zur Aufstellung ihrer frevelhaften Lehre sogar die Ausgangspunkte zu enthalten scheint[8]. Genau so mißverstanden die Pharisäer und die Hohenpriester die Prophetie des Kaiphas über unseren Erlöser, die immerhin darin recht hatte, es sei gut für

[8] Die häretischen Gnostiker.

uns, daß ein Mensch für das Volk sterbe und nicht das ganze Volk zugrunde gehe. Sie allerdings meinten, diese Prophetie habe einen ganz anderen Sinn, und sie verstanden die Absicht des Rates, den Kaiphas gab, dahin, daß sie von jenem Tage an beschlossen, Christus zu töten.

Das sage ich in Zusammenhang mit der Ansicht, der Heilige Geist habe in Kaiphas prophezeit. Ich stütze diese Auffassung zwar gar nicht, aber ich überlasse anderen das Urteil darüber, ob man dafür halten müsse, Kaiphas sei plötzlich vom Heiligen Geist angeregt worden.

Mitverantwortung für fremde Sünden

[XXVIII.23] (Joh 11,54) «Jesus wandelte nicht mehr offen unter den Juden, sondern Er zog sich zurück in die Gegend nahe der Wüste.» Dies und Ähnliches, meine ich, sei geschrieben, weil das Wort uns davon abwenden wollte, uns allzu hitzig und unvernünftig darauf zu stürzen, für die Wahrheit bis zum Tode zu kämpfen und für sie Zeugnis zu geben.[9] Gut ist es, wenn man – auf den Kampfplatz gestellt, auf dem es um das Bekenntnis zu Jesus geht – sich nicht um das Bekenntnis drückt und nicht zögert, für die Wahrheit zu sterben. Aber nicht weniger gut ist es, keinen Anlaß zu einer solchen Versuchung zu geben, sondern sie zu vermeiden, nicht nur weil der Ausgang für uns ungewiß wäre, sondern damit nicht wir zum Anlaß werden, daß diejenigen noch größere Sünder und noch gottloser werden, die nicht an unserem Blute schuldig geworden wären, wenn wir das unsere getan hätten, unseren tödlichen Hassern auszuweichen. Sie werden unseretwegen[10] eine größere und härtere Strafe erfahren, wenn wir in Selbstliebe und ohne auch ihr Interesse im Auge zu haben, ohne daß die Not-

[9] In Frgm LXXXVI heißt es: «... sich nicht allzu unvernünftig und hitzig in die Gefahren zu stürzen, auch nicht, wenn es für die Wahrheit wäre, sondern die Gefahren zu bestehen, die uns erfaßt haben; künftigen Gefahren aber auszuweichen, und zwar wegen des ungewissen Ausgangs.»

[10] Wörtlich: «Von uns aus.»

wendigkeit dazu eingetreten wäre, uns dem Geopfertwerden (der Hinrichtung) hingeben. Denn wenn jemand für einen anderen zum Anlaß der Sünde wird, weil er selbst den Sünder verleitet, dann wird er selbst zu büßen haben für das, was seinetwegen von jemand gesündigt worden ist. ... Unseretwegen ist das geschrieben, damit wir, die Jesus als Vorbild haben, auch hierin seine Nachahmer würden. ... Als aber für Jesus die Zeit seiner Verhaftung gekommen war, da achtete Er darauf, das nicht von Sich aus zu erleiden und daß man Ihn nicht in Jerusalem finde, noch im Tempel, wo Er häufig lehrte, noch an einem anderen derartigen [bevölkerten][11] Ort, sondern «Er ging mit seinen Jüngern über den Bach Kedron, wo ein Garten war, in den Er mit seinen Jüngern eintrat». Er zog sich zu jenem Zeitpunkt zurück und zeigte sich nicht öffentlich, so daß die Hohenpriester und Pharisäer zu seiner Ergreifung den Judas brauchten, der als Jünger Jesu auch die Orte seines Zurückgezogenseins in Erfahrung gebracht hatte.

An dieser Stelle offenbart das Evangelium freilich, daß Jesus nicht ergriffen worden wäre, wenn Er seine Gefangennahme nicht gewollt hätte. Er wurde ergriffen, weil Er sich erniedrigte und denen, die Ihn ergriffen[12] gehorsam wurde, und zwar bis ans Kreuz. ...

Geringschätzung weltlichen Vorrangs

An anderen Stellen wirst du finden, daß sich Jesus von dem zurückzieht, was in der Welt als gut und schön gilt, um uns dadurch zu lehren, die Würden in der Welt und den Vorrang in ihr zu fliehen. Denn einmal, als Jesus «merkte, daß sie Ihn fortreißen wollten, um Ihn zum König zu machen, da entwich Er in die Berge» (Joh 6,15), und zwar nicht mit seinen Jüngern, sondern allein, um auch ihnen,

[11] Damit möglichst wenige an seiner Ergreifung schuldig werden sollten.

[12] Hier spielt Origenes mit der Doppelbedeutung von κατέχομαι: begreifen und ergreifen. Es wurde möglich, Jesus zu *be*greifen und zu *er*greifen, da Er sich zu uns Menschen erniedrigte.

die Ihn liebten und die wohl die gleiche Absicht hatten wie die andern, Ihn zum König zu machen, keine Gelegenheit zu bieten, auch noch nach weltlicher Art ihr König zu werden.

Erklärung von Psalm 106 auf Christus und die Kirche hin

[XXVIII.24] So viel zum Text und zur Lehre, die in der buchstäblichen Bedeutung des evangelischen Wortes «sich zurückziehen» liegt. Zum höheren geistigen Sinn könnte etwa folgendes gesagt werden:

Einst wandelte Jesus offen unter den Juden, als das Wort Gottes durch die Propheten bei ihnen heimisch war; denn in dem Spruch: «So spricht der Herr» meldete sich Jesus zu Wort. Aber jetzt wandelt Jesus nicht mehr offen unter den Juden, sondern Er ging weg von ihnen. Das Wort Gottes ist nicht mehr unter den Juden, sondern Es zog sich von ihnen zurück an einen Ort nahe der Wüste, über den gesagt ist: «Viele Kinder sind der Einsamen beschieden, mehr als der, die einen Mann hat» (Gal 4,27 = Is 54,1). ... Nahe der Wüste aber ist die Stadt Ephraim, in die Jesus kam, als Er sich nicht mehr offen unter den Juden bewegte. Ephraim bedeutet übersetzt «Fruchtbarkeit».

[Frgm LXXXVI] – Ephraim ist der Bruder des Manasse, des Älteren des Volkes «aus der Vergessenheit». Denn nach dem Volk «aus der Vergessenheit»[13] wird aus den Heiden «die Fruchtbarkeit» geboren[14]. – ... [XXVIII.24] Gott macht «die Wüste der Heiden zu Wasserteichen, ihr wasserloses Land zu quellreichem Grund. Dort läßt Er dann die Hungernden wohnen, und sie gründen sich eine wohnliche Stadt» (Ps 106,35–43): die Kirche. Dort «besäen sie Felder mit Samen, der auf die gute Erde fällt und hundertfältig Frucht bringt (Lk 8,8), und «sie pflanzen Weinberge». Die Reben sind die Jünger des Herrn, die «Frucht brachten; Er segnete sie, und sie mehrten sich sehr». Aber auch die weniger mit Verstand Begabten unter ihnen schätzte der Herr nicht ge-

[13] Den Juden.
[14] Die Kirche.

ring, der «Menschen rettet und Vieh» (Ps 35,8), denn es heißt weiter: «Auch ihr Vieh mindert Er nicht». Die Juden aber «nahmen ab und wurden krank unter der Not von Übeln und Weh. Und es ergoß sich Geringschätzung über die», die um Abrahams willen «die Fürsten waren und [der Herr] ließ sie irren in Weglosigkeit». Nach jenen aber «half Gott dem armen Volk der Heiden aus seinem Elend und setzte sie wie Schafe in sein Vaterreich». Das schauen die «Gerechten (die Engel) und freuen sich ...» Dem, was da im 106. Psalm mystisch prophezeit ist, ist hinzugefügt: «Wer weise ist, habe acht darauf und verstehe das Erbarmen des Herrn.»...

Jesus wandelt nun nicht mehr offen bei den Juden, sondern Er ging weg von da und ging in den Raum der ganzen Welt, d.h. der Kirche, «der Wüste nahe», in die Stadt Ephraim, «die die Fruchtbringende» heißt. ... Er ist nämlich an ihrer Fruchtbarkeit beteiligt. Bei der Geburt dieses Ephraim [der Kirche] könnte der es zeugende Fruchtspender sprechen[15], unser Herr, der sich erniedrigte und gehorsam wurde bis zum Tod, ja bis zum Tod am Kreuze: «Gott hat mich fruchtbar werden lassen im Lande meiner Erniedrigung» (Gn 41,52).

Schrifterkenntnis ist Fest der Ankunft Jesu

[XXVIII.25] (Joh 11,55) «Das Passa der Juden war nahe.» Passa des Herrn und Passa der Juden sind nicht dasselbe. Das Passa, wie das Gesetz es meint, ist das des Herrn; das Passa derer, die das Gesetz nicht halten, ist das der Juden. ... Es gab solche, die vor dem Passa hinaufgegangen waren, um sich zu heiligen, die dann beim Passa selbst riefen: «Wir haben keinen König als den Cäsar». Das hatte der Heiland seinen Jüngern prophetisch vorausgesagt: «Es kommt die Stunde, da jeder, der euch tötet, Gott einen Dienst zu leisten meint.» Gleich bei Ihm selbst fing dies Wort an, in Erfüllung zu gehen. Die seinen Tod forderten, meinten, Gott einen Dienst zu leisten. Sie waren vor dem Passa hinaufgegangen nach Jerusalem, um sich zu heiligen. Die wahre

[15] Wie Josef in Ägypten bei der Geburt seines Sohnes Ephraim.

Heiligung erfolgte aber nicht vor dem Passa, sondern beim Passa, da Jesus als Lamm starb für die, die geheiligt werden, und als Er die Sünde der Welt hinwegnahm. Jene Juden suchten Jesus aber nicht ihres Heilsgewinns wegen, sondern um Ihn zu töten. ... Selbst im Tempel herumstehend sprachen sie unter sich über Jesus: «Was meint ihr? Wird Er wohl zum Feste kommen?» Jesus aber feierte nicht dort, wo sie standen, sondern in dem großen Obergemach, dem gereinigten und geschmückten, wo Er mit Sehnsucht das Passa mit seinen Jüngern zu essen verlangte, bevor Er litt.

Man könnte sagen, daß es jetzt noch solche gibt, die im Tempel stehen und Jesus suchen, wenn sie sich auf die Schriften stützen, die sie heilig halten. Aber weil sie in ihrem Suchen Den nicht kennen, der schon gekommen ist, so schmähen sie Ihn und kommen überein, ein anderer als Dieser sei Christus.

Denke darüber nach, ob du nicht sagen könnest, es gebe andere Juden, die nach [dem geistigen] Jerusalem hinaufgehen und in die Stadt Gottes[16] kommen aus dem Raum außerhalb Jerusalems[17]? Sie kommen, sooft das Passa Christus geschlachtet wird, um sich zu heiligen und feiern zu können, «nicht im alten Sauerteig, nicht im Sauerteig der Bosheit und Schlechtigkeit, sondern im Ungesäuerten der Lauterkeit und Wahrheit» (1Kor 5,8). Und auch die werden Jesus suchen, die im Tempel der Schriften[18] stehen, und sie werden sich untereinander fragen, ob Jesus zum Feste kommen wird.

Forschen in bösem Geiste

[XXVIII.26] (Joh 11,57) «Die Hohenpriester und Pharisäer hatten das Gebot gegeben, es anzuzeigen, wenn jemand

[16] Die Kirche.

[17] Aus dem Heidentum.

[18] Ob Origenes mit «Tempel der Schriften» die Kirche meint, in der die Heilige Schrift verkündet wird, ist fraglich, sogar unwahrscheinlich. Aber der Kirche und der Teilnahme am Passamahl, das in ihr gefeiert wird, stellt Origenes die Heilige Schrift und das Empfangen des Wortes an die Seite. Dieser Gedanke ist echt origenistisch, vgl. MtCo 11.14; Num h 16.9 und oft.

wisse, wo Jesus sei, damit sie Ihn ergreifen könnten.» Weil sie nicht wußten, wo Er sei, ... gaben sie dieses Gebot. ... Mit anderen Worten: Wer Jesus nachstellt, weiß nicht, wo Er ist. Darum gaben sie andere Gebote als die Gebote Gottes, «Lehren erteilend, Satzungen von Menschen» (Is 29,13 = Mt 15,9). Die Gebote, die die Pharisäer und Hohenpriester lehren, sind äußerlich (σωματικοί), jüdisch, gegen Jesus gerichtet, ... den sie nur in die Hände bekommen wollen, um Ihn preiszugeben.

Und ebenso gilt: Jeder, der Dinge im Christentum durchschnüffelt, um es abzulehnen und anzuklagen, ist so ein Pharisäer und kein guter Hoherpriester. Er gibt «Gebote» anderen Sinnes, durch die er sich seiner Meinung nach unterrichtet über alles, was Christus betrifft, um dann, wenn man ihn darüber in Kenntnis gesetzt hat, Christus zu ergreifen und frevelhaft umzubringen.

Böse Worte

[Frgm CXXXVI] (Joh 10,31) «Da hoben die Juden wieder Steine auf, um Ihn zu steinigen.» Früher schon, und jetzt wiederum steinigten sie Ihn. Ich glaube aber, daß derjenige, der übel redet gegen jemanden, ebenfalls Steine auf Ihn wirft. Sie aber redeten übel wider Ihn, und um seinetwillen entstand eine Spaltung unter den Juden. Sie nahmen wiederum das Gewicht böswilliger Worte auf und warfen sie wie Steine auf Ihn.

Jesu Kampf

[Frgm LXXXVIII] (Joh 12,27) «Jetzt ist meine Seele erschüttert, und was soll ich sagen?: Vater, rette Mich aus dieser Stunde? – Nein, dazu bin Ich ja in diese Stunde gekommen.» Alle Mächte des Satans zogen mit ihrem Anführer zur Zeit des heilbringenden Leidens gegen den Erlöser in den Kampf. Bei ihrem Anblick wurde die Seele des Erlösers menschlich erschüttert, nicht weil sie den Tod fürchtete – freilich wäre auch das menschlich – sondern aus

Furcht, doch ja nicht zu unterliegen. Christus überließ es ja bisweilen seiner Seele, ihre eigenen Erfahrungen zu durchleiden. Nun aber, da Er der «Urheber des ewigen Heils» (Hebr 5,9) für alle werden sollte, die Ihm gehorchen, wurde Er um ihretwillen betrübt und erschüttert.

Es soll aber niemand glauben, Er sei von der Erschütterung überwältigt worden, sondern das währte nur einen Augenblick. Dies bedeutet das «Jetzt». Seine Erschütterung endigte zugleich mit ihrem Beginn. Ihre Zeit ist sozusagen nur angedeutet. Sieh, Er selbst betet, der Kampf mit den bösen Mächten, die gegen Ihn stritten, möge nicht hinausgeschoben werden, sondern er möge «jetzt» stattfinden, denn dieser Nu genügte der Seele Jesu zum Sieg über die ganze Macht des Bösen.

Jesu Gericht

[Frgm LXXXIX] (Joh 12,31) «Jetzt ergeht das Gericht über diese Welt.» Das Leiden am Kreuz war das Gericht über diese gesamte Welt. Denn «da Er durch das Blut seines Kreuzes Frieden herstellte sowohl für die irdische wie für die himmlische Welt» (Kol 1,20) und nachdem Er «am Kreuze triumphierend, die Herrschaften und Mächte entwaffnet hatte» (Kol 2,15), setzte Er sich im Himmel nieder und führte jegliches der einem jeden entsprechenden und eigenen Vollendung zu. Da also im Heilsplan des Kreuzes das Gericht über alles Seiende einbeschlossen ist, darum sagte Er, als die Zeit seines Leidens am Kreuze nahte: «Jetzt ergeht das Gericht über diese Welt».

[Frgm XC] (Joh 12,31ff) Weil die Passion des Erlösers zur Reinigung davon erfolgte, wofür die Welt gerichtet werden würde, wie Er vorauswußte, deshalb ist gesagt: «Jetzt ergeht das Gericht über diese Welt». Gleich als ob Er sagte: Der Augenblick ist gekommen, an dem die Richtenden über die Welt in ihr Amt eingesetzt werden[19]. Oder: Weil im Augenblick des heilbringenden Leidens der Tyrann

[19] Christus und die Apostel.

vernichtet werden wird, heißt es: «Jetzt wird der Fürst dieser Welt hinausgeworfen», und zwar wahrscheinlich in die äußerste Finsternis.

XXXII. BUCH

Die Fußwaschung

[XXXII.2] (Joh 13,2) «Es war zur Stunde des Mahls. ...» In den Homilien zum Lukasevangelium haben wir die Parabeln miteinander verglichen und dabei untersucht, was in der Heiligen Schrift «Frühmahl» (Mt 22,4; Lk 11,38) und was «Mahl» bedeutet. ... Man könnte sagen: der Sinn der Alten Schrift ist ein «Frühmahl», die im Neuen Testament verborgenen Mysterien aber sind ein «Mahl».

Nach dieser Vorbemerkung will ich mich dem zuwenden, wie Jesus beim Mahle sich erhebt und Wasser in ein Becken gießt und den Jüngern die Füße zu waschen beginnt. Ich meine, daß die mit Jesus Speisenden, auch die, die am letzten Tage dieses Lebens mit Ihm an seiner Speise teilhaben, noch einer Reinigung bedürfen; nicht gerade freilich – um im Bilde zu sprechen – an den ersten Gliedern des Leibes ihrer Seele, sondern – so könnte man es vielleicht ausdrücken – die letzten und äußersten Glieder müssen abgewaschen werden. ... Denn nach meinem Dafürhalten ist es unmöglich, daß eine Seele überhaupt nicht beschmutzt wird, nicht einmal am letzten und äußersten Teil – selbst wenn jemand in menschlichem Betracht für vollkommen gilt. Die Mehrzahl allerdings bedeckt auch nach dem Bad [der Taufe] selbst Kopf und die an Würde gleich danach kommenden Glieder[1] wieder mit dem Staub der Sünden. Die echten Jünger Jesu aber haben es nur nötig, daß ihnen das Wort die Füße wäscht, um zum Mahl mit Jesus kommen zu dürfen. Wenn man die Verschiedenheit der Sünden beachtet und auf jene Sünden sein Augenmerk lenkt, die gegen das geschehen, was das Wort genau und in seiner ganzen Kraft genommen meint, Sünden, die von den Mei-

[1] Der Leib mit seinen Gliedern ist hier Symbol für die Seele und ihre Kräfte.

sten nicht einmal für Sünden gehalten werden, so wird man einsehen, warum die Füße von Jesus gewaschen werden müssen. ...

Sogar dies noch möchte ich zu sagen wagen, daß sich aus dem Wort Jesu: «Wenn Ich dich nicht wasche, hast du keinen Teil an Mir» ergibt, daß Er die Füße des Judas nicht wusch, weil diesem ja schon der Teufel [die Absicht] ins Herz geworfen hatte, seinen Meister und Herrn zu verraten, da Satan in Judas einen fand, der nicht ausgerüstet war mit der «Rüstung Gottes» und der nicht den «Schild des Glaubens» hatte, mit dem man alle «glühenden Geschosse des Bösen» abwehren kann (Eph 6,13–16). ... «Pfeile des Todes» (Ps 7,12–15)» legt niemand anders auf seinen Bogen, den er spannt, als der, durch dessen Neid der Tod in die Welt kam. Eins von diesen Geschossen, die der Teufel glühend machte, schoß er in das Herz des Judas Simon Iskariotes, der beim Mahl schon getroffen war, so daß er am Mahl kein Gefallen mehr fand. Deshalb konnte die Speise und der Wein dieses Mahls nicht in das vom Geschoß des Teufels getroffene Herz gelangen, das daher den Verrat des Tischgenossen hegte. ... Entsprechendes kannst du von jedem sagen, der vom Teufel bis ins Herz hinein verwundet ist: von dem, dem er ins Herz gegeben hat, furchtbar Unzucht zu treiben, furchtbar zu stehlen, oder von dem, der in Würde zu stehen scheint und aus Ehrgeiz einem Götzen nachjagt, oder welche Sünde auch immer der Teufel in ein Herz schleudert, das entblößt ist des «Schildes des Glaubens». Mit dem «Schild des Glaubens» aber kann man nicht nur ein oder zwei, sondern alle «Brandgeschosse des Bösen» löschen.

Schau im Glauben

[Frgm CXIII] (Joh 12,44f) «Jesus aber rief mit lauter Stimme: Wer an Mich glaubt, glaubt nicht an Mich, sondern an Den, der Mich gesandt hat; und wer Mich sieht, sieht Den, der Mich gesandt hat.» Im vorliegenden Text sind zwei Dinge über den Erlöser gesagt: Einmal, daß das

Glauben an Ihn das erste ist; zweitens, was dann weiter geschieht.

Über das Glauben ist gesagt, daß es ein Schauen des Wortes, und im Schauen des Wortes ein Schauen des Vaters ist. Zum Glauben zwar gelangt auch die Menge derer, die zum Gottesdienst kommen. Das Schauen des Wortes und die Erkenntnis des Vaters im Wort aber erlangen nicht alle Gläubigen, sondern nur die im Herzen Reinen. So verstehe ich das «Wer mich sieht, sieht den Vater». Denn wer nur die körperlichen Augen auf den Leib Jesu richtete, sah nicht damit schon den Vater, seinen Gott. Ich bin der Meinung, daß es der Zeit und der eigenen Mitbemühung (*χρόνος καὶ συνάσκησις*) bedurfte, um Jesus so zu sehen, daß man den Sohn sah und zugleich den Vater schaute. Darum antwortet Jesus dem Philippus, der sagte: «Zeige uns den Vater, und es genügt uns!»: «So lange Zeit bin Ich schon bei euch, und du hast Mich nicht erkannt? Wer Mich sieht, sieht den Vater.» ...

Daß es möglich sei, an die Schau zu glauben, ohne die Schau zu haben, tut der Evangelist kund, indem er sagt: «Jesus sprach zu den Juden, die an Ihn glaubten: Wenn ihr in Meinem Worte bleibt, werdet ihr die Wahrheit erkennen, und die Wahrheit wird euch frei machen.» Achte genau darauf, daß Jesus zu Gläubigen spricht, und zwar zu solchen, welche die Wahrheit noch nicht erkannt haben, sondern nur an sie glauben, und darum sagt Er: «Wenn ihr in Meinem Worte bleibet, werdet ihr die Wahrheit erkennen».

Schau des «Lichts der Welt»

[Frgm XCIV] (Joh 12,46) «Ich bin als Licht in die Welt gekommen.» Das wahre Licht leuchtete, als der Erlöser der Welt da war. Die Juden aber wollten nicht darauf schauen und nicht im lichtbringenden Glanz seiner Lehren wandeln. Daher ergriff sie folgerichtig die Finsternis, erhob ihren Anspruch und forderte sie zurück zur früher festgehaltenen Schlechtigkeit. Das kann man sehr wohl ein Erblinden und

Verhärten nennen. Wer im Lichte schreiten will, sieht, wohin er geht; umgekehrt geht es bei einem, der nicht im Lichte wandeln will: er befindet sich bei seinem Dahingehen in der Finsternis und geht den Weg der Blinden und Verhärteten erbärmlich zu Ende. ... Wie die sichtbare Sonne, wenn sie ihre hellen Strahlen herniedersendet, es an den Tag bringt, wer krank ist am Auge, so überführt noch mehr die geistige Sonne, dieses unzugängliche Licht ohne Abend, das der Welt gegenwärtig ist und ihr den Glanz seiner Gottheit durch die Gottes würdigen und unseren Verstand übersteigenden Wunder einstrahlt, die mit Vorurteil festgehaltene Finsternis und Sehunfähigkeit der Augen der Seele bei den unverständigen Juden.

Das Gewand des Wortes

[XXXII.4] (Joh 13,5) «Er legte sein Obergewand ab, nahm ein Linnentuch und schürzte sich damit.» Zu dieser Stelle möchten wir denen einiges sagen, die nicht vom Wortlaut aus höher gehen und die nicht in geistiger Art die in diesen Worten uns vorgelegte Nahrung für die Seele erkennen wollen. Was hätte denn Jesus gehindert, mit dem Obergewand angetan den Jüngern die Füße zu waschen[2]? Wenn wir dagegen in einer Jesus gegenüber angebrachten [Betrachtungs-] Weise sein Gewand ansehen, das Er trug, als Er mit seinen Jüngern Mahl hielt und feierte, dann werden wir inne werden, welcher Schmuck (*κόσμος*) gemeint ist, den sich das fleischgewordene Wort angelegt hat.

Diesen Schmuck, ein Gewebe von Ausdruck mit Ausdruck, Wortlaut mit Wortlaut[3], legt Er ab und wird entblößter in seiner Knechtsgestalt (*δουλικὸν σχῆμα*). Um aber nicht ganz bloß zu sein, sondern nach dem Waschen die Füße seiner Jünger mit einem dafür geeigneteren Gewebe

[2] Wenn es keinen sachlichen Grund hatte, dann doch einen symbolischen.

[3] *ὕφασμα λέξεων πρὸς λέξεις καὶ φωνῶν πρὸς φωνάς* wie Quer- und Längsschuß eines Gewebes.

abtrocknen zu können, «nahm Er ein Linnen und schürzte sich damit». So ist das gemeint. Betrachte daran, wie das große und verherrlichte Wort sich klein macht, indem Es Fleisch wird, um seinen Jüngern die Füße zu waschen!

«Er gießt Wasser in das Becken», erzählt der Evangelist. – Als einst Abraham «die Augen erhob und Männer vor sich stehen sah ...», da bringt er nicht selbst Wasser, noch bietet er sich an, seinen Gästen, die zu ihm gekommen sind, die Füße zu waschen, sondern er sagt: «Es werde Wasser gebracht und man soll euch die Füße waschen!» (Gn 18,2–4). Auch Josef brachte nicht selbst Wasser, um seinen elf Brüdern die Füße zu waschen, sondern Josefs Hausverwalter [tat das] (Gn 43,19–24). ... Jesus aber sagt: «Ich bin nicht gekommen wie der, der zu Tische sitzt, sondern wie der Bedienende» (Lk 22,27)[4]. Der so redet, sagt: «Lernet von Mir, denn Ich bin mild und demütig von Herzen!» Er gießt auch selbst das Wasser in das Becken, denn Er wußte, daß niemand die Füße der Jünger waschen kann so wie Er, daß seine Jünger nämlich dadurch an Ihm teilhaben, daß Er sie gewaschen hat.

Das Wasser aber – so erkläre ich es – war ein Wort, das so ist, daß es die Füße der Jünger wäscht, wenn sie zu dem von Jesus hingehaltenen Becken kommen.[5]

Reinheit des Heilsverkünders

[XXXII.8] (Joh 13,7) «Was Ich tue, verstehst du jetzt nicht, du wirst es aber später einsehen.» Wenn Ich eure Füße wasche, so ist das ein Sinnbild für die Reinigung der Schritte eurer Seelen, damit sie frisch und anmutig werden, denn ihr sollt doch das Heil verkünden und mit reinen Füßen zu den Seelen der Menschen gehen. Dieses Mysterium verstehst du jetzt noch nicht, da du eine solche Erkenntnis jetzt noch nicht fassen kannst. Sie wird zur rechten Zeit über

[4] Textvariante, die aus Cod. Bezae bekannt ist.

[5] Das Becken ist ein neues Symbol für die Heilige Schrift, die als Gefäß das reinigende Wort (Wasser) enthält.

dich kommen, wenn du dir jetzt die Füße von Mir waschen läßt. Später wirst du das einsehen, wenn du erleuchtet bist mit einer Erkenntnis über nicht unbedeutende und geringe Dinge. Als Jesus so zu Petrus sprach, da gab Ihm der Jünger eine nicht gerade verständige Antwort: «In Ewigkeit wirst Du mir die Füße nicht waschen», sagt er. Aber Jesus läßt diese dem Petrus nicht zuträgliche Antwort nicht wahr werden, sondern in der Ihm eigenen Güte verhindert er, daß sie sich zum Schaden des Petrus bewahrheitet. Er sah, daß es nützlicher sei, wenn Petrus hierin nicht recht behalte. ...

[XXXII.7] (Joh 13,6–10) ...Wenn Jesus die Füße der Jünger wäscht, sie «frisch und anmutig» macht, was sollen wir dann von der wahren Schönheit sagen, die denen zuteil wird, die von Jesus ganz getauft werden, und zwar im Heiligen Geist und im Feuer? «Anmutig frisch» wurden die Füße der Heilsverkünder (Is 52,7 = Röm 10,15), um gewaschen, gereinigt und abgetrocknet von den Händen Jesu den heiligen Weg betreten und Den beschreiten zu können, der von sich sagt: «Ich bin der Weg». Denn nur der, und jeder, dessen Füße von Jesus gewaschen sind, geht diesen lebendigen Weg, der zum Vater führt. Dieser Weg nimmt keine beschmutzten, noch nicht gereinigten Füße auf. Moses mußte seine Schuhe von den Füßen ziehen, da der Ort, zu dem er gelangt war und auf dem er stand, heilige Erde war. Desgleichen Josue, der Sohn Naves (Jos 5,15). Um diesen lebendigen, beseelten Weg zu gehen, genügte es für die Jünger Jesu aber nicht, auf dem Weg keine Schuhe anzuhaben, wie Jesus seinen Aposteln auftrug (Mt 10,10), sondern um diesen Weg zu begehen, mußten sie von Jesus gewaschen werden, der sein Gewand abgelegt hatte. Vielleicht deswegen, um ihre reinen Füße noch reiner zu machen, vielleicht um den Schmutz von den Füßen der Apostel mittels des Linnentuches, mit dem allein Er angetan war, auf seinen eigenen Leib zu nehmen. Denn Er trägt unsere Schwächen (Is 53,4 = Mt 8,17).

Übermaß der Gnade

[XXXII.9] (Joh 13,10) «Wer ein Bad genommen hat, braucht nur noch die Füße zu waschen, im übrigen ist er ganz rein.» Nun könnte jemand fragen: Wenn der Gebadete des Gewaschenwerdens nicht mehr bedarf, sondern rein ist, und wenn die Apostel rein waren wie Gebadete, warum gießt dann Jesus Wasser in das Becken und beginnt den Jüngern die Füße zu waschen? ... «Bedarf» nennt man das Notwendige, ohne das man sein Leben nicht fristen kann. So bedürfen wir im übernatürlichen Bereich (*ἐπὶ τῶν θειοτέρων*) der Mittel, die uns ins Leben einführen und die bewirken, daß wir in Dem sind, der spricht: «Ich bin das Leben». Was aber darüber hinaus geht, und wovon im Psalm gesagt wird: «Schwelge im Herrn, Er wird dir deine Herzenswünsche erfüllen!» (Ps 36,4), von dem kann man wohl sagen, es übertreffe den Bedarf. Dabei ist an die Wonne des Paradieses, an Reichtum und Herrlichkeit zu denken, an alles, was die Weisheit in ihrer Linken hält, nach dem Wort: «Langes Leben birgt sie in ihrer Rechten, Reichtum und Herrlichkeit in ihrer Linken» (Spr 3,16). Gehört dazu nicht auch, daß der Meister und Erlöser seinen Jüngern nach dem Bade noch die Füße wäscht? Die Gnadengabe Gottes aber übersteigt den Bedarf, wie die Existenz in der Herrlichkeit bei der heiligen Auferstehung der Toten den Glanz der Sonne und des Mondes und der Sterne übersteigt.

Der Reine und Gebadete braucht also nicht gewaschen zu werden. Er wird aber dennoch gewaschen ... weil «dem, der hat, hinzugegeben wird» (Mt 25,29); und «der Reine», wie Johannes sagt, «sich noch mehr reinigen und der Heilige sich noch mehr heiligen soll» (Apk 22,11).

Das Gebot der Fußwaschung

[XXXII.12] Auch wer heilig ist, wird zugeben, daß ihm das Waschen der Füße noch fehlt. Die Witwe, die kirchlichem Ehrenrang zugezählt werden soll, wird unter anderem Guten auch daraufhin geprüft, «ob sie die Füße der Heiligen wusch» (1 Tim 5,10). Es wäre, meine ich, freilich lächerlich, am Wortlaut zu kleben, so daß etwa eine Witwe nicht diesem kirchlichen Ehrenrang zugezählt würde, die alles tut, was eine heilige Witwe kennzeichnet, mit Ausnahme dieses einen[6], die aber oft durch Dienstmägde und Hausgenossen liebevoll für andere sorgte zu einer Zeit, da sie im Wohlstand war und besaß, womit sie Gästen oder überhaupt solchen helfen konnte, denen ein menschenfreundliches Werk von ihr Not tat. Sei also nicht erstaunt, wenn du das «ob sie Heiligen die Füße wusch» im höheren Sinne verstehen sollst, nämlich als Auftrag, gleich den Presbytern soll es auch ältere Frauen (Presbytissinnen) geben (Tit 2,3), die als Lehrerinnen des Heils wirken. Bedenke doch auch, ob es nicht schwer anginge, wenn jedweder, der von Christus belehrt das Gebot erfüllen will: «Auch ihr sollt einander die Füße waschen», es als ein Pflichtwerk ausführen wollte, die körperlichen und sichtbaren Füße der Brüder zu waschen dergestalt, daß die Gläubigen, in was für Lebensverhältnissen sie sich auch befinden, dies tun, ob sie als Bischöfe und Priester, wie man so meint, in kirchlichem Vorrang stehen, oder ob sie in anderen weltlichen Ehrenstellen sind, so daß demnach auch der Herr drankäme, die Füße des gläubigen Untergebenen zu waschen, und die Eltern die des Sohnes. Das ist nicht oder nur höchst selten Brauch und nur bei ganz einfachen Leuten, die von städtischer Kultur nichts wissen. ... Wenn aber jemand dagegen einwendet, dies sei, auch wenn es allegorisch gesagt ist, nichtsdestoweniger wortwörtlich geschehen[7], so muß er jedenfalls doch den Ausspruch bildlich [moralisch] verstehen, der sagt: «Wenn Ich euch die Füße gewaschen habe, Ich, euer Herr und Meister, dann seid auch ihr es schuldig, einander die Füße zu waschen, denn Ich habe euch ein Beispiel gegeben, damit, wie Ich euch tat, so auch ihr tuet. ... Oder sollen etwa wir zu Mitchristen, die uns aus Scheu ihre Füße nicht zum Waschen hinhalten, dem Text folgend zu sagen uns erdreisten:

[6] Nämlich andern die Füße leibhaft gewaschen zu haben.
[7] Im Abendmahlsaal.

«Wenn ich dir die Füße nicht wasche, hast du keinen Teil an mir»?

Wenn meine Erklärung der Stelle nicht unangebracht ist, dann überlege also, welche Antwort du auf die Frage hast, ob der Wortlaut ganz [wörtlich] zu befolgen sei! Daß es einmal für jemand eine Pflicht sein kann, irgend einem Jünger Jesu die Füße zu waschen oder die Füße zum Waschen hinzuhalten, das will ich selbst gern zugeben. Wenn wir aber behaupten wollten, jeder, der sich nicht bewußt sei, dies getan, also nicht wirklich die Füße von Christen gewaschen zu haben, habe ein verpflichtendes Gebot nicht erfüllt, nämlich: «Ihr schuldet es, einander die Füße zu waschen», dann wäre es an der Zeit, zu sagen, daß wohl nahezu alle es schuldig geblieben sind, dieses Gebot zu erfüllen.

Mehrung des Glaubens

[XXXII.15] (Joh 13,19) «Ich sage es euch schon jetzt, bevor es geschieht, damit ihr, wenn es geschehen ist, glaubt, daß Ich es bin.» Dieser Text nimmt Bezug auf das vorher Gesagte: «Nicht von euch allen sage Ich dies; Ich weiß, wen Ich erwählt habe. Aber damit die Schrift in Erfüllung gehe: «Der mit mir das Brot ißt, erhob gegen Mich seine Ferse.» ... Ich sage euch das, bevor es geschieht, damit ihr glaubt, wenn die Erfüllung des in der Schrift Prophezeiten eintritt, daß Ich es bin, über Den solches prophezeit ist. ...

Warum aber ist das den Jüngern gesagt, denen Jesus die Füße wusch, gleich als ob sie noch nicht glaubten, daß Er der Christus ist? ... Meinst du nicht, wir könnten der Aussageabsicht Dessen gerecht werden, der sagt: «Damit ihr glaubt, wenn es eintrifft, daß Ich es bin», ohne die Jünger Jesu des Unglaubens anzuklagen? Wer die Gedanken der Weisheit erfaßt, bei dem ist es so, daß er zum früher [Erkannten], dessetwegen er schon weise ist, Weiteres hinzuerfaßt, worin er vorher noch nicht weise war. ... «Wenn der Weise etwas hört, wird er noch weiser sein» (Spr 1,5). ... Wir haben noch gar nie aus einem Nicht-Weisen einen

Weisen werden sehen, sondern nur aus einem schon Weisen einen noch Weiseren, so daß man von zunehmendem Fortschritt und von einem Weg zur Vollendung hin [sprechen muß]. Ebenso mußt du es dir denken, daß auch der Glaubende noch gläubiger werden kann.

Als die Apostel einst an den Herrn herantraten und zu Ihm sagten: «Herr, mehre unseren Glauben!» (Lk 17,5), da klagten sie sich ja nicht des Unglaubens an, denn das «mehre» beweist deutlich, daß sie Glauben hatten, der aber noch eine Zunahme faßte.

Wenn wir dies also vernommen haben, so sei mir darauf bedacht, das deinem Glauben hinzuzufügen, was dein Glaubensgut mehrt, auch nachdem du schon einen Besitz hast, der dich gläubig macht! So erhielten auch die Jünger zu dem Gut, das ihren Glauben ausmachte, noch dies hinzu, daß sie sahen, wie die Schrift in Erfüllung geht. ... Wenn der Glaube nicht an Größe gewaltig und an Fülle reich wäre, dann hätte Paulus nicht gesagt: «und wenn ich allen Glauben hätte» (1Kor 13,2). Wie nämlich der Vollkommene, der alle Tugenden besitzt, und eine jede sich in Vollkommenheit aneignete, die vollkommene Weisheit hat und die vollkommene Besonnenheit und auch die vollkommene Frömmigkeit, und die übrigen Tugenden, so könnte man sagen, daß der Vollkommene allen Glauben habe durch die Tugend des Glaubens. Das sage ich, weil die unvollkommene Weisheit oder Besonnenheit oder Frömmigkeit oder die übrigen Tugenden wohl gar nicht mit Fug und Recht, sondern nur mißbräuchlich mit dem Namen einer Tugend benannt werden, und weil die Mehrung in jeder Tugend mit dem gleichen Namen bezeichnet wird wie die vollkommene Tugend. So wird weise genannt, wer zwar noch sündigt und daher Tadel braucht, aber die Tadler auch nicht haßt, sondern vielmehr sie schätzt, entsprechend dem Wort: «Tadle den Weisen, und er wird dich lieben» (Spr 9,8). Ebenso wird jemand weise genannt, der aufnahmefähig ist für neue Gedanken der Weisheit ... gemäß dem Wort: «Gib dem Weisen eine Gelegenheit, und er wird noch weiser» (Spr 9,9).

Darauf sind wir gekommen dadurch, daß wir die Möglichkeit aufzeigten, daß der schon Gläubige noch etwas hinzulerne, das ihm wiederum Glauben abverlangt[8], und daß durch die Mehrung der Kenntnisse der Glauben Mehrung erfahre.

Ganzer Glaube

[XXXII.16] Wer hat nun «allen Glauben»? Nehmen wir an – um es mit einem Beispiel knapp zu sagen – das, was den Gläubigen im Glaubensakt rettet, mache die Zahl Hundert aus.[9] Und sagen wir, wer die genannten Hundert ohne zu zweifeln annimmt und alles einzelne davon fest glaubt[10], habe «allen Glauben». Wer aber in einem Artikel der den rettenden Glauben ausmachenden Summe[9], oder in seiner Festigkeit gegenüber dem Glaubensgut versagt[10], dem fehlt soviel, «allen Glauben» zu haben, als ihm Artikel in seinem Glauben fehlen, oder wieweit er von der Festigkeit gegenüber dem Glaubensgut – das Ganze, oder einen Teil betreffend – entfernt ist. (Räumen wir einmal hier einigen ein, sie könnten manche Dinge fest glauben, einige andere glaubten sie wohl, aber nicht fest – zumal es sich doch wohl zugegebenermaßen nicht beweisen läßt, daß jemand, der in einem Punkt unvollkommen glaubt, in gar keinem Glaubensartikel fest sein könne.) ...

Weil es heißt: «Dir geschehe nach deinem Glauben» (Mt 9,29), und: «Dein Glaube hat dir geholfen» (Mt 9,22), so folgt aus dem Gesagten, daß nach der Vergeltung im gerechten Gericht Gottes einem jeden auch Heil widerfährt entsprechend dem Umfang und der Art seines Glaubens. Es gibt also beim Gericht einen Unterschied unter den Geretteten daher, daß die Regel: «Mit dem Maß ihr meßt, mit dem wird euch wieder gemessen werden» (Lk 6,38) auch angewandt wird auf das Glaubensmaß und das Maß

[8] Die subjektive Mehrung des Glaubensgutes weckt neue Glaubensakte. Die Mehrung und Vertiefung des Glaubenswissens stärkt und vertieft die Glaubenshaltung.

[9] Fides quae creditur, das Glaubensgut.

[10] Fides qua creditur, der Glaubensakt.

der Vergeltung und des Heils, das von Gott [zugemessen wird].

Wer den Sinn dieser Dinge überdenkt, der wird einsehen, mit welch gutem Grund den zu einem Urteil unfähigen Menschen gesagt ist: «Richtet nicht, damit ihr nicht gerichtet werdet!» (Mt 7,1). Und: «Richtet nichts vor der Zeit, bevor der Herr kommt!» (1 Kor 4,5).

Wenn ich nun annahmehalber sagte, das seligmachende Glaubensgut sei Hundert, und wer dieses Hundert fest glaube, der habe «allen Glauben», wem aber am Glauben an das Hundert oder an der Festigkeit gegenüber dem Geglaubten etwas fehle, der habe genau um diese Differenz nicht den «ganzen Glauben», dann wollen wir der Deutlichkeit halber noch folgendes ausführen: «Vor allem glaube, daß ein Gott ist, Der das All schuf und es einrichtete und Der alles aus dem Nichtsein zum Sein brachte»[11]. Man muß aber auch an den Herrn Jesus Christus und an alle Wahrheit über seine Gottheit und Menschheit glauben. Weiter muß man an den Heiligen Geist glauben, und daran, daß wir als Wesen mit freiem Willen dafür, was wir sündigen, bestraft, dafür, was wir Gutes tun, aber belohnt werden (Hebr 11,6).

Angenommen nun, einer, der – wie man so meint – an Jesus glaubt, glaube nicht, daß der Gott des Gesetzes und des Evangeliums Einer ist[12], nämlich Der, dessen Ehre die von Ihm geschaffenen Himmel erzählen und dessen Schöpfertat das Firmament als das Werk seiner Hände kündet: ein solcher würde in einem ganz wichtigen Hauptartikel des Glaubens irren. Oder es würde einer glauben, daß der unter Pontius Pilatus Gekreuzigte als heilige und heilbringende Tatsache in der Welt gegenwärtig war, Er habe aber sein Werden nicht aus der Jungfrau Maria und dem Heiligen Geist empfangen, sondern aus Josef und Maria[13]: auch diesem würde das Notwendigste fehlen, um «den ganzen Glauben» zu haben. Und auch, wenn einer Jesu Gott-

[11] Hermas, mand. I, 1 (vgl. Weish 1,14).
[12] So die marcionitischen Gnostiker im allgemeinen.
[13] So die judaisierenden Gnostiker, Kerinth und die Ebioniten.

heit annähme, an seiner Menschheit aber Anstoß nähme und glaubte, nichts Menschliches sei an Ihm vorgegangen und Er habe kein wirkliches Sein (ὑπόστασις)[14] angenommen[15], auch dem würde zum «ganzen Glauben» nicht bloß Belangloses fehlen. Wenn er aber das Menschliche an Jesus zugäbe, Ihm das wirkliche Sein[16] des Einziggeborenen und des «Erstgeborenen vor aller Schöpfung» (Kol 1,15) aber abspräche[17], auch der könnte nicht sagen, er habe «den ganzen Glauben». Dies bedenke der Reihe nach mit mir, damit wir gewahr werden, was es Großes darum ist, lückenlos und fest «den ganzen Glauben» zu haben, der, wenn er ganz in der Seele eines Menschen ist, so viel vermag, daß er versetzen kann, was immer für «Berge» es auch gibt (Mt 21,21). Wenn alle Menschen versetzen können, was Jesus als Berg bezeichnete und was Ihm als solcher [im Gebet] gezeigt wird, dann geht der der Macht verlustig, Berge zu versetzen, dem etwas am «ganzen Glauben» fehlt.

Zur Demonstration dessen möchte ich mich noch folgenden Beispiels bedienen: Angenommen, eine bestimmte Anzahl Leute habe gerade soviel Kraft, ein Schiff ins Meer zu ziehen. Wenn ihnen nun auch nur *ein* Mithelfer oder die Kraft *eines* Mannes fehlt, könnte das Schiff nicht von der Stelle gezogen werden. So ist «der ganze Glaube» gleichsam wie viele, die [zusammen] Berge versetzen. Soviel aber fehlt dem im Glauben noch Unvollkommenen an der Kraft, Berge

[14] Im Gegensatz zu bloßem Schein. Dies ist eine Grundbedeutung von ὑπόστασις (vgl. Aristot. De mundo [wohl unecht] 395a29). Wirkliches Sein, existentes Wesen bedeutet ὑπόστασις auch in der alexandrin. Theologie (vgl. Philon, De aet. mundi c. 7, Cohn et Wendland VI. 100). So auch bei Origenes, C. Cels. I. 23 (GCS I. 73,14); VIII. 67 (GCS II. 283, 10), wo ὑπόστασις gleichbedeutend ist mit οὐσία.

[15] So die Doketen, die gnostischen Sekten des Basilides, Apelles und Valentinian.

[16] Hier nähert sich ὑπόστασις schon der Bedeutung von Für-sich-Sein, Selbständigkeit (vgl. Philon, De aet. mundi aaO. und c. 18, ebd. VI. 101,9), ja Person-Sein.

[17] Wie die Monarchianer und Adoptianer, mit deren Anschauung die Bischöfe Heraklid und Beryll von Bosra sympathisierten (vgl. Dialektos c. 4, ed. Scherer 128,1).

zu versetzen, als ihm daran fehlt, «den ganzen Glauben» zu haben.

Nun urteile, ob es nicht nützlich war, über all das nachzudenken, angeregt dadurch, daß Jesus den Jüngern die Füße wusch – und zwar nicht als solchen, die noch nicht glaubten, wie einer oberflächlich vermuten könnte – und daß Er ihnen dabei sagte: «Ich sage euch das jetzt, bevor es geschieht, damit ihr glaubt, wenn es geschieht, daß Ich es bin». Zugleich aber zeigt die Auslegung dieses Wortes, welch große Tugend es um «den ganzen Glauben» ist, und daß sie selten gefunden wird. Die Auslegung zeigt, wie weit ein jeder von uns noch davon entfernt ist, «den ganzen Glauben» zu haben, so daß er Berge versetzen könnte. Außerdem ist es nach dem Dargelegten für die Weckung des Glaubens nicht gering anzuschlagen, daß die Propheten die Geschehnisse um Jesus vorausgesagt haben, und daß das Vorausgesagte aufs Wort dem Erlöser widerfahren ist.

Apostolat

[XXXII.17] (Joh 13,20) «Wahrlich, wahrlich, Ich sage euch: Wer einen aufnimmt, den Ich sende, der nimmt Mich auf; und wer Mich aufnimmt, nimmt Den auf, der Mich gesandt hat.» Jesus sendet nicht nur Heilige, sondern Heilige und Engel, und Er sendet die, die Apostel genannt werden, weil sie von Ihm gesandt werden. Die einen nun sind Menschen, die anderen sind höhere Mächte. Denn wir werden nicht fehlgehen, wenn wir den Namen «Apostel» auch denen zulegen, von denen geschrieben ist: «Sie alle sind dienende Geister, zum Dienst gesandt um deretwillen, die das Heil erben sollen» (Hebr 1,14). Wenn nämlich einer Apostel ist, weil er gesandt wird, alle aber von Dem zum Dienste gesandt werden als dienende Geister, der «den Wind zu seinem Boten macht und das lodernde Feuer zu Seinen Dienern» (Hebr 1,7), so sind wohl auch die Engel Apostel dessen, der sie sendet. Ja jeder, der von jemand gesandt wird, ist Apostel des Sendenden. Demnach wird man auch nicht irren, wenn man auch Johannes [den Täufer] einen Apostel Gottes nennt, denn es heißt: «Es war ein Mann, gesandt von Gott, sein Name war Johannes»; und auch den Isaias, denn [von ihm] heißt es: «Wen soll ich senden und wer wird zu diesem Volke gehen?» Da antwortete er: «Hier bin ich, sende mich!» (Is 6,8). Was aber sollen wir zur Stelle im Hebräerbrief sagen, wo sogar unser Erlöser «Apostel» des Vaters genannt wird? Dort steht: «Wir haben einen erhabenen Hohenpriester» und «Apostel Jesus» Christus (Hebr 4,14 und 3,1). Und wen jetzt der Erlöser sendet, dem Heil von jemanden zu dienen, der ist der gesandte Apostel Jesu Christi.

Aber wie der Apostel eben Apostel des Sendenden ist, so ist er nur für diejenigen Apostel, zu denen er gesandt wird.

Paulus, der das erkannte, sagte: «Wenn ich auch für andere kein Apostel bin, für euch bin ich es; das Siegel meines Apostolats nämlich seid ihr im Herrn» (1Kor 9,2). – Es ist möglich, daß einer Apostel Jesu Christi sei, nur für einen einzigen Menschen gesandt, wenn er nach Gottes Vorsehung einem einzigen Menschen den Dienst des Wortes tat.

Das sage ich, damit wir von neuem das Überragende derer sehen sollen, die als Apostel Jesu Christi wirken. «Sie gaben», sagt Paulus, «mir und dem Barnabas die Hand zum Zeichen der Gemeinschaft: Wir sollten für die Juden, sie für die Heiden da sein» (Gal 2,9). Also war Paulus nur für die Heiden Apostel und Petrus für das ganze Judentum.

Wenn von uns einer gewürdigt wird, [auch bloß] für irgendeinen oder für nicht viel mehrere da zu sein, dann wird er nach der Darlegung des Paulus zum Apostel. Er soll sich dann aber nicht überheben, sondern eingedenk sein, daß «von den Verwaltern selbstverständlich verlangt wird, daß man treu erfunden werde» (1Kor 4,2). Man findet diese Forderung nämlich durchaus nicht immer ganz [erfüllt], wo sie verlangt wird.

...Wer den aufnimmt, den Jesus sendet, nimmt im Gesandten Jesus auf. Wer aber Jesus aufnimmt, nimmt den

Vater auf. Wer also den aufnimmt, den Jesus sendet, nimmt den Jesus sendenden Vater auf.

Die Stelle kann aber auch folgenden Sinn haben: Wer den aufnimmt, den Ich sende, nimmt Mich auf und erlangt geradezu die Möglichkeit, Mich zu empfangen. Wer Mich aber nicht durch einen meiner Apostel aufnimmt, sondern Mich fassen will ohne den Dienst vermittelnder Menschen, wer Mich also fassen will als Den, der den Seelen derer einwohnt, die sich zu meinem Empfang bereit gemacht haben, der nimmt den Vater auf, der Mich gesandt hat, so daß nicht nur Ich, der Christus, in ihm ist, sondern auch der Vater.[18]

Auch Gedanken über das Gegenteil kann man aus dieser Stelle ziehen: Wer nämlich den aufnimmt, den der Sohn des Bösen sendet, der nimmt den Antichristus auf. Wer aber den Sohn des Bösen aufnimmt und das antichristliche Wort annimmt, welches Wahrheit zu sein vorgibt und lügenhaft verkündet, Gerechtigkeit zu sein, der nimmt den Bösen selbst auf. Geben wir darum acht wie gute Geldwechsler, den Diener der Wahrheit als erprobt anzunehmen, den Diener der Lüge aber zurückzuweisen! ... Nehmen wir also die uns vom Worte Gesandten und das Wort Gottes selbst auf! Niemals aber wollen wir einen Apostel des Antichristus und ein Wort der Lüge annehmen!

Vom menschlichen Geiste Jesu

[XXXII.18] (Joh 13,21) «Jesus war im Geiste erschüttert.» Hier ist vom Menschlichen die Rede. Die Erregung ging von der Gewalt des Geistes aus. Da nämlich der Heilige vom Geiste her lebt, der über alles in seinem Leben die Vorherrschaft hat, über jede Handlung und jedes Gebet (oder: jeden Wunsch) und jedes Lied zu Gott, so tut er alles, was er je tut, im Geiste. Auch wenn er leidet, leidet er im Geist.

[18] Das ist eine der Stellen, an die Origenes der spiritualistischen Gnosis so viel Tribut zollt, daß er es als höhere Stufe der Religiosität darstellt, wenn man der Mittlerschaft der Kirche und schließlich sogar des Wortes nicht mehr bedarf.

Wenn das vom Heiligen gilt, wie viel mehr dann von Jesus, dem Fürsten der Heiligen, dessen menschlicher Geist alles übrige Menschliche an Ihm durchbebte, weil Jesus das ganze Menschsein angenommen hat! So «wurde Er auch im Geiste erschüttert», um gleichsam mit dem göttlichen Schwur des «Amen» zu bezeugen und zu sprechen: «Ich sage euch, einer von euch wird Mich verraten». Denn da sein Geist, wie ich meine, sah, daß der Teufel den Verrat am Meister dem Judas Simon Iskariot schon ins Herz gegeben hatte, da wurde Er, erleuchtet über das Kommende, erschüttert. Die Erschütterung ging vom Wissen im Geiste aus. ...

Der Verrat

[XXXII.18] (Joh 13,21) «Einer von euch wird Mich verraten.» Ferner suche ich mir nach Kräften klar zu machen, ob etwa der Hinweis auf Judas: «Einer von euch» anzeige, daß dieser aus seiner apostolischen Stellung abgefallen sei, zu der auch er erhoben worden ist, weil er einst noch eine ähnliche Gesinnung hatte wie die übrigen Apostel. So verstehe ich auch das «Siehe, Adam ist geworden wie einer von uns» (Gn 3,22) ... Auch da ist einer herausgefallen aus der Seligkeit. Das «wie einer» scheint mir auch übereinzustimmen ... mit der Stelle: «Wie einer der Fürsten fallet ihr» (Ps 81,7). Mehrere waren Fürsten, einer ist gefallen. Ihm gleich und seinen Fall nachahmend fällt, wer sündigt. Wie nämlich Judas an der Gottheit teilhatte und gefallen ist, so auch die, zu denen das Wort sagt: «Ich sprach, Götter seid ihr und Söhne des Höchsten alle» (Ps 81,6): Sie, die eigentlich nicht [nur] Menschen sind, fallen heraus aus ihrer Seligkeit; nun sterben sie wie Menschen und fallen «wie einer der Fürsten».

Ich glaube aber, daß das ein wunderbar gesagtes Wort ist mit folgendem Sinn: Der Mich verraten wird, ist kein Fremder unter meinen Jüngern. Er ist nicht einmal nur einer unter vielen Jüngern, sondern er ist einer der in Auswahl von Mir bevorzugten Apostel. Viele der Jesus Verurteilenden rufen:

«Kreuzige, kreuzige Ihn!» (Lk 23,21). Und: «Hinweg von der Erde mit Diesem!» (Apg 22,22). Ihn aber zu verraten, war das Werk eines, der Ihn geschaut und erkannt hatte. Judas kannte Jesus nämlich genau als Lehrer so schöner und großer Lehren, die er persönlich zusammen mit den Aposteln gehört hatte. Obwohl er wußte, daß Jesus der Herr sei, verriet er Ihn; seine Größe, die Judas erkannte, lieferte er aus. Von einem, der Jesu Größe nicht erkannt hätte, wäre dies nicht dieselbe Tat gewesen. Ein solcher hätte zwar den Großen verraten, aber nicht sofern Er groß ist, da er ja gar nicht sah, worin seine Größe liegt. Judas aber, der erfahren hatte, wie groß Jesus war und Hörer der Größe seiner Weisheit, seiner Lehre und seiner Gnade war, und Ihn doch verriet, er verriet die ganze Größe, die er an Jesus sah. Daher wäre es für ihn besser gewesen, er wäre nicht geboren, meine man nun die Geburt der Wiedergeburt, wenn man es tiefer nimmt, oder auch die Geburt im gewöhnlichen Sinn. ...

Der Raum für das Böse: das Herz

[XXXII.19] (Joh 13,22) «Da sahen die Jünger einander an, ratlos, von wem Er rede.» Wenn die Bosheit des Judas für die Jünger Jesu offensichtlich gewesen wäre, so hätten sie auch erkannt als der Erlöser sagte: «Einer von euch wird Mich verraten», wer der Verräter des Meisters sein werde. Nun aber sehen «die Jünger einander an, ratlos, von wem Er rede». Denn vielleicht hat Judas durch das Gute, das er früher tat, den Blick der Apostel getrübt, so daß sie nichts Schlechtes von ihm vermuteten. Vielleicht war Judas aber auch nicht durch und durch böse, obwohl der Teufel ihm schon ins Herz gegeben hatte, Jesus zu verraten. Denn es war noch ein Rest guter Gesinnung in ihm: Als er nämlich sah, daß Jesus verurteilt wurde, wie «sie Ihn banden, abführten und dem Statthalter Pilatus übergaben», «da reute es ihn und er brachte die 30 Silberlinge den Hohenpriestern und Ältesten zurück und sagte: ich habe gesündigt, indem ich unschuldiges Blut verraten habe». Als sie ihm erwiderten:

«Was geht das uns an? Das ist deine Sache», da warf der geldgierige Judas das Geld weg, «ging hin und erhängte sich» (Mt 27,2–5), ohne es noch abzuwarten, den Ausgang des Gerichts bei Pilatus über Jesus mitansehen zu müssen. Seine Reue war nicht lauter und frei von Sünde, noch seine Schlechtigkeit so absolut, daß er nicht mehr zu etwas Gutem fähig gewesen wäre. Wenn er nämlich lauter bereut hätte, dann hätte er sich an den Erlöser gewandt wie der Schächer, der sprach: «Gedenke meiner, Jesus, wenn Du in dein Reich kommst!» (Lk 23,42) und hätte so seinerseits das Nötige getan, um Jesus über den schon geschehenen Verrat zu versöhnen. Wenn Judas nämlich jede Regung des Guten aus seiner Seele verbannt hätte, so hätte er nicht bereut, als er sah wie Jesus verurteilt wurde, sondern er hätte Jesus noch angeklagt mit Worten, die seinem Verrat ebenbürtig gewesen wären. Und er hätte, geldgierig wie er war, sich der erhaltenen 30 Silberlinge, des «Schätzungspreises für den Hochgeschätzten» (Mt 27,9), erfreut und hätte nicht beschlossen, das Geld von sich zu werfen. Er hätte es den Hohenpriestern und Ältesten nicht zurückgebracht und hätte nicht gerade vor jenen [seine Schuld] bekannt und sich angeklagt und den Meister gepriesen mit den Worten: «Ich habe gesündigt indem ich gerechtes Blut verriet» (Mt 27,4). Daß Judas sich aber erhängte, das bewirkte kein anderer als der, der ihm auch den Verrat des Erlösers ins Herz gegeben hat. Beide Male jedoch gab Judas dem Teufel Raum [zum Verrat und zur Verzweiflung].

Nun sind wir dem Text, so gut wir konnten, nachgegangen und haben dabei die Meinung[19] widerlegt, Judas sei von Natur unempfänglich gewesen für das Heil. Zum andern haben wir erklärt, warum die Jünger auf das Wort des Herrn mit Recht «sich ansahen, ratlos, von wem Er rede». Es mag genügen, einen prophetischen Text aus dem 40. Psalm anzuführen, der darauf hinweist, daß es ein Heiliger war, der sich so zum Schlimmen gewandelt hat. Es

[19] Der Gnostiker.

heißt dort: «Denn der Mann meiner Freundschaft, dem ich vertraute, der mein Brot gegessen, er tritt gewaltig mit der Ferse gegen mich.» (Ps 40,10). Auch die Stelle: «Wenn mein Feind mich geschmäht hätte, so hätte ich es ertragen» (Ps 54,13), auf Judas bezogen, hebt hervor, daß er nicht von Anfang an [Jesus] feind war, ... [sondern] Ihn einmal sogar geliebt hat. ...

Bei Markus steht, daß die Jünger «anfingen traurig zu werden, und daß einer nach dem anderen Jesus frägt: doch nicht ich?» (Mk 14,19), denn sie dachten daran, meine ich, daß sie Menschen sind und daß der gute Wille derer, die noch Pilger sind, wandelbar ist und auch dazu beeinflußbar, das einem früheren Vorsatz Entgegengesetzte zu wollen.

Vielleicht aber wurden [die Jünger] auch durch die Erfahrung dessen, womit uns der Kampf bevorsteht, angesichts ihrer menschlichen Unzuverlässigkeit besorgt, daß sie doch ja nicht übermannt sich zum Verrat des Meisters anlassen würden. Denn auch Petrus hatte zwar den Vorsatz, Jesus nicht zu verleugnen, als er selbstsicher sagte: «Wenn auch alle an dir Ärgernis nehmen sollten, ich nicht». Doch vom Geist der Feigheit vollständig überwältigt, verleugnete er Jesus dreimal vor dem Hahnenschrei. Solchen Worten entnehmen wir die Lehre: «Wer steht, sehe zu, daß er nicht falle» (1 Kor 10,12), und: «Rühme dich nicht des Morgen, denn du weißt nicht, was der folgende[20] Tag gebären wird!» (Spr 27,1).

Außer diesem ganz schlichten Sinn sagt uns der Text: «Die Jünger sahen einander an» vielleicht etwa noch folgendes: Jeder suchte, soweit das menschenmöglich ist, in das Vorhaben des anderen einen Blick zu tun, sich fragend, ob eine Seele (die solches tut und so gegen den immer aufrichtigen Meister eingestellt ist) ... sich in dem Maß verändern und die Lehren des Meisters so vergessen könne, daß sie soweit geht, Ihn sogar zu verraten. Von den Jüngern ist nämlich nachdrücklich gesagt: «Sie konnten sich

[20] ἡ ἐπιοῦσα kann auch heißen: jeder beliebige Tag, so ein Tag.

nicht denken, von wem Er sprach», denn sie fanden nicht Mittel, um darauf zu kommen, von wem die Vorhersage gelte, sondern sie waren diesbezüglich ahnungslos. Sie kamen auf keinen klaren Gedanken und fanden keine Worte.

Im Schoße des Wortes

[XXXII.20] (Joh 13,23) «Einer seiner Jünger lag an der Brust Jesu, derjenige, den Er besonders liebte.» Das scheint Johannes zu sein, der das Evangelium schrieb. ... Wenn die Reden, die Jesus sprach, Geist sind, nicht Buchstabe, dann sind sie durch und durch Leben, nicht Tod. Der Jünger, den Jesus liebte, schrieb also Jesus nachahmend Geist und Leben.

Wenn man das Wort hört: «Einer seiner Jünger lag an der Brust Jesu», muß man die Ehre würdigen, die darin liegt, daß der Sohn Gottes es ist, der solches gewährt, und muß beachten, daß der von Ihm Geliebte es ist, der solches empfängt.

Ich meine, daß es zugleich sinnbildliche Bedeutung hat, daß Johannes damals an der Brust Jesu lag und dieses Vorzugs gewürdigt wurde, weil er auch der besonderen Liebe seitens des Meisters für würdig gehalten wurde. Das Sinnbildliche liegt darin, daß Johannes ähnlich[21] dem Worte hingegeben und im Mystischen ruhend an der Brust des Wortes lag, wie auch das Wort selbst im Schoße[22] des Vaters ist, wie die Schrift sagt: «Der Einziggeborenen Gott, der im Schoße des Vaters ist, Er hat Kunde gebracht.» Wenn wir die Stelle: «Und es geschah, daß der Arme starb und von den Engeln in den Schoß Abrahams getragen wurde» (Lk 16,22) nicht zu naiv verstehen, dann werden wir uns auch unter dem Ruhen «im Schoße Abrahams» so etwas denken. Mit dieser Erklärung[23] entgegnen wir einem der Verständnislosigkeit gegenüber der Schrift entspringenden Zweifel,

[21] «Analog», d.h. ähnlich, wenn auch in weitem Abstand.

[22] Der griechische Ausdruck: ἐν τῷ κόλπῳ kann beides heißen: an der Brust, und: im Schoße.

[23] Ich folge hier der Lesart des Cod. Venet. Marcian. 43.

der vorgebracht wird, wenn man die Erzählung vom Reichen und dem Armen [Lazarus] verwerfen will und sagt: wenn Lazarus im Schoße Abrahams liegen würde, dann [müßte] auch ein anderer, der vor Lazarus aus dem Leben schied [in seinem Schoß liegen], und vor diesem wieder ein anderer. Wenn also ein Gerechter stirbt, müßte der Arme Platz machen. – Wer in solche Schwierigkeiten gerät, sieht den «Schoß Abrahams» nicht [richtig] und versteht nicht, daß es für unzählig viele zugleich möglich ist, «im Schoße Abrahams» zu ruhen, indem sie nämlich teilhaben an dem ihm Geoffenbarten.

Wirkung des buchstäblich und des geistig verstandenen Gesetzes

[XXXII.21] Wenn wir noch eine andere Schriftstelle anführen sollen, in der die Bezeichnung «Brust» (= Busen, Schoß) vorkommt, so wollen wir untersuchen, was gemeint sei, wenn der Herr zu Moses sagte: «Stecke deine Hand in deinen Busen! Und Moses steckte seine Hand in seinen Busen. Als er sie wieder herauszog, war seine Hand vom Aussatz weiß wie Schnee. Und [der Herr] sprach: Stecke deine Hand wieder in deinen Busen! [Moses] steckte seine Hand wieder in seinen Busen, und als er sie wieder herauszog, war sie wieder hergestellt in das Aussehen seines übrigen Fleisches» (Ex 4,6f). Zu erklären, wofür dieses Zeichen Symbol sein könne, ist schwierig und übersteigt unsere Fähigkeit. Aber da wir nicht vom Suchen ablassen dürfen, und Dinge, die der Entscheidung harren,[24] dem Leser vorlegen müssen, so möchten wir sagen, die Hand sei überall Symbol der Taten. Der Busen des Moses hat zwei Wirkungen: Die eine – die des buchstäblichen Verständnisses – macht die Tat des Handelnden wie Schnee (wie der hebräische Ausdruck sagt) d.h. aussätzig[25]; die andere – die Wirkung des geistigen Gesetzes – macht die Lebensführung

[24] Vielleicht: von der kirchlichen Tradition noch offen gelassene Fragen.

[25] Origenes denkt hier wie Röm 7,7–13: Es ist eine Wirkung des Gesetzes, die Sünde offenbar zu machen.

rein und bringt sie nach dem Willen des Wortes wieder in Ordnung (*ἀποκαθίστησιν εἰς τὸ κατὰ φύσιν*)[26]. Nun heißt es weiter: «Wenn sie dir nicht glauben und nicht auf die Stimme des ersten Zeichens hören, dann werden sie dir auf die Stimme des zweiten Zeichens hin glauben» (Ex 4,8). Denn wer der buchstäblichen Auslegung nicht glaubt, der glaubt ob der Erhabenheit des Sinnes der geistigen Erklärung des Gesetzes.

Wenn aber einer diesen beiden Zeichen nicht glaubt, dem ersten, welches das Handeln aussätzig macht[25], dem zweiten, welches das Handeln wieder in seinen ursprünglichen Zustand bringt (*ἀποκαθίστησιν*)[26], für den wird das Wasser zu Blut. Es heißt nämlich: «Wenn sie dir auf diese beiden Zeichen hin nicht glauben und auf deine Stimme nicht hören, so sollst du etwas Wasser aus dem Fluß nehmen und auf das Trockene gießen, und das Wasser, das du aus dem Fluß genommen hast, wird auf dem Trockenen zu Blut.» Beachte, wie bei diesem Zeichen nicht mehr gesagt wird: ob «sie dir glauben werden» oder ob sie nicht glauben werden, denn hier wird festgestellt, daß für den, der den beiden Zeichen nicht glaubt, das vom Fluß genommene Wasser zu Blut wird. Wegen Unglaubens kann er das trinkbare Wort nicht genießen.

Aber kommen wir zu unserem vorliegenden Text zurück! Da wir aus ihm erfahren, daß der, den Jesus liebte, an der Brust Jesu lag, so sollen wir alles tun, um zu seiner besonderen Liebe auserwählt zu werden! Denn damit werden auch wir an der Brust Jesu ruhen.

Das Sakrament des Brotes

[XXXII.22] (Joh 13,26) «Jesus erwiderte: Der ist es, dem Ich das Brotstückchen eintauchen und reichen werde.» Nach dem Brotstückchen fuhr der Satan in Judas, nicht also schon

[26] Die Wirkung des geistigen Gesetzes schildert Röm 8,4–30. Origenes nennt diese Wiederherstellung der rechten, ursprünglichen Ordnung Apokatastasis. Der *Geist* des Gesetzes bewirkt sie beim Glaubenden.

zugleich damit, daß er dem Judas Iskariot den Verrat ins Herz gegeben hat. Denn auf die Gabe des Bissens hin mußte Jesus, meine ich, von dem, der nicht würdig war, Gewaltigeres zu empfangen, sogar das noch zurücknehmen, was er zu haben schien. Denn «dem, der nicht hat, wird auch das, was er» zu haben scheint, «noch genommen werden» (Mt 25,29). Judas, dem die gewaltigere Gabe Jesu entzogen ist, weil er ihrer nicht würdig war, hat nun Raum für den Einzug des Satans bei sich.

Das ist geschehen als Musterbeispiel[27], an dem man erkenne, wie der Herr dem Judas zwar ein Brotstückchen gab, jener aber das Gewaltigere zurückwies, das darin gegenwärtig war (*κρεῖττόν τι ἐνυπάρχον ἐν αὐτῷ*). Damit wies er wohl auch den Frieden zurück, der zu dem zurückkehrt, der ihn anbietet von dem, der hört, aber nicht annimmt, wie gesagt ist: «Wenn dort ein Kind des Friedens ist, wird euer Friede auf ihm ruhen; wenn aber dort kein Kind des Friedens ist, dann wird euer Friede zu euch zurückkehren» (Lk 10,6). ...

Aus dem zweiten Korintherbrief möchte ich eine Stelle anführen, wo das[28] so ausgedrückt ist: «Euer Überfluß soll den Mangel jener ausgleichen, damit auch deren Überfluß eurem Mangel zugute komme» (2 Kor 8,14). Wenn du nämlich überlegst, daß [bei den Korinthern] die Gegengabe für Geistiges in Irdischem besteht, dann wirst du sehen können, wie Jesus dem Unwürdigen ein Brotstückchen dargereicht hat, um ihm durch dieses Stücklein den Frieden [die Freundschaft] zu nehmen[29], ihm, der nicht würdig war, weiterhin zu hören: «sogar der Mensch meiner Freundschaft» (denn

[27] Für das, was ein Sakrament ist: Ein gegebenes Zeichen, in dem das Mysterium als das «Gewaltigere» enthalten ist, das jedoch nur im Glauben und in der Mitwirkung mit eigener Würdigkeit empfangen werden kann. Das Mysterium, die Gnade, ist wirklich (ex opere operato wie die Scholastik sagen wird) angeboten. Die Annahme und Wirkung aber hängt auch von der Haltung des Empfängers ab.

[28] Das Ineinandersein und Füreinander-Stehen von Stofflichem und Pneumatischem.

[29] Das sakramentale Zeichen vermittelt oder entzieht die Gnade der Gottgemeinschaft, je nach der Haltung des Empfängers.

«der Schmutzige soll sich weiter beschmutzen» [Apk 22, 11]). Nachdem der Friede [die Freundschaft mit Jesus] von Judas genommen war, fuhr der Satan in ihn, der schon immer Gelegenheiten suchte zum Einzug in seine Seele und nach dem, der ihm Raum zum Eintreten gäbe. ...

Hüten darum wir uns, daß der Teufel doch nicht irgend eines seiner feurigen Geschosse in unser Herz schleudere! Denn sobald er getroffen hat, versucht er gleich danach (auch) selbst einzudringen.

Jesu Bereitschaft zum Kampf

[XXXII.23] (Joh 13,27) «Was du tun willst, tue bald!» Wem die Anrede gilt, ist zweideutig, denn der Herr könnte das dem Judas oder dem Satan gesagt haben, indem Er damit entweder seinen Gegner zum Kampf aufforderte oder den Verräter dazu, der Ordnung (*οἰκονομία*) zu dienen, die für die Welt zum Heil werden sollte und deren Verwirklichung Jesus nicht mehr hinauszögern, sondern nach Kräften beschleunigen wollte. Jesus fürchtete den Kampf nicht, wie einige meinen – ohne Verständnis für das Gebet Jesu: «Vater, wenn es möglich ist, gehe dieser Kelch vorüber!» (Mt 26,39) – sondern voll Mut entkleidete Er sich sozusagen zum Kampf[30]. Ich glaube auch, daß der 110. Psalm aus der Person des Erlösers heraus (*ἐκ προσώπου τοῦ σωτῆρος*) prophezeit, und zwar zur Zeit seines Leidens, da der Böse mit seinem ganzen Aufgebot gegen Ihn kämpfte. Im Blick auf das gegen Ihn sich rüstende und zum Kampf bereitende Heer des Bösen, als «die Könige der Erde aufstanden und die Fürsten sich zusammentaten gegen den Herrn und seinen Gesalbten» (Ps 2,2), spricht Er: «Der Herr ist mein Licht, und mein Heil! Wen soll ich fürchten?» (Ps 26,1–3) ... «Mag auch ein Heer um mich in Stellung gehen, mein Herz wird sich nicht fürchten; und wenn ein Krieg gegen mich anhebt, so bleibe ich doch getrost.»

[30] Wie ein Wettkämpfer es tut, wenn er an den Start geht.

[XXXII.24] (Joh 13,30) «Jener nahm das Stücklein und ging alsbald hinaus. Es war Nacht.»

Der Erlöser sagte zu Judas: «Was du tun willst, tue bald!» Dies ist der einzige Gehorsam, den der Verräter dem Meister leistet. Den Bissen nehmend zögerte und säumte er nicht, sondern er ging, wie es heißt, «sofort hinaus», um Jesu Auftrag gemäß das Werk seines Verrats bald zu tun.

«Er ging» wahrhaftig «hinaus», und zwar nicht nur einfachhin aus dem Haus ging er weg, in dem das Mahl stattfand, sondern er ging ganz von Jesus weg ähnlich jenen, «die von uns»[31] (1 Joh 2,19) ausgingen. Ich glaube aber, daß auch der Satan, der nach dem Bissen in Judas einging, es nicht zu ertragen vermochte, mit Jesus an demselben Orte zu sein; denn Christus hat nichts gemein mit Beliar (2 Kor 6,15).

... «Nach dem Stücklein» also, das von Judas vielleicht nicht gegessen wurde, weil der in ihn fahrende Satan dem Genuß des Bissens zuvorkam, damit Judas keinen Nutzen von der Gabe Jesu haben sollte. Denn das Stücklein hatte Heilskraft (*δύναμις ὠφελητικὴ*) für den, der es gebrauchen würde. Aber der einmal den Verrat am Meister ins Herz des Judas geschleudert hatte, fürchtete, das Geschoß falle durch den Genuß des Bissens wieder aus dem Getroffenen heraus. Daher kam er dem zuvor und fuhr in Judas in dem Moment, als er den Bissen erhielt. ...

Sakrament und Empfänger – Das Sakrament des Brotes und des Wortes

Es ist nicht unangebracht, zur Stelle zu sagen: Wie der das Brot des Herrn unwürdig Essende oder der seinen Becher unwürdig Trinkende zum Gericht ißt und trinkt (1 Kor 11,27), weil die eine übernatürliche[32] Kraft im Brot und im

[31] Von der christlichen Kirche.

[32] *κρείττων* hat oft diesen Sinn bei Origenes.

Kelch auf den gut [heilig] Gesinnten zum Besseren wirkt, dem niedrig Gesinnten dagegen das Gericht bringt[33], so war der von Jesus gereichte Bissen von gleicher Art wie der mit den Worten «Nehmet, esset!» (Mt 26,26) auch den andern Aposteln gereichte. Aber diesen war es zum Heil, Judas dagegen zum Gericht, so daß nach dem Bissen der Satan in ihn fuhr.

Die Einfachen sollen über das Brot und den Kelch nach der allgemeinen Lehre über die Eucharistie denken. Die aber tiefer zu verstehen gelernt haben, sollen mitbeachten, was die heilige Verkündigung auch über das nährende Wort der Wahrheit lehrt. Ich will es mit einem Beispiel sagen: Das körperlich nahrhafteste Brot steigert ein vorhandenes Fieber, es führt aber auch zu Gesundheit und Wohlbefinden. Ebenso verschlimmert häufig ein gutes Wort, einer kranken und solche Nahrung nicht begehrenden Seele gereicht, deren Zustand und wird ihr zum Anlaß für Ärgeres. So ist auch Wahres zu sagen gefährlich.

Das soll gesagt sein anläßlich des Stückleins, das Jesus eintauchte und dem Judas Iskariot gab. Wir haben die Stelle nach beiden Möglichkeiten behandelt: Sei es, daß man annehmen müsse, der das Stücklein erhielt, habe es gegessen; sei es, daß das von dem in Judas fahrenden Satan verhindert worden ist.

Finsternis und Licht

Wenn ich noch das Wort: «Es war Nacht» erklären soll, als eine nicht bloß zufällige Nebenbemerkung des Evangelisten, so ist die damals sichtbare Nacht symbolisch zu erklären. Sie war ein Bild der Nacht, die in der Seele des Judas war, als die über dem Abgrund liegende Finsternis (Gn 1,2), nämlich der Satan, in ihn fuhr. «Es nannte Gott

[33] Es ist ein in seinen Homilien oft wiederholter Gedanke des Origenes, entgegen einer materiell magischen Auffassung hervorzuheben, daß das Sakrament geistige Wirkkraft (δύναμις) hat, wie das Wort, die nur in dem entsprechend Disponierten zur Wirkung kommen kann. Damit überwindet Origenes die magische Sakramentsauffassung durch eine personalistische.

nämlich die Finsternis Nacht» (Gn 1,5). Nach Paulus sind wir nicht Kinder ... der Nacht und Finsternis (1 Thess 5,6).

Für die, deren Füße von Jesus gewaschen wurden, war nicht Nacht, sondern für die an den Füßen der Seele von Schmutz Gereinigten und Gewaschenen war leuchtendster Tag. Und schon gar nicht war Nacht für den, der an der Brust Jesu ruhte. Denn ihn liebte Jesus und machte durch die Liebe alles Finstere hell. Auch für Petrus, der bekannte: «Du bist Christus, der Sohn des lebendigen Gottes» (was ihm der himmlische Vater geoffenbart hatte) war es nicht Nacht. Allerdings, seine Verleugnung war auch Nacht für ihn.

Jetzt freilich, da Judas den Bissen erhalten hatte und sofort hinausgegangen war, da war es für ihn, den Weggehenden, Nacht. Denn bei ihm war nicht mehr Der, dessen Name «Aufgang» ist (Zach 6,12; Mal 3,20), denn er hat ja bei seinem Weggang die Sonne der Gerechtigkeit verlassen. Judas, voll der Finsternis, verfolgte Jesus. Aber die Finsternis und der sie in sich aufgenommen hatte, haben das verfolgte Licht nicht gefaßt. Darum «ging er weg und erhängte sich», selbst nachdem er geradezu ein Wort der Gerechtigkeit gesprochen hatte: «Ich habe gesündigt, indem ich unschuldiges Blut überliefert habe» (Mt 27,4). Der Satan in ihm führte ihn bis zum Strang hin und hängte ihn [vollends] daran auf, nachdem der Teufel sich nun einmal an seine Seele gebunden hatte. Judas war eben kein solcher Mensch, daß der Herr seinetwegen gesagt hätte, was er Job zuliebe zum Teufel gesagt hat: «Vergreife dich aber nicht an seinem Leben!» (Job 1,12; 2,6).

Die Verherrlichung

[XXXII.25] (Joh 13,31) «Als Judas hinausgegangen war, sprach Jesus: Jetzt wurde der Menschensohn verherrlicht, und Gott wurde verherrlicht in Ihm.» Der Beginn der Verherrlichung des Menschensohnes – nach der Herrlichkeit, die auf seinen Zeichen und Wundern und auf seiner Verklärung lag – ist der Weggang des Judas mit dem in ihn gefahrenen Satan von dem Ort, an dem Jesus sich befand. Darum sagte der Herr: «Jetzt wurde der Menschensohn verherrlicht.» Und Er fügt hinzu: «Wenn Ich von der Erde erhöht sein werde, werde Ich alle an Mich ziehen», und deutete damit an, «durch welchen Tod Er Gott verherrlichen werde». Jesus verherrlichte nämlich auch in seinem Sterben Gott. Deswegen heißt es: «Jetzt wurde der Menschensohn verherrlicht.» Als die Ausführung der Heilsordnung begann, derzufolge Jesus sterben sollte, nämlich als Judas, nachdem ihm der Bissen gereicht worden war, hinausging, um sein Werk gegen Jesus zu unternehmen. Da aber Christus nicht verherrlicht werden kann, ohne daß in Ihm der Vater verherrlicht wird, darum heißt es dazu: «Und Gott wurde verherrlicht in Ihm.»

Indes ist die Verherrlichung durch den Tod für die Menschen nicht eine solche des seiner Natur nach unsterblichen, einziggeborenen Wortes und der Weisheit und Wahrheit – und was an Göttlichem in Jesus alles genannt werden kann –, sondern eine Verherrlichung des Menschen. Dessen, der auch der Menschensohn war, der dem Fleische nach aus der Nachkommenschaft Davids stammte. ... Diesen, meine ich, hat Gott auch erhöht, Ihn, der gehorsam geworden war, «bis zum Tod, ja bis zum Tod am Kreuze» (Phil 2,8 f). Denn das Wort, das am Anfang bei Gott war, Gott das Wort, kann nicht weiter erhöht werden. Die Erhöhung des Menschensohnes aber, die Ihm zuteil wurde, weil er Gott in seinem Tod verherrlichte, bestand darin, daß Er [als Mensch] nun nicht mehr etwas vom Wort [Logos] Verschiedenes ist, sondern Ein- und Derselbe wie dieses[34]. Denn wenn schon

[34] Die Erhöhung besteht darin, daß die Menschheit Jesu aus ihrer tiefsten Erniedrigung in den Tod erhoben wird zu so vollkommener Einheit mit der göttlichen Natur, daß sie zum Identischwerden mit ihr verklärt wird und an allen göttlichen Eigenschaften durch und durch teilhat: an der Herrlichkeit, Allräumlichkeit, Mitteilbarkeit, Ewigkeit. Die «Erhöhung» ist die vollendete Annahme des Menschen zu Gott, die verklärende Vollendung dessen, was mit der Inkarnation begonnen hat.

«wer dem Herrn anhängt, ein Geist ist mit Ihm» (1 Kor 6,17), so daß man von ihm und dem Geiste nicht mehr sagen könnte, sie «sind zwei» (Mt 19,6), wie werden wir da nicht vielmehr vom Menschlichen in Jesus sagen, es sei eins geworden mit dem Wort indem es erhöht ward – es nicht für einen Raub erachtend «Gott gleich zu sein» (Phil 2,6) –, während das Wort in der ihm eigenen Höhe blieb, oder auch in sie wieder eingesetzt wurde, damit es wieder bei Gott war, Gott das Wort, das Mensch ist!

Wenn Jesus also durch den Tod Gott verherrlichte, [so ist auch anzuführen[35]]: «Er hat die Mächte und Gewalten entwaffnet und sie öffentlich an den Pranger gestellt, indem Er am Holz über sie triumphierte» (Kol 2,15) und «Durch sein Blut am Kreuz hat Er Frieden geschaffen mit allem was auf der Erde ist und was im Himmel (Kol 1,20)» ... In dem allem wurde der Menschensohn verherrlicht, und auch Gott wurde verherrlicht in Ihm.

Offenbarung durch Moses und durch Christus

[XXXII.26–27] (Joh 13,31) Da der Verherrlichte von jemanden verherrlicht wird, so wirst du bei der Stelle: «der Menschensohn wurde verherrlicht» fragen, von wem das geschah? Dasselbe wirst du auch dort fragen, wo es heißt: «Gott wurde verherrlicht in Ihm». Zur Erklärung dieser Worte wollen wir genau darauf achten, was dasteht ... und auch auf den Kontext, der lautet: «Wenn Gott in Ihm verherrlicht wurde, wird auch Gott Ihn in Sich verherrlichen», und zwar «sogleich wird Er Ihn verherrlichen».

Wir wollen unsere Aufmerksamkeit zumindest gebührend auf das Wort «Verherrlichung» (*δόξα*, auch Herrlichkeit, Ehre) richten. Verherrlichung steht [hier] nicht für etwas Indifferentes wie bei einigen Griechen[36], die definieren, Verherrlichung sei [bloß] das «Lob seitens der Menge». Daß dieser Ausdruck hier für etwas ganz anderes steht, geht aus

[35] So ergänze ich das fehlende Verbum.

[36] Den Stoikern.

folgenden Stellen des Buches Exodus hervor: «Die Herrlichkeit des Herrn erfüllte das Zelt. Moses konnte nicht in das Offenbarungszelt hineingehen, weil die Wolke sich darauf niedergelassen hatte und die Herrlichkeit des Herrn das Zelt erfüllte» (Ex 40,34f). Im dritten Buch der Könige ist das so beschrieben: «Als die Priester aus dem Heiligtum gingen, erfüllte die Wolke das Haus des Herrn. Die Priester konnten wegen der Wolke nicht herantreten, ihren Dienst zu versehen, weil die Herrlichkeit des Herrn das Haus erfüllte» (1Kön 8,10f). Und über die Herrlichkeit des Moses steht im Buch Exodus: «Als Moses vom Berg [Sinai] herabstieg, die beiden Bundestafeln in der Hand, da wußte er nicht, daß das Aussehen der Haut seines Angesichtes verherrlicht war von dem Gespräch mit Gott. Aaron und alle Israeliten erblickten Moses ... und fürchteten sich, ihm zu nahen» (Ex 34,29f).

[XXXII.27] Was «Herrlichkeit» bedeutet, wird auch im Lukasevangelium aus folgendem deutlich: «Während Er betete, wurde das Aussehen seines Angesichts ein anderes und sein Gewand veränderte sich und wurde weiß aufstrahlend. Und siehe zwei Männer redeten mit Ihm: es waren Moses und Elias. Sie erschienen in Herrlichkeit und redeten von seinem Ende, das sich in Jerusalem erfüllen sollte» (Lk 9,29–31). Schaue auch nach, worauf Paulus die Bezeichnung «Herrlichkeit» anwendet: ... «Wenn schon der Dienst Herrlichkeit war, der Verurteilung brachte, wieviel mehr ist dann der Dienst überreich an Herrlichkeit, der Rechtfertigung bringt?» (2Kor 3,7–11). Und er sagt: «Wir alle schauen mit unverhülltem Angesicht die Herrlichkeit des Herrn wie im Spiegel und werden so in dasselbe Bild umgestaltet zu immer größerer Herrlichkeit, wie das vom Herrn her geschieht, der Geist ist». Und kurz darauf spricht er ... [davon, daß] «die Erleuchtung durch die Heilsbotschaft von der Herrlichkeit Christi, der das Bild Gottes ist, [die Ungläubigen] nicht erhellt» (2Kor 4,3f). Einige Verse danach sagt er: «Gott, der sprach: Aus der Finsternis leuchte Licht auf! ist aufgeleuchtet in unseren Herzen, so daß uns die Erkenntnis der Herrlichkeit Gottes in der Person Jesu Christi aufstrahlt» (2 Kor 4,6).

Der uns zur Erklärung vorliegende Text des Evangeliums erfordert nicht die genaue Exegese jeder dieser Stellen, aber in aller Kürze soll doch folgendes gesagt werden: Dem Wortlaut nach[37] trat im Zelt und auf den Feiernden im Tempel und auf dem Gesicht des Moses, der mit der göttlichen Natur Umgang hatte, Göttliches in Erscheinung. In höherem Sinne[38] aber ist wohl erst das als geschaute Herrlichkeit (*δόξα*) Gottes anzusprechen, was eigentlich von Gott erkannt und von einem dazu durch ganz außerordentliche Reinheit[39] fähigen Geiste geschaut wird. Der gereinigte Geist, der alles Stoffliche überstiegen hat, um die Gottschau lauter zu vollziehen, wird vergöttlicht durch das, was er schaut[40]. Dies meint das Verherrlichtwerden des Antlitzes dessen, der Gott schaut und mit Ihm Umgang pflegt und in solcher Schau verweilt. Ein solches Vergöttlichtwerden des Geistes stellte das verherrlichte Angesicht des Moses sinnbildhaft dar. Das meint auch der Apostel, wenn er sagt: «Wir alle aber schauen im Spiegel[41] mit unverhülltem Angesicht[42] die Herrlichkeit des Herrn und werden so «zu demselben Bild umgestaltet».

Wie aber die Helligkeit eines Nachtlichtes beim Aufgehen der Sonne schwindet, so schwindet die Herrlichkeit auf Moses vor der in Christus. Denn das alles übertreffende Maß, in dem Christus den Vater erkannte und in dem Er daher von des Vaters Herrlichkeit Ausdruck gab, läßt keinen

[37] Wörtlich: hinsichtlich des Somatischen.

[38] Wörtlich: nach anagogischem Sinne. Origenes meint damit die Analogieerkenntnis, welche die sinnliche Erscheinung im Tempel und auf dem Antlitz des Moses als Symbol einer geheimnisvollen göttlichen Wirklichkeit versteht, die sich in körperlicher Erscheinung (im Somatischen) andeutungsweise äußert.

[39] So beschreibt Origenes das lumen gloriae.

[40] *ἐν οἷς θεωρεῖ θεοποιεῖται.*

[41] In dem Wort kann auch dies noch liegen: «wie zu Spiegeln geworden».

[42] D.h.: «mit der vollen Erkenntnis des Glaubens» (Orig. RomCo 4.8, PG 14.992C).

Vergleich zu mit dem, was von Moses erkannt wurde und das Antlitz seiner Seele herrlich machte. Darum wird die Herrlichkeit auf Moses eine «vergehende» genannt (2 Kor 3,7) – vergehend vor der überragenden Herrlichkeit Christi.

Der Auferstehungsleib und die Schau des Wortes

[Frgm LXXXVII und CXXXIX] (Joh 12,2) «Man bereitete Ihm dort ein Mahl, bei dem Martha Ihn bediente.» Wer Christus nachfolgt, dient Ihm durch die Nachfolge ... Deshalb ist auch der Diener dort, wo das Wort ist. Wenn es aber im ganz reinen und durch die Feinheit des Lichtes ganz transparenten (durchlichteten) Bereich, wie im körperlichen Raum, einen Ort des Äthers gibt, so weilen diejenigen – in dieser Annahme wird man nicht fehl gehen – die sich im Leibe ausgezeichnet haben und bei der Auferstehung einen ihrer Würdigkeit entsprechenden über die Maßen und außerordentlich herrlichen Leib erhalten[43], in Räumen, die zum Verweilen in der betrachtenden Schau bestgeeignet sind.

Nur begrifflich ist es etwas anderes, wenn man sagt, wo Gott, das Wort, ist, dort sei auch sein Diener. In Wirklichkeit ist es das gleiche, wie wenn man sagt, er werde vom Vater geehrt. Denn durch die Ehre, die vom Vater zuteil wird, ist das Geehrte dort, wo Gott das Wort ist.

Das göttliche Selbsterkennen, die Freude und das Gespräch

[XXXII.28] Kommen wir zurück auf das Wort: «Jetzt wurde der Menschensohn verherrlicht, und Gott wurde in Ihm verherrlicht». Den Vater erkennend also wurde der

[43] Platon erstrebt zur Ermöglichung der höchsten Schau die Befreiung vom Leibe. In der Absonderung vom Leibe, möglichst schon solange wir leben, «nichts mit dem Leibe zu schaffen noch mit ihm gemein zu haben», besteht für ihn die Reinheit (*κάθαρσις*), welche die Voraussetzung der Erkenntnis des Wahren ist (Phaidon 66D bis 67C). Diesen platonischen Spiritualismus hat Origenes durch das christliche Dogma von der Auferstehung des – freilich verklärten, d.h. durchgeistigten – Leibes überwunden. Im Entscheidenden ist er nicht mehr Platoniker oder gar Gnostiker.

Sohn verherrlicht, eben dadurch, daß Er den Vater erkennt. Eine solch vollkommene Erkenntnis, wie sie der Sohn vom Vater hat, ist das höchste Gut. Ich meine aber, daß der Sohn auch Sich selbst erkennend verherrlicht wird – und diese Erkenntnis steht der ersteren nicht viel nach. Er wurde verherrlicht durch seine Selbsterkenntnis.

Wenn die Erkenntnis des Alls, die auch alles Verborgene klar erkennt, die Größe seiner Herrlichkeit voll macht, so wirst du fragen, ob darin das Weisheit-sein (*αὐτοσοφία*) besteht; oder ob die Verherrlichung des Menschensohnes, wie Er genannt wird, in seiner Vereinigung mit der Weisheit besteht[44]. Die ganze Herrlichkeit, mit welcher der Menschensohn verherrlicht wird, wurde Ihm jedenfalls zuteil als Gabe des Vaters. Es gibt viele Dinge, welche die Herrlichkeit des Menschen ausmachen. Das Überragendste aber von allem ist Gott, der nicht nur durch die Erkenntnis des Sohnes, sondern *im* Sohne verherrlicht wird[45].

Es ist gewagt und geht über unser Vermögen, uns an die Erforschung solch eines Wortes zu machen. Gleichwohl muß es gewagt werden, was[46] an einer Stelle erforscht werden kann, der Untersuchung zu unterziehen.

Ich suche noch, ob es möglich sei, daß Gott verherrlicht werden könne außer der Verherrlichung im Sohne, ob Er – demnach, was wir eben sagten – mehr in Sich selbst verherrlicht werde, da Er in Selbstbewußtsein, Selbsterkenntnis und Selbstschau existiert[47], die größer ist als die Schau, die im Sohne ist[48]. Da man das in der Tat von Gott denken

[44] Die Frage des Gnostikers – man erinnere sich, daß der Kommentar für Ambrosius geschrieben ist. Nach gnostischer Vorstellung sind *σοφία* und *λόγος* verschiedene Äonen. Für Origenes sind *σοφία* und *λόγος* real identisch.

[45] Die christlich-trinitarische Antwort: Der Vater und der Sohn (Logos) sind einig.

[46] Ich lese *τὸ* statt *τὸν*.

[47] *ἐν τῇ ἑαυτοῦ γινόμενος περιωπῇ, ἐπὶ τῇ ἑαυτοῦ γνώσει καὶ τῇ ἑαυτοῦ θεωρίᾳ.*

[48] Die trinitarische Spekulation des Origenes hat noch subordinatianische Züge. Die Inferiorität des Sohnes ist hier von gnostischen Spekulationen über den Logos abhängig, nach denen er nur mittlerische Funktion hat.

muß, so muß man sagen, daß Er ganz unsagbares Wohlgefallen, Glückseligkeit und Freude genießt, da Er an Sich selber Wohlgefallen findet und sich Seiner erfreut.

Ich gebrauche solche Worte, nicht als ob sie eigentlich von Gott gesagt werden könnten, sondern weil mir sozusagen «unsagbare Worte» nicht zur Verfügung stehen, die allein Gott und mit Ihm sein Einziggeborener in eigentlicher und direkter Sprache[49] über Sich sprechen und denken können.

Der Tod des Menschensohnes als Offenbarwerden seiner Göttlichkeit

Da wir zum Thema der Verherrlichung Gottes in Christus gekommen sind, möchten wir untersuchen, wie (das naheliegt), in welcher Weise Gott wohl auch verherrlicht wird im Heiligen Geist und in allen, denen die Herrlichkeit des Herrn erschien oder erscheinen wird. Der ganzen Herrlichkeit Gottes Abglanz selbst glaube ich, daß der Sohn ist, wie ja Paulus sagt: «Er ist der Abglanz der Herrlichkeit» (Hebr 1,3), und daß von diesem Abglanz der ganzen Herrlichkeit her teilweise Strahlen zur übrigen vernünftigen Schöpfung gelangen – denn ich glaube nicht, daß jemand den Abglanz der *ganzen* Herrlichkeit Gottes zu fassen vermöchte, außer seinem Sohn[50].

Jetzt also, da der Heilsplan verwirklicht wird und der Menschensohn für alle leidet, und zwar nicht ohne Gott –

[49] Der Begriff κυριολεξία bedeutet bei den zeitgenössischen Philologen eine Redeweise, bei der die Worte im Literalsinn gemeint sind im Gegensatz zu τροπολογία, der Redeweise, bei der die Worte in übertragenem, metaphorischem Sinn zu verstehen sind. Origenes gebraucht den Begriff zur Unterscheidung von der allegorischen Redeweise, in der allein wir Menschen von Gott reden können. Menschen können Gott vernehmen und von Ihm sprechen nur in Worten, deren Literalsinn vom Irdischen genommen ist, die aber von Göttlichem nur analog gelten. Der Vater und der Sohn haben im Gespräch unter sich – für Menschen unsagbare – Worte, die sein Wesen direkt enthalten. Diese Theologie der Sprache bildet eine der wichtigen Grundlagen für die allegorische Methode der Schrifterklärung des Origenes.

[50] Der Heilige Geist nimmt also durch den Sohn an der δόξα Gottes teil. Origenes scheint hier an eine Subordination des Geistes unter den Sohn zu denken.

«Gott hat Ihn ja erhöht» (Phil 2,9) – da sagt [Jesus]: «Der Menschensohn wurde verherrlicht», und zwar nicht Er allein, auch «Gott wurde nämlich verherrlicht in Ihm»[51]. – So könnte man die Frage klären, die sich aus dieser Stelle ergibt.

Verherrlichende Erkenntnis

In der Schrift steht: «Niemand hat den Sohn erkannt als der Vater» (Mt 11,27). Und Jesus sagt: «Selig bist du, Simon, Sohn des Jonas, denn nicht Fleisch und Blut haben dir das enthüllt, sondern nur mein himmlischer Vater» (Mt 16,17). Solange der Sohn von der Welt nicht erkannt war – «Er war nämlich in der Welt, und die Welt ist durch Ihn geworden, und die Welt hat Ihn nicht erkannt» – solange war Er in der Welt noch nicht verherrlicht, ... aber nicht zum Schaden des Verherrlichten, sondern zum Schaden der Ihn nicht verherrlichenden Welt. Als aber der himmlische Vater denen, die aus dieser Welt sind, die Erkenntnis Jesu enthüllte, da wurde der Menschensohn verherrlicht in ihnen, die Ihn erkannt haben. Und durch die Herrlichkeit, mit der Er in den Ihn Erkennenden verherrlicht wurde, verschaffte Er ihnen Herrlichkeit. «Denn die mit unverhülltem Angesicht[52] die Herrlichkeit des Herrn wie im Spiegel betrachten, werden zu demselben Bilde umgestaltet [von Herrlichkeit zu Herrlichkeit»] (2 Kor 3,18).

[XXXII.29] Überlege nun, was für ein Woher Paulus meint, wenn er hinzufügt: «von Herrlichkeit», und was für ein Wohin, wenn er sagt: «zu Herrlichkeit»! Er meint «von der Herrlichkeit» des Verherrlichten «zur Herrlichkeit» der Verherrlichenden. Sowie Jesus nämlich an die Erfüllung der Heilsordnung ging, derzufolge Er der Welt aufgehen, von ihr erkannt und verherrlicht werden sollte zur Herrlichkeit der Ihn Verherrlichenden, da sprach Er: «Jetzt wurde der Menschensohn verherrlicht», und fügte hinzu: «Keiner

[51] Durch das Sterben des Leibes kann die Gottheit durchbrechen und offenbar werden.

[52] D.h. mit voller Glaubenserkenntnis.

hat den Vater erkannt als der Sohn und wem der Sohn es offenbart» (Mt 11,27). Aus der [Erfüllung der] Heilsordnung aber sollte der Sohn den Vater offenbaren. Darum heißt es: «Und Gott wurde in Ihm verherrlicht.»

Du tust gut daran, die Stelle: «Und Gott wurde in Ihm verherrlicht», zusammen mit folgender zu untersuchen: «Wer Mich sieht, sieht den Vater, der Mich gesandt hat.» Denn im Worte, das Gott und das Bild des unsichtbaren Gottes ist, wird der dieses Wort zeugende Vater geschaut, weil der, der das Bild des unsichtbaren Gottes ansieht, damit gleich das Urbild (*πρωτότυπον*) des Bildes anzusehen vermag: den Vater (Kol 1,15).

Mit folgender Überlegung würde der Sinn dieser Stelle vielleicht noch klarer erfaßt: Wie manche [Christen] schuld daran sind, daß der Name Gottes unter den Heiden geschmäht wird (Röm 2,24), so wird der Name des Vaters im Himmel auch verherrlicht um der Heiligen willen, deren gute Werke vor den Menschen in glänzendem Lichte stehen und beachtet werden (Mt 5,16). In wem nun wurde [der Vater] so verherrlicht wie in Jesus, «der keine Sünde beging, in dessen Munde kein Trug gefunden ward» (1Petr 2,22) und der die Sünde nicht kannte? (2Kor 5,21) Weil Jesus so war, wurde der Sohn verherrlicht und in Ihm Gott. Weil aber Gott in Ihm verherrlicht wurde, schenkt Ihm der Vater eine Gegengabe, die größer ist, als was der Menschensohn getan hat: größer nämlich, als daß der Menschensohn Gott verherrlichte, der Geringere den Überragenden – nach dem Wort: «Der Vater, der Mich gesandt hat, ist größer als Ich» – ist es, daß der Menschensohn in Gott verherrlicht wird, der Geringere im Höheren.

Herrlichkeit des Wortes – Unzulänglichkeit unseres Erkennens

Ich bin mir wohl bewußt, daß diese Ausführungen weit unter dem bleiben, was die untersuchte Stelle sin sich birgt. In ihr offenbart sich Gott, und in ihr wohnt sein Wort, um die Herrlichkeit Gottes in Gegenwart zu stellen. Diesem

Wort verleiht es der [Sich] verschenkende Vater, daß die ganze Herrlichkeit Gottes in Ihm erkannt werden kann[53]. Unzulänglich und viel zu unbedeutend gegenüber der Würde der Worte, wie wir sind, bekennen wir Gott unseren Dank für das, was wir ausgelegt haben. Es ist viel größer, als wir es würdig sind.

In der Nähe Jesu sein

[XXXII.30] (Joh 13,33) «Kinder, nur noch eine kleine Weile bin Ich bei euch. Ihr werdet Mich suchen, aber wie Ich den Juden gesagt habe, so sage Ich jetzt auch euch: Wohin Ich gehe, könnt ihr nicht kommen.»

... Innerhalb der menschlichen Beziehungen kann ein Kind nicht später des Bruder werden, wes Kind es ist. Nicht so in der Beziehung zu Jesus: da kann man aus seinem Kind sein Bruder werden. Zu welchen der Erlöser nämlich nach seiner Auferstehung «Kinder» sagt, da sie auf grund der Auferstehung Jesu umgeschaffen wurden, die werden zu Brüdern dessen, der vorher «Kinder» zu ihnen sagte. Daher heißt es: «Geh zu meinen[54] Brüdern und sage ihnen: Ich gehe zu meinem Vater und eurem Vater, zu meinem Gott und eurem Gott.» Und vielleicht [fand hier solch ein Anderswerden statt] wie es die Umwandlung aus einem Knecht [zu einem Kinde] Jesu ist, denn die Jünger waren Knechte, bevor sie Kinder waren. Das geht hervor aus der Reihenfolge der Worte: «Ihr nennt mich Meister und Herr, und ihr habt recht, Ich bin es nämlich» und: «Der Knecht ist nicht größer als sein Herr». Das steht vor den Worten: «Kinder, nur noch eine kleine Weile bin Ich mit euch». Beachte also, daß der Knecht zuerst ein Jünger wird, dann Kind, und dann Bruder Christi und Sohn Gottes. Als Jünger ist dabei der anzusprechen, der das dargebotene Wort mit Verständnis aufnimmt und von diesem großen Lehrer die Weisheit Gottes lernt.

[53] Ich beziehe δύναται sinngemäß so.

[54] μου fehlt hier (wie in Cod. D), es steht aber in Catenen-Hss. und ist dem Kontext entsprechend zu setzen.

Das Wort «Noch eine kleine Weile bin Ich mit euch» ist in seinem vordergründigen Sinn dem Wortlaut nach klar, da Jesus in Zukunft nicht mehr bei seinen Jüngern sein wird.

Zuerst wurde Er ja von der Kompagnie mit ihrem Führer und ihren jüdischen Helfern festgenommen, die Ihn banden und zuerst zu Annas führten. Danach wurde Er dem Pilatus übergeben und dann zum Tod am Kreuz verurteilt. Dann ist Er drei Tage und drei Nächte im Schoß[55] der Erde.

In einem tieferen Sinne aber wirst du fragen, ob denn Jesus nach der «kleinen Weile» gar nicht mehr wirklich bei[56] den Jüngern war. Es ist nicht gemeint, daß Er nicht mehr körperlich bei ihnen, und seine Seele in die Unterwelt hinabgestiegen war – denn das hätte Den ja nicht gehindert, doch bei seinen Jüngern zu sein, der sprach: «Wo zwei oder drei in meinem Namen versammelt sind, da bin Ich in ihrer Mitte» (Mt 18,20) und: «Siehe, Ich bin bei euch alle Tage bis zur Vollendung der Weltzeit» (Mt 28,20) – sondern Er, der nur mit den Würdigen ist, war nicht mehr bei ihnen, weil sich erfüllt hatte: «Ihr werdet alle an mir Ärgernis nehmen in dieser Nacht; denn es ist geschrieben: ‚Ich werde den Hirten schlagen, und die Schafe der Herde werden sich zerstreuen'» (Mt 26,31).

Dagegen könnte man die Stelle anführen: «Mitten unter euch steht Der, den ihr nicht kennt», und sagen, daß Jesus auch bei denen sei, die Ihn nicht kennen. Beachte aber, daß es nicht dasselbe ist, wenn Er «bei» jemandem ist (was nach der Verheißung [nur] den Würdigen gewährt wird), wie dies, daß Er als nicht Erkannter auch «inmitten» der nicht Erkennenden steht[57] ... In unserem vorliegenden Text sagt Jesus zwar: «Siehe, Ich bin bei euch», aber: «Nur noch eine kleine Weile bin Ich bei euch». Der das sagte, hätte aber

[55] Wörtlich: im Herzen.

[56] μετὰ bezeichnet eine engere Verbindung als das bloße «bei». Das «bei» ist also zu verstehen wie: «in Verbindung mit.»

[57] In wirklicher Nähe und Verbindung zu Jesus steht nur, wer ein göttliches Personsein erkennt, nicht wer Ihm nur körperlich nahe kommt.

dem Judas, dem der Satan schon die Absicht des Verrats am Erlöser ins Herz gegeben hatte, nicht mehr gesagt: «Ich bin bei dir», obwohl Judas sichtbar anwesend war (denn Jesus war ja nicht mehr «bei» Ihm).

Jesus suchen

[XXXII.31] Wenn Jesus, der Vater, auch noch «eine kleine Weile» bei seinen Kindern sein sollte, so muß man doch etwas [Großes] für die Zeit nach dieser «kleinen Weile» wissen: Wenn Er auch nicht mehr bei ihnen war, so würden die Jünger doch nichtsdestoweniger Jesus suchen, wie Petrus, der nach seiner Verleugnung bitter weinte, weil er Jesus suchte, wie ich glaube ... Es heißt ja gleich daraufhin ...: «Ihr werdet trauern, aber eure Trauer wird zu Freude werden.» Während der «kleinen Weile» nämlich, in der sie Jesus nicht sahen, suchten sie Ihn. Darum weinten und wehklagten sie. Ihre Trauer wandelte sich aber in Freude, als das Wort in Erfüllung ging: «Und wieder eine kleine Weile, und ihr sehet Mich wieder» ...

Jesus suchen, heißt das Wort, die Weisheit, die Gerechtigkeit, die Wahrheit und die Macht Gottes suchen. Denn das alles ist Christus.

... Weiter [ist zu der Stelle auszuführen]: Früher hat Jesus den Juden gesagt: «Ich gehe hin und ihr werdet Mich suchen, aber ihr werdet in euren Sünden sterben. Wohin Ich gehe, dahin könnt ihr nicht kommen». Auf dieses Wort Bezug nehmend sagt Er hier: «Wie Ich den Juden gesagt habe: ‚Wohin Ich gehe, dahin könnt ihr nicht kommen', so sage Ich jetzt auch euch.» Aber für euch gilt das nur auf kurze Dauer. – So nämlich verstehe ich das «jetzt». Denn es ist nicht dasselbe, wie wenn Er gesagt hätte: «Dies sage Ich auch euch», ohne den Zusatz «jetzt». Denn die Juden, von denen Er voraussah, daß sie in ihren Sünden sterben würden, waren nicht imstande, dorthin zu gelangen, wohin Jesus ging, auch nicht für ganz kurze Zeit. Die Jünger aber konnten nach der «kleinen Weile», während der Jesus nicht mehr bei ihnen sein sollte, dem Worte folgen, das wegging seiner Heilsordnung entgegen.

Dahin kommen, wohin der Herr geht

[XXXII.32] Wenn vor dem Wort: «Wohin Ich gehe, dahin könnt ihr nicht kommen» nicht stünde: «wie Ich den Juden gesagt habe», dann hätte ich ganz einfach angenommen, das beziehe sich auf den Weggang der Seele Jesu aus dem Leben. Nun aber werden auch die Juden sterben. Und sterbend stieg Jesus hinab in die Unterwelt. Wie sollten ... jene nicht dorthin kommen können? Aber nun wird man sagen: Er war ja auch im Begriff, ins Paradies Gottes zu gehen, wohin die in ihren Sünden sterbenden Juden nicht kommen, und wohin die Jünger Jesu damals ja auch noch nicht kommen konnten ... Die Stelle erfordert genaue Untersuchung, weil es heißt: «Der Menschensohn wird drei Tage und drei Nächte im Herzen der Erde sein» (Mt 12,40). Denn wie kann Der «drei Tage und drei Nächte im Herzen der Erde sein», der zugleich mit seinem Tod im Paradies Gottes sein wird? Er sagte doch: «Heute wirst du mit Mir im Paradiese sein» (Lk 23,43). Als ob das nicht zum übrigen paßte, brachte dieser Ausspruch einige so in Verlegenheit, daß sie die Vermutung wagten, dieser Satz ... sei dem Evangelium von Fälschern eingefügt worden.

Ich sage ganz einfach, daß Jesus vielleicht, bevor Er in das sogenannte Herz der Erde hinabstieg, den ins Paradies Gottes versetzte, der Ihn gebeten hatte: «Gedenke meiner, wenn Du in Dein Reich kommst!»

Tiefer jedoch geht folgende Lösung: In der Schrift erstreckt sich häufig das «Heute» auf die ganze gegenwärtige Weltzeit, so z.B. an der Stelle ... «Heute, wenn ihr Seine Stimme hört, so verhärtet eure Herzen nicht!» (Ps 94,8). Und am deutlichsten im Buch Josue[58]: «In diesen heutigen

[58] Die verderbte Stelle kann ergänzt werden nach der Schrift des Origenes Über das Gebet 27.13, wo sich derselbe Gedanke und dieselben Schriftstellen finden.

Tagen[59] fallet nicht ab vom Herrn!» (Jos 22,29 u. 19). An diesem heutigen Tage, verspricht Jesus dem, der bittet, seiner im Reiche Gottes zu gedenken. Er werde es bewirken, daß er noch in dieser gegenwärtigen Weltzeit – vor dem kommenden Äon – mit Ihm im Reiche Gottes sein werde. – Aber das soll nur als Zwischenbemerkung im Vorübergehen zu der Stelle gesagt sein.

Den Jüngern aber, die Jesus nachfolgen wollen – nicht körperlich, wie die Naiven vermuten könnten, sondern so, wie es das Wort erklärt: «Wer nicht sein Kreuz auf sich nimmt und hinter Mir nachfolgt, der ist nicht wert, mein Jünger zu sein» (Mt 10,38) – denen sagt jetzt der Herr: «Wohin Ich gehe, dahin könnt ihr jetzt noch nicht kommen.» Wenn sie nämlich dem Worte nachzufolgen und es zu bekennen gewillt gewesen wären, ohne Ärgernis an Ihm zu nehmen, so wären sie doch noch nicht dazu imstande gewesen, «denn damals war der Geist noch nicht da, weil Jesus noch nicht verherrlicht war» (Joh 7,39). Und «keiner kann doch sagen: Herr Jesus, außer im Heiligen Geiste» (1 Kor 12,3).

Das Wort aber geht seinen Gang dahin, und der folgt Ihm nach, der dem Worte gehorcht. Der kann Ihm jedoch nicht nachfolgen, der nicht wohlvorbereitet ist, kraftvoll in seine Fußstapfen zu treten: Das Wort führt die zu seinem Vater, die alles tun, um Ihm gehorchen und nachfolgen zu können, bis sie zu Christus sagen können: «Meine Seele schmiegt sich Dir an.» (Ps 62,9).

Erste und Zweite Ankunft Jesu

[Frgm CV] (Joh 14,3) [«Ich gehe, euch eine Stätte zu bereiten. Wenn Ich aber gegangen bin und euch eine Stätte bereitet habe, so komme Ich wieder und werde euch zu Mir heimholen, damit auch ihr seid, wo Ich bin. Wohin Ich gehe, dahin wißt ihr den Weg.»]

[59] Nach dem Hebr.: «Heute».

Das scheint dem vorher Gesagten zu widersprechen [nämlich: «Im Hause meines Vaters sind viele Wohnungen» (Joh 14,2)]. Denn dort redet Jesus so, als ob es eines Bereitens nicht bedürfe. Hier aber sagt Er: Wenn Ich hingehe, werde Ich euch eine Stätte bereiten.

Was Jesus sagt ist dies: Was die Fülle der Heilsgüter anbelangt, die der Vater in seinem Vorauswissen bereitgestellt hat, so ist es nicht nötig, daß sie euch von Mir bereitet werden, sondern daß ihr die entsprechende Gesinnung aufweiset. Denn wer recht und gewissenhaft in allem lebt, wird dauernd in dem bereiteten Glück leben. Im übrigen[60] aber bin Ich für euch Bereiter und Vermittler[61] dessen.

Was soll nun das Wort: «Ich komme wieder und werde euch zu Mir heimholen?» Jesus sagt [mit diesen Worten]: Da Ich euch die Mittel zum Weg nach oben in den Himmel und zum Genuß der himmlischen Güter gewähre, so daß Ich euch als Urheber dieser Güter erscheine, so werde Ich auch selbst wieder kommen (damit meint Er seine zweite Ankunft aus dem Himmel). Dann werde Ich in den Himmel zurückkehren und euch dorthin mitnehmen wo Ich bin, so daß Ich euch bei Mir habe und ihr dasselbe genießt wie Ich. «Wenn wir nämlich ausharren», sagt Paulus, «werden wir auch mitherrschen» (2Tim 2,12).

Thomas, der Zwilling

[Frgm CVI] (Joh 20,25) [«Die Jünger sagten zu Thomas: Wir haben den Herrn gesehen! Er aber erklärte ihnen: Wenn ich nicht an seinen Händen das Mal der Nägel sehe und nicht meinen Finger in das Mal der Nägel und meine Hand in seine Seite legen kann, so werde ich nicht glauben.»]

Es scheint, daß Thomas nur etwas annimmt, wenn er es genau geprüft hat. Das geht aus seinen Worten hervor, die

[60] Ein solcher Moralismus, an den die Bedeutung Christi als Mittler durch ein bloßes πλὴν angehängt wird, ist deutlich unorigenistisch.

[61] πρόξενος ist eigentlich der Konsul oder Gesandte eines anderen Landes, an den man sich wenden muß, wenn man mit dem Reiche in Verbindung treten will, dessen Gesandter er ist.

er, wie ich meine, nicht gesprochen hat, weil er denen nicht glaubte, die den Herrn gesehen zu haben behaupteten, sondern weil er sich vorsah, ob es sich nicht um eine Erscheinung handle, und weil er sich des Wortes erinnerte: «Viele werden in meinem Namen kommen und sagen: Ich bin es» (Mt 24,5). Daß auch die übrigen Apostel etwa so dachten, als sie Jesus sahen, wie Thomas es in ausgeprägtem Maße tat, das geht daraus hervor, daß es heißt: «Sie meinten, es sei eine Erscheinung» (Mk 6,49). Er aber sprach zu ihnen: «Betastet Mich und sehet: ein Geist hat ja nicht Bein und Fleisch wie ihr es an Mir seht» (Lk 24,39). Darüber jedoch, daß zu Thomas gesagt wird: «Sei nicht ungläubig, sondern gläubig!» und auch über den Namen «Thomas» könnte man sagen, der Erlöser habe denen andere Namen gegeben, die Er größerer Schau würdigen werde: seiner Verklärung auf dem Berge und der Erscheinung des Moses und Elias in Herrlichkeit. Die Namen der übrigen änderte Er deshalb nicht, weil ihre Namen, so wie sie waren, zur Kennzeichnung des Charakters eines jeden genügten. Von den anderen Aposteln soll jetzt nicht die Rede sein, von Thomas, das heißt Zwilling[62], aber darum, weil er in bezug auf das Wort gewissermaßen ein Zwilling war, indem er göttliche Dinge auf doppelte Weise schrieb und damit Christus nachahmte, der «für die draußen in Parabeln» (Mk 4,11) sprach, «privatim aber den eigenen Jüngern alles deutete» (Mk 4,34). Es ist nicht abwegig, wenn man behauptet, daß die echten Jünger Christi diese zwiefache Darbietung im Worte richtig handhaben – eine Fähigkeit, die Thomas vielleicht in außerordentlichem Maße schon von ehedem besaß.

Christus ist uns eingeprägt

[Frgm CXL] (Joh 17,11) «Damit sie eins seien wie Wir.» Das Wort «eins» wird oft gebraucht, etwa im Sinne von Gleichheit, und in vielerlei anderem Sinn; auch um Über-

[62] תְּאם heißt Zwilling.

einstimmung auszudrücken, zum Beispiel wenn es heißt: «Die Menge derer, die gläubig wurden, war ein Herz und eine Seele» (Apg 4,32). Im Sinne von Gleich-sein [ist es gebraucht], wenn [Paulus] sagt: «Wir sind nämlich alle in einem Geiste zu einem Leib getauft» (1 Kor 12,13), zu einer Gleichheit der Natur. Und wie man von uns [Menschen] sagt, daß wir dadurch, daß wir Adam zum Ursprung und Haupt haben, der Natur unserer Abstammung nach alle einen Leib haben, so gehören wir [Christen] auch Christus als Haupt zu durch die göttliche Wiedergeburt, die uns den Tod und die Auferstehung Dessen eingeprägt hat (*γέγονε τύπος ἡμῖν*), der «als Erstgeborener von den Toten auferstand» (Kol 1,18). Wir gehören zu Ihm als dem Haupt, weil seine Auferstehung für uns Vorbildlichkeit (*προτύπωσις*) hat. Und wir sind «für unseren Teil seine Glieder» und sein «Leib» (1Kor 127,2; Eph 5,30) als durch den Geist zur Unsterblichkeit Wiedergeborene.